REFORMA TRABALHISTA
entenda o que mudou

CLT Comparada e Comentada

www.editorasaraiva.com.br/direito
Visite nossa página

LUCIANO MARTINEZ

Juiz do Trabalho do TRT da 5.ª Região.
Professor Adjunto de Direito do Trabalho e da Seguridade Social da UFBA.
Doutor em Direito do Trabalho e da Seguridade Social pela USP.
Mestre em Direito Privado e Econômico pela UFBA.
Mestre e Doutorando em Direito Social pela Universidade de Castilla-La Mancha – Espanha.
Titular da Cadeira n. 52 da Academia Brasileira de Direito do Trabalho.
Titular da Cadeira n. 26 da Academia de Letras Jurídicas da Bahia.
Autor dos livros *Curso de direito do trabalho* e *Condutas antissindicais* e coautor do *Guia prático da Previdência Social*, todos publicados pela Editora Saraiva, e do *Dicionário Brasileiro de Direito do Trabalho*, pela Editora LTr.
E-mail: martinezluciano@uol.com.br

REFORMA TRABALHISTA
entenda o que mudou

CLT Comparada e Comentada

1ª edição
2ª tiragem
2018

ISBN 978-85-472-2333-5

DADOS INTERNACIONAIS DE CATALOGAÇÃO NA PUBLICAÇÃO (CIP)
ANGÉLICA ILACQUA CRB-8/7057

Martinez, Luciano
  Reforma trabalhista - entenda o que mudou : CLT comparada e comentada / Luciano Martinez. – São Paulo : Saraiva, 2018.

Lei n. 13.467, de 13 de julho de 2017

1. Trabalho - Leis e legislação - Brasil 2. Direito do trabalho - Brasil I. Título.

17-1317   CDU 34:331(81)(094)

Índices para catálogo sistemático:
1. Brasil : Leis trabalhistas   34:331(81)(094)
2. Leis trabalhistas : Brasil   34:331(81)(094)

SOMOS EDUCAÇÃO | saraiva jur

Av. das Nações Unidas, 7.221, 1º andar, Setor B
Pinheiros – São Paulo – SP – CEP 05425-902

SAC | 0800-0117875
De 2ª a 6ª, das 8h às 18h
www.editorasaraiva.com.br/contato

Presidente	Eduardo Mufarej
Vice-presidente	Claudio Lensing
Diretora editorial	Flávia Alves Bravin
Conselho editorial	
Presidente	Carlos Ragazzo
Consultor acadêmico	Murilo Angeli Dias dos Santos
Gerência	
Planejamento e novos projetos	Renata Pascual Müller
Concursos	Roberto Navarro
Legislação e doutrina	Thaís de Camargo Rodrigues
Edição	Daniel Pavani Naveira
Produção editorial	Ana Cristina Garcia (coord.)
	Luciana Cordeiro Shirakawa
	Rosana Peroni Fazolari
Arte e digital	Mônica Landi (coord.)
	Claudirene de Moura Santos Silva
	Guilherme H. M. Salvador
	Tiago Dela Rosa
	Verônica Pivisan Reis
Planejamento e processos	Clarissa Boraschi Maria (coord.)
	Juliana Bojczuk Fermino
	Kelli Priscila Pinto
	Marília Cordeiro
	Fernando Penteado
	Tatiana dos Santos Romão
Novos projetos	Laura Paraíso Buldrini Filogônio
Projeto gráfico	Mônica Landi
Diagramação e revisão	Microart Design Editorial
Comunicação e MKT	Carolina Bastos
	Elaine Cristina da Silva
Capa	Mônica Landi
Imagem de capa	ThinkstockPhotos
Produção gráfica	Marli Rampim
Impressão e acabamento	Gráfica Paym

Data de fechamento da edição: 13-9-2017

Dúvidas? Acesse www.editorasaraiva.com.br/direito

Nenhuma parte desta publicação poderá ser reproduzida por qualquer meio ou forma sem a prévia autorização da Editora Saraiva. A violação dos direitos autorais é crime estabelecido na Lei n. 9.610/98 e punido pelo art. 184 do Código Penal.

CL 604466   CAE 623044

Para Luísa Martinez.

SUMÁRIO

APRESENTAÇÃO 13

A intertemporalidade das normas regentes da reforma trabalhista.................... 15

CLT Comparada 19
Art. 2.º 19
Art. 4.º 22
Art. 8.º 25
Art. 10-A 28
Art. 11 33
Art. 11-A 45
Art. 47 47
Art. 47-A 48
Art. 58 49
Art. 58-A 58
Art. 59 64
Art. 59-A 69
Art. 59-B 77
Art. 60 78
Art. 61 79
Art. 62 82
Art. 71 83
Art. 75-A 87
Art. 75-B 87

Art. 75-C	87
Art. 75-D	88
Art. 75-E	88
Arts. 84 a 86	91
Art. 130-A	92
Art. 134	95
Art. 143	98
Art. 223-A	101
Art. 223-B	101
Art. 223-C	101
Art. 223-D	101
Art. 223-E	101
Art. 223-F	101
Art. 223-G	101
Art. 372	106
Art. 384	108
Art. 394-A	109
Art. 396	112
Art. 442-B	113
Art. 443	115
Art. 444	116
Art. 448-A	117
Art. 452-A	120
Art. 456-A	123
Art. 457	124
Art. 458	134
Art. 461	137
Art. 468	146
Art. 477	148
Art. 477-A	157
Art. 477-B	159
Art. 482	161
Art. 484-A	162
Art. 507-A	163
Art. 507-B	165

Art. 510-A	166
Art. 510-B	167
Art. 510-C	167
Art. 510-D	168
Art. 545	170
Art. 578	175
Art. 579	178
Art. 582	179
Art. 583	180
Art. 587	181
Art. 601	181
Art. 602	182
Art. 604	182
Art. 611-A	183
Art. 611-B	186
Art. 614	188
Art. 620	194
Art. 634	196
Art. 652	197
Art. 702	199
Art. 775	202
Art. 789	203
Art. 790	205
Art. 790-B	207
Art. 791-A	210
Art. 792	214
Art. 793-A	214
Art. 793-B	214
Art. 793-C	214
Art. 793-D	215
Art. 800	216
Art. 818	217
Art. 840	219
Art. 841	220
Art. 843	221

Art. 844 222
Art. 847 225
Art. 855-A 225
Art. 855-B 227
Art. 855-C 227
Art. 855-D 227
Art. 855-E 227
Art. 876 228
Art. 878 230
Art. 879 231
Art. 882 233
Art. 883-A 233
Art. 884 234
Art. 896 236
Art. 896-A 239
Art. 899 240

Lei n. 6.019, de 3 de janeiro de 1974 243
Art. 4.º-A 243
Art. 4.º-B 243
Art. 4.º-C 244
Art. 5.º 244
Art. 5.º-A 244
Art. 5.º-B 245
Art. 5.º-C 245
Art. 5.º-D 245

Lei n. 8.036, de 11 de maio de 1990 259
Art. 20. I-A 259

Lei n. 8.212, de 24 de julho de 1991 261
Art. 28 261

Dispositivos revogados pela Lei n. 13.467/2017 263
Art. 5.º... 263

Vigência da Lei n. 13.467/2017 265
Art. 6.º... 265

REFERÊNCIAS.. 267

APRESENTAÇÃO

A obra que chega às suas mãos é fruto de intensas reflexões e debates sobre cada uma das passagens da Lei n. 13.467, de 13 de julho de 2017, que produziu a chamada "Reforma Trabalhista". No âmbito dessas discussões não se deixou de considerar nenhuma das facetas do processo legislativo de construção do diploma aqui em exame, sequer o enlevo empresarial que fez com que o governo o impulsionasse. A reforma trabalhista foi, então, aqui estudada na sua completitude, vista tanto como uma reação contra a jurisprudência civilizatória social do Tribunal Superior do Trabalho, quanto como uma proposta governamental de "modernização das relações de trabalho". As mais expressivas perspectivas foram consideradas no transcursar dos nossos comentários, inclusive aquela que chamou a atenção da sociedade para a suposta maioridade do trabalhador brasileiro e, consequentemente, para a sua também suposta capacidade de decidir, individualmente ou mediante assistência de seu sindicato, sobre a regulação de grande parte dos assuntos que dizem respeito ao seu contrato de emprego.

Diante desses múltiplos conteúdos, e em face das tantas perspectivas em torno das reformas alavancadas pelo governo brasileiro, tornou-se indispensável o oferecimento de um guia capaz de identificar os contornos de tão importantes mudanças normativas. Nisso verdadeiramente se destaca o nosso *Reforma Trabalhista*, pois oferece informações completas, apesar de condensadas e diretas, sobre cada um dos dispositivos alterados com indicação clara, segura e precisa sobre *"o que mudou"*. Isso facilitará as consultas rápidas e pontuais, capazes de satisfazer os mais exigentes leitores na construção dos seus próprios entendimentos.

As disposições contidas nos nossos comentários prestigiam o ***antes*** e o ***depois*** da reforma, analisam tendências e avaliam as repercussões de cada modificação no âmbito jurisprudencial. Pelo didatismo de cada uma das abordagens, pode-se assegurar que as anotações oferecidas foram planejadas para atender, indistintamente, empregados, empregadores, sindicalistas, estudantes e profissionais do Direito, estudantes e profissionais de outras esferas afins ao Direito, bem como toda e qualquer pessoa que queria entender o que aconteceu em torno da reforma trabalhista.

Anoto, por fim, o meu agradecimento a todos os colegas de judicatura, de docência e de vida acadêmica que, generosamente, dispuseram-se a discutir cada um dos dispositivos da Nova CLT. Meu especial agradecimento também se dirige à equipe da Saraiva, que em tão curto período tornou realidade mais um belo projeto editorial. Pela inspiração, agradeço às minhas meninas musas, Leti, Lulu e Lalai; pela confiança, agradeço a você, estimado leitor.

A INTERTEMPORALIDADE DAS NORMAS REGENTES DA REFORMA TRABALHISTA

Apesar de teoricamente ser uma violação ao princípio do não retrocesso social, e a despeito de, *in tese*, uma norma legal supressora de direitos estar fulminada pela inconstitucionalidade material, como se disciplinará a intertemporalidade de uma lei que, em vez de produzir progressividade social, retira direitos do patrimônio jurídico dos trabalhadores?

Essa é uma pergunta delicadíssima. A resposta pressupõe o posicionamento do intérprete quanto aos efeitos dos direitos trabalhistas previstos em lei sobre o contrato de emprego. Parece acertada, porém, a tese segundo a qual os direitos previstos em lei incorporam-se às cláusulas contratuais de emprego e, a partir de então, passam a constituir um patrimônio jurídico, um verdadeiro direito adquirido. Essa incorporação, aliás, é automática, independente do desejar do trabalhador ou do empregador. Como bem disse José Cairo Júnior, "se nada for ajustado expressamente entre empregado e empregador quando da formação do vínculo empregatício, ainda assim este último terá a obrigação de, por exemplo, remunerar o trabalho com quantia não inferior ao salário mínimo, conceder o gozo de férias anuais remuneradas, efetivar os depósitos do FGTS na conta vinculada do empregado, remunerar a jornada extraordinária de trabalho com valor não inferior a 50% da hora normal etc."[1].

Ora, se houve a integração das normas legais ao conteúdo do contrato de emprego, não há falar-se em sua retirada pela simples revogação da lei que fora incorporada, notadamente quando a situação for supressiva de vantagens. O TST, aliás, teve oportunidade de manifestar-se sobre essa situação e posicionou-se exatamente segundo a tese aqui expendida. Veja-se, então, o entendimento adotado na sua **Súmula 191**, pós-edição da Lei n. 12.740/2012.

Recorde-se que a Lei n. 12.740/2012 revogou integralmente a Lei n. 7.369/85, inclusive e especialmente na parte em que previa a base de cálculo do adicional de periculosidade para os eletricitários. O referido complemento salarial era pago sobre a integralidade da remuneração e passou a ser calculado apenas sobre o salário-base. Diante disso, fixou-se o entendimento de que "o adicional de periculosidade do empregado eletricitário, contratado sob a égide da

---

[1] CAIRO JÚNIOR, José. *Curso de direito do trabalho*. 13. ed. Salvador: JusPodivm, 2016, p. 82-83.

Lei n. 7.369/1985, deve ser calculado sobre a totalidade das parcelas de natureza salarial" e de que "a alteração da base de cálculo do adicional de periculosidade do eletricitário promovida pela Lei n. 12.740/2012, atinge somente contrato de trabalho firmado a partir de sua vigência, de modo que, nesse caso, o cálculo será realizado exclusivamente sobre o salário básico".

Essa intertemporalidade prescrita pelo TST parece estar de acordo com o **princípio constitucional da irredutibilidade salarial**, pois somente por meio dessa exegese seria possível contemporizar as mudanças e o respeito ao igualmente constitucional princípio de devoção ao direito adquirido. Em outras palavras, o empregado tem por adquirido um conjunto de direitos trabalhistas que somente podem merecer progressão, jamais retrocessão. Se, por alguma razão ponderosa, houver um declínio da vida social do trabalhador, as conquistas incorporadas ao seu patrimônio jurídico estarão preservadas. **O novo direito com eventual *downgrade* social, *caso passe pelo filtro da inconstitucionalidade material por violação ao princípio do não retrocesso social*, somente será exigível de novos empregados, ou seja, de empregados que apenas mantiveram seus contratos com base na nova e menos favorável lei**. Não há falar-se aqui em tratamento diferenciado ou em violação do princípio da igualdade, porque a vantagem preservada em favor dos antigos empregados há de ser entendida como uma vantagem pessoal e, por isso, intransferível.

Esse assunto ganha relevo diante da reforma trabalhista de 2017, produzida pela Lei n. 13.467, de 13 de julho de 2017[2], pois alguns descensos foram infelizmente constatados. Tome-se como exemplo a supressão das horas *in itinere*. Esse ato normativo, *caso passe pelo filtro da inconstitucionalidade material por violação ao princípio do não retrocesso social*, não poderá produzir a simples e mera retirada do direito de recebimento das horas de itinerário daquele que, antes da vigência da lei da reforma trabalhista, as recebia. A solução proposta é, portanto, a da incorporação e do respeito ao direito adquirido daqueles que já recebiam as horas *in itinere* que somente deixarão de sê-las devidas se os pressupostos existentes para o seu pagamento deixarem de existir como, por exemplo, a outorga de transporte público regular no local em que está estabelecida a sede do empregador.

Raciocínio semelhante – fundado na incorporação dos direitos trabalhistas ao contrato de emprego – pode ser desenvolvido no que diz respeito à revogação do art. 384 da CLT que garantia intervalo de 15 minutos em favor das mulheres antes do início da prestação de qualquer hora extraordinária.

Note-se que a tese da incorporação das cláusulas legais mais favoráveis nos contratos de emprego **não têm aplicabilidade diante de modificações legislativas da natureza jurídica da parcela**, uma vez que envolve interesse tributário estatal. Assim, a transformação em verba remuneratória do que antes era parcela indenizatória ou vice-versa não pode, ao

---

2   A Lei n. 13.467, de 13-7-2017 – *DOU* de 14-7-2017, tem, entre seus dispositivos um artigo que trata sobre a sua vigência. Veja-se:
"Art. 6.º Esta Lei entra em vigor após decorridos cento e vinte dias de sua publicação oficial".
Pois bem. Considerado o dia 14-7-2017 como data de publicação e de início de contagem dos 120 dias, o término dessa contagem se dará em 10-11-2017. Logo, as alterações previstas na Lei n. 13.467/2017 entram em vigor a partir do dia 11-11-2017, vale dizer, no 121.º dia da publicação.

que tudo indica, ser obstaculizada pela teoria da incorporação dos direitos trabalhistas ao contrato de emprego.

Nessa ordem de ideias, *não há falar-se, por exemplo, em manutenção da natureza remuneratória das horas de intervalo intrajornada suprimidas*. A Lei n. 13.467, de 13 de julho de 2017, ao tratá-las expressamente como verba indenizatória o faz indistintamente em relação aos antigos e aos novos contratos, embora se deva considerar em todo caso a norma vigente no momento do pagamento. Assim, mesmo depois de iniciada a vigência da Lei n. 13.467/2017, um pagamento correspondente ao mês de maio ou junho de 2017 sob o rótulo de intervalo intrajornada suprimido deve ser feito observada a natureza remuneratória da verba; supressões ocorridas depois da vigência da referida lei, porém, hão de ser consideradas geradoras de parcelas indenizatórias, tal como preceitua a norma aqui em exame.

É possível, portanto, criar um sistema para tratar da intertemporalidade da Lei 13.467, de 2017:

a) Normas benfazejas

As normas que produziram vantagens ao contrato de emprego são imediatamente agregadas aos contratos de emprego em curso antes da vigência da Lei 13.467/2017, e isso acontecerá em virtude do princípio da progressividade social insculpido no *caput* do art. 7.º do Texto Constitucional, segundo o qual devem ser admitidos como fonte do direito do trabalho todos os direitos mínimos contidos naquele dispositivo constitucional, além de outros quaisquer – que venham por norma autônoma ou heterônoma – que visem à melhoria de sua condição social. Assim, se se tratar de fonte benfazeja ela será imediatamente incorporada a qualquer contrato de emprego em curso, e, obviamente, também sobre os novos contratos de emprego.

Cabe, entretanto, ressalvar as normas que mudam a natureza jurídica das parcelas, de remuneratória para não remuneratória ou vice-versa . Estas, por envolverem interesse tributário estatal, não são incorporadas ao contrato de emprego dos trabalhadores que atuaram sob a égide da lei antiga. Assim, a transformação em verba remuneratória do que antes era parcela indenizatória ou vice-versa não pode, ao que tudo indica, ser obstaculizada pela teoria da incorporação dos direitos trabalhistas ao contrato de emprego.

b) Normas malfazejas

O novo direito com eventual *downgrade* social, *caso passe pelo filtro da inconstitucionalidade material por violação ao princípio do não retrocesso social*, somente será exigível de novos empregados, ou seja, de empregados que apenas mantiveram seus contratos com base na nova e menos favorável lei. A solução proposta é, portanto, a da incorporação e do respeito ao direito adquirido daqueles que já fruíam dos direitos suprimidos que somente deixarão de ser desfrutados se os pressupostos existentes para o seu pagamento deixarem de existir como, por exemplo, a outorga de transporte público regular no local em que está estabelecida a sede do empregador no caso de quem era destinatários de horas ***in itinere***.

E NO ÂMBITO PROCESSUAL, COMO SE DARÁ A INTERTEMPORALIDADE?

A regra aqui é a da aplicação imediata, conforme se pode observar, por analogia, no art. 14 do CPC/2015, segundo o qual "a norma processual não retroagirá e será aplicável imediatamente aos processos em curso, respeitados os atos processuais praticados e as situações jurídicas consolidadas sob a vigência da norma revogada".

A experiência encontrável no referido diploma processual civil permite dizer, com arrimo no art. 1.046 do citado texto, que, ao entrar em vigor, as novas disposições se aplicarão desde logo aos processos pendentes.

CLT COMPARADA

CLT REFORMA TRABALHISTA	CLT ORIGINAL
Art. 2.º Considera-se empregador a empresa, individual ou coletiva, que, assumindo os riscos da atividade econômica, admite, assalaria e dirige a prestação pessoal de serviço. **§ 1.º** Equiparam-se ao empregador, para os efeitos exclusivos da relação de emprego, os profissionais liberais, as instituições de beneficência, as associações recreativas ou outras instituições sem fins lucrativos, que admitirem trabalhadores como empregados. **§ 2.º** Sempre que uma ou mais empresas, tendo, embora, cada uma delas, personalidade jurídica própria, estiverem sob a direção, controle ou administração de outra, ou ainda quando, mesmo guardando cada uma sua autonomia, integrem grupo econômico, serão responsáveis solidariamente pelas obrigações decorrentes da relação de emprego. **§ 3.º** Não caracteriza grupo econômico a mera identidade de sócios, sendo necessárias, para a configuração do grupo, a demonstração do interesse integrado, a efetiva comunhão de interesses e a atuação conjunta das empresas dele integrantes. • §§ 2.º e 3.º c/ redação da Lei n. 13.467, de 13-7-2017.	**Art. 2.º** Considera-se empregador a empresa, individual ou coletiva, que, assumindo os riscos da atividade econômica, admite, assalaria e dirige a prestação pessoal de serviço. **§ 1.º** Equiparam-se ao empregador, para os efeitos exclusivos da relação de emprego, os profissionais liberais, as instituições de beneficência, as associações recreativas ou outras instituições sem fins lucrativos, que admitirem trabalhadores como empregados. **§ 2.º** Sempre que uma ou mais empresas, tendo, embora, cada uma delas, personalidade jurídica própria, estiverem sob a direção, controle ou administração de outra, constituindo grupo industrial, comercial ou de qualquer outra atividade econômica, serão, para os efeitos da relação de emprego, solidariamente responsáveis a empresa principal e cada uma das subordinadas.

O que mudou?

O art. 2.º da CLT manteve integralmente o seu *caput* e o texto constante do § 1.º. Sofreu, entretanto, alteração em seu § 2.º para admitir o grupo econômico horizontal e ganhou um parágrafo adicional, o § 3.º, com o objetivo de esclarecer que a mera identidade de sócios não é o suficiente para a caracterização do agrupamento econômico.

Comentários

Nos termos do novo § 2.º do art. 2.º da CLT, "sempre que uma ou mais empresas, tendo, embora, cada uma delas, personalidade jurídica própria, estiverem sob a direção, controle ou administração de outra, **ou ainda quando, mesmo guardando cada uma sua autonomia**, integrem grupo econômico, serão responsáveis solidariamente pelas obrigações decorrentes da relação de emprego" (destaques não constantes do original).

Diante dessa redação, percebe-se que, para fins trabalhistas, a coligação de duas ou mais empresas beneficiárias de um mesmo contrato de emprego produz para todas elas uma situação de responsabilidade solidária. Extraem-se daí, portanto, três pressupostos essenciais, sem os quais não se poderá afirmar existente o "grupo econômico trabalhista".

E quais são os pressupostos constitutivos do grupo econômico trabalhista?

Pois bem. Segundo perspectiva baseada na literalidade da expressão, pressuposto é circunstância ou fato antecedente necessário de outro, sem o qual não pode ser concebida sua existência ou viabilidade. Em outras palavras, pressuposto é aquilo que previamente se supõe existir para que se possa falar juridicamente em algo. Nesses moldes, para falar em grupo econômico trabalhista é indispensável supor a existência das seguintes peças:

- **Formação de um grupo, ou seja, de uma aglutinação de pessoas com personalidades diversas**

O primeiro pressuposto de formação do grupo econômico diz respeito à "concentração econômica" no plano fático, independentemente de qualquer formalização jurídica. Perceba-se que o ato de agregação próprio do grupo econômico preserva a personalidade jurídica de cada um dos integrantes. Não há fusão empresarial. Nesta, duas ou mais empresas são dissolvidas, e, em lugar do que originariamente existia, surge um novo empreendimento com características próprias e singulares. Na concentração econômica aqui analisada as empresas apenas se unem para, mantidas suas particularidades, alcançarem objetivos comuns.

- **Exploração de atividade econômica**

A regra contida no § 2.º do art. 2.º da CLT envolve apenas grupos que realizam atividades econômicas, assim entendidas aquelas que, de modo organizado, produzem ou fazem circular bens ou serviços, independentemente do intuito lucrativo. Assim, podem integrar o "grupo econômico trabalhista" não somente os empresários individuais e as sociedades empresárias, privadas ou estatais, mas também os "empregadores por equiparação" previstos no § 1.º do art. 2.º da CLT, porque não seria isonômico dar proteção aos empregados contratados por empresas que se incluíssem no figurino do *caput* do art. 2.º, mas não a oferecer aos admitidos por entidades que, nos termos da lei, foram equiparadas a empresa. Ou a equiparação é válida para todos os fins ou não é equiparação. Ademais, o texto do supracitado § 2.º não exclui de seu campo de aplicabilidade os chamados "empregadores por equiparação". Anote-se, finalmente, que o grupo econômico pode ser composto de empresas que realizam atividades diversas, o que, aliás, sói acontecer.

- **Potencial relação de subordinação ou de coordenação entre os integrantes do grupo econômico**

A influência dominante de uma empresa – entendida como líder – sobre outra ou outras empresas sempre foi apresentada como pressuposto essencial para a aplicabilidade da norma contida no § 2.º do art. 2.º da CLT. Esse entendimento baseava-se no argumento de que o grupo econômico trabalhista somente se formava de modo hierarquizado. A publicação da Lei n. 5.889/73 e a declaração constitucional de igualdade entre trabalhadores urbanos e rurais (*caput* do art. 7.º), entretanto, foram as primeiras evidências demonstrativas da ruína dessa ideia. Recorde-se que o *estatuto dos rurícolas* trouxe nova redação para o grupo econômico, admitindo que não apenas a hierarquização caracterizaria o instituto, mas também situações em que cada componente preservasse sua autonomia. Nesse caso fala-se num grupo econômico horizontal. Veja-se:

> Lei n. 5.889/73, art. 2.º [...] § 2.º *Sempre que uma ou mais empresas, embora tendo cada uma delas personalidade jurídica própria, estiverem sob direção, controle ou administração de outra, **ou ainda quando, mesmo guardando cada uma sua autonomia**, integrem grupo econômico ou financeiro rural, serão responsáveis solidariamente nas obrigações decorrentes da relação de emprego (grifos não constantes do original).*

Essa ideia, aliás, foi incorporada ao texto da CLT, que, **depois da reforma empreendida na era Temer,** passou a prever a responsabilidade solidária das empresas integrantes de um grupo econômico, **tanto nas situações em que elas estivessem sob a direção, controle ou administração de outra, quanto nas hipóteses em que guardassem cada uma sua autonomia.**

Diante disso, há de concluir-se, especialmente com fundamento na reforma trabalhista, que **não é mais indispensável a existência de uma relação de domínio para a caracterização do grupo econômico trabalhista**. Isso, aliás, já era sustentado há muito tempo no plano doutrinário pelo Professor Amauri Mascaro Nascimento, para quem bastava "uma relação de coordenação entre as diversas empresas" sem que existisse necessariamente uma em posição predominante[3]. Se o objetivo do instituto foi ampliar a segurança quanto ao adimplemento dos créditos laborais, não se poderia dar interpretação diferente à situação. Aos magistrados, aliás, sempre se fez recordar que, na atividade de aplicação da lei, devem ser atendidos os fins sociais a que ela se dirige (*vide* art. 5.º da Lei de Introdução às Normas do Direito Brasileiro – Decreto-Lei n. 4.657, de 4-9-1942), não sendo visível no instituto sob análise fim social diverso do revigoramento da garantia da solvabilidade dos créditos trabalhistas.

Anote-se, por derradeiro, que a CLT reformada pela Lei n. 13.467, de 13 de julho de 2017, trouxe no seu bojo um parágrafo a mais para o art. 2.º com o objetivo de deixar bem claro que **"não caracteriza grupo econômico a mera identidade de sócios**, sendo necessárias, para a configuração do grupo, a demonstração do interesse integrado, a efetiva comunhão de interesses e a atuação conjunta das empresas dele integrantes" (grifos não constantes do original). A

---

3 NASCIMENTO, Amauri Mascaro. *Iniciação ao direito do trabalho.* 30. ed. São Paulo: LTr, 2004.

inserção desta disposição teve a sua importância para deixar bem claro que **um grupo econômico é bem mais do que empresas distintas que têm os mesmos sócios**. Essa identidade societária é não mais do que elemento indiciário para que se iniciem as investigações em torno do tema.

Um grupo econômico trabalhista demanda para a sua concreta evidência, então, a **demonstração do interesse integrado**, vale dizer, a inclinação das empresas agrupadas com vista à satisfação agregada de suas necessidades; **a efetiva comunhão de interesses**, assim compreendida a irrefragável aliança interempresarial; **e a sua atuação conjunta**, que pode ser evidenciada mediante a concretização prática de um plano de ação do grupo. Cabe assinalar, porém, que é extremamente difícil a produção de prova processual desses pressupostos, especialmente porque não basta a constatação de uma ação isolada ou momentânea das empresas agrupadas. Exatamente por isso a mais convincente das provas de existência de um grupo econômico é a autoproclamação empresarial: empresas se declararam integrantes de um grupo econômico para que, com isso, demonstrem sua fortaleza para os pretensos clientes. Não raramente, portanto, as petições iniciais das ações trabalhistas que pugnam pela caracterização desse singular agrupamento trazem aos autos impressões colhidas de sites da internet ou cópias de páginas de revistas ou jornais nos quais as empresas coligadas se autodeclararam integrantes de um mesmo grupo econômico.

CLT REFORMA TRABALHISTA	CLT ORIGINAL
Art. 4.º Considera-se como de serviço efetivo o período em que o empregado esteja à disposição do empregador, aguardando ou executando ordens, salvo disposição especial expressamente consignada. **§ 1.º** Computar-se-ão, na contagem de tempo de serviço, para efeito de indenização e estabilidade, os períodos em que o empregado estiver afastado do trabalho prestando serviço militar e por motivo de acidente do trabalho. • Parágrafo único renumerado pela Lei n. 13.467, de 13-7-2017, em vigor 120 dias após sua publicação (*DOU* 14-7-2017). **§ 2.º** Por não se considerar tempo à disposição do empregador, não será computado como período extraordinário o que exceder a jornada normal, ainda que ultrapasse o limite de cinco minutos previsto no § 1.º do art. 58 desta Consolidação, quando o empregado, por escolha própria, buscar proteção pessoal, em caso de insegurança nas vias públicas ou más condições climáticas, bem como adentrar ou permanecer nas dependências da empresa para exercer atividades particulares, entre outras: I – práticas religiosas; II – descanso; III – lazer; IV – estudo;	**Art. 4.º** Considera-se como de serviço efetivo o período em que o empregado esteja à disposição do empregador, aguardando ou executando ordens, salvo disposição especial expressamente consignada. **Parágrafo único.** Computar-se-ão, na contagem de tempo de serviço, para efeito de indenização e estabilidade, os períodos em que o empregado estiver afastado do trabalho prestando serviço militar ... (*vetado*) ... e por motivo de acidente do trabalho. Parágrafo único acrescentado pela Lei n. 4.072, de 16-6-1962.

CLT REFORMA TRABALHISTA	CLT ORIGINAL
V – alimentação; VI – atividades de relacionamento social; VII – higiene pessoal; VIII – troca de roupa ou uniforme, quando não houver obrigatoriedade de realizar a troca na empresa. • § 2.º acrescentado pela Lei n. 13.467, de 13-7-2017.	

O que mudou?

O *caput* do art. 4.º da CLT foi integralmente mantido. O parágrafo único ali antes existente foi eliminado e em seu lugar foram criados dois parágrafos, o § 1.º, que manteve a redação do antigo parágrafo único, e o § 2.º, que identificou claramente situações não consideradas como tempo à disposição do empregador.

Comentários

Denomina-se **serviço efetivo real** todo período em que o empregado se encontra à disposição do empregador, dentro do horário de trabalho, **aguardando** ou **executando ordens**, salvo disposição especial expressamente consignada. Veja-se o *caput* do art. 4.º da CLT:

> Art. 4.º Considera-se como de serviço efetivo o período em que o empregado esteja à disposição do empregador, **aguardando** ou **executando ordens**, salvo disposição especial expressamente consignada.

Assim, independentemente de realizar a tarefa para a qual foi contratado, o empregado estará efetivamente em serviço sempre que permanecer aguardando ordens de execução.

Cabe anotar que a reforma trabalhista produzida pela Lei n. 13.467, de 13 de julho de 2017, deixou bem claro que, mesmo dentro do horário de trabalho, há determinadas atividades desenvolvidas pelos empregados que não são consideradas como serviço efetivo real. Para tanto foi inserido um § 2.º ao art. 4.º da CLT, que assim prevê:

> **Art. 4.º** [...]
> [...]
> **§ 2.º** Por não se considerar tempo à disposição do empregador, não será computado como período extraordinário o que exceder a jornada normal, ainda que ultrapasse o limite de cinco minutos previsto no § 1.º do art. 58 desta Consolidação, quando o empregado, **por escolha própria**, buscar proteção pessoal, em caso de insegurança nas vias públicas ou más condições climáticas, bem como adentrar ou permanecer nas dependências da empresa **para exercer atividades particulares**, entre outras:
> I – práticas religiosas;
> II – descanso;
> III – lazer;
> IV – estudo;
> V – alimentação;

VI – atividades de relacionamento social;
VII – higiene pessoal;
VIII – troca de roupa ou uniforme, quando não houver obrigatoriedade de realizar a troca na empresa. (NR e destaques não constantes do original).

Saliente-se que **o dispositivo quis tornar induvidoso que o tempo de permanência do empregado na sede do empregador por sua escolha própria não será entendido como serviço efetivo ficto**. Assim, quando o empregado, por escolha própria, buscar proteção pessoal, em caso de insegurança nas vias públicas ou más condições climáticas, ou ainda quando adentrar ou permanecer nas dependências da empresa para exercer atividades particulares, esse tempo não será entendido como à disposição do empregador, o que, em rigor, aliás, nunca foi.

O dispositivo foi inserido no texto da reforma trabalhista porque se desejou espancar a ideia de que caberia ao empregador expulsar o empregado do lugar de trabalho findo o seu expediente. Pela norma ficou bem evidente que o operário ali poderá permanecer por "escolha própria" ou para "exercer atividades particulares", bastando que se demonstre apenas que a permanência no interior da sede patronal decorreu de uma dessas necessidades.

Entende-se por "escolha própria" a opção consciente do trabalhador pela alternativa de permanecer no lugar de trabalho quando lhe era permitido sair dali. Os motivos que determinam essa opção são diversos, mas o legislador fez referência não exaustiva a dois deles: **"buscar proteção pessoal, em caso de insegurança nas vias públicas"** ou buscar proteção pessoal em caso de **"más condições climáticas"**. Seja lá como for, se o empregado não continuar a executar as suas atividades laborais, a mera permanência na sede do empregador não produzirá a presunção da ocorrência de serviço efetivo real. Caberá ao trabalhador provar que não apenas se manteve no espaço físico patronal, mas que, para além disso, efetivamente trabalhou.

Compreendem-se como "atividades particulares" aquelas que não têm conexão com o plexo funcional do trabalhador. São, em verdade, fazeres que interessam unicamente ao operário e que o empregador – por não ver nesses fazeres nenhuma ilicitude – permite sejam desenvolvidos na sede patronal. É bom destacar que o legislador mencionou apenas algumas das **atividades particulares** que poderiam ser realizadas nas dependências do contratante, sendo prova disso o uso da expressão **"entre outras"**. Desse modo, **entre outras atividades**, o patrão está autorizado a admitir que adentrem ou permaneçam nas suas dependências os seus empregados que visem, **sem nenhuma conexão com o trabalho e sem nenhuma exigência imposta pelo serviço,** a efetivação de:

I – práticas religiosas;
II – descanso;
III – lazer;
IV – estudo;
V – alimentação;
VI – atividades de relacionamento social;
VII – higiene pessoal;
VIII – troca de roupa ou uniforme, **quando não houver obrigatoriedade de realizar a troca na empresa.**

Art. 8.º   CLT Comparada | 25

CLT REFORMA TRABALHISTA	CLT ORIGINAL
Art. 8.º As autoridades administrativas e a Justiça do Trabalho, na falta de disposições legais ou contratuais, decidirão, conforme o caso, pela jurisprudência, por analogia, por equidade e outros princípios e normas gerais de direito, principalmente do direito do trabalho, e, ainda, de acordo com os usos e costumes, o direito comparado, mas sempre de maneira que nenhum interesse de classe ou particular prevaleça sobre o interesse público. **§ 1.º** O direito comum será fonte subsidiária do direito do trabalho. • Anterior parágrafo único com redação determinada pela Lei n. 13.467, de 13-7-2017, em vigor 120 dias após sua publicação (*DOU* 14-7-2017). **§ 2.º** Súmulas e outros enunciados de jurisprudência editados pelo Tribunal Superior do Trabalho e pelos Tribunais Regionais do Trabalho não poderão restringir direitos legalmente previstos nem criar obrigações que não estejam previstas em lei. **§ 3.º** No exame de convenção coletiva ou acordo coletivo de trabalho, a Justiça do Trabalho analisará exclusivamente a conformidade dos elementos essenciais do negócio jurídico, respeitado o disposto no art. 104 da Lei n. 10.406, de 10 de janeiro de 2002 (Código Civil), e balizará sua atuação pelo princípio da intervenção mínima na autonomia da vontade coletiva. • §§ 2.º e 3.º acrescentados pela Lei n. 13.467, de 13-7-2017.	**Art. 8.º** As autoridades administrativas e a Justiça do Trabalho, na falta de disposições legais ou contratuais, decidirão, conforme o caso, pela jurisprudência, por analogia, por equidade e outros princípios e normas gerais de direito, principalmente do direito do trabalho, e, ainda, de acordo com os usos e costumes, o direito comparado, mas sempre de maneira que nenhum interesse de classe ou particular prevaleça sobre o interesse público. **Parágrafo único.** O direito comum será fonte subsidiária do direito do trabalho, naquilo em que não for incompatível com os princípios fundamentais deste.

O que mudou?

O *caput* do art. 8.º da CLT foi integralmente mantido. O parágrafo único ali antes existente foi eliminado e em seu lugar foram criados três parágrafos, o § 1.º, que eliminou o filtro da "compatibilidade" na aplicação subsidiária do direito comum, o § 2.º, que proibiu aos tribunais trabalhistas de restringir direitos legalmente previstos ou criar obrigações que não estejam previstas em lei, e o § 3.º, que impõe à Justiça do Trabalho, por ocasião do exame de convenção coletiva ou acordo coletivo de trabalho, a análise exclusiva da conformidade dos elementos essenciais do negócio jurídico e o respeito ao princípio da intervenção mínima na autonomia da vontade coletiva.

Comentários

Destacam-se na doutrina dois métodos de integração: a heterointegração e a autointegração. Entende-se por **heterointegração** o método de colmatação por meio do qual as lacunas de um ordenamento são integradas a partir de normas ou de preceitos residentes **fora** do sistema de fontes. Isso ocorre quando se busca socorro no *direito comparado*, nos *usos e costumes*, nos *princípios gerais do direito* ou, ainda, na *equidade*.

A **autointegração**, por outro lado, é a sistemática de integração que preenche as lacunas a partir de elementos existentes **dentro** da própria fonte. Essa situação é verificada quando se busca auxílio na *jurisprudência* praticada ou quando se decide mediante *analogia*.

Perceba-se que a CLT, em seu art. 8.º, *caput*, informa que tanto as autoridades administrativas quanto as judiciárias poderão, *na falta de disposições legais ou contratuais* capazes de oferecer uma solução real para satisfazer uma específica controvérsia, decidir consoante exijam as circunstâncias, com apoio em métodos de **autointegração** (*jurisprudência* ou *analogia*) ou de **heterointegração** (*equidade, princípios gerais do direito, usos e costumes ou direito comparado*). O referido dispositivo não impõe que o julgador observe a sequência dos métodos de integração ali contidos, mas deixa clara, pela posposição, a preferência pela autointegração em detrimento da heterointegração, ressaltando que, em qualquer caso, "nenhum interesse de classe ou particular prevaleça sobre o interesse público". Leia-se o texto:

> Art. 8.º As autoridades administrativas e a Justiça do Trabalho, na falta de disposições legais ou contratuais, decidirão, conforme o caso, pela jurisprudência, por analogia, por equidade e outros princípios e normas gerais de direito, principalmente do direito do trabalho e, ainda, de acordo com os usos e costumes, o direito comparado, mas sempre de maneira que nenhum interesse de classe ou particular prevaleça sobre o interesse público.

Outro aspecto a observar em relação ao método trabalhista de integração está contido no § 1.º do art. 8.º da CLT. Como se pode notar, o direito comum será fonte subsidiária do direito do trabalho. Nesse ponto, cabe ressaltar que a reforma trabalhista produzida mediante a Lei n. 13.467, de 13 de julho de 2017, **eliminou do texto normativo o filtro da compatibilidade da solução integrativa proposta**. A despeito dessa retirada, parece razoável concluir que a simples evidência da omissão não autorizará, por si só, uma postura integrativa qualquer, pois continuará a ser imprescindível a adoção de uma solução que esteja de acordo com a filosofia e com a principiologia do direito laboral.

Pode-se interpretar a retirada da menção à "compatibilidade" com algo que, de tão óbvio, não precisaria ser expressamente referido. Afrontaria, portanto, a lógica da vulnerabilidade do trabalhador a importação de preceitos que pressupõem a igualdade entre os contratantes, a exemplo do disposto no art. 940 do Código Civil, consoante o qual "aquele que demandar por dívida já paga, no todo ou em parte, sem ressalvar as quantias recebidas ou pedir mais do que for devido, ficará obrigado a pagar ao devedor, no primeiro caso, o dobro do que houver cobrado e, no segundo, o equivalente do que dele exigir, salvo se houver prescrição". Ora, se há, realmente, uma dessemelhança de posições entre operários e patrões, não seria razoável que juízes e tribunais trabalhistas apenassem aquele que detém parco acesso à documentação do contrato de emprego e que, por essa razão, poderia estar eventualmente, desde que livre de má-fé, a pedir parcela já paga ou a postular mais do que o efetivamente se poderia entender como devido.

No tocante à redação dos §§ 2.º e 3.º do art. 4.º pós-reforma trabalhista, deixe-se registrado o alerta quanto à tentativa de calar a voz e interferir na independência dos juízes e tribunais no exercício de sua atividade essencial de dizer o direito. Afirma-se isso porque o § 2.º do art. 8.º da CLT, com redação determinada pela Lei n. 13.467, de 13 de julho de 2017, chegou aos píncaros de dispor que *"súmulas e outros enunciados de jurisprudência editados pelo Tribunal*

Superior do Trabalho e pelos Tribunais Regionais do Trabalho **não poderão restringir direitos legalmente previstos nem criar obrigações que não estejam previstas em lei**" (destaques não constantes do original).

Essa disposição normativa afronta a garantia constitucional de independência da magistratura e retira dos juízes e tribunais a atribuição que lhes dá sentido dentro do Estado Democrático de Direito. Afinal, tendo em conta a competência própria para o controle da constitucionalidade das leis, juízes e tribunais **podem e devem** aplicar os preceitos legislativos conforme a Constituição ou, em determinadas situações, apenas a própria Constituição para afastar a incidência de normas que com ela colidam. Cabe-lhes, nas sábias palavras de Vieira de Andrade[4], a reavaliação do juízo do legislador e, na hipótese de conclusão quanto à não recepção ou à inconstitucionalidade da lei ordinária, o "poder de desaplicação" dessa norma. Nesse caso, na lição do referido mestre português, os juízes devem decidir "como se essa lei não existisse, aplicando diretamente, em vez dela, os preceitos constitucionais, devidamente interpretados e concretizados". A vinculação dos tribunais aos preceitos sobre direitos fundamentais, a propósito, traduz-se mesmo na expectativa de que eles efetivamente **interpretem, integrem e apliquem** os referidos direitos de modo a conferir-lhes a máxima eficácia possível dentro de um sistema jurídico.

Como, então, querer calar a magistratura e desautorizar *a priori* as suas interpretações mediante uma mera legislação infraconstitucional? Bastará que juízes e tribunais declarem a sua inconstitucionalidade para que ela se reduza a pó e seja levada pelo vento do esquecimento.

Idêntica crítica há de ser realizada no tocante ao disposto no § 3.º do art. 8.º da CLT pós- reforma da Lei n. 13.467, de 13 de julho de 2017. Consta ali que *"no exame de convenção coletiva ou acordo coletivo de trabalho,* **a Justiça do Trabalho analisará exclusivamente a conformidade dos elementos essenciais do negócio jurídico**, *respeitado o disposto no art. 104 da Lei n. 10.406, de 10 de janeiro de 2002 (Código Civil), e balizará sua atuação pelo princípio da intervenção mínima na autonomia da vontade coletiva"* (destaques não constantes do original). Esse dispositivo subestima a missão institucional dos magistrados e arvora-se a fronteira de atuação jurisdicional. Como se pode impor que a Justiça do Trabalho analise "exclusivamente" a conformidade dos elementos essenciais do negócio jurídico? Obviamente o magistrado tem a liberdade de ir além na defesa dos postulados constitucionais, ainda que se valha do argumento de que, para tal análise, cabe-lhe dizer se há ou não licitude no objeto do contrato.

Como admitir, por exemplo, a validade de um instrumento coletivo negociado que, por exemplo, limite o acesso ao próprio Judiciário? Como aceitar uma convenção ou acordo coletivo que, no transcurso da negociação coletiva, desprestigie o direito fundamental à proteção à maternidade?

Pode-se até falar no respeito ao *"princípio da intervenção mínima na autonomia da vontade coletiva"*, pois, de fato, o magistrado não deve impedir o lícito desejar dos contratantes coletivos,

---

4 VIEIRA DE ANDRADE, José Carlos. *Os direitos fundamentais na Constituição Portuguesa de 1976*. 4. ed. Coimbra: Almedina, 2009, p. 199.

mas, em nome disso, não pode, sob esse pretexto, fechar os olhos para violações aos direitos fundamentais ou ainda aos direitos de terceiros.

CLT REFORMA TRABALHISTA	CLT ORIGINAL
Art. 10-A. O sócio retirante responde subsidiariamente pelas obrigações trabalhistas da sociedade relativas ao período em que figurou como sócio, somente em ações ajuizadas até dois anos depois de averbada a modificação do contrato, observada a seguinte ordem de preferência: I – a empresa devedora; II – os sócios atuais; e III – os sócios retirantes. **Parágrafo único.** O sócio retirante responderá solidariamente com os demais quando ficar comprovada fraude na alteração societária decorrente da modificação do contrato. • Artigo acrescentado pela Lei n. 13.467, de 13-7-2017, em vigor 120 dias após sua publicação (*DOU* 14-7-2017).	Não há correspondente na CLT original.

O que mudou?

O dispositivo constante do art. 10-A da CLT é uma inovação. Não existe correspondente no corpo da CLT original.

Referido dispositivo trata da responsabilidade patrimonial dos sócios retirantes.

Comentários

Um tema que especialmente interessa àqueles que militam na jurisdição trabalhista, e que em certa medida complementa a discussão em torno da sucessão empresarial, é o que diz respeito à substituição de um sócio por outro. Diz-se isso porque, durante anos, a inexistência de normas claras sobre a execução dirigida contra sócios e ex-sócios foi arena para muitas polêmicas e insatisfações. Não foram raros os relatos de ex-sócios que, embora tivessem se afastado da sociedade bem antes de aforada a ação trabalhista, acabaram por assumir dívidas que vociferavam não mais serem suas.

Os debates em torno da responsabilidade dos sócios pelas dívidas da sociedade passaram, então, a ter espaço central e a demandar maiores reflexões. Exatamente por isso serão estudados nos próximos tópicos as problemáticas da crise de identidade das pessoas jurídicas e as possíveis soluções jurídicas tomadas mediante o procedimento de desconsideração da personalidade jurídica.

Pois bem. O pensamento jurídico não se satisfaz apenas com o conhecimento de que certa ação ou omissão humana forma o conteúdo de um dever ou direito. Deve existir algo que "tem" o dever ou o direito. O conceito de pessoa, seja ela física (natural) ou jurídica, existe apenas na medida em que "têm" deveres e direitos; separada deles, a pessoa não possui existência. Ora, se assim é, pode-se afirmar que, sob o ponto de vista conceitual, as pessoas jurídicas nada mais são do que a personificação de uma ordem que regula a conduta de vários indivíduos; as pessoas físicas, por outro lado, constituem a personificação de um complexo de normas regulando a conduta de um mesmo indivíduo.

As pessoas jurídicas, porém, ao contrário das pessoas físicas (naturais), não agem por si só. O exercício da sua vontade está condicionado à operação de indivíduos. Assim, lembrando fundamentos em Kelsen,

> [...] um indivíduo atua como órgão de uma corporação se a sua conduta corresponde, de certo modo, à ordem especial que constitui a corporação. Vários indivíduos formam um grupo, uma associação, apenas quando estão organizados, se cada indivíduo possui uma função específica em relação aos outros. Eles estão organizados quando a sua conduta mútua é regulada por uma ordem, por um sistema de normas. É esta ordem – ou, o que redunda no mesmo, esta organização – que constitui a associação, que faz com que os vários indivíduos formem uma associação. [...] Os indivíduos "pertencem" a uma associação ou formam uma associação apenas na medida em que a sua conduta é regulada pela ordem "da" associação [...]. Um ato executado por um indivíduo na sua capacidade de órgão da comunidade é distinguido de outros atos desse indivíduo que não são interpretados como atos da comunidade apenas pelo fato de que o primeiro ato corresponde, num sentido específico, à ordem. A qualidade de órgão de um indivíduo repousa inteiramente na sua relação com a ordem [5].

Não há dúvidas, portanto, de que é o sistema normativo quem concebe a organização e lhe dá poderes de agir mediante determinados indivíduos. É a norma posta pelo Estado que cria as personalidades físicas e jurídicas e lhe dá extensão e medida. É "pessoa", portanto, quem a lei diz que é "pessoa", sendo isso suficiente para que se possa pressupor a sua capacidade de consentir.

Tão logo adquiriu o *status* de ente capaz de direito e obrigações, a pessoa jurídica iniciou um período de crise, motivado por abusos perpetrados em seu nome. A solução para os questionamentos acerca da consideração, havido fundamentalmente no campo jurisprudencial, motivou soluções casuísticas, adotadas normalmente com o objetivo de punir aqueles que se aproveitavam da personalidade jurídica. Iniciaram-se, então, ações tendentes a, quando necessário, superar a forma externa da entidade jurídica, para, penetrando nela, alcançar as pessoas e bens que debaixo de seu véu estivessem escondidas.

A teoria da desconsideração da personalidade jurídica, denominada no direito hispânico como *allanamiento o redhibición de la personalidad jurídica*, conseguiu situar-se definitivamente na teoria jurídica geral. Trata-se de um remédio jurídico mediante o qual resulta possível prescindir da forma de sociedade com que se ache revestido um grupo de pessoas e bens, negando a sua existência autônoma como sujeito de direito diante de uma situação jurídica particular.

Em nenhum país a doutrina nasceu como ideia unitária de algum jurista. Os tribunais, em realidade, começaram a dar solução a problemas concretos, sem grandes preocupações

---

5   KELSEN, Hans. *Teoria geral do direito e do Estado*. São Paulo: Martins Fontes, 1992, p. 102.

dogmáticas, a exemplo dos casos Bank of United States x Deveaux, em 1809; Salomon vs. Salomon & Co., em 1897; ou ainda o caso Mary Raynaud, da Corte de Cassação Francesa em 1908. A grande quantidade de casos que foram surgindo na jurisprudência motivou a criação de algumas obras na área, entre as quais a clássica, e fundamental para o presente estudo, *Piercing the veil of corporate entity*, de Maurice Wormser[6], que deu origem à expressão "perfurar o véu protetor dos infratores".

A obra de Rolf Serick[7], professor da Universidade de Heidelberg – *Aparência e realidade das sociedades mercantis. O abuso do direito por meio da pessoa jurídica* (1955) – entretanto, parece ser a que mais influenciou o direito brasileiro na área de desconsideração da personalidade jurídica. O professor Serick agrupou as manifestações mais frequentes de abuso da pessoa jurídica em três categorias gerais: fraude à lei, fraude ou violação ao contrato e dano fraudulento causado a terceiro. O referido autor, entretanto, não limitou o seu intento a uma mera exposição e classificação das formas mais frequentes do referido abuso, mas, para além disso, procurou uma elaboração dos postulados fundamentais que possibilitassem ingressar na essência da problemática, tendo em vista principalmente as construções do direito anglo-americano.

Resumem-se, segundo Juan M. Dobson[8], os postulados de Serick em uma regra fundamental e outras três complementares, que se enunciam da seguinte maneira: existirá abuso da personalidade jurídica quando, por meio de uma pessoa jurídica, efetiva-se (i) a burla a uma disposição legal; (ii) a burla a uma obrigação contratual; ou (iii) o prejuízo de terceiro. Somente nesses três casos, aliás, pode-se alegar que foi violada a boa-fé.

Trata-se, como se pode perceber, de um problema de imputação, devendo-se analisar quem, efetivamente, praticou o ato hostilizado, se a sociedade, no limite da lei e do seu estatuto, ou se o sócio, contrariando os referenciais da existência do corpo místico.

Valem, para finalizar este tópico, as palavras de Lamartine Côrrea, para quem "os problemas ditos de 'desconsideração' envolvem frequentemente um problema de imputação". O que importa basicamente – disse o referido professor – "é a verificação da resposta adequada à seguinte pergunta: no caso em exame, foi realmente a pessoa jurídica que agiu ou foi ela mero instrumento nas mãos de outras pessoas, físicas ou jurídicas?". E conclui:

> É exatamente porque nossa conclusão quanto à essência da pessoa jurídica se dirige a uma postura de realismo moderado, repudiamos os normativismos, os ficcionismos, os nominalismos, que essa pergunta tem sentido. Se é, em verdade, uma outra pessoa que está a agir, utilizando a pessoa jurídica como escudo, e se é essa utilização da pessoa jurídica, fora de sua função, que está tornando possível o resultado contrário à lei, ao contrato, ou às coordenadas axiológicas

---

6 WORMSER, Maurice. *Piercing the veil of corporate entity*. Columbia Law Review, 1912.
7 SERICK, Rolf. *Apariencia y realidad de las sociedades mercantiles. El abusso del derecho por medio de la persona jurídica*. Tradução de José Puig Brutau. Barcelona: Ariel, 1958.
8 DOBSON, Juan M. *El Abuso de la Personalidad Jurídica (en el derecho privado)*. 2. ed. Buenos Aires: Ediciones Depalma, 1991, p. 20.

fundamentais da ordem jurídica (bons costumes, ordem pública), é necessário fazer com que a imputação se faça com predomínio da realidade sobre a aparência [9].

A mais frequente questão, nos tempos modernos, é, portanto, aquela lançada por Lamartine Corrêa: **foi realmente a pessoa jurídica que agiu ou ela foi mero instrumento nas mãos de outras pessoas, físicas ou jurídicas?** Diante da evidência de que realmente foi pessoa diversa que atuou, utilizando a pessoa jurídica como escudo, cabe fazer predominar a realidade sobre a aparência; cabe, portanto, responsabilizar quem efetivamente praticou o ato nocivo.

A existência da pessoa jurídica está condicionada à conveniência daqueles que a "presentam". Sua vontade é conduzida pelas mentes de pessoas físicas que tanto podem ser absolutamente correspondentes ao desejo estatutário quanto dele maldosamente se desviar. Nesse instante, reconhecendo-se a responsabilidade dos integrantes do grupo societário, é possível perceber que a pessoa jurídica não vive em função de si própria, mas das ações praticadas por seus integrantes. Sem dúvidas, trata-se de uma circunstância produtiva de uma verdadeira crise de identidade. Afinal, quem, verdadeiramente, é a pessoa jurídica?

Qualquer desvio de finalidade das pessoas naturais que materializam suas ações implica a cessação de sua existência e, por conseguinte, a transferência de suas responsabilidades para quem as manejou.

Os tempos modernos revelam, assim, que entes abstratos não devem ser criados para proteger os seus integrantes ou mesmo pessoas que, não inseridas na composição do empreendimento, externamente as comandam. O resgate da identidade da pessoa jurídica há de se reforçar não somente na tese quanto à sua existência, mas, indispensavelmente, no sentimento de que ela é responsável nos estritos limites do seu estatuto.

Nessa linha de raciocínio, o Código de Processo Civil de 2015, entre os seus arts. 133 e 137, e posteriormente a CLT em seu art. 855-A passaram a admitir expressamente a desconsideração da personalidade jurídica como um incidente de intervenção de terceiros. Teve fim, portanto, a discussão quanto à (des)necessidade de ajuizamento de ação autônoma contra sócio ou sociedade quando estes não tivessem sido demandados na petição inicial.

Ofereceu-se nos referidos diplomas processuais civil e trabalhista uma solução incidental nos autos do mesmo processo, em qualquer unidade judiciária, em qualquer processo, procedimento, rito ou fase processual, para que pudessem ser constritos os bens dos sócios da sociedade inadimplente ou, numa desconsideração às avessas[10], os bens da sociedade de que participasse o sócio devedor. A instauração do incidente, para a segurança dos litigantes e de terceiros, ademais, passou a ser, por exigência constante do § 1.º do art. 134 do CPC/2015, imediatamente comunicada ao distribuidor para as anotações devidas.

---

9 OLIVEIRA, José Lamartine Corrêa de. *A dupla crise da pessoa jurídica*. São Paulo: Saraiva, 1979.

10 "Considerando-se que a finalidade da *disregard doctrine* é combater a utilização indevida do ente societário por seus sócios, o que pode ocorrer também nos casos em que o sócio controlador esvazia o seu patrimônio pessoal e o integraliza na pessoa jurídica, conclui-se, de uma interpretação teleológica do art. 50 do CC/2002, ser possível a desconsideração inversa da personalidade jurídica, de modo a atingir bens da sociedade em razão de dívidas contraídas pelo sócio controlador, conquanto preenchidos os requisitos previstos na norma" (STJ, 3.ª Turma, REsp 948.117-MS, julgado em 22-6-2010, Rel. Ministra Nancy Andrighi).

Como bem anotado na Exposição de Motivos do CPC/2015 (nota de rodapé 10), "o Novo CPC prevê expressamente que, **antecedida de contraditório e produção de provas**, haja decisão sobre a desconsideração da pessoa jurídica, com o redirecionamento da ação, na dimensão de sua patrimonialidade, e também sobre a consideração dita inversa, nos casos em que se abusa da sociedade, para usá-la indevidamente com o fito de camuflar o patrimônio pessoal do sócio". A lógica final é, portanto, a de que se deve, sim, responsabilizar o sócio infrator, mas que assim aja o Judiciário com respeito ao devido processo legal.

Na linha da admissão da responsabilidade dos sócios, designadamente dos sócios retirantes, a reforma trabalhista produzida mediante a Lei n. 13.467, de 13 de julho de 2017, inseriu na CLT o art. 10-A com o objetivo de estatuir que o sócio retirante responderá, sim, em caráter subsidiário, pelas obrigações trabalhistas da sociedade, mas apenas daquelas **relativas ao período em que figurou como sócio**, somente em ações aforadas **até dois anos** depois de averbada a modificação do contrato, observada, ainda, uma ordem de preferência:

I – a empresa devedora;
II – os sócios atuais; e
III – os sócios retirantes.

Nesses termos foi coibida a insegurança de grande parte dos ex-sócios de serem, em algum momento e por algum argumento, responsabilizados judicialmente por dívidas contraídas pela sociedade de que fizeram parte antes de iniciada a relação de emprego discutida em determinada execução trabalhista. A partir da vigência da modificação legislativa ora em análise somente será possível responsabilizar o sócio retirante pelas obrigações trabalhistas da sociedade **relativas ao período em que ele figurou como sócio**, salvo, evidentemente, quanto ficar comprovada fraude na alteração societária decorrente da modificação do contrato. Em tal hipótese, aliás, o sócio retirante, por conta de sua conduta ilícita, responderá solidariamente com os demais envolvidos na ilicitude, sejam eles a empresa devedora, os sócios atuais ou os demais sócios retirantes. Veja-se o texto normativo:

> **Art. 10-A.** O sócio retirante responde subsidiariamente pelas obrigações trabalhistas da sociedade relativas ao período em que figurou como sócio, somente em ações ajuizadas até dois anos depois de averbada a modificação do contrato, observada a seguinte ordem de preferência:
> I – a empresa devedora;
> II – os sócios atuais; e
> III – os sócios retirantes.
> **Parágrafo único.** O sócio retirante responderá solidariamente com os demais quando ficar comprovada fraude na alteração societária decorrente da modificação do contrato.

A fraude na alteração societária é, evidentemente, um ilícito que pode produzir muitos outros efeitos colaterais entre os quais até mesmo o questionamento/discussão da qualidade de sócio daqueles que, normalmente sendo apenas empregados do empreendimento, assinaram inocentemente, mediante ardis ou coação econômica, documentos que os levaram à adesão ao quadro societário.

CLT REFORMA TRABALHISTA	CLT ORIGINAL
Art. 11. A pretensão quanto a créditos resultantes das relações de trabalho prescreve em cinco anos para os trabalhadores urbanos e rurais, até o limite de dois anos após a extinção do contrato de trabalho. • *Caput* com redação determinada pela Lei n. 13.467, de 13-7-2017, em vigor 120 dias após sua publicação (*DOU* 14-7-2017). I e II – (*Revogados pela Lei n. 13.467, de 13-7-2017, em vigor 120 dias após sua publicação – DOU 14-7-2017*) **§ 1.º** O disposto neste artigo não se aplica às ações que tenham por objeto anotações para fins de prova junto à Previdência Social. • § 1.º acrescentado pela Lei n. 9.658, de 5-6-1998. **§ 2.º** Tratando-se de pretensão que envolva pedido de prestações sucessivas decorrente de alteração ou descumprimento do pactuado, a prescrição é total, exceto quando o direito à parcela esteja também assegurado por preceito de lei. **§ 3.º** A interrupção da prescrição somente ocorrerá pelo ajuizamento de reclamação trabalhista, mesmo que em juízo incompetente, ainda que venha a ser extinta sem resolução do mérito, produzindo efeitos apenas em relação aos pedidos idênticos. • §§ 2.º e 3.º com redação determinada pela Lei n. 13.467, de 13-7-2017, em vigor 120 dias da sua publicação (*DOU* 14-7-2017).	**Art. 11.** O direito de ação quanto a créditos resultantes das relações de trabalho prescreve: • *Caput* com redação determinada pela Lei n. 9.658, de 5-6-1998. I – em 5 (cinco) anos para o trabalhador urbano, até o limite de 2 (dois) anos após a extinção do contrato; • Inciso I acrescentado pela Lei n. 9.658, de 5-6-1998. II – em 2 (dois) anos, após a extinção do contrato de trabalho, para o trabalhador rural. • Inciso II acrescentado pela Lei n. 9.658, de 5-6-1998. **§ 1.º** O disposto neste artigo não se aplica às ações que tenham por objeto anotações para fins de prova junto à Previdência Social. • § 1.º acrescentado pela Lei n. 9.658, de 5-6-1998. **§ 2.º** (*Vetado.*) • § 2.º acrescentado pela Lei n. 9.658, de 5-6-1998. **§ 3.º** (*Vetado.*) • § 3.º acrescentado pela Lei n. 9.658, de 5-6-1998.

O que mudou?

O dispositivo constante do art. 11 da CLT teve o seu *caput* modificado. Ele agregou o conteúdo dos itens I e II, oferecendo, por conseguinte, uma redação mais compacta. O § 1.º do referido dispositivo foi preservado em sua integralidade. Ali se manteve a previsão no sentido de que a prescrição não se aplicaria às ações que tivessem por objeto anotações para fins de prova junto à Previdência Social.

Os §§ 2.º e 3.º do art. 11 da CLT são inovações. O § 2.º encampou a redação da Súmula 294 do TST acerca da prescrição total, mas nela inseriu também a hipótese de descumprimento do pactuado. O § 3.º, igualmente inovador, tratou da interrupção da prescrição e previu que ela *somente* ocorrerá pelo ajuizamento de reclamação trabalhista.

Comentários

O tempo, no sentido que interessa ao Direito, é uma medida que sequencia eventos e regula intervalos com o objetivo de encadear uma sucessão de instantes oportunos para a prática de determinados atos. Como fato juridicamente relevante, o tempo foi fracionado em períodos de duração variável com o objetivo de propiciar à sociedade, por sistemas de contagem e de agrupamento de anos, dias, horas ou minutos, a fixação dos marcos inicial e final para a realização de específicos atos. Os calendários e os relógios, assim, surgiram como os mais significativos aparatos inventados para fatiar o tempo em blocos constantes e regulares, iguais para todas as pessoas, capazes de, no plano das relações jurídicas, criar posições, modificar situações e encerrar ciclos.

Pode-se dizer, então, que todos os seres se submetem ao tempo, independentemente das suas vontades, porque ele, insensível ao que ocorre e isonômico no seu perpassar[11], somente atribui às pessoas não mais do que a escolha daquilo que poderá ocorrer durante a sua ininterrompível, inexorável e silenciosa caminhada. E se nada se fizer, faz-se o próprio tempo, como bem lembrou Santo Agostinho em suas *Confissões* (Livro Décimo Primeiro, Capítulo XIV):

> Não houve, pois, tempo algum em que nada fizesses, pois fizeste o próprio tempo. E nenhum tempo pode ser coeterno contigo, pois és imutável; se, o tempo também o fosse, não seria tempo.

E conclui, num dos mais profundos e intrigantes questionamentos filosóficos já oferecidos à humanidade:

> [...] afirmo com certeza e sei que, se nada passasse, não haveria tempo passado; que se não houvesse os acontecimentos, não haveria tempo futuro; e que se nada existisse agora, não haveria tempo presente. Como então podem existir esses dois tempos, o passado e o futuro, se o passado já não existe e se o futuro ainda não chegou? Quanto ao presente, se continuasse sempre presente e não passasse ao pretérito, não seria tempo, mas eternidade. Portanto, se o presente, para ser tempo, deve tornar-se passado, como podemos afirmar que existe, se sua razão de ser é aquela pela qual deixará de existir? Por isso, o que nos permite afirmar que o tempo existe é a sua tendência para não existir.

O tempo, portanto, como coisa veloz, fugitiva e irrecuperável, simplesmente passa. E em sua trajetória tanto permite construir quanto destruir; muito admite edificar e diversas coisas consente ruir. Ele é, portanto, a razão de ser dos **termos**, como medida pontual para que algum efeito se inicie ou se acabe, e dos **prazos**, como corrida linear para que algum fato se dê dentro dele, ou expirado o seu último momento[12]. O tempo faz-se, então, protagonista diante dos estudos que dizem respeito a diversos institutos jurídicos. Em nome dele se fala, entre outros eventos, em vigência, prescrição, decadência, preclusão, emancipação e extinção. Cada um desses institutos, enfim, vê o tempo como cenário permanente para uma pletora de efeitos capazes de efetivamente mudar a vida das pessoas.

Pois bem. Salvo por conta de algumas particularidades que serão apresentadas neste texto, não existem grandes diferenças na aplicação da prescrição nos âmbitos do direito civil e do direito do trabalho. As estruturas são essencialmente iguais, assim como os efeitos e as expectativas de quem argui a aplicabilidade desse instituto. Seja onde for, seja como for, a prescrição pode

---

11   BANDEIRA DE MELLO, Celso Antônio. *Conteúdo jurídico do princípio da igualdade*. São Paulo: Malheiros, 2007, p. 30.
12   Nesse sentido PONTES DE MIRANDA, Francisco C. *Tratado de direito privado*. Rio de Janeiro: Borsoi, t. 5, § 554.

ser definida como *o fato jurídico (decurso de um prazo previsto unicamente em lei) que conduz à perda da pretensão de judicialmente invocar reparação ou compensação por suposta lesão.*

A prescrição não produz a perda do direito, mas apenas a perda da pretensão, vale dizer, da sua exigibilidade perante o Judiciário. Nesses moldes, a dívida judicialmente declarada como prescrita continuará a existir, embora inexigível diante das estruturas do Estado. Passa a ser, portanto, uma obrigação natural que o devedor, querendo, pode adimplir, sem, porém, ter direito, nos termos do art. 882 do Código Civil, à restituição sob o fundamento do indébito[13].

É bom dizer que o direito do trabalho possui prazo de prescrição diferenciado daquele que normalmente é aplicado por meio de regras civis, âmbito em que vale como ordinário o prazo de 10 (dez) anos, nos moldes do art. 205 do Código Civil, e como especial, dependendo do caso, o prazo de 1 (um) a 5 (cinco) anos, nos termos do art. 206 do citado diploma. Na esfera trabalhista, aplica-se a prescrição, em regra, nos moldes contidos na Constituição da República. Ali, no art. 7.º, XXIX, há menção no sentido de que, entre os direitos dos trabalhadores urbanos e rurais, além de outros que visem à melhoria de suas condições sociais, está o de *"ação, quanto aos créditos resultantes das relações de trabalho, com prazo prescricional de cinco anos para os trabalhadores urbanos e rurais, até o limite de dois anos após a extinção do contrato de trabalho"*. Assim, diferentemente do que ocorre, em regra, no âmbito do direito civil, no **direito do trabalho** os créditos resultantes das relações trabalhistas **prescrevem em cinco anos**, desde que esteja em vigência o contrato, **e em dois anos**, depois de findo o contrato.

O conteúdo do § 1.º do art. 11 da CLT, que não foi mudado pela reforma trabalhista, impõe um estudo básico sobre a imprescritibilidade de alguns direitos trabalhistas.

Ao falar sobre o tema objeto deste tópico é importante lembrar, inicialmente, que, ao lado das ações condenatórias (espaço de atuação da prescrição) e das ações constitutivas (campo de ação da decadência), existe uma terceira categoria, a das ações declaratórias, assim entendidas aquelas por meio das quais a pretensão do acionante não visa mais do que certeza jurídica. Essa categoria de ação, então, não vai além da certificação da existência de um direito ou da inexistência do direito de seu adversário. Enfim, como bem disse o professor Agnelo Amorim Filho, em seu clássico artigo intitulado "Critério científico para distinguir a prescrição da decadência e para identificar as ações imprescritíveis",

> [...] as sentenças declaratórias não dão, não tiram, não proíbem, não permitem, não extinguem e nem modificam nada. Em resumo: não impõem prestações, nem sujeições, nem alteram, por qualquer forma, o mundo jurídico. Por força de uma sentença declaratória, no mundo jurídico nada entra, nada se altera, e dele nada sai. As sentenças desta natureza, pura e simplesmente, proclamam a "certeza" a respeito do que já existe, ou não existe, no mundo jurídico.

É bom repisar, então, que as ações **unicamente declaratórias**, independentemente de se tratar de pretensão individual ou transindividual, nunca se destinarão a produzir condenação, tampouco a criar, a modificar ou a extinguir estado jurídico. O objeto de uma ação declaratória não será nem maior nem menor do que sempre representou para o mundo jurídico. Exatamen-

---

13 "Art. 882. Não se pode repetir o que se pagou para solver dívida prescrita, ou cumprir obrigação judicialmente inexigível."

te por isso, não há motivos capazes de justificar que alguém deva pretender dentro de determinado prazo que se declare que algo existe ou que nunca existiu. Se isso acontecer, será ato nulo, pois, como bem lembrou Pontes de Miranda, "nenhuma pretensão imprescritível pode tornar-se, negocialmente, prescritível"[14].

No âmbito do direito do trabalho destaca-se como imprescritível, conforme o § 1.º do art. 11 da CLT, a pretensão meramente declaratória da existência, ou da inexistência, de vínculo de emprego, especialmente nas ações que tenham por objeto **anotações** para fins de prova junto à Previdência Social. Diante dela **cabe apenas declarar a existência ou a inexistência do ato negocial**, ainda que esteja prescrita a correspondente pretensão condenatória. Veja-se:

> **Art. 11.** [...]
> **§ 1.º** O disposto neste artigo não se aplica às ações que tenham por objeto anotações para fins de prova junto à Previdência Social. (Incluído pela Lei n. 9.658, de 5-6-1998).

Nesse ponto, cabe salientar que a **obrigação de anotar a CTPS** é, sem dúvidas, **pretensão de natureza condenatória**, haja vista envolver obrigação de fazer. Esta – é bom que se diga – **é suscetível de prescrição**, mas o Estado-juiz, nesse caso específico, **para garantir o assentamento formal daquilo que ele mesmo certificou**, tem à sua disposição a fórmula sucedânea que lhe permitirá fazer – ele mesmo, em lugar do demandado – a anotação em caráter substitutivo (*vide* o art. 39 da CLT).

Note-se que em tais casos não há como impor ao empregador a obrigação de anotar a CTPS, porque esse agir é claramente prescritível. Se prescrita a pretensão de anotar a CTPS, restará para o trabalhador, *caso o empregador não se disponha a realizar o ato*, contentar-se com a anotação que haverá de ser promovida de ofício pela Secretaria da Vara. Perceba-se que o § 1.º do art. 11 da CLT é cristalino no que diz respeito aos seus limites, nada que exceda o direito de ver realizadas "**anotações** [*produzidas pelo próprio Judiciário, conforme o mencionado art. 39 da CLT*] para fins de prova junto à Previdência Social".

Pelo raciocínio aqui expendido, estará prescrita, igualmente, a pretensão de um empregado que, sob o fundamento de ver certificada a condição meio ambiental do lugar no qual trabalhou em período abarcado pela prescrição, queria, ainda assim, ver expedido o perfil profissiográfico previdenciário pelo seu ex-empregador. Nesse caso não há negar-se que, extrapolado o prazo prescricional, foi, sim, extinta a obrigação de fazer consistente na confecção e na emissão do citado perfil ou de qualquer outro documento histórico laboral. Remanesce, então e apenas, o direito de o Judiciário declarar que o trabalhador laborou para determinada empresa em período específico e, havendo possibilidades probatórias, declarar quais teriam sido as condições meio ambientais desse trabalho. A atribuição de tutela mais extensa envolveria o magistrado na armadilha da "pretensão condenatória disfarçada de pretensão meramente declaratória". O simples argumento de que a ação teria por objeto "anotações para fins

---

14 PONTES DE MIRANDA. *Tratado de direito privado*. Rio de Janeiro: Borsoi, 1972, t. 6, § 698.

de prova junto à Previdência Social" não dá ao juiz o direito de tornar imprescritível qualquer obrigação de fazer sepultada pela prescrição.

Igualmente, são imprescritíveis e também imunes à decadência as pretensões de decretação de nulidade. Nesse sentido é importante oferecer uma situação-exemplo com o objetivo de fazer notar que a Administração Pública, em nenhum momento, ver-se-á obstaculizada ou restringida na sua pretensão de exigir que o Estado-juiz a libere de satisfazer direito prestacional de pessoa que lhe ofereceu trabalho sem a realização de concurso público. Deseja-se dizer com isso que, mesmo depois de passados cinco, dez, quinze ou mais anos de vigência de um contrato nulo firmado com a Administração Pública, esta não perderá, pelo transcurso do tempo, o direito de pretender a declaração de inexigibilidade judicial de um conjunto de direitos prestacionais, porque, obviamente, nulos. Nesse ponto cabe a lembrança do disposto no art. 169 do Código Civil, segundo o qual "o negócio jurídico nulo não é suscetível de confirmação, nem convalesce pelo decurso do tempo".

É bom anotar, ainda, que **os direitos da personalidade também são, em si, imprescritíveis e insuscetíveis de decadência. As pretensões decorrentes da violação desses direitos, entretanto, submetem-se à prescrição e à decadência conforme previsão normativa, porque, em rigor, podem trazer consigo pretensões condenatórias ou constitutivas.** Assim, a título ilustrativo, imagine-se a situação de um ex-empregado de um bar que teve o seu nome e retrato associados a um produto que ele preparava – por exemplo, "a caipirinha do Pedro Bumpkin" – e que o seu empregador manteve no cardápio da empresa mesmo depois do seu desligamento. Pois bem. Independentemente de passados mais de dois anos da terminação do contrato de trabalho, o empregado Pedro Bumpkin pode pretender em Juízo, a qualquer tempo, a dissociação de seu nome e de seu retrato do produto da empresa. Ele pode não mais ter, porque eventualmente prescritas, pretensões condenatórias, mas, pela natureza do direito envolvido (direito da personalidade), poderá, a qualquer tempo, apresentar pretensão desconstitutiva. Vê-se, assim, que os direitos da personalidade nunca decaem e que sempre será possível o uso de ação constitutiva negativa para fazer cessar a lesão ou a ameaça a tal direito.

No plano da especificação, e com vista a tratar do conteúdo do § 2.º do art. 11 da CLT, cabe estudar a prescrição quanto à extensão dos seus efeitos, podendo ser parcial, total ou extintiva.

Entende-se por "parcial" ou "parciária" a prescrição que atinge parte das pretensões contidas em determinado lapso temporal. Essa espécie prescricional recebe também o nome de prescrição "parcelar", porque, uma vez efetivada, torna inexigível judicialmente fração do todo que normalmente, sem a perda decorrente da inação, poderia ter sido exigido e fruído em sua integralidade.

Para bem entender essa situação cabe observar que, no âmbito juslaboral, e nos limites do art. 7.º, XXIX, da Constituição da República, o empregado, de modo geral, tem o prazo de cinco anos para pretender judicialmente o pagamento de créditos que lhe tenham sido inadimplidos. Exatamente por conta dessa dimensão temporal, afirma-se existente uma "prescrição quinquenal". Assim, se estivermos diante de um contrato de emprego vigente desde janeiro de 2005, é possível afirmar que as primeiras manifestações da "prescrição parcial" ou "parcelar" ocorrem a partir de janeiro de 2010. Desse modo, se um empregado tem inadimplida uma hora extraordinária ou "congelada" a sua gratificação em janeiro de 2005[15], ele terá até janeiro de 2010 para exigir judicialmente a certificação de sua pretensão, sob pena de incorrer na aqui analisada prescrição. É bom lembrar que, sendo o contrato de emprego um negócio jurídico de trato sucessivo, na medida em que o tempo flui, diversos créditos vão sendo consumidos pela prescrição e outros tantos passam a ser devidos por conta de novos eventos celebrados a cada dia de prestação laboral.

Quando o contrato é terminado por alguma das diversas causas de cessação, inicia-se a contagem de um prazo prescricional de dimensão diferente, vale dizer, inicia-se a contagem do prazo de dois anos para que o empregado, respeitado o limite retroativo de cinco anos, postule judicialmente o que entenda devido. Superados os referidos dois anos sem a apresentação de nenhuma pretensão em face da Justiça, entende-se caracterizada a prescrição extintiva, que consome absolutamente tudo o que até a sua ultimação poderia ser postulado.

A prescrição será "total" ou "nuclear" quando atingir todos os atos jurídicos havidos antes da barreira dos últimos cinco anos. Diz-se "total", porque esta espécie consome integralmente, "totalmente", os créditos correspondentes a determinado ato jurídico, depois de constatada inação por mais de cinco anos. Denomina-se também "nuclear", porque ela atua no núcleo do direito, dizimando-o, sem lhe permitir a produção de diferenças.

Para bem entender a "prescrição total" é também relevante compreender que ela é visível unicamente diante de contratos de trato sucessivo – como é o caso do contrato de emprego – e que a sua contagem se inicia a partir de uma desfavorável "alteração do pactuado", salvo se o direito à parcela atingida pela alteração *in pejus* esteja também assegurado por preceito de lei.

Imagine-se, então, a título ilustrativo, que um empregador, por via contratual, criou uma gratificação junina no valor de uma remuneração do empregado, pagável todo mês de junho, independentemente de lucros ou resultados, e que a suprimiu há sete anos. Pois bem. Pode-se dizer que o empregado que não reivindicou a manutenção da gratificação dentro do prazo de cinco anos contados da sua supressão incorreu em prescrição total, ou seja, viu consumida pela prescrição a pretensão de exigi-la judicialmente.

Situação diferente ocorreria se a mencionada gratificação fosse assegurada por lei. Tome-se a título de exemplo a gratificação natalina ou décimo terceiro salário. Esta parcela não tem esteio unicamente no contrato, mas, antes disso, na lei. Assim, o decurso do tempo não produz o efeito prescritivo total em relação a ela. O tempo apenas consumirá parcelas, mas não o núcleo do direito. Nesses moldes, se um empregador suprimiu a gratificação natalina há sete anos, o empregado pode reivindicar, sem incorrer em prescrição total, as mencionadas verbas correspondentes aos últimos cinco anos.

A jurisprudência cristalizada posiciona-se exatamente nesses moldes, conforme se vê na Súmula 294 do TST:

> **Súmula 294 do TST.** PRESCRIÇÃO. ALTERAÇÃO CONTRATUAL. TRABALHADOR URBANO. Tratando-se de ação que envolva pedido de prestações sucessivas decorrente de

---

15 **"Súmula 373 do TST**. GRATIFICAÇÃO SEMESTRAL. CONGELAMENTO. PRESCRIÇÃO PARCIAL. Tratando-se de pedido de diferença de gratificação semestral que teve seu valor congelado, a prescrição aplicável é a parcial."

alteração do pactuado, a prescrição é total, exceto quando o direito à parcela esteja também assegurado por preceito de lei.

Importante anotar que o legislador da reforma da era Temer (Lei n. 13.467, de 13 de julho de 2017) inspirou-se na redação da referida Súmula e acresceu o § 2.º ao art. 11 da CLT com redação bem assemelhada. Veja-se:

Art. 11. [...]
§ 2.º Tratando-se de **pretensão** que envolva pedido de prestações sucessivas decorrente de **alteração ou descumprimento do pactuado**, a prescrição é total, exceto quando o direito à parcela esteja também assegurado por preceito de lei (destaques não constantes do original).

Perceba-se que o TST – e depois dele o legislador – são claros ao enunciar requisitos para a prescrição total:

a) tratar de **pretensão**[16] que envolva pedido de prestação sucessiva, ou seja, de pretensão que diga respeito à prestação que se renova de tempos em tempos, normalmente a cada mês;

b) ter a parcela sofrido supressão mediante alteração (e agora, por força da Lei n. 13.467, de 13 de julho de 2017, também por descumprimento) do pactuado por ato jurídico único;

c) ser a parcela em discussão totalmente atingida, em seu núcleo, uma vez transcorrido o prazo de cinco anos;

d) não dizer respeito à parcela que esteja também assegurada por preceito de lei, devendo-se entender por "lei" o conteúdo de norma coletiva, nos termos do art. 611 da CLT. A parcela tragada, então, deve decorrer unicamente da autonomia individual privada;

e) ocorrer durante o transcurso do pacto laboral, ainda que declarada apenas depois de findo o vínculo.

Entende-se por prescrição "extintiva" ou "absoluta" aquela que abarca todo o conteúdo do vínculo contratual de emprego depois de passados, sem nenhuma reivindicação, dois anos da sua cessação. Diz-se "extintiva" a prescrição porque ela consome, sem deixar vestígios, todas as possíveis pretensões que poderiam ter sido aforadas, inclusive aquelas correspondentes ao quinquênio parcelar. Denomina-se "absoluta", por não admitir nem mesmo diferenças parciais, uma vez que atinge o todo pretensional, e não partes dele.

Para bem entender, cabe mencionar uma situação-exemplo. Imagine-se que um empregado – João – trabalhou para uma empresa de 10 de maio de 2004 a 10 de maio de 2010, aí já incluído o tempo correspondente ao seu aviso prévio, e que em 10 de maio de 2011 tenha resolvido aforar uma ação para pretender créditos que entendia inadimplidos. Pois então. Ele terá a possibilidade de discutir e exigir judicialmente verbas correspondentes ao ínterim havido entre 10 de maio de 2006 e 10 de maio de 2010, tendo sofrido a prescrição "parcial" ou "parcelar" sobre tudo o que data de antes de 10 de maio de 2006. Nesse ponto merece destaque o fato de o mencionado operário ter desperdiçado um ano de pretensões (de 10 de maio de 2010 a 10 de maio de 2011), em virtude da dúvida quanto a aforar ou não a ação trabalhista.

---

16 Note-se que o legislador preferiu, com a razão de quem adotou a melhor linguagem, a palavra "pretensão" em lugar de "ação" constante da Súmula 294 do TST.

Seja como for, este trabalhador não deixou traspassar o limite de dois anos para ajuizar a sua ação e, justamente por isso, impediu a prescrição extintiva.

Um colega seu – José –, apesar de admitido e despedido na mesma data, tardou em aforar a ação e somente o fez em 10 de julho de 2012. Neste caso, não há falar-se na possibilidade de o referido colega retardatário ter direito a discutir e a exigir judicialmente as parcelas correspondentes aos últimos cinco anos contados da data de ajuizamento da ação. No caso de José houve a chamada prescrição "extintiva" ou "absoluta". O decurso do prazo de dois anos depois de findo o contrato de emprego tragou absolutamente toda a sua pretensão, não havendo vestígio exigível judicialmente.

Outra importante particularidade a ser considerada diz respeito ao conteúdo do § 3.º do art. 11 da CLT, que trata de particularidades relacionadas às causas interruptivas da prescrição.

O prazo prescricional é interrompido por qualquer interessado (*vide* art. 203 do Código Civil) – e tal se dá quando o tempo passa, mas um acontecimento restabelece a integralidade do prazo antes existente como se ele ainda não tivesse transcorrido – em situações especialmente previstas em lei.

Importante atentar para o fato de que **a interrupção da prescrição não restabelece o que já está prescrito**, mas, apenas, faz cessar o curso das prescrições que estariam prestes a se consumar. Nesses moldes, pode-se imaginar a situação de um trabalhador que ainda se encontra trabalhando para o seu empregador e que tomou uma das providências interruptivas quando faltava um dia para prescreverem determinadas vantagens. Pois bem. A adoção de uma dessas medidas interromperá o transcurso do prazo prescricional. O beneficiário da interrupção ganhará, então, todo o prazo prescricional (no caso, cinco anos) para levar a juízo, de um modo reflexivo, todas as pretensões interrompidas.

Anote-se também que o art. 202 do Código Civil inovou ao prever que a interrupção somente poderia ocorrer **uma única vez**, não produzindo, assim, nenhum efeito uma eventual segunda causa interruptiva. Entre as causas interruptivas mencionadas no diploma civil, cabe referir as seguintes:

A primeira causa interruptiva é aquela que se dá "por despacho do juiz, mesmo incompetente, que ordenar a citação". O dispositivo mencionado alude a condição inaplicável ao processo do trabalho – "se o interessado a promover no prazo e na forma da lei processual" – porque nos limites juslaborais a citação é realizada de ofício pelo magistrado, independentemente de qualquer impulso que as partes possam oferecer. Ainda assim, cabe lembrar o teor da já referida **Súmula 106 do STJ**, segundo a qual "proposta a ação no prazo fixado para o seu exercício, a demora na citação, **por motivos inerentes ao mecanismo da Justiça**, não justifica o acolhimento da arguição de prescrição ou decadência" (destaques não constantes do original).

Seja lá como for, fato é que a *emissão do despacho que ordena a citação, mesmo expedida por juiz incompetente*, **somente será considerada como causa interruptiva se, obviamente, a citação se efetivar**, mesmo porque, nos moldes do art. 312 do CPC/2015 (Lei n.

13.105/2015), a propositura da ação só produz os efeitos mencionados no art. 240 do mesmo diploma processual **depois que o réu for validamente citado**[17].

É bom lembrar que o despacho que ordena a citação apenas tornará interrompidos os pleitos constantes da respectiva petição inicial, não se podendo imaginar que outros pedidos, não formulados, beneficiem-se igualmente da interrupção. Nesse ponto, a jurisprudência do TST há muitos anos[18] assim se manifesta. Veja-se o teor da sua Súmula 268:

> **Súmula 268 do TST.** PRESCRIÇÃO. INTERRUPÇÃO. AÇÃO TRABALHISTA ARQUIVADA. A ação trabalhista, ainda que arquivada, interrompe a prescrição **somente em relação aos pedidos idênticos**.

Assim, um empregado que teve o vínculo terminado em 10 de junho de 2005 e que pretenda as verbas A e B numa petição inicial de ação trabalhista aforada em 10 de maio de 2007 e arquivada em 10 de junho do mesmo ano, não terá por interrompida a prescrição das verbas C e D. Estas duas verbas (C e D), numa nova ação trabalhista aforada em 10 de junho de 2008 serão consideradas como irremediavelmente prescritas, somente merecendo a exigibilidade judicial as verbas A e B, beneficiadas pela interrupção do prazo prescricional.

Cabe anotar, ainda, que a interrupção somente favorecerá a pessoa que ajuizou a ação trabalhista que foi arquivada, salvo se em seu lugar atuou um substituto processual, mesmo que ele tenha sido considerado como parte ilegítima para atuar em substituição. Para dirimir essa dúvida, publicou-se a Súmula 359 do TST. Observe-se:

> **Súmula 359 do TST.** Substituição Processual. Sindicato. Legitimidade. Prescrição. Interrupção. A ação movida por sindicato, na qualidade de substituto processual, interrompe a prescrição, ainda que tenha sido considerado parte ilegítima *ad causam*.

Pelo que se observa, pouco importa a legitimação da entidade sindical para a causa em que ele imaginava poder atuar. O que interessa para interromper a prescrição, observado o

---

17 "Art. 240. A citação válida, ainda quando ordenada por juízo incompetente, induz litispendência, torna litigiosa a coisa e constitui em mora o devedor, ressalvado o disposto nos arts. 397 e 398 da Lei n. 10.406, de 10 de janeiro de 2002 (Código Civil).
§ 1.º A interrupção da prescrição, operada pelo despacho que ordena a citação, ainda que proferido por juízo incompetente, retroagirá à data de propositura da ação.
§ 2.º Incumbe ao autor adotar, no prazo de 10 (dez) dias, as providências necessárias para viabilizar a citação, sob pena de não se aplicar o disposto no § 1.º.
§ 3.º A parte não será prejudicada pela demora imputável exclusivamente ao serviço judiciário.
§ 4.º O efeito retroativo a que se refere o § 1.º aplica-se à decadência e aos demais prazos extintivos previstos em lei.
[...]
Art. 312. Considera-se proposta a ação quando a petição inicial for protocolada, todavia, a propositura da ação só produz quanto ao réu os efeitos mencionados no art. 240 depois que for validamente citado."
18 A redação original, dada pela Res. n. 1/1988, *DJ* 1.º, 2 e 3-3-1988, assim dispunha: "Súmula 268, TST. Prescrição. Interrupção. Demanda trabalhista arquivada. A demanda trabalhista, ainda que arquivada, interrompe a prescrição".
Nova redação foi dada pela Res. n. 121/2003, *DJ* 19, 20 e 21-11-2003, nos seguintes termos: "Súmula 268, TST. Prescrição. Interrupção. Ação trabalhista arquivada. A ação trabalhista, ainda que arquivada, interrompe a prescrição somente em relação aos pedidos idênticos".

disposto no art. 202, I, do Código Civil, é que o magistrado tenha despachado, ordenando a citação. Essa ação interromperá a prescrição, pois revelou a intenção de discussão por alguém que potencialmente tinha condição de fazê-lo, bastando isso para obter tal efeito.

Cabe registrar nesse ponto a novidade legislativa trazida pela Lei n. 13.467, de 13 de julho de 2017. O art. 11 da CLT passou a contar com um terceiro parágrafo que, em certa medida, repetiu, parcialmente, o conteúdo da legislação civil e da Súmula 268 do TST. Observe-se:

> **Art. 11.** [...]
> § 3.º *A interrupção da prescrição **somente** ocorrerá pelo ajuizamento de reclamação trabalhista, mesmo que em juízo incompetente, ainda que venha a ser extinta sem resolução do mérito, produzindo efeitos apenas em relação aos pedidos idênticos (destaques não constantes do original).*

O grande problema da redação do referido § 3.º é a existência do advérbio ***"SOMENTE"***, que oferece ao texto normativo a ideia de que a interrupção da prescrição **unicamente** ocorrerá pelo ajuizamento da ação trabalhista, e não por outra causa, tornando, assim, inexigíveis as demais situações interruptivas previstas na legislação civil.

É bom registrar que independentemente da força da palavra "somente", que tornará o ajuizamento da ação como causa única interruptiva, fato é que os **eventos jurídicos ocorridos em data anterior à mudança legislativa não estarão submetidos a esta restrição**, vale dizer, antes da vigência da Lei n. 13.467, de 13 de julho de 2017, a interrupção da prescrição trabalhista haverá de admitir também outras causas, que, por isso, a seguir serão detalhadas:

A segunda causa interruptiva diz respeito ao protesto judicial, nas condições do inciso I do art. 202 do Código Civil, que vinha sendo entendida como plenamente aplicável ao processo do trabalho, nos moldes da Orientação Jurisprudencial 392 da SDI-1 do TST. Note-se:

> **Orientação Jurisprudencial 392 da SDI-1 do TST**. Prescrição. Interrupção. Ajuizamento de Protesto Judicial. Marco Inicial (atualizada em decorrência do CPC de 2015 – republicada em razão de erro material – Res. 209/2016, DEJT divulgado em 1.º, 2 e 3-6-2016).
> O protesto judicial é medida aplicável no processo do trabalho, por força do art. 769 da CLT e do art. 15 do CPC de 2015. **O ajuizamento da ação, por si só, interrompe o prazo prescricional**, em razão da inaplicabilidade do § 2.º do art. 240 do CPC de 2015[19] (§ 2.º do art. 219 do CPC de 1973), incompatível com o disposto no art. 841 da CLT (destaques não constantes do original).

---

19 "Art. 240. A citação válida, ainda quando ordenada por juízo incompetente, induz litispendência, torna litigiosa a coisa e constitui em mora o devedor, ressalvado o disposto nos arts. 397 e 398 da Lei n. 10.406, de 10 de janeiro de 2002 (Código Civil).

§ 1.º A interrupção da prescrição, operada pelo despacho que ordena a citação, ainda que proferido por juízo incompetente, retroagirá à data de propositura da ação.

§ 2.º **Incumbe ao autor adotar, no prazo de 10 (dez) dias, as providências necessárias para viabilizar a citação, sob pena de não se aplicar o disposto no § 1.º.**

§ 3.º A parte não será prejudicada pela demora imputável exclusivamente ao serviço judiciário.

§ 4.º O efeito retroativo a que se refere o § 1.º aplica-se à decadência e aos demais prazos extintivos previstos em lei" (destaques não constantes do original).

A despeito de a referida orientação sugerir que o ajuizamento do protesto "por si só" interromperia o prazo prescricional, parece que a intenção do verbete foi, em verdade, o de não impor ao autor as providências necessárias para viabilizar a citação, pois, no processo do trabalho esta se realiza de ofício, independentemente de qualquer conduta da parte demandante. Com essa ressalva não se quer – e nem se poderia – supor que os efeitos do protesto judicial seriam alcançados mesmo que o réu não fosse citado. Tal não ocorre porque o réu precisa ao menos saber da existência de pretensão interruptiva que contra ele se dirige. Parece que, ao afirmar que "o seu ajuizamento, por si só, interrompe o prazo prescricional", o enunciado deseja dizer que no Judiciário trabalhista o autor não precisa se ocupar com a viabilização da citação do réu, uma vez que a própria unidade judiciária juslaboral cuidará disso por ele.

A terceira causa é o protesto cambial, a versão extrajudicial, embora formal, do mecanismo mencionado no inciso II do art. 202 do Código Civil. Sua finalidade é a de fazer prova da apresentação da letra de câmbio, no seu tempo devido.

A quarta causa interruptiva concerne à apresentação do título de crédito em juízo de inventário ou em concurso de credores. Seja como for, o credor, nas situações ora mencionadas, estará demonstrando, agora no plano processual, que mantém acesa a esperança de ser atendido na sua reivindicação e que cuidou de evitar que a prescrição se consumasse no âmbito da relação jurídica de direito material.

A quinta causa interruptiva diz respeito a "qualquer ato inequívoco, ainda que extrajudicial, que importe reconhecimento do direito pelo devedor". É importante lembrar, com arrimo em Câmara Leal, que, no particular,

> **a lei** não individualizou ou singularizou o ato recognitivo do direito do titular, pelo prescribente, mas, pelo contrário, **deu eficácia interruptiva a qualquer ato, judicial ou extrajudicial, emanado ou praticado pelo sujeito passivo, contanto que esse ato contenha ou importe de modo inequívoco, em reconhecimento expresso ou tácito do direito do sujeito ativo** (destaques não constantes do original).

Para o ilustrado mestre,

> trata-se, pois, de um fato que, em cada caso, deve ser examinado pelo juiz, a fim de verificar se contém, ou não, um reconhecimento inequívoco. A lei não exige que o ato constitua, em si, um reconhecimento direto e expresso: basta que importe em um reconhecimento indireto e tácito. Não exige, ainda, que o ato conste de um documento escrito, basta a sua existência objetiva, que possa ser constatada prova testemunhal. [...] Sempre que o sujeito passivo pratique algum ato ou faça alguma declaração verbal ou escrita, que não teria praticado ou feito, se fosse sua intenção prevalecer-se da prescrição em curso, esse ato ou declaração, importando em reconhecimento direto ou indireto do direito do titular, interrompe a prescrição[20].

Humberto Theodoro Júnior, quanto às maneiras indiretas ou implícitas de reconhecer o direito ora em análise e de, assim procedendo, interromper a prescrição, cita inúmeros

---

20   LEAL, Antônio Luís da Câmara. *Da prescrição e da decadência*: teoria geral do direito civil. 4. ed. Rio de Janeiro: Forense, 1982, p. 190-192.

exemplos, sendo os mais comuns "o pagamento parcial, o pedido de prazo para resgatar a dívida, o fornecimento de garantias, a promessa de pagamento, a prestação de contas". Adverte, porém, que

> o pagamento parcial, desvinculado de qualquer relacionamento com outras prestações do mesmo débito, nem sempre é prova inequívoca do reconhecimento do remanescente do direito do credor, o mesmo acontecendo com tentativas frustradas de acerto de contas e com a declaração que reconhece apenas parte da dívida. Em situações duvidosas como essas não se pode ter como interrompida a prescrição, porquanto, para fins do art. 202, VI, o reconhecimento do direito do credor, embora possa admitir forma livre e tácita, tem de ser inequívoco[21].

A **sexta causa** merecedora de referência é aquela constante do § 2.º do art. 19 da Lei n. 9.307/96 (Lei da Arbitragem). Esse parágrafo, criado pela Lei n. 13.129, de 26 de maio de 2015, deixa claro que "**a instituição da arbitragem interrompe a prescrição**, retroagindo à data do requerimento de sua instauração, ainda que extinta a arbitragem por ausência de jurisdição" (destaques não constantes do original).

Nesse ponto cabe observar que a causa interruptiva da prescrição será a "instituição" da arbitragem, conquanto seu efeito retroaja à data de requerimento de sua instauração, ainda que, ao final, a arbitragem venha a ser extinta. A instituição da arbitragem se dará conforme o compromisso arbitral ou cláusula compromissória.

Em qualquer uma das situações é aplicável o objeto do parágrafo único do art. 202, segundo o qual **a prescrição interrompida recomeça a correr da data do ato que a interrompeu, ou do último ato do processo para a interromper**". Quanto à frase final – "*ou do último ato do processo para a interromper*", cabe entendê-la relacionada à prescrição intraprocessual, ou seja, aquela evidenciada durante o transcurso do processo, também conhecida como prescrição intercorrente. Nos seus estritos termos, essa singular modalidade de prescrição será, em regra, contada a partir do último ato processual praticado com vistas a interromper o seu curso, sendo relevante lembrar que o credor somente poderá utilizar o recurso interruptivo uma única vez.

Finaliza-se o tópico relacionado às causas interruptivas com a lembrança de que, nos moldes do *caput* do art. 204 do Código Civil, "*a interrupção da prescrição por um credor não aproveita aos outros; semelhantemente, a interrupção operada contra o codevedor, ou seu herdeiro, não prejudica aos demais coobrigados*". Assim, evidentemente, se uma empresa prestadora de serviços fechou as suas portas e se apenas um dos seus empregados interrompeu o transcurso do prazo prescricional mediante o ajuizamento de uma ação trabalhista que se arquivou, é certo que somente esse empregado se beneficiará dos efeitos interruptivos, não estendidos aos demais. Igualmente, se o mencionado empregado somente aforou a ação trabalhista – que acabou sendo arquivada – contra a empresa prestadora dos serviços, não poderá entender interrompida a prescrição também contra a empresa tomadora ou cliente, ou seja, a interrupção operada contra um dos codevedores (no caso, a empresa prestadora de serviços) não prejudi-

---

21   THEODORO JÚNIOR, Humberto. *Comentários ao novo Código Civil*. Rio de Janeiro: Forense, 2003, v. III, t. II, p. 275.

cará aos demais coobrigados (na situação, a empresa cliente que tivesse praticado ato tendo se valido da terceirização).

Entretanto, se o ato interruptivo tiver sido efetuado contra um devedor solidário – exemplo é visível no aforamento de ação, por parte de um empregado doméstico, contra apenas um dos integrantes de núcleo familiar – envolverá, com o ato interruptivo, os demais integrantes da família, por serem todos devedores solidários.

CLT REFORMA TRABALHISTA	CLT ORIGINAL
Art. 11-A. Ocorre a prescrição intercorrente no processo do trabalho no prazo de dois anos. **§ 1.º** A fluência do prazo prescricional intercorrente inicia-se quando o exequente deixa de cumprir determinação judicial no curso da execução. **§ 2.º** A declaração da prescrição intercorrente pode ser requerida ou declarada de ofício em qualquer grau de jurisdição. • Artigo acrescentado pela Lei n. 13.467, de 13-7-2017, em vigor 120 dias após sua publicação (*DOU* 14-7-2017).	Não há correspondente na CLT original.

O que mudou?

O artigo é uma inovação completa. Ele trata da prescrição intercorrente, tema sobre o qual sempre existiu um choque de posições jurisprudenciais.

Comentários

Entende-se por **prescrição intercorrente** aquela que – como o próprio nome sugere – corre dentro de um processo já iniciado. O marco inicial de sua contagem no ambiente intraprocessual é a prática de um ato que injustificavelmente dê início a uma paralisação do processo.

Havia claro choque nas interpretações feitas pelo STF e pelo TST no tocante à admissibilidade da prescrição intercorrente no processo do trabalho. O STF, nos limites de sua **Súmula 327**, asseverava que "o direito trabalhista admite a prescrição intercorrente" (súmula aprovada na Sessão Plenária de 13-12-1963) e que o impulso previsto nos arts. 765 e 878 da CLT seria apenas uma faculdade do magistrado, nunca uma imposição a ele dirigida. O TST, por outro lado, afirmava na sua **Súmula 114** que seria "inaplicável na Justiça do Trabalho a prescrição intercorrente" (RA 116/1980, DJ 3-11-1980).

Essas divergências nunca foram superadas no plano jurisprudencial, pois, em rigor, o que se revelava como determinante era mesmo o entendimento de cada magistrado sobre a pessoa que tinha a responsabilidade de dar andamento ao processo. Se o juiz se entendesse responsável pela paralisação do processo, ele, evidentemente, jamais acolheria a tese da prescrição intercorrente; se, por outro lado, o magistrado identificasse leniência na conduta do credor trabalhista e a ele atribuísse a paralisação do feito, era óbvio que ele declararia a ocorrência da aqui discutida prescrição. Tudo era uma questão de posicionamento, portanto.

Militava em favor daqueles que entendiam ser a prescrição intercorrente juridicamente possível no processo do trabalho o texto contido no § 1.º do art. 884 da CLT, segundo o qual a matéria de defesa em embargos à execução estaria restrita às alegações de cumprimento da decisão ou do acordo, quitação ou **prescrição da dívida**. Ora, para se falar em prescrição da dívida, caberia admitir que em determinado momento posterior à certificação do *an* e do *quantum debeatur*, se iniciaria, caso evidente a inércia do credor, a contagem de um novo prazo prescricional, desta vez intraprocessual, que, por óbvio, poderia ser qualificado como prescrição intercorrente, notadamente em tempos de processo sincrético. Veja-se o texto normativo mencionado que fundava o posicionamento dos magistrados pró-prescrição intercorrente:

> **Art. 884.** Garantida a execução ou penhorados os bens, terá o executado 5 (cinco) dias para apresentar embargos, cabendo igual prazo ao exequente para impugnação.
> **§ 1.º** A matéria de defesa será restrita às alegações de cumprimento da decisão ou do acordo, quitação ou prescrição da dívida.

Não fosse apenas a evidência de que a própria CLT admitia sibilinamente a prescrição intercorrente, lembrava-se recorrentemente que o art. 4.º da Lei n. 5.584/70 tinha revogado em parte a possibilidade absoluta de o magistrado impulsionar o processo do trabalho. Nos termos da citada norma – posterior à CLT e específica no tocante à impulsão pelo Estado-juiz – o processo somente poderia ser impulsionado de ofício "nos dissídios de alçada exclusiva [...] e naqueles em que os empregados ou empregadores reclamarem pessoalmente". Isso revelava, claramente, que o magistrado do trabalho não poderia, desde 1970, impulsionar os processos nos quais os litigantes não estivessem no exercício do *ius postulandi*, ou seja, os processos em que as partes se fizessem acompanhadas de advogados, salvo se o valor da causa fosse inferior ao dobro do salário mínimo legal.

Considere-se ainda que o art. 40 da Lei n. 6.830/80, aplicável subsidiariamente ao processo do trabalho *ex vi* do art. 889 da CLT, não obstaculizava a prescrição intercorrente, mas, pelo contrário, a albergava. Note-se que, na forma prevista no *caput* do art. 40 do referido diploma legal,

> "o juiz suspenderá o curso da execução, enquanto não for localizado o devedor ou encontrados bens sobre os quais possa recair a penhora, e, nesses casos, não correrá o prazo de prescrição". Adequando a norma ao processo do trabalho, vê-se que "suspenso o curso da execução, será aberta vista dos autos" ao exequente e que "decorrido o prazo máximo de 1 (um) ano, sem que seja localizado o devedor ou encontrados bens penhoráveis, o juiz ordenará o arquivamento dos autos" até que sejam encontrados os referidos bens.

Se, porém, da decisão que ordenava o arquivamento tivessem decorrido dois ou mais anos, o juiz, depois de mais uma vez ouvir o credor, poderia, de ofício, reconhecer a prescrição intercorrente e decretá-la de imediato.

Não existiam dúvidas, portanto, de que havia possibilidade jurídica, sim, de decretação da prescrição intercorrente no processo do trabalho. Ademais, não fosse apenas a superação do suposto impedimento técnico, era certo que, por segurança e por política judiciária, não se poderia eternizar uma demanda. Ao magistrado cabia, evidentemente, o cuidado de avaliar caso a caso a solução a ser aplicável, mesmo porque eram diversas as possibilidades que envolviam o tema.

A Lei n. 13.467, de 13 de julho de 2017, entretanto, mudou radicalmente a visão em torno da prescrição intercorrente na Justiça do Trabalho, pois passou a admiti-la expressamente nos termos do art. 11-A da CLT reformada. Perceba-se:

> **Art. 11-A.** Ocorre a prescrição intercorrente no processo do trabalho no prazo de dois anos.
> **§ 1.º** A fluência do prazo prescricional intercorrente **inicia-se quando o exequente deixa de cumprir determinação judicial no curso da execução**.
> **§ 2.º** A declaração da prescrição intercorrente **pode ser requerida ou declarada de ofício** em qualquer grau de jurisdição.

Vê-se, portanto, que a prescrição intercorrente ocorrerá dois anos depois de verificada a omissão do exequente no cumprimento de determinação judicial no curso da execução, podendo a declaração de inexigibilidade ser dada a partir de requerimento da contraparte ou por declarada de ofício. Obviamente que a declaração de ofício precisará ser secundada dos cuidados mínimos previstos no art. 10 do CPC/2015, segundo o qual "o juiz não pode decidir, em grau algum de jurisdição, com base em fundamento a respeito do qual não se tenha dado às partes oportunidade de se manifestar, ainda que se trate de matéria sobre a qual deva decidir de ofício".

É importante anotar também que a norma que admite a prescrição somente se deve aplicar de forma proativa, pois, estando ela contida num preceito de direito material, não haveria de atingir eventos anteriores à data de vigência da lei, salvo se o magistrado já se baseava no entendimento de que a prescrição intercorrente tinha aplicabilidade no âmbito intraprocessual pelos motivos expostos no transcursar deste tópico. Melhor, obviamente, seria que o legislador da reforma trabalhista dispusesse expressamente sobre a intertemporalidade da disposição normativa ora em exame, algo que, de fato, não se evidenciou.

CLT REFORMA TRABALHISTA	CLT ORIGINAL
Art. 47. O empregador que mantiver empregado não registrado nos termos do art. 41 desta Consolidação ficará sujeito a multa no valor de R$ 3.000,00 (três mil reais) por empregado não registrado, acrescido de igual valor em cada reincidência. • *Caput* com redação determinada pela Lei n. 13.467, de 13-7-2017, em vigor 120 dias após sua publicação (*DOU* 14-7-2017). **§ 1.º** Especificamente quanto à infração a que se refere o *caput* deste artigo, o valor final da multa aplicada será de R$ 800,00 (oitocentos reais) por empregado não registrado, quando se tratar de microempresa ou empresa de pequeno porte. • Anterior parágrafo único com redação determinada pela Lei n. 13.467, de 13-7-2017, em vigor 120 dias após sua publicação (*DOU* 14-7-2017).	**Art. 47.** A empresa que mantiver empregado não registrado nos termos do art. 41 e seu parágrafo único, incorrerá na multa de valor igual a 1 (um) salário mínimo regional, por empregado não registrado, acrescido de igual valor em cada reincidência. *Caput* com redação determinada pelo Decreto-lei n. 229, de 28-2-1967. **Parágrafo único.** As demais infrações referentes ao registro de empregados sujeitarão a empresa à multa de valor igual à metade do salário mínimo regional, dobrada na reincidência. **Parágrafo único** com redação determinada pelo Decreto-lei n. 229, de 28-2-1967.

CLT REFORMA TRABALHISTA	CLT ORIGINAL
§ 2.º A infração de que trata o *caput* deste artigo constitui exceção ao critério da dupla visita. • § 2.º acrescentado pela Lei n. 13.467, de 13-7-2017, em vigor 120 dias após sua publicação (*DOU* 14-7-2017).	

O que mudou?

O dispositivo trata da **multa administrativa** (vide art. 48 da CLT) aplicável ao empregador (e não mais apenas à empresa) que mantiver empregado não registrado. A multa tem o valor fixado em reais, ou seja, R$ 3.000,00 (três mil reais) por empregado não registrado, sendo reduzido para R$ 800,00 (oitocentos reais) por empregado não registrado, **quando se tratar de microempresa ou empresa de pequeno porte.**

Comentários

A reforma trabalhista deu nova redação para o art. 47 da CLT com vista a criar **dura sanção pecuniária** a quem se omite no dever de registro do contrato de emprego na CTPS. Segundo o citado dispositivo normativo, **independentemente da dupla visita**, "o empregador que mantiver empregado não registrado nos termos do art. 41 [...] ficará sujeito à multa no valor de R$ 3.000,00 (três mil reais) por empregado não registrado, acrescido de igual valor em cada reincidência".

Perceba-se que o referido dispositivo, entretanto, atenua o rigor de suas tintas para as microempresas e empresas de pequeno porte, ao dispor no seu no § *1.º* que a infração para esses empreendimentos será de "R$ 800,00 (oitocentos reais) por empregado não registrado".

O magistrado que constatar o comportamento no transcurso do processo judiciário deverá oficiar a fiscalização do trabalho para a aplicação desta multa.

CLT REFORMA TRABALHISTA	CLT ORIGINAL
Art. 47-A. Na hipótese de não serem informados os dados a que se refere o parágrafo único do art. 41 desta Consolidação, o empregador ficará sujeito à multa de R$ 600,00 (seiscentos reais) por empregado prejudicado. • Artigo acrescentado pela Lei n. 13.467, de 13-7-2017, em vigor 120 dias após sua publicação (*DOU* 14-7-2017).	**Não há correspondente na CLT original.**

O que mudou?

O art. 47-A é uma inovação. Criou-se multa administrativa (vide art. 48 da CLT) dirigida também contra empregador que se omitiu no dever de anotar o contrato de emprego nos registros em sua posse (livros, fichas ou sistema eletrônico).

Comentários

No âmbito do chamado "registro dos respectivos trabalhadores", conforme previsão inserta no art. 41 da CLT, cabe referência à Lei n. 13.467, de 13 de julho de 2017. Por meio dela foi cunhado o art. 47-A na CLT com vista a criar sanção pecuniária administrativa (vide art. 48 da CLT) ao empregador que se omitir no dever de registro do contrato de emprego nos citados registros (livros, fichas ou sistema eletrônico). Segundo o referido dispositivo normativo, "na hipótese de não serem informados os dados a que se refere o parágrafo único do art. 41, o empregador ficará sujeito à multa de R$ 600,00 (seiscentos reais) por empregado prejudicado". Cabe salientar que, nesse particular, diferentemente do proposto em relação à omissão de anotação da CTPS, **não há** minoração da multa para microempresas ou para empresas de pequeno porte. Note-se:

> Art. 47-A. Na hipótese de não serem informados os dados a que se refere o parágrafo único do art. 41 desta Consolidação, o empregador ficará sujeito à multa de R$ 600,00 (seiscentos reais) por empregado prejudicado.

Perceba-se que a norma reformadora da legislação trabalhista introduziu no art. 47-A da CLT mais uma pena dirigida ao empregador que não anotasse **todos os dados** relativos a cada um dos trabalhadores registrados. Isso se deu com vista a garantir não apenas a adequada fiscalização do trabalho, mas também o correto dimensionamento e recolhimento das contribuições previdenciárias e demais tributos incidentes sobre a folha de pagamento. Perceba-se que o art. 41 consolidado e o seu parágrafo único preveem que em todas as atividades será obrigatório para o empregador o registro dos respectivos trabalhadores, podendo ser adotados livros, fichas ou sistema eletrônico e que, além da qualificação civil ou profissional de cada trabalhador, deverão ser anotados todos os dados relativos à sua admissão no emprego, à duração e efetividade do trabalho, às férias, aos acidentes e demais circunstâncias que interessem à proteção do trabalhador.

O magistrado que constatar o comportamento no transcurso do processo judiciário deverá oficiar a fiscalização do trabalho para a aplicação desta multa.

CLT REFORMA TRABALHISTA	CLT ORIGINAL
Art. 58. A duração normal do trabalho, para os empregados em qualquer atividade privada, não excederá de 8 (oito) horas diárias, desde que não seja fixado expressamente outro limite.	**Art. 58.** A duração normal do trabalho, para os empregados em qualquer atividade privada, não excederá de 8 (oito) horas diárias, desde que não seja fixado expressamente outro limite.
§ 1.º Não serão descontadas nem computadas como jornada extraordinária as variações de horário no registro de ponto não excedentes de cinco minutos, observado o limite máximo de dez minutos diários. (Parágrafo incluído pela Lei n. 10.243, de 19-6-2001)	§ 1.º Não serão descontadas nem computadas como jornada extraordinária as variações de horário no registro de ponto não excedentes de cinco minutos, observado o limite máximo de dez minutos diários. (Parágrafo incluído pela Lei n. 10.243, de 19-6-2001)
§ 2.º O tempo despendido pelo empregado desde a sua residência até a efetiva ocupação do posto de trabalho e para o seu retorno, caminhando ou por qualquer meio de transporte, inclusive o fornecido pelo empregador, não será computado na	§ 2.º O tempo despendido pelo empregado até o local de trabalho e para o seu retorno, por qualquer meio de transporte, não será computado na jornada de trabalho, salvo quando, tratando-se de local de difícil acesso ou não servido por transporte

CLT REFORMA TRABALHISTA	CLT ORIGINAL
jornada de trabalho, por não ser tempo à disposição do empregador. • § 2.º c/ redação determinada pela Lei n. 13.467, de 13-7-2017. § 3.º *(Revogado pela Lei n. 13.467, de 13-7-2017.)*	público, o empregador fornecer a condução. (Parágrafo incluído pela Lei n. 10.243, de 19-6-2001) § 3.º Poderão ser fixados, para as microempresas e empresas de pequeno porte, por meio de acordo ou convenção coletiva, em caso de transporte fornecido pelo empregador, em local de difícil acesso ou não servido por transporte público, o tempo médio despendido pelo empregado, bem como a forma e a natureza da remuneração. (Incluído pela Lei Complementar n. 123, de 2006)

O que mudou?

O art. 58 da CLT manteve o seu *caput* e o texto contido no seu § 1.º. Modificou-se, porém, o texto do § 2.º, que eliminou o pagamento das horas *in itinere*, e revogou-se o texto contido no § 3.º que oferecia um tratamento diferenciado para microempresas e empresas de pequeno porte no tocante às referidas horas *in itinere*.

Comentários

Entende-se por **serviço efetivo ficto ou fictício** o período em que o empregado **esteja à disposição do empregador, fora do horário de trabalho, por conta do deslocamento residência/trabalho/residência para lugares de difícil acesso ou não servidos por transporte público**.

Essas horas de itinerário ou horas *in itinere*, que normalmente *não eram entendidas* como integrantes da jornada, passaram excepcionalmente a assim ser compreendidas desde as primeiras manifestações formativas da Súmula 90 do TST até a vigência da norma de reforma trabalhista de julho de 2017 produzida pela Lei n. 13.467, de 13 de julho de 2017. O referido diploma legal é, então, um marco divisório em matéria referente às horas *in intinere*. Pode-se, então, estabelecer um *antes* e um *depois* da referida lei. Veja-se estudo mais aprofundado:

- **Horas de itinerário não computáveis na jornada: O ANTES E O DEPOIS da Lei n. 13.467, de 13 de julho de 2017**

O tempo despendido pelo empregado no trajeto residência/trabalho/residência, por qualquer meio de transporte, **não era computado** como jornada de trabalho. A jurisprudência, entretanto, desde meados da década de 1970 passou a entender que o traslado do trabalhador para local de difícil acesso por interesse do empregador deveria ser considerado como tempo à sua disposição, sendo exemplo desse pensamento o contido no acórdão relatado pelo Ministro Coqueijo Costa nos autos do processo TST-RR-4378/77: *"quando o transporte dos empregados é feito pela empresa, no seu próprio interesse, e for longínquo e de difícil acesso o local da prestação, o tempo nele despendido é de serviço efetivo, pois os trabalhadores ficam à disposição do empregador"*.

Este era, portanto, o entendimento e a ideologia interpretativa da época, que fez emergir não apenas a Súmula 90 do TST (criada pela Resolução Administrativa 80/1978, DJ 10-11-1978), mas também um conjunto de muitos itens internos que detalhavam a situação. Note-se:

> Súmula n. 90 do TST.
> HORAS "IN ITINERE". TEMPO DE SERVIÇO (incorporadas as Súmulas ns. 324 e 325 e as Orientações Jurisprudenciais ns. 50 e 236 da SBDI-1) – Res. 129/2005, DJ 20, 22 e 25-04-2005.
> I – O tempo despendido pelo empregado, em condução fornecida pelo empregador, até o local de trabalho de difícil acesso, ou não servido por transporte público regular, e para o seu retorno é computável na jornada de trabalho (ex-Súmula n. 90 – RA 80/1978, DJ 10-11-1978);
> II – A incompatibilidade entre os horários de início e término da jornada do empregado e os do transporte público regular é circunstância que também gera o direito às horas "in itinere" (ex-OJ n. 50 da SBDI-1 – inserida em 1.º-02-1995);
> III – A mera insuficiência de transporte público não enseja o pagamento de horas "in itinere" (ex--Súmula n. 324 – Res. 16/1993, DJ 21-12-1993);
> IV – Se houver transporte público regular em parte do trajeto percorrido em condução da empresa, as horas "in itinere" remuneradas limitam-se ao trecho não alcançado pelo transporte público (ex-Súmula n. 325 – Res. 17/1993, DJ 21-12-1993);
> V – Considerando que as horas "in itinere" são computáveis na jornada de trabalho, o tempo que extrapola a jornada legal é considerado como extraordinário e sobre ele deve incidir o adicional respectivo (ex-OJ n. 236 da SBDI-1 – inserida em 20-06-2001).

Até mesmo o legislador sucumbiu à ideia das horas *in itinere*, tornando-as, a partir da vigência da Lei n. 10.243, de 19-6-2001, uma regra jurídica. O art. 58 da CLT ganhou novos parágrafos, entre os quais o § 2.º, que encampou a posição jurisprudencial cristalizada nos tribunais. Veja-se:

> § 2.º O tempo despendido pelo empregado até o local de trabalho e para o seu retorno, por qualquer meio de transporte, não será computado na jornada de trabalho, salvo quando, tratando-se de local de difícil acesso ou não servido por transporte público, o empregador fornecer a condução (Parágrafo incluído pela Lei n. 10.243, de 19-6-2001).

Cabe perceber, que, mesmo sob a influência de uma ideologia mais protetiva, a lei previa, na sua primeira parte, que, salvo diante de traslados para locais de difícil acesso ou não servidos por transporte público, a regra era a da não contagem do tempo despendido pelo empregado até o local de trabalho e para o seu retorno, por qualquer meio de transporte.

Oferece-se um exemplo ilustrativo da aplicabilidade da primeira parte do supratranscrito § 2.º, *que vigeu durante mais de 16 anos*: a secretária de um escritório na Avenida Paulista, para chegar ao local de trabalho às 8h, precisava sair de casa às 5h, utilizando três meios de transporte (trem, ônibus e metrô) para tanto. Apesar do dispêndio de seis horas de deslocamento (três na ida para o trabalho e três na volta para casa), ela, mesmo sob a égide do ora revogado § 2.º do art. 58 da CLT, não as incorporará na dimensão da jornada de trabalho, porque o local de atividades da referida secretária – a Avenida Paulista – está em área de acesso fácil e, também, servida por transporte público. Esse panorama, aliás, não mudava nem mesmo se o empregador, para abreviar o tempo de deslocamento de sua secretária e demais empregados, oferecesse o transporte em veículo próprio ou por ele alugado.

Passados mais de três lustros, a legislação trabalhista sofreu forte mudança, no particular. Em lugar da admissão normativa das horas *in itinere*, produziu-se verdadeira negativa total de sua ocorrência. A ideologia vigente na época de publicação da Lei n. 13.467, de 13 de julho de 2017, conduziu o Parlamento brasileiro a aprovar, sem nenhuma alteração em nenhuma das Casas legislativas, e sem nenhum veto presidencial, a chamada reforma trabalhista de 2017. Nela as horas *in itinere* foram absolutamente extintas, não mais sendo possível a sua invocação a partir da data de vigência do diploma normativo aqui citado. Veja-se o texto do novo § 2.º do art. 58 da CLT:

> **Art. 58.** [...]
> **§ 2.º** O tempo despendido pelo empregado desde a sua residência até a efetiva ocupação do posto de trabalho e para o seu retorno, **caminhando ou por qualquer meio de transporte, inclusive o fornecido pelo empregador**, não será computado na jornada de trabalho, por não ser tempo à disposição do empregador (destaques não constantes do original).

Observe-se que **a nova redação dada ao § 2.º do art. 58 da CLT não deixou margem para questionamentos**, tornando induvidosa a não computação na jornada de trabalho de qualquer tempo de deslocamento do empregado desde a sua residência até a efetiva ocupação de seu trabalho e para o seu retorno, independentemente do modal por força do qual se deu o traslado: **caminhando ou por qualquer meio de transporte, inclusive o fornecido pelo empregador**. Há, portanto, expressa menção à irrelevância do tempo de caminhada que o empregado pode fazer. Seja lá como for o deslocamento, ele não mais será considerado como tempo à disposição do empregador.

Anote-se um detalhe importante: as horas *in itinere* deixaram de ser tempo à disposição do empregador a partir da vigência da Lei n. 13.467, de 13 de julho de 2017. Antes dela, os eventos jurídicos continuarão sob a égide da lei vigente no passado, motivo pelo qual é indispensável manter o texto informativo acerca das particularidades das horas de itinerário na presente obra, pois exigíveis **pelo menos** até o limite do prazo prescricional. Não se pode, ademais, desconsiderar a tese da possível incorporação do direito à fruição das horas *in itinere* por parte de quem foi contratado antes do início da vigência da Lei n. 13.467, de 13 de julho de 2017.

Não se pode deixar de anotar, por fim, que, independentemente da aprovação ou da desaprovação da decisão legislativa de eliminar as chamadas horas *in itinere*, o legislador agrediu, sem dúvidas, o **princípio do não retrocesso social**, segundo o qual o nosso sistema jurídico constitucional é orientado a produzir progressivamente melhorias nas condições sociais dos trabalhadores, e não descensos. Bastará a leitura da parte final do *caput* do art. 7.º da Constituição para que se possa constatar a dura violação ao aludido princípio.

- **Horas de itinerário computáveis na jornada: ESTUDO RESIDUAL para eventos ocorridos até a data de vigência da Lei n. 13.467, de 13 de julho de 2017**

Como se disse no tópico anterior, as horas *in itinere* deixaram de ser tempo à disposição do empregador a partir da vigência da Lei n. 13.467, de 13 de julho de 2017. Antes dela, os eventos jurídicos continuarão sob a égide da lei vigente no passado. Assim, a secretária referida no tópico anterior passaria a ter direito a horas de itinerário se o seu horário de trabalho (de início e/ou término da jornada) fosse incompatível com o horário do transporte público. Isso aconteceria também se as atividades da secretária iniciassem e/ou terminassem em horário em que **não existisse** o tal transporte público (a mera insuficiência dos transportes não bastaria para este fim). Veja-se, neste sentido, a Súmula 90, II e III, do TST, que, segundo perspectiva baseada na razoabilidade, deverá continuar a reger as situações ocorridas antes da vigência da Lei n. 13.467, de 13 de julho de 2017:

> **Súmula 90 do TST**
> II – A incompatibilidade entre os horários de início e término da jornada do empregado e os do transporte público regular é circunstância que também gera o direito às horas *in itinere* (ex--Orientação Jurisprudencial 50 – Inserida em 1.º-2-1995).
> III – A mera insuficiência de transporte público não enseja o pagamento de horas *in itinere* (ex--Súmula 324 – RA 16/1993, DJ, 21-12-1993).

Anote-se, então, que, de modo geral, se o empregado realizou suas atividades em lugar de difícil acesso ou em local não servido por transporte público, ele será, sim, credor de horas de itinerário. Perceba-se que nesses casos atuou a ressalva constante da segunda parte do § 2.º do art. 58 da CLT: "[...] salvo quando, tratando-se de local de difícil acesso ou não servido por transporte público, o empregador fornecer a condução".

Três detalhes merecem ser observados no que diz respeito ao trecho normativo revogado, mas ora em destaque:

Primeiro detalhe:

A conjunção "ou", tal qual se via no revogado § 2.º do art. 58 da CLT, não indicava, num "sentido exclusivo", alternativa ou opcionalidade, mas, sim, num sentido "não exclusivo", duas situações a considerar, como se houvesse na frase uma elipse do advérbio "ainda". Veja-se: "salvo quando, tratando-se de local de difícil acesso ou [ainda] não servido por transporte público, o empregador fornecer a condução".

Para bem entender essa colocação convém imaginar as variáveis possíveis nas quais um trabalhador poderia se encontrar e, ao lado delas, a solução que vinha sendo normalmente aplicada pela jurisprudência:

a) Local de difícil acesso e ainda não servido por transporte público (exemplo visível na maior parte das situações em que se discute sobre o tema): concedia-se o direito às horas *in itinere*.

b) Local de difícil acesso, mas servido por transporte público (exemplo visível no trabalho realizado no topo de montanhas para as quais o acesso somente se dá por teleféricos): não se concedia o direito às horas *in itinere*.

c) Local de fácil acesso, embora não servido por transporte público (exemplo é visível num trabalho realizado durante a madrugada num local por onde não circula transporte público): concedia-se o direito às horas *in itinere*.

d) Local de fácil acesso e ainda servido por transporte público: não se concedia o direito às horas *in itinere*.

Diante das possíveis situações aqui arroladas, o "local de difícil acesso" somente era (e ainda será em caráter residual) considerado como garantidor das horas *in itinere* se, e somente se, "não servido por transporte público". Perceba-se que até mesmo os locais de difícil acesso, desde que servidos por transporte público, perdiam o caráter de garantidores das horas *in itinere*.

Segundo detalhe:

Note-se que o texto do antigo § 2.º do art. 58 da CLT fazia menção apenas à expressão "transporte público", enquanto a Súmula 90 do TST se referia a "transporte público regular". Pergunta-se, então: haveria distinção entre as locuções?

No rigor terminológico, sim, pois a aposição do qualificativo "regular" designava o transporte público legitimado pela administração estatal, ou seja, o transporte feito por quem regularmente recebeu permissão ou concessão do ente político competente para tanto. A intenção da Súmula 90 do TST, portanto, foi a de considerar como inexistente o transporte na comunidade quando ele fosse clandestino e, por isso, inseguro para o trabalhador.

O legislador, ao suprimir a palavra "regular" da expressão que identifica o "transporte público", pretendeu tornar presumida a ideia de regularidade para inadmitir as formas clandestinas de condução de pessoas, mesmo porque estas, de algum modo e em algum momento, seriam insuficientes e intermitentes a ponto de não dar a necessária confiança aos seus usuários. O legislador do dispositivo ora revogado, mas em vigência residual para situações pretéritas, parece ter desejado dizer que, no conceito de "transporte público", estaria sempre e evidentemente contido o de "regular" permissão ou concessão pela competente autoridade estatal. Afinal, o "público" tem sempre uma presunção de regularidade.

É bom lembrar, como reforço ao que se diz aqui, que a concessão do vale-transporte, nos moldes do art. 1.º da Lei n. 7.418, de 16-12-1985, somente se dará mediante o "sistema de **transporte coletivo público**, urbano ou intermunicipal e/ou interestadual com características semelhantes aos urbanos, **geridos diretamente ou mediante concessão ou permissão de linhas regulares e com tarifas fixadas pela autoridade competente**, excluídos os serviços seletivos e os especiais". Observe-se que o referido diploma normativo não refere "transporte coletivo público regular", mas, apenas, "transporte público coletivo".

É bom dizer que o chamado "transporte alternativo", oferecido por meio de micro-ônibus, vans, kombis ou modais assemelhados não perde a característica de transporte público quando cadastrados em órgão específico do Município, mediante permissão.

Terceiro detalhe:

Embora não expressamente referido no ora revogado § 2.º do art. 58 da CLT, o transporte público a que se refere o dispositivo normativo deve ser coletivo, e não individual. Tal interpretação é fundada em razoabilidade, pois há meios de transporte que, apesar de públicos em relação ao acesso, são oferecidos em veículos privados sem uma rota regular e contínua, mediante tarifas comparativamente altas, a exemplo dos táxis terrestres ou aéreos. O transporte público a que se referia o revogado § 2.º do art. 58 da CLT, ora aplicável em caráter residual, precisa ter rota preestabelecida, horário fixo, tarifa publicada e deve ser acessível economicamente a todos. O requisito da acessibilidade financeira ao cidadão comum retira, assim, do rol dos transportes públicos, para os fins aqui discutidos, por exemplo, os aviões de carreira.

Note-se que o trabalhador que realizou atividades em local de difícil acesso ou não servido por transporte público teve, **necessariamente**, de contar com condução oferecida pelo empregador[22]. O patrão, enfim, diante da ausência de meios de deslocamento, não pode deixar de transportar os empregados, sob pena de inviabilizar sua produção.

Por isso, até a vigência da Lei n. 13.467, de 13 de julho de 2017, o empregador que forneceu a condução para local de difícil acesso **ou** para lugar não servido por transporte público, produziu horas em itinerário (intituladas pela jurisprudência pelo nome em latim *in itinere*) que, segundo a norma antes vigente, eram consideradas como de serviço efetivo ficto, salvo, é claro, nas situações, mesmo do passado, em que a própria lei impunha o fornecimento do transporte, caso previsto expressamente, por exemplo, no art. 3.º, I, da Lei n. 5.811/72[23].

Uma questão que despertava a curiosidade dos estudiosos do tema ora em debate era a que dizia respeito aos empregados constritos pelos patrões a realizarem viagens que despendiam um considerável tempo, não apenas para o cumprimento dos transcursos, mas, também, para a realização de atos preparatórios de *check-in*, especialmente no transporte aéreo. Muitos empregados mencionam, assim, um suposto direito de integrarem esse tempo em suas jornadas de trabalho. Pergunta-se, então: havia ou há realmente esse direito? Poder-se-ia falar em horas *in itinere* nessas situações?

A resposta é simples. Se o empregado, fugindo ao costumeiro deslocamento residência-trabalho-residência, é levado a realizar viagens que lhe furtam um considerável tempo, seja com os atos de espera (deslocamento para o terminal, *check-in*, apresentação, embarque, desembarque, recolhimento das malas, deslocamento até hotel e vice-versa) seja com a viagem propriamente dita, **será considerado em horas de serviço efetivo real**, vale dizer, à disposição do empregador. Exatamente por isso, **as viagens devem ser realizadas, na medida do**

---

22 Veja-se, nesse sentido, a **Súmula 320 do TST, ainda aplicável a situações anteriores à vigência da** Lei n. 13.467, de 13 de julho de 2017: "O fato de o empregador cobrar, parcialmente ou não, importância pelo transporte fornecido, para local de difícil acesso ou não servido por transporte regular, não afasta o direito à percepção das horas *in itinere*".

23 O fornecimento de transporte, nos moldes da Lei n. 5.811/72, decorre de obrigação legal imposta em favor dos empregados nas atividades de exploração, perfuração, produção e refinação de petróleo, de industrialização do xisto, na indústria petroquímica e de transporte de petróleo e seus derivados por meio de dutos. Perceba-se que, independentemente da existência de transporte público regular ou da facilidade de acesso ao local de trabalho, todos os referidos empregados, uma vez submetidos ao regime de turnos de revezamento, terão direito, na forma do art. 3.º, IV, do precitado diploma legal, a "transporte gratuito para o local de trabalho". Nesse sentido, manifestou-se o TST em diversas oportunidades, sendo disso exemplo a seguinte ementa: "HORAS *IN ITINERE*. LEI 5.811/72. I – A Lei n. 5.811/72, ao assegurar aos empregados da indústria petroquímica o direito ao transporte gratuito, traz vantagem pecuniária representada pelo não desembolso de numerário para o transporte, de um modo geral. II – É indiferente para a norma a existência ou não de transporte público, bem como o fato de ser ou não de difícil acesso o local de trabalho, porque o art. 3.º estabelece vantagem específica para a categoria. III – A jurisprudência desta Corte tem-se posicionado no sentido de que o empregado enquadrado na Lei n. 5.811/72 não tem direito à percepção de horas de percurso, uma vez que o fornecimento de transporte gratuito aos empregados da indústria petroquímica e de transporte de petróleo e seus derivados decorre de imposição legal. IV – Recurso conhecido e não provido" (TST, RR 164300-34.2002.5.01.0073, 4.ª T., Rel. Antônio José de Barros Levenhagen, j. 29-8-2007, *DJ*, 14-9-2007).

possível, dentro do horário de trabalho do empregado, pois, em rigor, ele estará a serviço do contratante. Caso não seja possível a coincidência entre o horário de trabalho e o das viagens, caberá a estipulação de um sistema de compensação de horários para a perfeita adequação da situação. Não se poderia falar, porém, em horas *in itinere*, pois o caso aqui analisado não envolve situação **que diga respeito ao deslocamento regular, ordinário, habitual do empregado até o local de trabalho e para o seu retorno**. Trata-se aqui de um deslocamento especial, diferenciado.

É bom anotar, ainda, que essas horas *in itinere*, por serem apenas ficticiamente de serviço efetivo, não comportavam a redução prevista no § 1.º do art. 73 da CLT, reservada unicamente para "a hora **do trabalho** noturno", e não para as horas *in itinere* realizadas à noite.

Perceba-se que, dentro do esquema de distribuição do ônus da prova, caberá ao empregador demonstrar que, a despeito de fornecer por liberalidade a condução, o local não é de difícil acesso **ou** é lugar servido por transporte público. O magistrado poderá, entretanto, em casos de extrema evidência, baseado na experiência comum, dispensar a prova por entender que o fato probando é notório (*vide* o art. 374, I, do CPC/2015).

Observe-se, ainda, que havia casos em que a dificuldade de acesso apenas cobre parte do trajeto. Um exemplo: um cozinheiro do restaurante de um hotel de luxo situado em uma ilha privativa (distante do continente), para chegar ao local de trabalho às 10h, precisa sair de casa às 6h, utilizando-se para tanto de um ônibus até o heliponto no aeroporto Santos Dumont (RJ), de onde será transportado por helicóptero, que habitualmente decola às 9h. Ele, apesar do dispêndio de três horas de deslocamento até a base aérea, não as incorporava na dimensão da jornada de trabalho. Isso acontecia porque a mencionada base aérea estava localizada em local de acesso fácil e, também, em sítio servido por transporte público. **Entretanto, o tempo gasto a partir do momento em que o trabalhador se apresentava na base aérea até a chegada à ilha privativa era considerado de itinerário, devendo, consequentemente, nos limites da legislação vigente à época do ocorrido, ser integrado à jornada**[24].

Observe-se que, nos termos da **Súmula 90, IV, do TST**, e conforme se viu no exemplo supraexpendido, e em relação a situações anteriores à vigência da Lei n. 13.467, de 13 de julho de 2017, "se houver transporte público regular **em parte do trajeto percorrido** em condução da empresa, as horas *in itinere* remuneradas limitam-se ao trecho não alcançado pelo transporte público".

É importante destacar situações em que há transporte até as proximidades da sede do empregador e que, dali até o local de efetivo exercício das atividades do empregado, há trecho não coberto por transporte público ou trecho de difícil acesso que precisa ser cumprido pelo trabalhador necessariamente mediante caminhada. Nesses casos, a jurisprudência entendia (e ainda deve entender em relação às situações anteriores à Lei n. 13.467, de 13 de julho de 2017) que o tempo de caminhada do trabalhador deveria ser considerado como de horas *in itinere*. A Orientação Jurisprudencial **Transitória** 36 da SDI-1 do TST é utilizada para ilustrar a hipótese:

---

24   Sobre situação semelhante dispõe o art. 294 da CLT: "O tempo despendido pelo empregado da boca da mina ao local do trabalho e vice-versa será computado para o efeito de pagamento do salário".

HORA *IN ITINERE*. TEMPO GASTO ENTRE A PORTARIA DA EMPRESA E O LOCAL DO SERVIÇO. DEVIDA. AÇOMINAS. Configura-se como hora *IN ITINERE* o tempo gasto pelo obreiro para alcançar seu local de trabalho a partir da portaria da Açominas.

Não se pode deixar de anotar, porém, a tendência à flexibilização desse entendimento que à época passava a se tornar visível. É que o próprio TST sumulou posicionamento segundo o qual o tempo necessário ao deslocamento do trabalhador entre a portaria da empresa e o local de trabalho seria considerado como à disposição do empregador, na forma do art. 4.º da CLT, somente quando superado o limite de 10 (dez) minutos diários. Anote-se:

> **Súmula 429 do TST.** TEMPO À DISPOSIÇÃO DO EMPREGADOR. ART. 4.º DA CLT. PERÍODO DE DESLOCAMENTO ENTRE A PORTARIA E O LOCAL DE TRABALHO. Considera-se à disposição do empregador, na forma do art. 4.º da CLT, o tempo necessário ao deslocamento do trabalhador entre a portaria da empresa e o local de trabalho, desde que supere o limite de 10 (dez) minutos diários (Res. 174/2011, *DEJT* divulgado em 27, 30 e 31-5-2011).

É relevante registrar, ainda, que, sendo as horas *in itinere* computáveis na jornada de trabalho até a vigência da Lei n. 13.467, de 13 de julho de 2017, o tempo que extrapola a jornada legal era considerado extraordinário, e sobre ele deveria incidir o adicional respectivo. Sobre o tema, note-se entendimento sumulado pelo TST e aplicável às situações pretéritas:

> **Súmula 90, V, do TST.** HORAS *IN ITINERE*. TEMPO DE SERVIÇO. Considerando que as horas *in itinere* são computáveis na jornada de trabalho, o tempo que extrapola a jornada legal é considerado como extraordinário e sobre ele deve incidir o adicional respectivo.

Por fim, cabe analisar o disposto no ora também revogado § 3.º do art. 58 da CLT, ali acrescentado pela Lei Complementar n. 123, de 14-12-2006.

Trata-se de um dispositivo de vigência também vinculada aos eventos pretéritos, que garantia às microempresas e às empresas de pequeno porte a possibilidade de prefixar, por meio de acordo ou convenção coletiva, **o tempo médio despendido pelo empregado em horas *in itinere* computáveis na jornada, bem como a forma e a natureza dessa remuneração**.

Apesar de o citado dispositivo ora revogado ter como destinatários apenas os mencionados tipos empresariais, não existiam razões aceitáveis para o referido discrímen positivo ter caráter restritivo. Qualquer empresa, desse modo, poderia (e ainda pode residualmente em relação a eventos do passado) invocar a aplicação extensiva do citado dispositivo da CLT, diante de um procedimento de negociação coletiva, e isso será útil para evitar as dificuldades probatórias que normalmente afligiam os empregados[25].

Não se pode negar, entretanto, que, em rigor e em última análise, o ora analisado dispositivo criado pela LC n. 123/2006 violava o princípio da primazia da realidade ao admitir a

---

25 Em sentido contrário, entendendo estar o ora revogado § 3.º do art. 58 da CLT limitado unicamente para as microempresas e empresas de pequeno porte, consulte-se CUNHA DE LIMA, Bruno Choairy. Possibilidade de limitação das horas *in itinere* por negociação coletiva e a jurisprudência do TST. *Revista do Ministério Público do Trabalho na Bahia*, n. 4. Salvador: Procuradoria Regional do Trabalho da 5.ª Região, 2011, p. 111-121.

possibilidade de arbitramento de um tempo médio – e não a aferição de um tempo real – despendido pelo empregado em horas de itinerário, mas, se ele foi criado para evitar o dispêndio de energia processual para a discussão desse direito, até que se justificou razoavelmente. Observe-se, ainda, que a referida negociação coletiva jamais pode suprimir horas *in itinere*, mas tão somente pode limitá-las a um montante previamente estabelecido[26].

Nada impedia, por fim, que o empregador atuasse no passado junto às autoridades estatais no sentido de criar linhas de transporte público regular que permitissem o acesso à empresa. Se assim fosse, o empregador não apenas estaria produzindo um obstáculo ao direito de horas de itinerário como também estaria contribuindo para a criação de um incremento na qualidade de vida de toda a população do lugar no qual estava sediado.

CLT REFORMA TRABALHISTA	CLT ORIGINAL
Art. 58-A. Considera-se trabalho em regime de tempo parcial aquele cuja duração não exceda a trinta horas semanais, sem a possibilidade de horas suplementares semanais, ou, ainda, aquele cuja duração não exceda a vinte e seis horas semanais, com a possibilidade de acréscimo de até seis horas suplementares semanais. • *Caput* c/ redação determinada pela Lei n. 13.467, de 13-7-2017. **§ 1.º** O salário a ser pago aos empregados sob o regime de tempo parcial será proporcional à sua jornada, em relação aos empregados que cumprem, nas mesmas funções, tempo integral. (Incluído pela Medida Provisória n. 2.164-41, de 2001) **§ 2.º** Para os atuais empregados, a adoção do regime de tempo parcial será feita mediante opção manifestada perante a empresa, na forma prevista em instrumento decorrente de negociação coletiva. (Incluído pela Medida Provisória n. 2.164-41, de 2001)	**Art. 58-A.** Considera-se trabalho em regime de tempo parcial aquele cuja duração não exceda a vinte e cinco horas semanais. (Incluído pela Medida Provisória n. 2.164-41, de 2001) **§ 1.º** O salário a ser pago aos empregados sob o regime de tempo parcial será proporcional à sua jornada, em relação aos empregados que cumprem, nas mesmas funções, tempo integral. (Incluído pela Medida Provisória n. 2.164-41, de 2001) **§ 2.º** Para os atuais empregados, a adoção do regime de tempo parcial será feita mediante opção manifestada perante a empresa, na forma prevista em instrumento decorrente de negociação coletiva. (Incluído pela Medida Provisória n. 2.164-41, de 2001)

---

26   Nesse sentido veja a seguinte ementa: "RECURSO DE REVISTA – HORAS *IN ITINERE* – SUPRESSÃO DE PAGAMENTO PREVISTA EM NORMA COLETIVA – IMPOSSIBILIDADE – A limitação de pagamento de horas *in itinere* prevista em norma coletiva posterior à Lei 10.243/01, que acrescentou o § 2.º ao art. 58 da CLT, é inválida. Anteriormente à existência de lei imperativa sobre o tema, mas simples entendimento jurisprudencial (Súmula 90 TST), a flexibilização era ampla, obviamente. Surgindo lei imperativa (n. 10.243, de 19-6-2001, acrescentando dispositivos ao art. 58 da CLT), não há como suprimir-se ou diminuir direito laboratório fixado por norma jurídica heterônoma estatal. Não há tal permissivo elástico na Carta de 1988 (art. 7.º, VI, XIII, XIV e XXVI, CF/88). Entretanto, a Douta 6.ª Turma firmou jurisprudência no sentido de que, pelo menos no tocante às horas itinerantes, é possível à negociação coletiva estipular um montante estimativo de horas diárias, semanais ou mensais, pacificando a controvérsia, principalmente em virtude de o próprio legislador ter instituído poderes maiores à negociação coletiva neste específico tema (§ 3.º do art. 58 da CLT, acrescido pela LC 123/2006). De todo modo, não é viável à negociação coletiva suprimir o direito, porém apenas fixar-lhe o montante numérico, eliminando a *res dubia* existente (quanto ao montante). No caso em tela, a norma coletiva suprimiu o direito às horas *in itinere*, o que, no entendimento desta Colenda Turma, é inviável, haja vista que houve eliminação total da parcela, e não adoção de critério de pagamento, razão pela qual foi correta a decisão do Eg. TRT que manteve a condenação da Reclamada ao pagamento das horas *in itinere*. Recurso de revista não conhecido" (TST, RR 105600-95.2008.5.08.0126, Rel. Min. Mauricio Godinho Delgado, *DJe*, 11-6-2010, p. 906).

CLT REFORMA TRABALHISTA	CLT ORIGINAL
§ 3.º As horas suplementares à duração do trabalho semanal normal serão pagas com o acréscimo de 50% (cinquenta por cento) sobre o salário-hora normal. § 4.º Na hipótese de o contrato de trabalho em regime de tempo parcial ser estabelecido em número inferior a vinte e seis horas semanais, as horas suplementares a este quantitativo serão consideradas horas extras para fins do pagamento estipulado no § 3.º, estando também limitadas a seis horas suplementares semanais. § 5.º As horas suplementares da jornada de trabalho normal poderão ser compensadas diretamente até a semana imediatamente posterior à da sua execução, devendo ser feita a sua quitação na folha de pagamento do mês subsequente, caso não sejam compensadas. § 6.º É facultado ao empregado contratado sob regime de tempo parcial converter um terço do período de férias a que tiver direito em abono pecuniário. § 7.º As férias do regime de tempo parcial são regidas pelo disposto no art. 130 desta Consolidação. • §§ acrescentados pela Lei n. 13.467, de 13-7-2017.	

O que mudou?

O art. 58-A da CLT sofreu grande mudança. Manteve-se apenas o texto dos §§ 1.º e 2.º do referido dispositivo. O *caput* modificou a forma de tratamento do regime de trabalho em tempo parcial e os novos §§ 3.º, 4.º, 5.º, 6.º e 7.º foram criados com o propósito de detalhar aspectos relacionados a essa peculiar sistemática, condensando tudo sobre o mesmo tema em um mesmo lugar.

Comentários

Considerava-se "trabalho em regime de tempo parcial" (*part time*) aquele cuja duração não excedesse a 25 (vinte e cinco) horas semanais. Diz-se "considerava-se", porque a mencionada contratação, instituída pela Medida Provisória n. 2.164-41, de 2001, sofreu alteração fisionômica a partir da vigência da Lei n. 13.467, de 13 de julho de 2017. Isso mesmo. O art. 58-A da CLT passou a prever que a modalidade ora discutida seria evidenciada em contratos com **duração não excedente de 30 (trinta) horas semanais**, SEM a possibilidade de horas suplementares semanais, como também nos ajustes com **duração não excedente de 26 (vinte e seis) horas semanais**, COM a possibilidade de acréscimo de até seis horas suplementares semanais. Veja-se o *caput* do novo texto e um quadro sistemático:

CLT. Art. 58-A. Considera-se trabalho em regime de tempo parcial aquele cuja duração não exceda a **trinta horas semanais, sem a possibilidade de horas suplementares** semanais, OU,

AINDA, aquele cuja duração não exceda a **vinte e seis horas semanais, com a possibilidade de acréscimo de até seis horas suplementares semanais**.

TRABALHO EM REGIME DE TEMPO PARCIAL	
Duração não excedente a **26 (vinte e seis) horas semanais**.	Com a possibilidade de acréscimo de não mais do que seis horas suplementares semanais.
Duração a partir de 26 a 30 **(trinta) horas semanais**.	Sem a possibilidade de horas suplementares semanais.

Destaque-se, com base no disposto no § 1.º do art. 58-A da CLT, que o salário a ser pago aos empregados sob o regime de tempo parcial será proporcional à sua jornada, em relação aos empregados que cumpram, nas mesmas funções, tempo integral (*full time*). Exatamente para respeitar essa proporcionalidade, a Medida Provisória n. 2.164-41, de 2001, que pioneiramente instituiu essa espécie contratual no ordenamento jurídico brasileiro, proibia que os empregados sob o regime de tempo parcial trabalhassem em horas suplementares. A proibição se justificava na medida em que, prestando horas extraordinárias, os trabalhadores em tempo parcial acabariam por receber remuneração superior à dos empregados em tempo integral (note-se que cada hora excedente seria acrescida de 50%), ferindo assim o princípio da isonomia.

A Lei 13.467, de 13 de julho de 2017, porém, ignorando o risco da violação ao princípio da isonomia, trouxe novidade: duas variáveis de adesão ao tempo parcial, uma sem a possibilidade de horas suplementares semanais e outra com a possibilidade de acréscimo de até seis horas extraordinárias semanais. Assim, se o contrato for firmado por tempo parcial para duração não excedente a 26 (vinte e seis) horas semanais admitir-se-á a prestação de **até 6 (seis) horas extraordinárias por semana**[27]; se, porém, o ajuste for estabelecido para duração entre 26 (vinte e seis) e 30 (trinta) horas por semana, não mais será possível falar-se em prestação de horas extraordinárias. Essas horas suplementares à duração do trabalho semanal normal serão pagas com o acréscimo de 50% (cinquenta por cento) sobre o salário-hora normal, podendo o percentual ser mais elevado se houver negociação individual ou coletiva que isso preveja.

Se um empregador contratar empregado sob o regime de tempo parcial entre 26 e 30 horas por semana (ou altera o contrato de emprego deste de *full time* para *part time dentro do referido limite*) e lhe exigir horas extraordinárias, incorrerá na nulidade do ajuste proporcional, por força do disposto no art. 9.º consolidado[28], salvo se, nos moldes do § 5.º do art. 58-A

---

27 Veja-se, nesse sentido, o conteúdo do § 4.º do art. 58-A da CLT, pós Lei 13.467, de 13 de julho de 2017: "§ 4.º Na hipótese de o contrato de trabalho em regime de tempo parcial ser estabelecido em número inferior a vinte e seis horas semanais, as horas suplementares a este quantitativo serão consideradas horas extras para fins do pagamento estipulado no § 3.º, estando também limitadas a seis horas suplementares semanais".

28 Enfim, são nulos de pleno direito os atos praticados com o objetivo de desvirtuar, impedir ou fraudar a aplicação dos preceitos contidos da CLT. Como consequência da desautorizada prestação de horas suplementares, o salário-hora do empregado supostamente sob o regime de tempo parcial seria maior do que o atribuído aos demais empregados sob o

oferecer compensação dessas horas adicionais até a semana imediatamente posterior à da sua execução. Leia-se:

> § 5.º As horas suplementares da jornada de trabalho normal poderão ser compensadas diretamente até a semana imediatamente posterior à da sua execução, devendo ser feita a sua quitação na folha de pagamento do mês subsequente, caso não sejam compensadas.

Entre as mudanças estruturais ocorridas no contrato de trabalho por tempo parcial refere-se também, **além da mencionada admissão de prestação limitada de horas extraordinárias em contratos de até 26 (vinte e seis) horas semanais**, a admissibilidade da conversão de um terço do período de férias a que tiver direito o trabalhador em abono pecuniário, uma particularidade antes vedada pelo ora revogado § 4.º do art. 59 da CLT. Perceba-se:

> Art. 58-A. [...] § 6.º É facultado ao empregado contratado sob regime de tempo parcial converter um terço do período de férias a que tiver direito em abono pecuniário.

De igual modo, representa novidade a aplicabilidade do disposto no art. 130 da CLT a esse tipo contratual que, sem razões plausíveis, se submetia a uma tabela diferenciada que constava do ora revogado art. 130-A da CLT. Pede-se atenção à mudança:

> Art. 58-A [...] § 7.º As férias do regime de tempo parcial são regidas pelo disposto no art. 130 desta Consolidação.

Será importante, de todo modo, a manutenção do registro histórico sobre a tabela constante do art. 130-A da CLT, apesar de revogada. Afirma-se isso por conta de questionamentos que envolvam a intertemporalidade. A mencionada tabela, conquanto extirpada do ordenamento jurídico, ainda será referência para a verificação da correção de outorga das férias concedidas **antes da vigência** da Lei n. 13.467, de 13 de julho de 2017. Obviamente, depois de iniciada a aplicabilidade jurídica da referida norma, todas as férias atribuídas aos trabalhadores sob o regime de tempo parcial hão de seguir os parâmetros contidos no art. 130 da CLT, pois, *além de mais benéfica*, cabe aplicar, em matéria de férias, a lei vigente no momento de sua concessão.

E como é que se pode ingressar num regime de tempo parcial?

Para os já contratados sob o regime de tempo integral (aqueles que já estão na empresa, vale dizer, "atuais empregados"), a adoção do regime de tempo parcial será feita mediante opção manifestada perante o empregador na forma prevista em acordo coletivo ou em convenção coletiva (*vide* o § 2.º do art. 58-A da CLT[29]). Perceba-se, assim, que somente é

---

regime de tempo integral. As horas extraordinárias que foram indevidamente atribuídas ao suposto integrante do regime de tempo parcial entre 26 e 30 horas semanais haveriam de ser agregadas ao salário-base, e este aumentaria consequentemente de dimensão. Aberta estaria, portanto, a possibilidade de os trabalhadores sob o regime de tempo integral da empresa que incorresse na infração acima expendida pedirem o pagamento da diferença salarial sob o fundamento da já mencionada violação ao princípio da isonomia salarial.

29 "Art. 58-A [...] § 2.º Para os atuais empregados, a adoção do regime de tempo parcial será feita mediante opção manifestada perante a empresa, na forma prevista em instrumento decorrente de negociação coletiva."

possível trocar de regime – de tempo integral para tempo parcial – mediante negociação coletiva. Isso acontece porque o Texto Constitucional só admite a **redução** dos mais preciosos núcleos do contrato de emprego – do salário (art. 7.º, VI) e da jornada (art. 7.º, XIII) – mediante a interveniência obrigatória da entidade sindical da categoria profissional.

Note-se, porque relevante, que os domésticos, desde a promulgação da EC n. 72/2013, passaram a ter a prerrogativa de ver reconhecidos acordos e convenções coletivas como fontes de direito (*vide* art. 7.º, XXVI, c/c o parágrafo único do referido dispositivo). Por conta disso, somente antes da vigência da EC n. 72/2013 era admissível a troca do regime de tempo integral para tempo parcial dos "atuais empregados" domésticos independentemente de negociação coletiva. Atualmente, essa troca impõe, tal como ocorre em relação aos demais empregados, a interveniência obrigatória da entidade sindical da categoria profissional.

É bom anotar que a Lei Complementar n. 150/2015, apesar de manifestamente contrária a qualquer intervenção sindical, foi silente nesse ponto, permitindo, por isso, dizer que o sistema permanece teoricamente com a mesma lógica.

Para os novos empregados não é imposta esta exigência (de prévia negociação coletiva para fins de contratação em regime de tempo parcial), vale dizer, estes podem ser contratados por tempo parcial independentemente de previsão em norma coletiva, estando incluídos no âmbito dessa autorização os "novos empregados" domésticos.

É essencial à validade do contrato por tempo parcial a forma escrita?

O contrato por tempo parcial deve ser expresso, mas não necessariamente escrito. Assim, desde que exista instrumento coletivo negociado que autorize a sua formação em relação aos atuais empregados, não se exige forma escrita para o contrato ora em análise. Ele, portanto, pode ser verbal.

Para evitar problemas probatórios, porém, é (apenas) recomendável que o contrato por tempo parcial seja ajustado por escrito, inclusive com anotação em CTPS. Essa forma, portanto, não é *ad solemnitatem* (indispensável à validade do ato), mas apenas *ad probationem* (apenas facilita a produção da prova).

Caso não exista prova dessa espécie contratual – e até mesmo porque ele produz algumas restrições de direito ao empregado – entender-se-á existente contrato do tipo ordinário. A duração do trabalho, se reduzida, revelará, então, o oferecimento de condição mais vantajosa ao empregado sem prejuízo do pagamento do piso salarial integral, e não proporcional.

E se o valor do salário dos empregados contratados por tempo integral corresponder a um salário mínimo, os contratados por tempo parcial poderão receber menos que um salário mínimo?

Sim, diante do teor da **Orientação Jurisprudencial 358, I, da SDI-1 do TST**[30], mas restrito ao âmbito das relações privadas, havendo contratação para cumprimento de jornada reduzida, inferior à previsão constitucional de oito horas diárias ou 44 semanais, é lícito o paga-

---

30 "**Orientação Jurisprudencial 358 da SDI-1 do TST.** SALÁRIO MÍNIMO E PISO SALARIAL PROPORCIONAL À JORNADA REDUZIDA. EMPREGADO. SERVIDOR PÚBLICO (redação alterada na sessão do Tribunal Pleno realizada em 16-2-2016) – Res. 202/2016, *DEJT* divulgado em 19, 22 e 23-2-2016.

mento do piso salarial ou do salário mínimo proporcional ao tempo trabalhado. Nessa ordem de ideias, se dois empregados trabalham para uma mesma empresa recebendo um salário mínimo mensal para jornadas de oito horas, um deles poderá, desde que opte pela adoção do regime de tempo parcial mediante instrumento decorrente de negociação coletiva, ter a jornada diminuída para quatro horas e o salário proporcionalmente reduzido para meio salário mínimo.

Atente-se, porém, para o fato de que **na Administração Pública direta, autárquica e fundacional não é válida remuneração de empregado público inferior ao salário mínimo, ainda que cumpra jornada de trabalho reduzida**. Essa observação, feita com base no entendimento cristalizado no STF, consta expressamente do item II da referida OJ 358 da SDI-1 do TST.

Quais são as restrições de direito aplicáveis aos empregados contratados sob o regime de tempo parcial?

A resposta precisa ser oferecida a partir da LÓGICA DO ***ANTES*** E DO ***DEPOIS*** da vigência da Lei n. 13.467, de 13 de julho de 2017.

Assim, **antes da vigência da referida Lei**, e apesar de serem possíveis debates no plano da constitucionalidade das disposições que restringiam alguns direitos dos empregados contratados sob o regime de tempo parcial, eles: a) não podiam prestar horas extraordinárias (§ 4.º do art. 59 da CLT, ora revogado), salvo se doméstico[31]; b) não podiam converter 1/3 do período de férias a que tiverem direito em abono pecuniário (§ 3.º do art. 143 da CLT, ora revogado); e c) não podiam fruir mais do que 18 dias de férias (art. 130-A da CLT, também ora revogado).

Depois da vigência da Lei n. 13.467, de 13 de julho de 2017, desapareceram as restrições de letras "b" e "c", supra, mas se manteve a vedação à prestação de horas extraordinárias para os empregados contratados para o regime de tempo parcial em contratos de até 26 (vinte e seis) horas semanais.

Todo contrato firmado até o limite de 30 (trinta) horas semanais será necessariamente um contrato sob o regime de tempo parcial nos moldes do art. 58-A da CLT?

Em princípio, sim. Todo contrato celebrado nos estritos moldes do art. 58-A, até o limite de 30 horas semanais, será necessariamente inserido no chamado regime de tempo parcial, e o empregado estará submetido a todas as restrições mencionadas. É importante, porém, observar as exceções:

a) os contratos em regime de tempo parcial celebrados para mais de 30 e menos de 44 horas semanais. O modelo aplicável, em casos tais, é o da OJ 358 da SDI-1 do TST, sem, porém,

---

I – Havendo contratação para cumprimento de jornada reduzida, inferior à previsão constitucional de oito horas diárias ou quarenta e quatro semanais, é lícito o pagamento do piso salarial ou do salário mínimo proporcional ao tempo trabalhado.

II – Na Administração Pública direta, autárquica e fundacional não é válida remuneração de empregado público inferior ao salário mínimo, ainda que cumpra jornada de trabalho reduzida. Precedentes do Supremo Tribunal Federal."

31   Observe-se que o § 2.º do art. 3.º da Lei Complementar n. 150/2015 permite que a duração normal do trabalho do empregado doméstico em regime de tempo parcial seja acrescida de horas suplementares, em número não excedente a uma diária, mediante acordo escrito entre empregador e empregado.

falar-se na aplicabilidade das restrições que dizem respeito à espécie contratual prevista no multicitado art. 58-A da CLT;

b) os contratos nos quais – por manifestação verbal ou escrita – os contratantes expressamente reconheçam que a carga semanal igual ou inferior a 30 horas semanais foi outorgada como uma melhoria social ao empregado, sem prejuízo do salário integral.

CLT REFORMA TRABALHISTA	CLT ORIGINAL
Art. 59. A duração diária do trabalho poderá ser acrescida de horas extras, em número não excedente de duas, por acordo individual, convenção coletiva ou acordo coletivo de trabalho. **§ 1.º** A remuneração da hora extra será, pelo menos, 50% (cinquenta por cento) superior à da hora normal. • *Caput* e § 1.º c/ redação determinada pela Lei n. 13.467, de 13-7-2017. **§ 2.º** Poderá ser dispensado o acréscimo de salário se, por força de acordo ou convenção coletiva de trabalho, o excesso de horas em um dia for compensado pela correspondente diminuição em outro dia, de maneira que não exceda, no período máximo de um ano, à soma das jornadas semanais de trabalho previstas, nem seja ultrapassado o limite máximo de dez horas diárias. (Redação dada pela Medida Provisória n. 2.164-41, de 2001) **§ 3.º** Na hipótese de rescisão do contrato de trabalho sem que tenha havido a compensação integral da jornada extraordinária, na forma dos §§ 2.º e 5.º deste artigo, o trabalhador terá direito ao pagamento das horas extras não compensadas, calculadas sobre o valor da remuneração na data da rescisão. • § 3.º c/ redação determinada pela Lei n. 13.467, de 13-7-2017. **§ 4.º** *(Revogado pela Lei n. 13.467, de 13-7-2017).* **§ 5.º** O banco de horas de que trata o § 2.º deste artigo poderá ser pactuado por acordo individual escrito, desde que a compensação ocorra no período máximo de seis meses. **§ 6.º** É lícito o regime de compensação de jornada estabelecido por acordo individual, tácito ou escrito, para a compensação no mesmo mês. • §§ 5.º e 6.º c/ redação da Lei n. 13.467, de 13-7-2017.	**Art. 59.** A duração normal do trabalho poderá ser acrescida de horas suplementares, em número não excedente de 2 (duas), mediante acordo escrito entre empregador e empregado, ou mediante contrato coletivo de trabalho. **§ 1.º** Do acordo ou do contrato coletivo de trabalho deverá constar, obrigatoriamente, a importância da remuneração da hora suplementar, que será, pelo menos, 20% (vinte por cento) superior à da hora normal. (Vide CF, art. 7.º inciso XVI) **§ 2.º** Poderá ser dispensado o acréscimo de salário se, por força de acordo ou convenção coletiva de trabalho, o excesso de horas em um dia for compensado pela correspondente diminuição em outro dia, de maneira que não exceda, no período máximo de um ano, à soma das jornadas semanais de trabalho previstas, nem seja ultrapassado o limite máximo de dez horas diárias. (Redação dada pela Medida Provisória n. 2.164-41, de 2001) **§ 3.º** Na hipótese de rescisão do contrato de trabalho sem que tenha havido a compensação integral da jornada extraordinária, na forma do parágrafo anterior, fará o trabalhador jus ao pagamento das horas extras não compensadas, calculadas sobre o valor da remuneração na data da rescisão (Incluído pela Lei n. 9.601, de 21-1-1998) **§ 4.º** Os empregados sob o regime de tempo parcial não poderão prestar horas extras. (Incluído pela Medida Provisória n. 2.164-41, de 2001)

O que mudou?

O art. 59 da CLT foi modificado na sua quase integralidade. Somente o § 2.º foi mantido com a redação anterior à reforma. Em linhas gerais, o *caput* do art. 59 da CLT **dispensou a**

forma escrita dos acordos individuais de prorrogação de jornadas e os parágrafos adicionais ofereceram novas particularidades para o banco de horas, inclusive a possibilidade de ajuste mediante acordo individual escrito, desde que semestral.

O art. 59 da CLT merece a crítica de não ter separado o tratamento dos institutos da "prorrogação de jornadas", "compensação de horários" e de "banco de horas", motivo pelo qual serão analisados conjuntamente nos comentários a seguir expendidos.

Comentários

1. Prorrogação de jornadas. Caracterização

O **acordo de prorrogação de jornadas** caracteriza-se pelo ajuste firmado entre empregado e empregador no sentido de permitir a este a exigência de extensão da duração diária do trabalho em virtude de circunstâncias excepcionais. Por meio desse acordo, **promovido mediante contrato individual (escrito, verbal ou tácito) ou contrato coletivo de trabalho (acordo ou convenção coletiva)**, a duração normal do trabalho poderá ser acrescida de **horas suplementares** em quantidade ordinariamente não excedente de duas.

Destaque-se que no momento da admissão contratual pode ou não ser promovido um acordo de prorrogação de jornadas. Se esse acordo não tiver sido feito na contratação, poderá ser formulado mediante alteração contratual na forma prevista no art. 59 da CLT. Por meio desse ajuste, realizado por força de **contrato individual** ou **contrato coletivo de trabalho** (acordo ou convenção coletiva de trabalho), a duração normal do labor poderá ser acrescida de horas suplementares em quantidade ordinariamente não excedente de duas. **Note-se que a Lei n. 13.467, de 13 de julho de 2017, extirpou do texto do caput do art. 59 da CLT a exigência da forma escrita para os acordos individuais. Eles atualmente podem ser verbais ou tácitos na contratualidade individual.**

No que diz respeito à caracterização da prorrogação de jornadas, as seguintes anotações são reputadas importantes:

1.ª) O empregado somente terá a obrigação contratual de prestar horas extraordinárias caso tenha anuído quanto a isso mediante acordo individual (escrito, verbal ou tácito) ou contrato coletivo de trabalho (acordo ou convenção coletiva) de prorrogação de jornadas. Não poderá ele, portanto, diante das hipóteses em que negar a prestação de sobrejornada, ser apenado ou despedido por justa causa em decorrência de ato de insubordinação. Ressalvem-se nesse âmbito apenas as situações em que ocorra "necessidade imperiosa", conforme se observará mais adiante;

2.ª) O simples fato de o empregador não ter determinado a realização do trabalho suplementar não é suficiente para desobrigar-se do pagamento das correspondentes horas extraordinárias[32];

---

32 Veja-se, nesse sentido, decisão do TST: "[...] entende-se que o simples fato da reclamada não ter determinado a realização do labor extraordinário da reclamante não é suficiente para eximi-la do respectivo pagamento das horas trabalhadas em sobrelabor, tendo em vista que se beneficiou diretamente. Desse modo, caso entendesse pela sua desnecessi-

3.ª) "A limitação legal da jornada suplementar a duas horas diárias não exime o empregador de pagar todas as horas trabalhadas" (vide Súmula 376, I, do TST).

- **Remuneração adicional**

A prorrogação das horas de trabalho é fato naturalmente desgastante. Por isso, as horas suplementares valem evidentemente mais do que as horas ordinárias. Nessa ordem de ideias, o legislador constituinte, majorando a dimensão percentual incidente sobre as horas extraordinárias previstas na CLT, estabeleceu que qualquer hora suplementar deve ser necessariamente acrescida de um adicional de 50%. O acréscimo pode ser maior que 50% (por lei específica ou por contrato), **nunca menor que isso**, nem mesmo em função de negociação coletiva, porque o acréscimo de pelo menos 50% é direito constitucional mínimo[33], blindado contra qualquer tentativa de aviltamento. O texto do novo § 1.º do art. 59 da CLT é bem claro nesse particular: **"A remuneração da hora extra será, pelo menos, 50% (cinquenta por cento) superior à da hora normal".**

- **Variações mínimas no registro de ponto e inexigibilidade de pagamento como sobrejornada**

Nos termos do § 1.º do art. 58 da CLT, que em nada foi mudado pela reforma trabalhista, não serão descontadas nem computadas como jornada extraordinária as variações de horário no registro de ponto não excedentes de **cinco minutos (na entrada e na saída)**, observado o limite máximo de **dez minutos diários**.

Esse dispositivo foi acrescido à CLT por meio da Lei n. 10.243, de 19 de junho de 2001, norma inspirada no conteúdo de duas orientações jurisprudenciais da Seção de Dissídios Individuais do TST (Orientação Jurisprudencial 26 e Orientação Jurisprudencial 326 da SDI-1), que foram convertidas na Súmula 366, nos seguintes termos:

> **Súmula 366 do TST.** CARTÃO DE PONTO. REGISTRO. HORAS EXTRAS. MINUTOS QUE ANTECEDEM E SUCEDEM A JORNADA DE TRABALHO (nova redação) – Res. 197/2015 – DEJT divulgado em 14, 15 e 18-5-2015. Não serão descontadas nem computadas como jornada extraordinária as variações de horário do registro de ponto não excedentes de cinco minutos, observado o limite máximo de dez minutos diários. Se ultrapassado esse limite, será considerada como extra **a totalidade do tempo** que exceder a jornada normal, pois configurado tempo à disposição do empregador, não importando as atividades desen-

---

dade, deveria ter impedido a reclamante de prestá-las. 5. É cediço que o fato gerador do pagamento das horas extraordinárias é o simples labor além da jornada diária acordada, não havendo qualquer limitação às hipóteses em que este decorra de determinação do empregador. Não se pode olvidar que compete ao reclamado o exercício do poder diretivo, razão pela qual ao perceber que o empregado não tem condições de exercer a jornada no período acordado, necessitando elastecê-la, deveria ter proibido a realização das horas extraordinárias ou a dispensado, contratando um que se adequasse às determinações da empresa. Assim, mostra-se flagrante a ofensa ao art. 7.º, XVI, da Constituição Federal. 6. Recurso ordinário a que se dá provimento quanto ao ponto" (TST, ROAR-27000-37.2009.5.18.0000, SBDI-2, Rel. Min. Guilherme Augusto Caputo Bastos, *DJe*, 17-6-2011, p. 393-394).

33   Consoante o art. 7.º, XVI – remuneração do serviço extraordinário superior, no mínimo, em cinquenta por cento à do normal.

volvidas pelo empregado ao longo do tempo residual (troca de uniforme, lanche, higiene pessoal etc.).

Atente-se para o fato de que, ultrapassados os limites fixados na lei ou na súmula, será considerado extraordinário todo o tempo que exceder a jornada normal, inclusive os tolerados cinco minutos na entrada e na saída do trabalho.

Outro detalhe importante: a partir da vigência da referida Lei n. 10.243/2001, e de acordo com a Súmula 449 do TST, deixou de prevalecer qualquer cláusula contida em convenção ou acordo coletivo que visasse alargar o limite de cinco minutos que antecedem e sucedem a jornada de trabalho para fins de apuração das horas extraordinárias[34].

- **Situações de proibição de prorrogação de horas de trabalho**

Diante do pós-reforma trabalhista, podem ser apontados três casos importantes de proibição de prorrogação de horas de trabalho:

1.º) Os aprendizes, conforme o art. 432 da CLT[35].

2.º) Os empregados contratados sob o regime de tempo parcial **não poderão prestar** horas extraordinárias nos contratos estabelecidos para duração entre 26 (vinte e seis) e 30 (trinta) horas por semana, sob pena de descaracterização. Note-se, entretanto, que a proibição não impede a compensação de horários. O § 5.º o art. 58-A é bem claro no sentido de que "as horas suplementares da jornada de trabalho normal poderão ser compensadas diretamente até a semana imediatamente posterior à da sua execução, devendo ser feita a sua quitação na folha de pagamento do mês subsequente, caso não sejam compensadas".

3.º) De igual modo, nas atividades insalubres quaisquer prorrogações **somente poderão ser acordadas** mediante licença prévia das autoridades competentes em matéria de medicina do trabalho, ou seja, das Superintendências Regionais do Trabalho e Emprego (art. 60 da CLT). Elas, para esse efeito, procederão aos necessários exames locais e à verificação dos métodos e processos de trabalho, quer diretamente, quer por intermédio de autoridades sanitárias federais, estaduais e municipais, com quem entrarão em entendimento para tal fim. Sem essa licença, o ajuste de prestação de horas suplementares constitui infração administrativa, ficando o empregador suscetível a assumir indenização por danos causados ao empregado que se submeteu à sobrejornada nessas situações, ainda que consensual a prorrogação. Anote-se, porém, uma exceção expressa: a Lei n. 13.467, de 13 de julho de 2017, adicionou o **parágrafo único no art. 60 da CLT**. Por meio desse parágrafo se excetuam da exigência de licença prévia **as jornadas**

---

34 Veja-se: "**Súmula 449 do TST**. MINUTOS QUE ANTECEDEM E SUCEDEM A JORNADA DE TRABALHO. LEI N. 10.243, DE 19-6-2001. NORMA COLETIVA. FLEXIBILIZAÇÃO. IMPOSSIBILIDADE (conversão da Orientação Jurisprudencial n. 372 da SBDI-1) – Res. 194/2014, *DEJT* divulgado em 21, 22 e 23-5-2014. A partir da vigência da Lei n. 10.243, de 19-6-2001, que acrescentou o § 1.º ao art. 58 da CLT, não mais prevalece cláusula prevista em convenção ou acordo coletivo que elastece o limite de 5 minutos que antecedem e sucedem a jornada de trabalho para fins de apuração das horas extras."

35 Art. 432, *caput*. "A duração do trabalho do aprendiz não excederá de seis horas diárias, sendo vedadas a prorrogação e a compensação de jornada".

de 12 horas de trabalho por 36 horas ininterruptas de descanso, independentemente da natureza do serviço desenvolvido pelo trabalhador.

2. Compensação de horários

O § 6.º criou um sistema especialíssimo de compensação de horários, "estabelecido por acordo individual, tácito ou escrito, para a compensação no mesmo mês". Diante dele, empregado e empregador podem criar, pontualmente, **ainda que tacitamente**, um regime de compensação de horários, mesmo na sistemática 12 x 36, por meio do qual as horas acrescidas na jornada sejam compensadas dentro do próprio mês. Se isso acontecer não haverá espaço para falar-se em pagamento de horas extraordinárias.

3. Banco de horas

O banco de horas não é propriamente sistema de *compensação de horários* nem de *prorrogação de jornadas*. Ele, na verdade, é um instituto singular[36] que cumula o que de pior existe em ambos os sistemas. Por meio dele se cumula a exigibilidade de prestação de horas suplementares sem prévio aviso e sem qualquer pagamento com a imprevisibilidade dos instantes de concessão das folgas compensatórias.

O banco de horas autoriza o empregador a exigir do empregado a prestação de jornada suplementar até o limite máximo de dez horas diárias, sem, por conta disso, gerar retribuição de qualquer natureza. As horas excedentes da jornada legal ou convencional são, então, lançadas num "banco" e ali acumuladas com o fim especial de, num futuro, serem trocadas por folgas compensatórias. Essa troca deve ser paulatinamente promovida por iniciativa do empregador, sob pena de serem pagas como extraordinárias quando for obtido o limite da "soma das jornadas semanais de trabalho previstas" **ou** quando for alcançado o limite temporal de um ano de permanência no "banco" (o que ocorrer primeiro). Veja-se o intrincado texto regente do "banco de horas", especialmente o trecho contido no *§ 2.º do art. 59 da CLT*:

---

36   Originariamente, o § 2.º do art. 59 da CLT tinha a seguinte redação:
"§ 2.º Poderá ser dispensado o acréscimo de salário se, por força de acordo ou contrato coletivo, o excesso de horas em um dia for compensado pela correspondente diminuição em outro dia, de maneira que não exceda o horário normal da semana nem seja ultrapassado o limite máximo de dez horas diárias".
Esta redação foi modificada pela Lei n. 9.601, de 21-1-1998, DOU 22-1-1998, nos seguintes moldes:
"§ 2.º Poderá ser dispensado o acréscimo de salário se, por força de acordo ou convenção coletiva de trabalho, o excesso de horas em um dia for compensado pela correspondente diminuição em outro dia, de maneira que não exceda, no período máximo de cento e vinte dias, à soma das jornadas semanais de trabalho previstas, nem seja ultrapassado o limite máximo de dez horas diárias" (redação dada ao parágrafo pela Lei n. 9.601, de 21-1-1998).
Finalmente, por força do texto contido na Medida Provisória n. 2.164-41, de 24-8-2001, em vigor conforme o art. 2.º da Emenda Constitucional n. 32, de 11-9-2001, houve nova redação, assim disposta:
"§ 2.º Poderá ser dispensado o acréscimo de salário se, por força de acordo ou convenção coletiva de trabalho, o excesso de horas em um dia for compensado pela correspondente diminuição em outro dia, de maneira que não exceda, no período máximo de um ano, à soma das jornadas semanais de trabalho previstas, nem seja ultrapassado o limite máximo de dez horas diárias" (redação dada ao parágrafo pela Medida Provisória n. 2.164-41, de 24-8-2001, em vigor conforme o art. 2.º da Emenda Constitucional n. 32, de 11-9-2001).

CLT. Art. 59. [...]

§ 2.º Poderá ser dispensado o acréscimo de salário se, **por força de acordo ou convenção coletiva de trabalho**, o excesso de horas em um dia for compensado pela correspondente diminuição em outro dia, de maneira que não exceda, **no período máximo de um ano**, à **soma das jornadas semanais de trabalho previstas**, nem seja ultrapassado o **limite máximo de dez horas diárias** (destaques não constantes do original. Redação dada ao parágrafo pela Medida Provisória n. 2.164-41, de 24-8-2001, *DOU* 27-8-2001, em vigor conforme o art. 2.º da EC n. 32/2001).

§ 3.º Na hipótese de rescisão do contrato de trabalho sem que tenha havido a compensação integral da jornada extraordinária, na forma dos §§ 2.º e 5.º deste artigo, o trabalhador terá direito ao pagamento das horas extras não compensadas, calculadas sobre o valor da remuneração na data da rescisão (parágrafo modificado pela Lei n. 13.467, de 13 de julho de 2017).

§ 4.º (parágrafo revogado pela Lei n. 13.467, de 13 de julho de 2017).

§ 5.º O banco de horas de que trata o § 2.º deste artigo poderá ser pactuado por acordo individual escrito, desde que a compensação ocorra no período máximo de seis meses (parágrafo acrescido pela Lei n. 13.467, de 13 de julho de 2017).

§ 6.º É lícito o regime de compensação de jornada estabelecido por acordo individual, tácito ou escrito, para a compensação no mesmo mês (parágrafo acrescido pela Lei n. 13.467, de 13 de julho de 2017).

Perceba-se que o "banco de horas" tem, diante do quanto aqui expendido, e também à luz da reforma trabalhista, três caracteres importantíssimos:

1.º) Deve ser ajustado *por acordo ou convenção coletiva de trabalho* se disser respeito a *compensação que ocorra em **período superior a seis meses e inferior a um ano**. O disposto no § 5.º do art. 59 da CLT deixou claro que "o banco de horas de que trata o § 2.º deste artigo poderá ser pactuado por **acordo individual escrito**, desde que a compensação ocorra no período máximo de **seis meses**"* (destaques não constantes do original).

2.º) A acumulação de horas sujeita-se ao limite máximo temporal que se estende **de seis meses a um ano** de permanência ou, observado o que ocorrer primeiro, ao limite consistente da "**soma das jornadas semanais de trabalho previstas**". O conceito indicativo da "soma das jornadas semanais de trabalho previstas" é ininteligível, admitindo-se que o limite de quantidade de horas acumuladas coincide com a carga horária semanal máxima legal (geral ou especial) ou contratual, multiplicada pelo número de semanas existentes dentro de seis meses (no caso do § 5.º *do art. 59 da CLT*) ou dentro de um ano (no caso do § 2.º *do art. 59 da CLT*).

3.º) Não se pode considerar como hora suscetível de ingressar no "banco" qualquer uma excedente do limite máximo de dez horas diárias.

CLT REFORMA TRABALHISTA	CLT ORIGINAL
Art. 59-A. Em exceção ao disposto no art. 59 desta Consolidação, é facultado às partes, mediante acordo individual escrito, convenção coletiva ou acordo coletivo de trabalho, estabelecer horário de trabalho de doze horas seguidas por trinta e seis horas ininterruptas de descanso, observados ou indenizados os intervalos para repouso e alimentação.	Não há correspondente na CLT original.

CLT REFORMA TRABALHISTA	CLT ORIGINAL
Parágrafo único. A remuneração mensal pactuada pelo horário previsto no *caput* deste artigo abrange os pagamentos devidos pelo descanso semanal remunerado e pelo descanso em feriados, e serão considerados compensados os feriados e as prorrogações de trabalho noturno, quando houver, de que tratam o art. 70 e o § 5.º do art. 73 desta Consolidação. • Art. 59-A acrescentado pela Lei n. 13.467, de 13-7-2017.	

O que mudou?

O art. 59-A da CLT é uma inovação. Ele admitiu expressamente o regime de compensação de horário na formulação 12 x 36 (horário de trabalho de 12 horas seguidas por 36 horas ininterruptas de descanso). Deixou-se claro que essa sistemática de compensação de horários **permite tanto a concessão quanto a indenização do intervalo intrajornada** e que, para além disso, **abrange os pagamentos devidos pelo** *descanso semanal remunerado* **e pelo** *descanso em feriados*, e **considera** *compensados os feriados* **e as** *prorrogações de trabalho noturno*, **quando houver**.

Comentários

Caracterização.

A Constituição, no art. 7.º, XIII, faculta a **compensação de horários de trabalho**. Por meio desse procedimento, o excesso de horas em determinada jornada é compensado pela diminuição de horas em outra.

Exemplo clássico de compensação de horários de trabalho é evidenciado no caso em que os trabalhadores, para se verem dispensados das atividades no sábado, trabalham uma hora a mais nas jornadas de segunda a quinta-feira. Trata-se de fórmula de compensação intrassemanal conhecida como **"semana-inglesa"**.

	SEGUNDA	TERÇA	QUARTA	QUINTA	SEXTA	SÁBADO	DOMINGO
HORAS DE TRABALHO	8 + 1	8 + 1	8 + 1	8 + 1	8		

Outro exemplo de compensação de horários, desta vez de natureza intersemanal, acontece com o sistema conhecido como **"semana-espanhola"**, mediante o qual é alternada, de forma sucessiva, a prestação de 48 horas de trabalho em uma semana por 40 horas na seguinte. Note-se:

Primeira semana:

	SEGUNDA	TERÇA	QUARTA	QUINTA	SEXTA	SÁBADO	DOMINGO
HORAS DE TRABALHO	8	8	8	8	8		

Segunda semana:

	SEGUNDA	TERÇA	QUARTA	QUINTA	SEXTA	SÁBADO	DOMINGO
HORAS DE TRABALHO	8	8	8	8	8	8	

Esse sistema de compensação de horário é, aliás, reconhecido pelo TST. Veja-se, nesse sentido, a Orientação Jurisprudencial 323 da SDI-1 do TST:

> **Orientação Jurisprudencial 323 da SDI-1 do TST.** ACORDO DE COMPENSAÇÃO DE JORNADA. "SEMANA ESPANHOLA". VALIDADE. É válido o sistema de compensação de horário quando a jornada adotada é a denominada "semana espanhola", que alterna a prestação de 48 horas em uma semana e 40 horas em outra, não violando os arts. 59, § 2.º, da CLT e 7.º, XIII, da CF/88 o seu ajuste mediante acordo ou convenção coletiva de trabalho.

Anote-se, com o objetivo de dar completude a essa análise, que a compensação realizada tanto na semana inglesa quanto na espanhola pressupõe que o sábado seja um dia útil trabalhado. Faz-se essa observação porque podem ocorrer situações em que **um feriado recaia justamente no sábado** destinado à compensação. Em tal situação, as horas correspondentes ao sábado – e acrescidas no curso da semana ou no sábado seguinte – deverão ser pagas de forma dobrada, pois, em rigor, são horas extraídas de dias destinados ao descanso.

Outro sistema de compensação extremamente utilizado é aquele previsto na **Lei n. 5.811, de 11 de outubro de 1972**, aplicável aos empregados nas atividades de exploração, perfuração, produção e refinação de petróleo, industrialização do xisto, indústria petroquímica e transporte de petróleo e seus derivados por meio de dutos. Nesse sistema, sempre que for imprescindível à continuidade operacional, o empregado será mantido em seu posto de trabalho, em regime de revezamento. Tal regime, em turno de oito horas, será adotado nas mencionadas atividades de extração do petróleo, ficando a utilização do turno de 12 horas restrita às seguintes situações especiais: a) atividades de exploração, perfuração, produção e transferência de petróleo **no mar**; b) atividades de exploração, perfuração e produção de petróleo **em áreas terrestres distantes ou de difícil acesso**. O empregado, porém, não pode permanecer em serviço, no regime de revezamento, por período superior a 15 dias consecutivos, sendo este o limite estabelecido em conformidade com o art. 8.º do mencionado texto legal. Quanto à constitucionalidade desse regime, é importante citar a Súmula 391, I, do TST:

> **Súmula 391 do TST.** Petroleiros. Lei n. 5.811/72. Turno ininterrupto de revezamento. Horas extras e alteração da jornada para horário fixo.
> I – A Lei n. 5.811/72 foi recepcionada pela CF/88 no que se refere à duração da jornada de trabalho em regime de revezamento dos petroleiros.
> II – A previsão contida no art. 10 da Lei n. 5.811/72, possibilitando a mudança do regime de revezamento para horário fixo, constitui alteração lícita, não violando os arts. 468 da CLT e 7.º, VI, da CF/1988.

Mais uma **situação positivada** consta da Lei n. 11.901, de 12 de janeiro de 2009, que disciplina a profissão de **bombeiro civil**, assim entendido aquele que exerce, em caráter habitual, função remunerada e exclusiva de prevenção e combate a incêndio, como empregado contratado diretamente por empresas privadas ou públicas, sociedades de economia mista ou empresas especializadas na prestação de serviços de prevenção e combate a incêndio. **Tal profissional, nos termos do art. 5.º da mencionada norma, cumpre jornada de 12 horas de trabalho (11, em verdade, se considerada a fruição de uma hora de intervalo) compensadas por 36 horas de descanso, observado o limite máximo semanal de 36 horas.**

O **SISTEMA 12 X 36** – é bom lembrar – já vinha sendo juridicamente admitido para outras atividades, sendo, inclusive, arrimado pela Súmula 444 do TST[37]. Atualmente a sistemática ora em discussão foi ampla e irrestritamente incorporada pelo ordenamento jurídico brasileiro mediante a Lei n. 13.467, de 13 de julho de 2017. O mencionado diploma inseriu o art. 59-A na CLT, e assim previu:

> **Art. 59-A.** Em exceção ao disposto no art. 59 desta Consolidação, é facultado às partes, mediante acordo individual escrito, convenção coletiva ou acordo coletivo de trabalho, estabelecer horário de trabalho de doze horas seguidas por trinta e seis horas ininterruptas de descanso, observados ou indenizados os intervalos para repouso e alimentação.
> **Parágrafo único.** A remuneração mensal pactuada pelo horário previsto no *caput* deste artigo abrange os pagamentos devidos pelo descanso semanal remunerado e pelo descanso em feriados, e serão considerados compensados os feriados e as prorrogações de trabalho noturno, quando houver, de que tratam o art. 70 e o § 5.º do art. 73 desta Consolidação.

Note-se que um regime de compensação de horários é promovido com a finalidade de proporcionar mais tempo de descanso em favor do trabalhador. Para isso se aplica a mencionada fórmula de excesso de horas em determinada jornada para, por *compensação*, haver diminuição de horas em outra. Os dias suprimidos ou as horas diminuídas da jornada em função da compensação não podem, porém, ser objeto de apropriação pelo empregador, ainda que pagas sob a forma de horas extraordinárias.

- **Fonte criativa da compensação de horários**

Tirante as hipóteses em que a própria lei institui regime de compensação de horários, a fonte criativa de tais sistemáticas por conta da autonomia privada somente se deveria dar, em obediência ao disposto no art. 7.º, XIII, da Constituição da República, **"mediante acordo ou convenção coletiva de trabalho"**. A jurisprudência, contudo, flexibilizou essa normativa, admitindo o ajuste também por meio de acordo individual[38], **necessariamente escrito**, desde que não exista norma coletiva que o proíba.

---

37   Uma curiosidade a observar, no âmbito da Súmula 444 do TST, é que ela criava uma exceção à permissividade do acordo individual constante da Súmula 85, I e II, do TST. Exigia-se ali, **sempre**, o ajuste mediante instrumento coletivo negociado. Esse entendimento, entretanto, ruiu diante da lógica da reforma trabalhista de 2017 que passou a admitir acordos individuais escritos e até mesmo tácitos. O TST assim se manifestou à época porque entendeu que o regime de 12 x 36 produziria um excesso de horas além do limite diário de duas horas suplementares, fugindo, portanto, do figurino tradicional dos regimes de compensação, que preveem compensações até o limite de 10 horas/dia e 44 horas/semana. Toda essa lógica, entretanto, desmoronou diante das facilidades que a reforma trabalhista de 2017 quis proporcionar para o empregador.

38   A Súmula 444 do TST, que criou uma exceção à permissividade do acordo individual constante da Súmula 85, I e II, do TST, haverá de ser cancelada ou reformada. Exige-se ali, sempre, o ajuste mediante instrumento coletivo negociado. O TST parece ter assim se manifestado porque o regime de 12 x 36 produz um excesso de horas, além do limite diário de

Veja-se, nesse sentido, a **Súmula 85, I e II**, do TST:

> I – A compensação de jornada de trabalho deve ser ajustada por acordo individual escrito, acordo coletivo ou convenção coletiva.
>
> II – O acordo individual para compensação de horas é válido, salvo se houver norma coletiva em sentido contrário.

O legislador da reforma trabalhista de 2017, na linha de simplificação das relações laborais, consolidou o entendimento de que o acordo individual **escrito** seria suficiente. Veja-se:

> **Art. 59-A.** Em exceção ao disposto no art. 59 desta Consolidação, é facultado às partes, mediante **acordo individual escrito, convenção coletiva ou acordo coletivo de trabalho**, estabelecer horário de trabalho de doze horas seguidas por trinta e seis horas ininterruptas de descanso, observados ou indenizados os intervalos para repouso e alimentação.
>
> **Parágrafo único.** A remuneração mensal pactuada pelo horário previsto no *caput* deste artigo abrange os pagamentos devidos pelo descanso semanal remunerado e pelo descanso em feriados, e serão considerados compensados os feriados e as prorrogações de trabalho noturno, quando houver, de que tratam o art. 70 e o § 5.º do art. 73 desta Consolidação.

A mesma norma, ultrapassando os limites da simplificação, aceitou até mesmo acordos individuais **não escritos** diante das situações em que o empregador se dispusesse a realizar a compensação dentro do mesmo mês da prestação. Perceba-se o § 6.º do art. 59 da CLT:

> **Art. 59.** [...]
>
> § 6.º É lícito o regime de compensação de jornada estabelecido por acordo individual, **tácito ou escrito**, para a **compensação no mesmo mês** (destaques não constantes do original).

Cabe observar que *o ajuste individual escrito desapareceu nas contratações para a prorrogação de jornadas*, mas se manteve firmemente presente nos ajustes que visam a compensação de horários. É, porém, admissível o entendimento segundo o qual o acordo individual escrito deixaria de ser aceitável caso a norma coletiva não o admitisse para tanto.

- ### Regime 12 x 36, repouso semanal remunerado e trabalho em feriados

Os empregados que trabalham em regimes de 12 horas de trabalho por 36 horas de folga têm garantido o direito ao repouso semanal remunerado?

A resposta revela-se afirmativa, na medida em que a redistribuição das horas de trabalho durante o transcurso da semana produz a evidência de um dia inteiro destinado ao descanso ou, pelo menos, oferecido a título de folga compensatória. Para melhor entender essa assertiva, basta observar os dois seguintes quadros:

	SEGUNDA	TERÇA	QUARTA	QUINTA	SEXTA	SÁBADO	DOMINGO
HORAS DE TRABALHO	8 + 4		8 + 4		8 + 4		8 + 4

---

duas horas suplementares, fugindo, portanto, do figurino tradicional dos regimes de compensação, que preveem compensações até 10 horas/dia e 44 horas/semana.

Nesse quadro há a representação de um sistema de compensação de horários mediante o regime de conhecido como 12 x 36. Foi apresentada justamente a semana em que ocorre o maior número de dias trabalhados (perceba-se que na semana seguinte somente haverá três dias trabalhados) para que claramente seja evidenciada a existência de um dia inteiro de folga. Para tanto, basta deslocar as quatro horas excedentes da jornada normal para o quadrinho vizinho, somando-se as quatro horas da segunda-feira com as quatro horas da quarta-feira e, depois, as quatro horas da sexta-feira com as quatro do domingo. O resultado, como se vê no próximo quadro, será um dia inteiramente livre de trabalho, ou seja, um dia absolutamente destinado ao descanso. Veja-se:

	SEGUNDA	TERÇA	QUARTA	QUINTA	SEXTA	SÁBADO	DOMINGO
HORAS DE TRABALHO	8	4 + 4	8		8	4 + 4	8

Na semana seguinte haverá uma carga menor. Note-se que o sistema 12 x 36 implica a soma de 48 horas na primeira semana e de 36 horas na segunda, e assim sucessivamente.

Não se pode esquecer que o intervalo intrajornada, se outorgado, deverá ser deduzido dessas 48 ou 36 horas, fazendo com que cada turno de trabalho, se realizado em horário diurno (das 07h às 19h, por exemplo), tenha, em verdade, 11 (onze) horas cada, ou seja, 11 (onze) horas de trabalho efetivo + 1 (uma) hora de intervalo. Se realizado em horário noturno urbano, cada turno de trabalho, por força da redução ficta existente entre às 22h e às 05h de cada dia, terá 12 (doze) horas de trabalho efetivo + 1 (uma) hora de intervalo.

De qualquer maneira, entretanto, **o número menor de horas na segunda semana de trabalho poderá compensar a existência de eventual dia feriado**. Veja-se:

	SEGUNDA	TERÇA	QUARTA	QUINTA	SEXTA	SÁBADO	DOMINGO
HORAS DE TRABALHO		8 + 4		8 + 4		8 + 4	

É bom anotar, entretanto, que a Elevada Corte trabalhista, a despeito da lógica ora expendida, posicionou-se expressamente, durante anos, no sentido de que os feriados trabalhados no chamado regime 12 x 36 deveriam ser remunerados em dobro, e assim se posicionou mediante a Súmula 444 que, decerto, será cancelada diante das novas posições normativas tomadas pela reforma trabalhista de 2017.

Perceba-se, com base no que consta do parágrafo único do art. 59-A da CLT, que a remuneração mensal pactuada no regime 12 x 36 quita o descanso semanal remunerado, o descanso em eventuais feriados e também, como se verá adiante, as prorrogações de trabalho noturno. Leia-se novamente:

> **Art. 59-A.** Em exceção ao disposto no art. 59 desta Consolidação, é facultado às partes, mediante acordo individual escrito, convenção coletiva ou acordo coletivo de trabalho, estabelecer horário de trabalho de doze horas seguidas por trinta e seis horas ininterruptas de descanso, **observados ou indenizados** os intervalos para repouso e alimentação.
> **Parágrafo único.** A remuneração mensal pactuada pelo horário previsto no *caput* deste artigo abrange os pagamentos devidos pelo descanso semanal remunerado e pelo descanso em feria-

dos, e serão considerados compensados os feriados e as prorrogações de trabalho noturno, quando houver, de que tratam o art. 70 e o § 5.º do art. 73 desta Consolidação.

Perceba-se ademais que, nesse giro ideológico, o legislador, seguindo a linha do que já se fez no texto da LC n. 150/2015, passou a admitir expressamente que os intervalos para repouso e alimentação poderiam ser "observados ou indenizados". Isso significa que, a depender do ajuste entre as partes, as 12 horas de prestação de serviços podem ser efetivamente "seguidas", cabendo ao empregador o pagamento da hora não fruída de repouso e alimentação.

- **Regime 12 x 36 e prorrogação de horas noturnas**

Nos horários mistos, assim entendidos os que abrangem períodos diurnos e noturnos, aplicam-se às horas de trabalho noturno (somente a estas) o tratamento supramencionado.

Destaque-se, no entanto, que, em conformidade com o disposto no § 5.º do art. 73 da CLT, às **prorrogações do trabalho noturno** aplicam-se o tratamento de horas noturnas (note-se: apenas às prorrogações, ou seja, extensões da jornada além do limite normal). Em outras palavras: se alguém, trabalhando em horário totalmente noturno (não pode ser parcialmente noturno), prorroga a jornada e a estende, por conta de serviço suplementar, para horário diurno, haverá de receber, inserto nessas horas prorrogadas, o adicional de horas noturnas. Veja-se, nesse sentido, a Súmula 60, II, do TST:

> **Súmula 60, II, do TST.** Cumprida integralmente a jornada no período noturno **e prorrogada esta**, devido é também o adicional quanto às horas prorrogadas. Exegese do art. 73, § 5.º, da CLT (destaques não constantes do original).

Perceba-se que a Corte Superior do Trabalho fez boa exegese do § 5.º do art. 73 da CLT, na medida em que constou exigência no sentido de **ser cumprida integralmente** a jornada no período noturno. Perceba-se que o dispositivo consolidado referido na Súmula 60 do TST informa que somente **às prorrogações do trabalho noturno**, ou seja, apenas às horas suplementares prestadas a partir do instante em que termina o horário noturno, se oferece o mesmo tratamento dado às horas noturnas. Veja-se:

> **Art. 73.** [...]
> **§ 5.º** Às prorrogações do trabalho noturno aplica-se o disposto neste capítulo (Redação dada ao artigo pelo Decreto-Lei n. 9.666, de 28-8-1946).

Ora, se a lei menciona que "às prorrogações do trabalho noturno" aplica-se o adicional aqui discutido, é lógico concluir que o mencionado estado de prorrogação pressupõe o de prestação de todas as horas que compõem a jornada normal. Assim, se um trabalhador finda sua jornada legal ou contratual em horário noturno e extrapola esse marco por conta da prestação de horas extraordinárias, as horas suplementares devem ser acrescidas do adicional noturno.

Anote-se que o direito de ver pagas com adicional noturno as horas de prorrogação de jornada não se aplica àqueles que trabalham em regime de compensação de horários, salvo se extrapoladas as horas do figurino de compensação. O argumento para a negação desse direito é, aliás, bem simples. O § 5.º do art. 73 da CLT oferece essa vantagem apenas "às prorrogações do trabalho noturno" (essa é, diga-se de passagem, a interpretação contida na Súmula 60, II, do TST), e não a quem esteja inserido num sistema de "compensação de horários".

Assim, por exemplo, se um trabalhador inserido em regime de compensação de 12 horas de trabalho por 36 de folga extrapola o limite da 8.ª hora diária, isso ocorrerá não por conta de uma prorrogação de jornada, mas apenas por uma circunstância de "compensação de horários". Isso, inevitavelmente, o retirará do modelo normativo constante do precitado dispositivo celetista.

Esse entendimento foi consagrado pela reforma trabalhista de 2017. A *Lei n. 13.467, de 13 de julho de 2017*, embora sem partir da distinção existente entre prorrogação de jornada e compensação de horários, passou a prever expressamente, no novo art. 59-A da CLT e no seu parágrafo único, que a remuneração mensal pactuada no regime 12 x 36 já quita o descanso semanal remunerado, o descanso em eventuais feriados **e também as prorrogações de trabalho noturno**. Leia-se mais uma vez:

> **Art. 59-A.** Em exceção ao disposto no art. 59 desta Consolidação, é facultado às partes, mediante acordo individual escrito, convenção coletiva ou acordo coletivo de trabalho, estabelecer horário de trabalho de doze horas seguidas por trinta e seis horas ininterruptas de descanso, **observados ou indenizados** os intervalos para repouso e alimentação.
> **Parágrafo único.** A remuneração mensal pactuada pelo horário previsto no *caput* deste artigo abrange os pagamentos devidos pelo descanso semanal remunerado e pelo descanso em feriados, e serão considerados compensados os feriados e **as prorrogações de trabalho noturno, quando houver, de que tratam o art. 70 e o § 5.º do art. 73 desta Consolidação**.

Por honestidade intelectual e por respeito às jurisprudências cristalizadas manteve-se no *Curso de direito do trabalho* deste autor (Luciano Martinez. *Curso de direito do trabalho*. 8. ed. São Paulo: Saraiva, 2017), apesar da discordância pessoal de entendimento, a referência ao posicionamento que o TST consignou na Orientação Jurisprudencial 388 da sua SDI-1, que decerto será cancelada. Para a Alta Corte trabalhista, "o empregado submetido à jornada de 12 horas de trabalho por 36 de descanso, que compreenda a totalidade do período noturno, **teria direito** ao adicional noturno, relativo às horas trabalhadas após as 5 horas da manhã" (*DEJT*, 10-6-2010, destaques não constantes do original)[39]. Afirmava-se aqui, respeitosamente, que possivelmente teria sido ignorada, na redação da mencionada OJ, a diferença técnica existente entre "prorrogação" e "compensação". Na situação sob exame, a expressão "às prorrogações do trabalho noturno", constante do § 5.º do art. 73 da CLT, simplesmente foi tomada no seu sentido literal, como sinônima de "adiamento" ou "prolongamento".

Compensação de horários dentro do mesmo mês da extrapolação do limite diário

O § 6.º do art. 59 da CLT criou um sistema especialíssimo de compensação de horários, "estabelecido por acordo individual, tácito ou escrito, para a compensação no mesmo mês". Diante dele, empregado e empregador podem criar pontualmente, **ainda que de modo tácito**,

---

[39] Importante anotar que, quanto a esta matéria, já existia Arguição de Descumprimento de Preceito Fundamental (ADPF) 227, apresentada no Supremo Tribunal Federal (STF) pela Confederação Nacional de Saúde, Hospitais e Estabelecimentos e Serviços (CNS) contra o Tribunal Superior do Trabalho (TST), pelo que considera "exegese equivocada" da legislação pertinente ao pagamento de adicional noturno. A referida ADPF, porém, em face da mudança da lei, perdeu o seu objeto.

um regime de compensação de horários, mesmo na sistemática 12 x 36, por meio do qual as horas acrescidas na jornada sejam compensadas dentro do próprio mês. Se isso acontecer a compensação será lícita e não haverá espaço para falar-se em pagamento de horas extraordinárias.

CLT REFORMA TRABALHISTA	CLT ORIGINAL
Art. 59-B. O não atendimento das exigências legais para compensação de jornada, inclusive quando estabelecida mediante acordo tácito, não implica a repetição do pagamento das horas excedentes à jornada normal diária se não ultrapassada a duração máxima semanal, sendo devido apenas o respectivo adicional. **Parágrafo único.** A prestação de horas extras habituais não descaracteriza o acordo de compensação de jornada e o banco de horas. • Art. 59-B acrescentado pela Lei n. 13.467, de 13-7-2017.	Não há correspondente na CLT original.

O que mudou?

O art. 59-B da CLT é também uma inovação. Ele previu solução para o não atendimento das exigências legais para a estipulação de um sistema de compensação de horários.

Comentários

O legislador da reforma trabalhista de 2017 previu, designadamente por meio do parágrafo único do art. 59-B da CLT, que a prestação de horas extraordinárias habituais não descaracterizaria o acordo de compensação de jornada e o banco de horas. Segundo a sistemática ora legalizada, "o não atendimento das exigências legais para compensação de jornada, inclusive quando estabelecida mediante acordo tácito, não implica a repetição do pagamento das horas excedentes à jornada normal diária se não ultrapassada a duração máxima semanal, sendo devido apenas o respectivo adicional".

O legislador, seguindo **em parte** a orientação do TST contida na Súmula 85, IV[40], prevê, então, que, diante da situação ora mencionada, seriam consideradas como extraordinárias **apenas as horas que excedessem a carga semanal ajustada**. As horas que excedessem o limite diário, entretanto, seriam entendidas como pagas, restando apenas o débito correspondente ao adicional. O ideal (que não corresponde no caso com o *real*), porém, seria a invalidação de todo o ajuste e o restabelecimento do sistema comum de pagamento de horas suplementares, como se jamais tivesse existido qualquer acordo de compensação de horários.

---

40 Veja-se a redação da referida Súmula 85, IV, do TST:
"Súmula n. 85 do TST. COMPENSAÇÃO DE JORNADA – Res. 209/2016, DEJT divulgado em 01, 02 e 03-06-2016. [...]
IV. A prestação de horas extras habituais descaracteriza o acordo de compensação de jornada. Nesta hipótese, as horas que ultrapassarem a jornada semanal normal deverão ser pagas como horas extraordinárias e, quanto àquelas destinadas à compensação, deverá ser pago a mais apenas o adicional por trabalho extraordinário. (ex-OJ n. 220 da SBDI-1 – inserida em 20-06-2001)".

CLT REFORMA TRABALHISTA	CLT ORIGINAL
Art. 60. Nas atividades insalubres, assim consideradas as constantes dos quadros mencionados no capítulo "Da Segurança e da Medicina do Trabalho", ou que neles venham a ser incluídas por ato do Ministro do Trabalho, Indústria e Comércio, quaisquer prorrogações só poderão ser acordadas mediante licença prévia das autoridades competentes em matéria de higiene do trabalho, as quais, para esse efeito, procederão aos necessários exames locais e à verificação dos métodos e processos de trabalho, quer diretamente, quer por intermédio de autoridades sanitárias federais, estaduais e municipais, com quem entrarão em entendimento para tal fim. **Parágrafo único.** Excetuam-se da exigência de licença prévia as jornadas de doze horas de trabalho por trinta e seis horas ininterruptas de descanso. • Parágrafo único acrescentado pela Lei n. 13.467, de 13-7-2017.	**Art. 60.** Nas atividades insalubres, assim consideradas as constantes dos quadros mencionados no capítulo "Da Segurança e da Medicina do Trabalho", ou que neles venham a ser incluídas por ato do Ministro do Trabalho, Indústria e Comércio, quaisquer prorrogações só poderão ser acordadas mediante licença prévia das autoridades competentes em matéria de higiene do trabalho, as quais, para esse efeito, procederão aos necessários exames locais e à verificação dos métodos e processos de trabalho, quer diretamente, quer por intermédio de autoridades sanitárias federais, estaduais e municipais, com quem entrarão em entendimento para tal fim.

O que mudou?

A única mudança foi a inserção do parágrafo único no art. 60 da CLT. Ele teve a finalidade exclusiva de **excetuar a exigência de licença prévia** das autoridades competentes em matéria de higiene do trabalho **para a prorrogação de jornada em ambientes insalubres** nos regimes 12 x 36 (doze horas de trabalho por trinta e seis horas ininterruptas de descanso).

Comentários

Nas atividades insalubres, quaisquer prorrogações **somente poderão ser acordadas** mediante licença prévia das autoridades competentes em matéria de medicina do trabalho, ou seja, das Superintendências Regionais do Trabalho e Emprego (art. 60 da CLT). Elas, para esse efeito, procederão aos necessários exames locais e à verificação dos métodos e processos de trabalho, quer diretamente, quer por intermédio de autoridades sanitárias federais, estaduais e municipais, com quem entrarão em entendimento para tal fim. Sem essa licença, o ajuste de prestação de horas suplementares constitui infração administrativa, ficando o empregador suscetível a assumir indenização por danos causados ao empregado que se submeteu à sobrejornada nessas situações, ainda que consensual a prorrogação.

Anote-se, porém, a exceção expressa que justifica esse comentário: a Lei n. 13.467, de 13 de julho de 2017, adicionou o **parágrafo único no art. 60 da CLT**. Por meio desse parágrafo se excetuam da exigência de licença prévia **as jornadas de 12 horas de trabalho por 36 horas ininterruptas de descanso**, independentemente da natureza do serviço desenvolvido pelo trabalhador.

CLT REFORMA TRABALHISTA	CLT ORIGINAL
Art. 61. Ocorrendo necessidade imperiosa, poderá a duração do trabalho exceder do limite legal ou convencionado, seja para fazer face a motivo de força maior, seja para atender à realização ou conclusão de serviços inadiáveis ou cuja inexecução possa acarretar prejuízo manifesto. **§ 1.º** O excesso, nos casos deste artigo, pode ser exigido independentemente de convenção coletiva ou acordo coletivo de trabalho. • § 1.º c/ redação alterada pela Lei n. 13.467, de 13-7-2017. **§ 2.º** Nos casos de excesso de horário por motivo de força maior, a remuneração da hora excedente não será inferior à da hora normal. Nos demais casos de excesso previstos neste artigo, a remuneração será, pelo menos, 25% (vinte e cinco por cento) superior à da hora normal, e o trabalho não poderá exceder de 12 (doze) horas, desde que a lei não fixe expressamente outro limite. **§ 3.º** Sempre que ocorrer interrupção do trabalho, resultante de causas acidentais, ou de força maior, que determinem a impossibilidade de sua realização, a duração do trabalho poderá ser prorrogada pelo tempo necessário até o máximo de 2 (duas) horas, durante o número de dias indispensáveis à recuperação do tempo perdido, desde que não exceda de 10 (dez) horas diárias, em período não superior a 45 (quarenta e cinco) dias por ano, sujeita essa recuperação à prévia autorização da autoridade competente.	**Art. 61.** Ocorrendo necessidade imperiosa, poderá a duração do trabalho exceder do limite legal ou convencionado, seja para fazer face a motivo de força maior, seja para atender à realização ou conclusão de serviços inadiáveis ou cuja inexecução possa acarretar prejuízo manifesto. **§ 1.º** O excesso, nos casos deste artigo, poderá ser exigido independentemente de acordo ou contrato coletivo e deverá ser comunicado, dentro de 10 (dez) dias, à autoridade competente em matéria de trabalho, ou, antes desse prazo, justificado no momento da fiscalização sem prejuízo dessa comunicação. **§ 2.º** Nos casos de excesso de horário por motivo de força maior, a remuneração da hora excedente não será inferior à da hora normal. Nos demais casos de excesso previstos neste artigo, a remuneração será, pelo menos, 25% (vinte e cinco por cento) superior à da hora normal, e o trabalho não poderá exceder de 12 (doze) horas, desde que a lei não fixe expressamente outro limite. **§ 3.º** Sempre que ocorrer interrupção do trabalho, resultante de causas acidentais, ou de força maior, que determinem a impossibilidade de sua realização, a duração do trabalho poderá ser prorrogada pelo tempo necessário até o máximo de 2 (duas) horas, durante o número de dias indispensáveis à recuperação do tempo perdido, desde que não exceda de 10 (dez) horas diárias, em período não superior a 45 (quarenta e cinco) dias por ano, sujeita essa recuperação à prévia autorização da autoridade competente.

O que mudou?

A única mudança ocorreu no § 1.º do art. 61 da CLT. O texto do referido dispositivo manteve previsão no sentido de que o excesso de horas nas situações de necessidade imperiosa pode ser exigido independentemente de convenção coletiva ou acordo coletivo de trabalho. Mudou-se apenas a referência à expressão "independentemente de acordo ou contrato coletivo" por "independentemente de convenção coletiva ou acordo coletivo de trabalho".

Outro ponto relevante foi a eliminação da formalidade de comunicação desse excesso à autoridade competente em matéria de trabalho.

Comentários

Necessidade imperiosa e exigibilidade de prestação de horas extraordinárias

O Texto Constitucional trata as horas extraordinárias como algo excepcional. Dentro dessa excepcionalidade, as horas suplementares precisam sempre de uma justificativa. Não podem, rigorosamente falando, existir sem um correspondente fato gerador. Além dessa justificativa, a prestação de sobrejornada demanda ainda um ajuste entre empregador e empregado intitulado "acordo de prorrogação de jornadas", sem o qual **não é exigível** (art. 59 da

CLT). Note-se que a lei dispõe no sentido de que "a duração diária do trabalho **poderá** (e não deverá) ser acrescida de horas extras, em número não excedente de duas, por acordo individual, convenção coletiva ou acordo coletivo de trabalho".

Dois detalhes aqui são relevantes pós Lei n. 13.467, de 13 de julho de 2017:

1.º) O "acordo de prorrogação de jornadas", antes da vigência da referida lei, somente poderia ser apresentado sob a forma de acordo **escrito** (inclusive coletivo) entre empregador e empregado ou de convenção coletiva de trabalho. Atualmente, entretanto, menciona-se apenas "acordo individual, convenção coletiva ou acordo coletivo de trabalho". A retirada da exigência de acordo individual *escrito* tornou lícita a possibilidade de ajustes não escritos, vale dizer, da forma verbal e até mesmo da tácita. O acordo de prorrogação de jornadas permanece, porém, como um procedimento vedado aos aprendizes (*vide* o art. 432 da CLT).

2.º) Dois é o número máximo de horas de prorrogação[41]. Observe-se que não se trata aqui de compensação de horários (coisa totalmente diversa), mas sim de prorrogação de jornada. A compensação de horários permite a extensão de uma jornada para compensar a redução de outra. Neste caso a dilatação horária pode, obviamente, exceder o limite de duas horas. Exatamente por isso o art. 59-A da CLT, **sobre o qual se falou ao tratar do referido artigo**, é assertivo:

> **Art. 59-A. Em exceção ao disposto no art. 59 desta Consolidação**, é facultado às partes, mediante acordo individual escrito, convenção coletiva ou acordo coletivo de trabalho, estabelecer horário de trabalho de doze horas seguidas por trinta e seis horas ininterruptas de descanso, observados ou indenizados os intervalos para repouso e alimentação (destaques não constantes do original).
>
> **Parágrafo único.** A remuneração mensal pactuada pelo horário previsto no *caput* deste artigo abrange os pagamentos devidos pelo descanso semanal remunerado e pelo descanso em feriados, e serão considerados compensados os feriados e as prorrogações de trabalho noturno, quando houver, de que tratam o art. 70 e o § 5.º do art. 73 desta Consolidação.

É certo, portanto, afirmar que o trabalhador não é obrigado unilateralmente a prestar sobrejornada. ***Mas, se houver necessidade imperiosa***[42]***, o trabalhador pode ser compelido a prestar horas extraordinárias?***

A análise do conjunto da legislação sugere que, ainda nesses casos, é necessário o "acordo de prorrogação de jornadas". Justifica-se a exigência diante da redação do art. 61 da CLT, segundo a qual, "ocorrendo necessidade imperiosa, **poderá** (e não *deverá*) a duração do trabalho exceder do limite legal ou convencionado".

---

[41] É óbvio que a limitação legal da jornada suplementar a duas horas diárias não exime o empregador de pagar todas as horas trabalhadas. Este é o entendimento expendido na Súmula 376 do TST. Veja-se:

"**Súmula 376 do TST.** HORAS EXTRAS. LIMITAÇÃO. ART. 59 DA CLT. REFLEXOS. I – A limitação legal da jornada suplementar a duas horas diárias não exime o empregador de pagar todas as horas trabalhadas. II – O valor das horas extras habitualmente prestadas integra o cálculo dos haveres trabalhistas, independentemente da limitação prevista no *caput* do art. 59 da CLT".

[42] A necessidade imperiosa comporta duas variáveis: a) fazer face a motivo de força maior; b) atender à realização ou conclusão de serviços inadiáveis ou cuja inexecução possa acarretar prejuízo manifesto.

Observe-se também o texto do § 1.º do citado artigo, conforme o qual **o excesso** (e somente o excesso) poderá ser exigido independentemente de acordo ou convenção coletiva. Vale dizer: existindo "acordo de prorrogação de jornadas", o que exceder duas horas poderá ser exigido independentemente de acordo ou convenção coletiva e, ainda assim, observado o limite máximo diário de 12 horas trabalhadas[43].

O excesso mencionado no § 1.º do art. 61 da CLT não mais precisa ser comunicado dentro de **dez dias** à autoridade competente em matéria de trabalho, tampouco se fala da necessidade de, antes do fim desse prazo, justificá-lo no momento da fiscalização. A Lei n. 13.467, de 13 de julho de 2017, extirpou essa formalidade burocrática do § 1.º do art. 61 da CLT. Desde então o texto do referido dispositivo apenas dispõe: "O excesso, nos casos deste artigo, pode ser exigido independentemente de convenção coletiva ou acordo coletivo de trabalho". Nada, entretanto, impede que a fiscalização do trabalho apresente eventual questionamento ao empregador ou que o empregado envolvido na situação discuta a existência ou a inexistência de suposta "necessidade imperiosa" perante o Judiciário.

A despeito do ora expendido, pode-se ponderar quanto à exigibilidade de acordo entre empregado e empregador para a prestação de horas extraordinárias em casos de necessidade imperiosa. Isso pode ocorrer por conta do **dever de colaboração** que todo empregado deve ter em relação ao empregador. Em outras palavras, há situações em que a negativa do empregado em auxiliar o empregador, diante de uma necessidade imperiosa **sob o argumento da ausência de prévio acordo de prorrogação**, pode significar desdém ao emprego e grave infração contra o mencionado dever de colaboração.

Exemplifica muito bem essa situação a hipótese inserta no art. 240 da CLT, segundo o qual o ferroviário, nos casos de urgência ou de acidente, capazes de afetar a segurança ou regularidade do serviço, terá a duração do trabalho excepcionalmente elevada a qualquer número de horas (admitindo-se a possibilidade de revezamento de turmas e a concessão de repouso correspondente). A recusa, sem causa justificada, por parte de qualquer empregado ferroviário, à execução de serviço extraordinário será considerada **falta grave**.

Observadas as ressalvas supraexpostas, sempre que ocorrer interrupção do trabalho, resultante de causas acidentais, ou de força maior, que determinem a impossibilidade de sua realização, a duração do trabalho poderá ser prorrogada pelo tempo necessário **até o máximo de duas horas**, durante o número de dias indispensáveis à recuperação do tempo perdido, desde que **não exceda de dez horas diárias**, em **período não superior a 45 dias por ano**.

A recuperação, é importante frisar, estará sujeita à prévia autorização da autoridade competente, vale dizer, o Ministério do Trabalho e Previdência Social.

---

43 Esse limite é aplicável nas situações que visam à realização ou conclusão de serviços inadiáveis ou cuja inexecução possa acarretar prejuízo manifesto. Por outro lado, para fazer face ao motivo de força maior a exegese do § 2.º parece sugerir a inexistência de limite de horas trabalhadas, podendo a duração do trabalho, tal qual previsto no art. 240 da CLT, ser excepcionalmente elevada a qualquer número de horas.

CLT REFORMA TRABALHISTA	CLT ORIGINAL
Art. 62. Não são abrangidos pelo regime previsto neste capítulo: (Redação dada pela Lei n. 8.966, de 27-12-1994) I – os empregados que exercem atividade externa incompatível com a fixação de horário de trabalho, devendo tal condição ser anotada na Carteira de Trabalho e Previdência Social e no registro de empregados; (Incluído pela Lei n. 8.966, de 27-12-1994) II – os gerentes, assim considerados os exercentes de cargos de gestão, aos quais se equiparam, para efeito do disposto neste artigo, os diretores e chefes de departamento ou filial. (Incluído pela Lei n. 8.966, de 27-12-1994) III – os empregados em regime de teletrabalho. • Inciso III acrescentado pela Lei n. 13.467, de 13-7-2017, em vigor 120 dias após sua publicação (*DOU* 14-7-2017). **Parágrafo único.** O regime previsto neste capítulo será aplicável aos empregados mencionados no inciso II deste artigo, quando o salário do cargo de confiança, compreendendo a gratificação de função, se houver, for inferior ao valor do respectivo salário efetivo acrescido de 40% (quarenta por cento). (Incluído pela Lei n. 8.966, de 27-12-1994)	**Art. 62.** Não são abrangidos pelo regime previsto neste capítulo: (Redação dada pela Lei n. 8.966, de 27-12-1994) I – os empregados que exercem atividade externa incompatível com a fixação de horário de trabalho, devendo tal condição ser anotada na Carteira de Trabalho e Previdência Social e no registro de empregados; (Incluído pela Lei n. 8.966, de 27-12-1994) II – os gerentes, assim considerados os exercentes de cargos de gestão, aos quais se equiparam, para efeito do disposto neste artigo, os diretores e chefes de departamento ou filial. (Incluído pela Lei n. 8.966, de 27-12-1994) **Parágrafo único.** O regime previsto neste capítulo será aplicável aos empregados mencionados no inciso II deste artigo, quando o salário do cargo de confiança, compreendendo a gratificação de função, se houver, for inferior ao valor do respectivo salário efetivo acrescido de 40% (quarenta por cento). (Incluído pela Lei n. 8.966, de 27-12-1994)

O que mudou?

A única mudança foi a inserção do inciso III no texto do art. 62 da CLT. Por meio dessa operação, os **empregados em regime de teletrabalho** foram incluídos no rol daqueles que **não são** abrangidos pelo regime previsto no CAPÍTULO II do TÍTULO II da CLT, que trata "DAS NORMAS GERAIS DE TUTELA DO TRABALHO", e mais especificamente "DA DURAÇÃO DO TRABALHO".

A lógica do art. 62 da CLT é a de que os sujeitos nele mencionados, por não estarem abrangidos pelo regime da duração do trabalho, não têm direito de invocar créditos relacionados à jornada de trabalho (seção II), aos períodos de descanso (seção III), ao trabalho noturno (seção IV) e à organização mediante quadro de horários (seção V).

Comentários

Há situações, quase sempre questionáveis, em que se afirma excluído o direito de determinados trabalhadores receberem horas extraordinárias, de fruírem períodos de descanso, de serem destinatários de salários mais elevados se trabalharem em horas noturnas ou de se organizarem em quadro de horários. Essas situações envolvem peculiaridades da vida profissional ou circunstâncias da prestação dos serviços e são motivadas pelos seguintes estados:

- exercício de atividade externa incompatível com a fixação de horário de trabalho (art. 62, I, da CLT);
- exercício de cargos de gestão (art. 62, II, da CLT);
- exercício de emprego em regime de teletrabalho (art. 62, III, da CLT);

A Lei 13.467, de 2017, destacou-se, nesse particular, por inserir nessa lista os empregados em regime de teletrabalho, assim entendidos os trabalhadores que, a despeito de fisicamente ausentes da sede do empregador, se encontram, por meio telemáticos, nela virtualmente inseridos com vista à construção dos objetivos contratuais do empreendimento. A inserção dos teletrabalhadores nas exceções trazidas pelo art. 62 da CLT justificou-se nos fatos de o serviço do teletrabalhador ser executado a distância, fora do lugar no qual o resultado do labor é esperado e de o empregador não poder fisicamente fiscalizar a execução da prestação de serviços.

CLT REFORMA TRABALHISTA	CLT ORIGINAL
Art. 71. Em qualquer trabalho contínuo, cuja duração exceda de 6 (seis) horas, é obrigatória a concessão de um intervalo para repouso ou alimentação, o qual será, no mínimo, de 1 (uma) hora e, salvo acordo escrito ou contrato coletivo em contrário, não poderá exceder de 2 (duas) horas.	**Art. 71.** Em qualquer trabalho contínuo, cuja duração exceda de 6 (seis) horas, é obrigatória a concessão de um intervalo para repouso ou alimentação, o qual será, no mínimo, de 1 (uma) hora e, salvo acordo escrito ou contrato coletivo em contrário, não poderá exceder de 2 (duas) horas.
§ 1.º Não excedendo de 6 (seis) horas o trabalho, será, entretanto, obrigatório um intervalo de 15 (quinze) minutos quando a duração ultrapassar 4 (quatro) horas.	**§ 1.º** Não excedendo de 6 (seis) horas o trabalho, será, entretanto, obrigatório um intervalo de 15 (quinze) minutos quando a duração ultrapassar 4 (quatro) horas.
§ 2.º Os intervalos de descanso não serão computados na duração do trabalho.	**§ 2.º** Os intervalos de descanso não serão computados na duração do trabalho.
§ 3.º O limite mínimo de uma hora para repouso ou refeição poderá ser reduzido por ato do Ministro do Trabalho, Indústria e Comércio, quando ouvido o Serviço de Alimentação de Previdência Social, se verificar que o estabelecimento atende integralmente às exigências concernentes à organização dos refeitórios, e quando os respectivos empregados não estiverem sob regime de trabalho prorrogado a horas suplementares.	**§ 3.º** O limite mínimo de uma hora para repouso ou refeição poderá ser reduzido por ato do Ministro do Trabalho, Indústria e Comércio, quando ouvido o Serviço de Alimentação de Previdência Social, se verificar que o estabelecimento atende integralmente às exigências concernentes à organização dos refeitórios, e quando os respectivos empregados não estiverem sob regime de trabalho prorrogado a horas suplementares.
§ 4.º A não concessão ou a concessão parcial do intervalo intrajornada mínimo, para repouso e alimentação, a empregados urbanos e rurais, implica o pagamento, de natureza indenizatória, apenas do período suprimido, com acréscimo de 50% (cinquenta por cento) sobre o valor da remuneração da hora normal de trabalho.	**§ 4.º** Quando o intervalo para repouso e alimentação, previsto neste artigo, não for concedido pelo empregador, este ficará obrigado a remunerar o período correspondente com um acréscimo de no mínimo 50% (cinquenta por cento) sobre o valor da remuneração da hora normal de trabalho. (Incluído pela Lei n. 8.923, de 27.7.1994)
• § 4.º c/ redação determinada pela Lei n. 13.467, de 13-7-2017.	**§ 5.º** O intervalo expresso no *caput* poderá ser reduzido e/ou fracionado, e aquele estabelecido no § 1.º poderá ser fracionado, quando compreendidos entre o término da primeira hora trabalhada e o início da última hora trabalhada, desde que previsto em convenção ou acordo coletivo de trabalho, ante a natureza do serviço e em virtude das condições especiais de trabalho a que são subme-
§ 5.º O intervalo expresso no *caput* poderá ser reduzido e/ou fracionado, e aquele estabelecido no § 1.º poderá ser fracionado, quando compreendidos entre o término da primeira hora trabalhada e o início da última hora trabalhada, desde que	

CLT REFORMA TRABALHISTA	CLT ORIGINAL
previsto em convenção ou acordo coletivo de trabalho, ante a natureza do serviço e em virtude das condições especiais de trabalho a que são submetidos estritamente os motoristas, cobradores, fiscalização de campo e afins nos serviços de operação de veículos rodoviários, empregados no setor de transporte coletivo de passageiros, mantida a remuneração e concedidos intervalos para descanso menores ao final de cada viagem. (*Redação dada pela Lei n. 13.103, de 2015*) (Vigência)	tidos estritamente os motoristas, cobradores, fiscalização de campo e afins nos serviços de operação de veículos rodoviários, empregados no setor de transporte coletivo de passageiros, mantida a remuneração e concedidos intervalos para descanso menores ao final de cada viagem. (Redação dada pela Lei n. 13.103, de 2015) (Vigência) previsto em convenção ou acordo coletivo de trabalho, ante a natureza do serviço e em virtude das condições especiais de trabalho a que são submetidos estritamente os motoristas, cobradores, fiscalização de campo e afins nos serviços de operação de veículos rodoviários, empregados no setor de transporte coletivo de passageiros, mantida a remuneração e concedidos intervalos para descanso menores ao final de cada viagem. (*Redação dada pela Lei n. 13.103, de 2015*) (Vigência)

O que mudou?

A única mudança ocorreu no § 4.º do artigo ora em análise. Onde antes existia disposição de **remuneração** de todo o intervalo, ainda que parcialmente suprimido, passou a existir previsão de **indenização** unicamente do tempo suprimido.

Comentários

Conforme disposto no art. 71 da CLT, em qualquer trabalho contínuo cuja **duração exceda de seis horas** é obrigatória a concessão de um intervalo para repouso/alimentação, o qual será **no mínimo de uma hora** e **não poderá exceder de duas horas**. Não excedendo de seis horas o trabalho, será, contudo, obrigatório um intervalo de **quinze minutos** quando a duração ultrapassar quatro horas.

Atente-se para o fato de que, conforme previsão contida no § 3.º do art. 71 da CLT, **o limite mínimo de uma hora de intervalo – para quem trabalha em jornada cuja duração exceda de seis horas – poderá ser reduzido** por ato do Ministro do Trabalho e Emprego[44]

---

44 Quanto à exclusividade dada ao Ministério do Trabalho e Previdência Social para avaliar a possibilidade de redução do intervalo intrajornada, cabe anotar que muitas discussões foram produzidas no particular. Cabe registrar que o próprio MTE publicou, em 30 de março de 2007, a Portaria n. 42/2007, segundo a qual, observadas as exigências contidas no § 3.º do art. 71 da CLT, admitia-se que o intervalo para repouso ou alimentação poderia ser reduzido por convenção ou acordo coletivo de trabalho. Essa portaria, entretanto, contrariava a ideia expendida na Orientação Jurisprudencial 342, I, da SDI-1 do TST (posteriormente transformada na Súmula 437, II, do TST), que já dizia ser inválida cláusula de acordo ou convenção coletiva de trabalho contemplando a supressão ou redução do intervalo intrajornada porque este constitui medida de higiene, saúde e segurança do trabalho, garantido por norma de ordem pública (art. 71 da CLT e art. 7.º, XXII, da CF/88), infenso à negociação coletiva. O MTE, então, na tentativa de contemporizar com o posicionamento do TST, revogou a Portaria n. 42/2007, e, em lugar dela, publicou, em 20 de maio de 2010, a Portaria n. 1.095/2010. Este ato administrativo, porém, em vez de sanar, criou um problema jurídico, haja vista a previsão contida no *caput* do seu art. 1.º, no

quando, ouvido o órgão que se incumbe da Segurança e Saúde no Trabalho, se verificar que o estabelecimento atende integralmente às exigências concernentes à organização dos refeitórios e se os respectivos empregados não estiverem sob regime de prestação de horas suplementares.

É bom anotar, no plano da minimização do intervalo, a possibilidade de o conteúdo do instrumento coletivo negociado prevalecer sobre a lei quando dispuser acerca de intervalo intrajornada, respeitado o limite mínimo de 30 minutos para jornadas superiores a seis horas. Essa é a orientação constante do art. 611-A, III, da CLT, ali inserido pela *Lei n. 13.467, de 13 de julho de 2017.*

Sob perspectiva diversa, o limite máximo de duas horas, também para quem trabalha em jornada cuja duração exceda de seis horas, nos estritos termos da parte final do art. 71 da CLT, **poderá ser extrapolado, maximizado**. Segundo o mencionado dispositivo, o intervalo para repouso ou alimentação, "salvo acordo escrito ou convenção coletiva em contrário, não poderá exceder de duas horas". A leitura atenta do trecho aspeado parece indicar que, a princípio, não são possíveis ajustes tendentes a aumentar a dimensão do intervalo máximo de duas horas, salvo se existir "acordo escrito ou convenção coletiva em contrário", ou seja, se existir "acordo escrito ou convenção coletiva", permitindo essa extensão, que, em regra, é proibida. Como o legislador usou a expressão "acordo escrito" e não "acordo coletivo", abriu-se espaço para que mero acordo individual escrito entre empregado e empregador permita a ora analisada extensão.

A Súmula 118 do TST, apesar da redação truncada, parece corroborar o entendimento ora expendido. Melhor seria, entretanto, se, em vez de mencionar "intervalos concedidos pelo empregador na jornada de trabalho, não previstos em lei", sinalizasse acerca de "intervalos concedidos pelo empregador na jornada de trabalho, fora dos limites previstos em lei". Afirma-se isso porque a solução ali contida somente se aplicará ao empregador que conceder intervalo superior àquele previsto em lei sem a adoção das formalidades insertas em lei, quando exigíveis.

Assim, por exemplo, se um empregado com jornada de oito horas estiver submetido a sistema de quatro horas de intervalo, receberá como extraordinárias duas dessas horas, salvo se existir acordo escrito ou contrato coletivo que admita a extrapolação do intervalo.

Num segundo exemplo, se um empregado com jornada de até seis horas – ilustrativamente, um bancário – estiver submetido a sistema de três horas de intervalo, igualmente sem prévio acordo escrito ou contrato coletivo que admita a extrapolação do intervalo, receberá como extraordinárias duas horas e quarenta e cinco minutos como tempo à disposição do empregador, sendo importante destacar que para os empregados com jornada de até seis horas

---

sentido de que a redução do intervalo intrajornada, quando prevista em convenção ou acordo coletivo de trabalho, poderia ser ou não deferida por ato do MTE.

Afirma-se existente um problema jurídico porque o Poder Executivo não tem o condão de dar ou de retirar efeitos de uma negociação coletiva. Essa função cabe, na verdade, ao Poder Judiciário, desde que ativada a jurisdição. No máximo, o Poder Executivo pode interferir na relação individual de trabalho para, nos moldes previstos no § 3.º do art. 71 da CLT, admitir ou não pedido do empregador no sentido de reduzir o intervalo. Não lhe caberia, de acordo com o princípio da não interferência ou intervenção estatais na liberdade sindical, dizer se uma cláusula coletiva seria ou não válida.

de duração não haverá qualquer possibilidade de extensão do intervalo previsto em lei. Veja-se a mencionada Súmula 118 do TST:

> **Súmula 118 do TST.** JORNADA DE TRABALHO. HORAS EXTRAS. Os intervalos concedidos pelo empregador na jornada de trabalho, **não previstos em lei**, representam tempo à disposição da empresa, remunerados como serviço extraordinário, **se acrescidos ao final da jornada** (destaques não constantes do original).

A supressão do intervalo intrajornada justificou, durante longos anos, tanto para urbanos quanto para rurais, a aplicação da redação originária do disposto no § 4.º do art. 71 da CLT, criado pela Lei n. 8.923/94. Observe-se: "Quando o intervalo para repouso e alimentação [...] não for concedido pelo empregador, este ficará obrigado a remunerar o período correspondente com um acréscimo de no mínimo cinquenta por cento sobre o valor da remuneração da hora normal de trabalho".

O TST, então, durante todo o transcurso de vigência da referida Lei n. 8.923/94, ofereceu variadas interpretações para o citado dispositivo que, ao final, foram sistematizadas na Súmula 437, com destaque para os seus itens I e III, a seguir transcritos e comentados. Vejam-se:

> **Súmula 437, I, do TST.** Após a edição da Lei n. 8.923/94, a não concessão total ou a concessão parcial do intervalo intrajornada mínimo, para repouso e alimentação a empregados urbanos e rurais, implica o pagamento total do período correspondente, e não apenas daquele suprimido, com acréscimo de, no mínimo, 50% sobre o valor da remuneração da hora normal de trabalho (art. 71 da CLT), sem prejuízo do cômputo da efetiva jornada de labor para efeito de remuneração.

De acordo com o referido item de súmula, "a não concessão total ou parcial do intervalo intrajornada mínimo" implicava o "pagamento total" do período correspondente, vale dizer, implicava a imposição de pagamento da remuneração do intervalo integral (total) correspondente a uma hora (para jornadas de oito horas), ainda que o empregado tivesse fruído algum tempo de intervalo.

Averbe-se, por outro lado, que a vantagem ora em análise teria, por suas características compensatórias de direito suprimido, natureza indenizatória, não devendo ser, por isso, base de cálculo para a incidência de contribuição previdenciária. Esse entendimento, entretanto, não foi o dominante, porque o TST, vinculado à literalidade do texto constante do § 4.º do art. 71 da CLT ("ficará obrigado a remunerar"), produziu orientação jurisprudencial no sentido de que a verba em debate teria natureza salarial. Veja-se:

> **Súmula 437, III, do TST.** Possui natureza salarial a parcela prevista no art. 71, § 4.º, da CLT, com redação introduzida pela Lei n. 8.923, de 27 de julho de 1994, **quando não concedido ou reduzido** pelo empregador o **intervalo mínimo** intrajornada para repouso e alimentação, repercutindo, assim, no cálculo de outras parcelas salariais (destaques não constantes do original).

Diante disso, tal qual ocorre com qualquer outra verba salarial de ocorrência habitual, tornar-se-iam exigíveis a integração e a reflexão sobre outras parcelas remuneratórias como, por exemplo, férias e 13os salários, e sobre o FGTS.

Pois bem. As interpretações realizadas pelo TST incomodaram o setor empresarial que, além de afirmar-se sufocado por uma incessante crise econômica, se dizia fustigado pelas teses da Justiça do Trabalho. Esse foi, sem dúvidas, um dos principais móveis para o lançamento do projeto de reforma trabalhista, afinal concretizado em 2017 por meio da *Lei n. 13.467, de 13 de julho de 2017*.

O referido diploma legal promoveu, então, uma mudança significativa na redação do § 4.º do art. 71 da CLT, moldando-o às perspectivas patronais que, evidentemente, levarão ao cancelamento ou à revisão da mencionada Súmula 437 do TST. Observe-se o texto ora vigente:

Art. 71. [...]
§ 4.º A não concessão ou a concessão parcial do intervalo intrajornada mínimo, para repouso e alimentação, a empregados urbanos e rurais, implica o pagamento, de natureza indenizatória, apenas do período suprimido, com acréscimo de 50% (cinquenta por cento) sobre o valor da remuneração da hora normal de trabalho.

Perceba-se que a partir da vigência da Lei n. 13.467/2017, a não concessão ou a concessão parcial do intervalo intrajornada mínimo para repouso e alimentação a empregados urbanos e rurais, **implicará apenas o pagamento do período suprimido** com acréscimo de 50% (cinquenta por cento) sobre o valor da remuneração da hora normal de trabalho. Mais que isso, note-se que a nova redação prevê o **pagamento de natureza indenizatória** desse período suprimido, e não mais o pagamento de natureza remuneratória como antes entendia o TST.

CLT REFORMA TRABALHISTA	CLT ORIGINAL
Art. 75-A. A prestação de serviços pelo empregado em regime de teletrabalho observará o disposto neste Capítulo. **Art. 75-B.** Considera-se teletrabalho a prestação de serviços preponderantemente fora das dependências do empregador, com a utilização de tecnologias de informação e de comunicação que, por sua natureza, não se constituam como trabalho externo. **Parágrafo único.** O comparecimento às dependências do empregador para a realização de atividades específicas que exijam a presença do empregado no estabelecimento não descaracteriza o regime de teletrabalho. **Art. 75-C.** A prestação de serviços na modalidade de teletrabalho deverá constar expressamente do contrato individual de trabalho, que especificará as atividades que serão realizadas pelo empregado. **§ 1.º** Poderá ser realizada a alteração entre regime presencial e de teletrabalho desde que haja mútuo acordo entre as partes, registrado em aditivo contratual. **§ 2.º** Poderá ser realizada a alteração do regime de teletrabalho para o presencial por determinação do empregador, garantido prazo de transição mínimo de quinze dias, com correspondente registro em aditivo contratual.	Não há correspondente na CLT original.

CLT REFORMA TRABALHISTA	CLT ORIGINAL
Art. 75-D. As disposições relativas à responsabilidade pela aquisição, manutenção ou fornecimento dos equipamentos tecnológicos e da infraestrutura necessária e adequada à prestação do trabalho remoto, bem como ao reembolso de despesas arcadas pelo empregado, serão previstas em contrato escrito. **Parágrafo único.** As utilidades mencionadas no *caput* deste artigo não integram a remuneração do empregado. **Art. 75-E.** O empregador deverá instruir os empregados, de maneira expressa e ostensiva, quanto às precauções a tomar a fim de evitar doenças e acidentes de trabalho. **Parágrafo único.** O empregado deverá assinar termo de responsabilidade comprometendo-se a seguir as instruções fornecidas pelo empregador. • Artigos acrescentados pela Lei n. 13.467, de 13-7-2017.	

O que mudou?

Os arts. 75-A a 75-E da CLT são inovações que detalham o regime jurídico dos teletrabalhadores. Não existia nenhum correspondente no regime jurídico anteriormente vigente.

Comentários

O teletrabalho[45] é mais do que uma modalidade de trabalho em domicílio. É um conceito de organização laboral por meio da qual o prestador dos serviços encontra-se fisicamente ausente da sede do empregador, mas virtualmente presente, por meios telemáticos, na construção dos objetivos contratuais do empreendimento. Verificam-se nesse novo conceito de prestação laboral algumas características, muito bem expendidas pelo Professor Luiz de Pinho Pedreira[46]:

a) trabalho executado a distância, fora do lugar onde o resultado do labor é esperado;

b) o empregador não pode fisicamente fiscalizar a execução da prestação de serviços;

c) a fiscalização do trabalho se faz por meio do aparelho informático e/ou dos aparelhos de telecomunicações[47].

---

45 "Tele-" é um antepositivo de origem grega que significa "longe", "ao longe", "a distância". Assim, numa análise etimológica estrita, o teletrabalho seria o designativo de labor realizado a distância, independentemente da natureza dos meios – informáticos ou não – de comando e fiscalização.

46 PEDREIRA, Pinho. O teletrabalho. *LTr.*, São Paulo: LTr, v. 64, n. 5, 2000, p. 583-597.

47 Pino Estrada, em artigo intitulado Os mundos virtuais e o teletrabalho nos tribunais brasileiros, publicado na *Revista de Direito Trabalhista* da Consulex, Brasília, maio 2010, p. 13, traz à lembrança a peculiaridade de o teletrabalho poder ser realizado também mediante o uso de antigas ferramentas de comunicação a distância. Essa menção permite concluir

Sobre o teletrabalho, a obra *A terceira onda*, 1980, de Alvin Toffler, é de especial importância. O referido autor, antes mesmo de popularizado o impacto tecnológico dos anos 1990, já sustentava que o trabalho seria deslocado, pouco a pouco e cada vez mais, dos escritórios para os domicílios, originando empreendimentos nas bases familiares. Os fatores que impulsionam esse deslocamento são de diversas naturezas, incluindo-se aí as dificuldades de traslado no trânsito urbano das grandes cidades e o alto custo com a manutenção de uma sede pelo empregador.

Esse fenômeno, aliás, é extremamente perceptível, na medida em que muitos trabalhadores – notadamente os intelectuais – são contratados para, em suas próprias residências (*home-based telework*), ou no lugar onde desejem estar (*mobile telework*), atualizar o conteúdo de *homepages*, prestar consultorias técnicas, consertar remotamente sistemas eletrônicos, oferecer produtos e serviços (*telemarketing*), pesquisar tendências, aferir graus de satisfação e até mesmo participar de negociações de venda e compra.

O teletrabalho traz consigo também alguns problemas relevantes. Por conta da natureza das vias que conectam o teletrabalhador ao cliente do empregador, este pode deslocar sua unidade de prestação dos serviços para um local onde as leis trabalhistas sejam menos exigentes ou para um ponto do território global onde o custo da hora de trabalho seja infinitamente mais barato. Algumas empresas europeias, por exemplo, visando à diminuição de custos, preferem instalar seus *call-centers* na Índia, na Argélia ou em Marrocos, para que ali, em inglês, francês ou em espanhol, seus clientes sejam atendidos sem que se deem conta de que estão falando com empregados lotados em outro país. Ocorre aquilo que o professor espanhol Sanguineti Raymond chama de *"'importación virtual' del trabajo al precio del Estado menos protector"*[48], estimulando o fenômeno do *dumping social*. Afora isso, o teletrabalho, como qualquer modalidade de serviço em domicílio, é um **fenômeno de isolamento do obreiro**. Por não encontrar outros trabalhadores submetidos às mesmas condições laborais, ele tende a evitar o associativismo. Por consequência, há um natural enfraquecimento da luta de classes e da atuação sindical.

A Lei n. 13.467, de 13 de julho de 2017, levando em conta tudo o que aqui foi expendido, passou a disciplinar o teletrabalho no Título II, "das normas gerais de tutela do trabalho", no capítulo II-A, especialmente construído para cuidar da matéria em exame.

O art. 75-B da CLT, o primeiro a oferecer uma conceituação normativa para teletrabalho, considera o instituto como "prestação de serviços preponderantemente fora das dependências do empregador, com a utilização de tecnologias de informação e de comunicação que, por sua natureza, não se constituam como trabalho externo".

Há, segundo a visão do legislador, uma situação aqui já mencionada, segundo a qual o trabalhador encontra-se *fisicamente ausente da sede do empregador*, mas *virtualmente nela inserido*. Não há, exatamente por isso, um trabalho externo, mas um **trabalho interno virtual e**

---

que as ordens de serviço sempre puderam ser emitidas e recebidas por qualquer canal informativo a distância, nesse âmbito incluídas, por exemplo, mensagens produzidas por sinais de fumaça ou de luz.

48 SANGUINETI RAYMOND, Wilfredo. *Teletrabajo y globalización*. Madrid: MTAS, 2003.

sui generis. Diante dessa conclusão foi importante para o legislador dizer, no parágrafo único do art. 75-B da CLT, que "o comparecimento às dependências do empregador para a realização de atividades específicas que exijam a presença do empregado no estabelecimento não descaracteriza o regime de teletrabalho".

Para evitar dúvidas sobre o ajuste constituir ou não um teletrabalho, o legislador preferiu formalizar a exigência de sua caracterização. Disse, então, no art. 75-C da CLT que "a prestação de serviços na modalidade de teletrabalho **deverá constar expressamente do contrato individual de trabalho**, que especificará as atividades que serão realizadas pelo empregado".

Dizer que a prestação na modalidade ora em exame deve constar *expressamente* do contrato individual de trabalho não equivale, porém, afirmar que o ajuste será necessariamente por escrito. Apesar disso, os §§ 1.º e 2.º do citado art. 75-C da CLT oferecem luzes que permitem conclusão no sentido de que se desejou evitar não apenas a forma tácita (antônima da forma expressa), mas também a forma verbal. Note-se que o referido parágrafo menciona a possibilidade de alteração contratual entre regime presencial e de teletrabalho, **desde que haja mútuo acordo entre as partes, registrado em "aditivo contratual"**.

A expressão "aditivo contratual" parece sugerir uma formalidade mais acentuada, mais voltada para a forma expressa escrita do que para a também expressa forma verbal. Veja-se:

> § 1.º Poderá ser realizada a alteração entre regime presencial e de teletrabalho desde que haja mútuo acordo entre as partes, **registrado em aditivo contratual**.
> § 2.º Poderá ser realizada a alteração do regime de teletrabalho para o presencial por determinação do empregador, garantido prazo de transição mínimo de quinze dias, com **correspondente registro em aditivo contratual** (destaques não constantes do original).

A ideia da forma escrita é reforçada a partir da leitura do art. 75-D da CLT que com todas as letras a ela se refere. Diz-se ali que as disposições relativas à responsabilidade pela aquisição, manutenção ou fornecimento dos equipamentos tecnológicos e da infraestrutura necessária e adequada à prestação do trabalho remoto, bem como ao reembolso de despesas arcadas pelo empregado, serão previstas em **contrato escrito**. Essas utilidades, é bom assinalar, não integram a remuneração do empregado para nenhum fim, pois, evidentemente, constituem instrumental de serviço.

Apesar da distância naturalmente existente entre empregador e teletrabalhador, a responsabilidade patronal pela sanidade ocupacional permanece exigível. O art. 75-E da CLT é categórico ao anotar que "o empregador deverá instruir os empregados, **de maneira expressa e ostensiva**, quanto às precauções a tomar a fim de evitar doenças e acidentes de trabalho". A locução "**de maneira expressa e ostensiva**" sugere a elaboração de um portfólio de instruções com orientações claras sobre a execução do trabalho e sobre os riscos que naturalmente dele podem decorrer. O parágrafo único do referido art. 75-E, aliás, é firme ao prever a existência deste texto, sendo certo que "o empregado deverá assinar termo de responsabilidade comprometendo-se a seguir as instruções fornecidas pelo empregador".

CLT REFORMA TRABALHISTA	CLT ORIGINAL
Arts. 84 a 86. *(Revogados pela Lei n. 13.467, de 13-7-2017.)*	**Art. 84.** Para efeito da aplicação do salário mínimo, será o país dividido em 22 regiões, correspondentes aos Estados, Distrito Federal e Território do Acre. (Vide Decreto-lei n. 2.351, de 1987) **Parágrafo único.** Em cada região, funcionará uma Comissão de Salário Mínimo, com sede na capital do Estado, no Distrito Federal e na sede do governo do Território do Acre. (Vide Decreto-lei n. 2.351, de 1987) [...] **Art. 86.** Sempre que, em uma região ou zona, se verifiquem diferenças de padrão de vida, determinadas por circunstâncias econômicas de caráter urbano, suburbano, rural ou marítimo, poderá o Ministro do Trabalho, Indústria e Comércio, mediante proposta da respectiva Comissão de Salário Mínimo e ouvido o Serviço de Estatística da Previdência e Trabalho, autorizá-la a subdividir a região ou zona, de acordo com tais circunstâncias. (Vide Decreto-lei n. 2.351, de 1987) **§ 1.º** Deverá ser efetuado, também em sua totalidade, e no ato da entrega da declaração, o pagamento do imposto devido, quando se verificar a hipótese do art. 52. (Parágrafo único renumerado pela Lei n. 5.381, de 9-2-1968) (Vide Lei n. 4.589, de 11-12-1964) **§ 2.º** Enquanto não se verificarem as circunstâncias mencionadas neste artigo, vigorará nos municípios que se criarem o salário mínimo fixado para os municípios de que tenham sido desmembrados. (Incluído pela Lei n. 5.381, de 9-2-1968) (Vide Decreto-lei n. 2.351, de 1987) **§ 3.º** No caso de novos municípios formados pelo desmembramento de mais de um município, vigorará neles, até que se verifiquem as referidas circunstâncias, o maior salário mínimo estabelecido para os municípios que lhes deram origem. (Incluído pela Lei n. 5.381, de 9-2-1968) (Vide Decreto-Lei n. 2.351, de 1987)

O que mudou?

Os arts. 84 e 86, que tratavam de salário mínimo regional, foram revogados e, consequentemente, suprimidos do conjunto normativo da CLT.

Comentários

Nos termos do art. 7.º, IV, da Constituição da República, "são direitos dos trabalhadores urbanos e rurais, além de outros que visem à melhoria de sua condição social: [...] IV – salário mínimo, fixado em lei, **nacionalmente unificado**, capaz de atender a suas necessidades vitais básicas e às de sua família com moradia, alimentação, educação, saúde, lazer, vestuário, higiene, transporte e previdência social, com reajustes periódicos que lhe preservem o poder aquisitivo, sendo vedada sua vinculação para qualquer fim".

O Texto Constitucional de 1988, como se vê, pôs fim ao salário mínimo regional e a todas as estruturas que garantissem essa regionalidade, a exemplo da Comissão de Salário Mínimo que se tornou absolutamente anacrônica. Outra, portanto, não poderia ser a atitude do legislador senão a de revogar os obsoletos dispositivos.

CLT REFORMA TRABALHISTA	CLT ORIGINAL
Art. 130-A. (*Revogado pela Lei n. 13.467, de 13-7-2017.*)	**Art. 130-A.** Na modalidade do regime de tempo parcial, após cada período de doze meses de vigência do contrato de trabalho, o empregado terá direito a férias, na seguinte proporção: (Incluído pela Medida Provisória n. 2.164-41, de 2001)
	I – dezoito dias, para a duração do trabalho semanal superior a vinte e duas horas, até vinte e cinco horas; (Incluído pela Medida Provisória n. 2.164-41, de 2001)
	II – dezesseis dias, para a duração do trabalho semanal superior a vinte horas, até vinte e duas horas; (Incluído pela Medida Provisória n. 2.164-41, de 2001)
	III – quatorze dias, para a duração do trabalho semanal superior a quinze horas, até vinte horas; (Incluído pela Medida Provisória n. 2.164-41, de 2001)
	IV – doze dias, para a duração do trabalho semanal superior a dez horas, até quinze horas; (Incluído pela Medida Provisória n. 2.164-41, de 2001)
	V – dez dias, para a duração do trabalho semanal superior a cinco horas, até dez horas; (Incluído pela Medida Provisória n. 2.164-41, de 2001)
	VI – oito dias, para a duração do trabalho semanal igual ou inferior a cinco horas. (Incluído pela Medida Provisória n. 2.164-41, de 2001)
	Parágrafo único. O empregado contratado sob o regime de tempo parcial que tiver mais de sete faltas injustificadas ao longo do período aquisitivo terá o seu período de férias reduzido à metade. (Incluído pela Medida Provisória n. 2.164-41, de 2001)

O que mudou?

O art. 130-A foi revogado e, consequentemente, suprimido da CLT o seu conjunto normativo. O dispositivo tratava do tempo de duração das férias fruídas pelos empregados contratados sob o regime de tempo parcial. A partir dessa revogação todos os empregados regidos pela CLT, em regime de tempo integral ou parcial, estarão submetidos à tabela prevista no art. 130 da CLT.

Comentários

O tempo de duração das férias depende de muitas variáveis, porque condicionado ao disposto em norma regulamentar. Lembre-se de que o Texto Constitucional apenas informa a periodicidade das férias no momento em que as qualifica como "anuais" no art. 7.º, XVII, da Constituição da República. Nada se diz sobre o tempo mínimo de duração das férias, que pode variar na medida prevista pelo legislador infraconstitucional. No tocante às contratações realizadas sob o tempo integral e parcial, oferece-se a seguinte sistematização:

a) **Contratados sob o regime de tempo parcial até a vigência da Lei n. 13.467, de 13 de julho de 2017**

Conforme norma inserta no ora revogado art. 130-A da CLT[49], e também no § 3.º do art. 3.º da Lei Complementar n. 150/2015 (dispositivo também revogado por reflexão) em relação aos domésticos, após cada período de 12 meses de vigência do contrato de trabalho, o empregado contratado sob regime de tempo parcial tinha direito a férias, numa proporção que relacionava o número de horas semanais para as quais foi contratado[50] ao número de dias de férias que serão fruídas. A tabela era a seguinte:

DIAS DE FÉRIAS	DURAÇÃO DO TRABALHO SEMANAL
18 dias	Superior a 22 horas, até 25 horas
16 dias	Superior a 20 horas, até 22 horas
14 dias	Superior a 15 horas, até 20 horas
12 dias	Superior a 10 horas, até 15 horas
10 dias	Superior a 5 horas, até 10 horas
8 dias	Igual ou inferior a 5 horas

É importante a manutenção de registro sobre essa tabela, apesar de revogada. Afirma-se isso por conta de questionamentos que envolvam a intertemporalidade. Essa tabela ainda será referência para a verificação da correção de outorga das férias concedidas antes da vigência da Lei n. 13.467, de 13 de julho de 2017. Obviamente, depois de iniciada a aplicabilidade jurídica da referida norma, todas as férias atribuídas aos trabalhadores sob o regime de tempo parcial hão de seguir os parâmetros contidos no art. 130 da CLT, mais favorável em todos os aspectos.

Note-se, para fins de memorização dos valores contidos nessa tabela de **seis níveis**, que o número de dias de férias decresce observando um interstício de duas unidades (18, 16, 14, 12, 10 e 8) e que, ressalvadas a primeira e a segunda faixas de "duração do trabalho", a carga

---

49   Este artigo foi acrescentado pela Medida Provisória n. 2.164-41, de 24-8-2001, em vigor conforme o art. 2.º da EC n. 32/2001, estando ora revogado pela Lei n. 13.467, de 13 de julho de 2017.
50   Consoante o art. 58-A da CLT, considera-se trabalho em regime de tempo parcial aquele cuja duração não exceda a 25 horas semanais.

horária semanal decresce em blocos de cinco unidades (25-22, 22-20, **20-15**, **15-10**, **10-5 e 5 ou inferior**). Pode-se falar, então, no método **2 5**, segundo o qual os interstícios do lado esquerdo da tabela são de duas unidades e os do lado direito são de cinco unidades[51].

O empregado celetista contratado sob o regime de tempo parcial que tivesse **mais de sete faltas injustificadas** ao longo do período aquisitivo teria seu período de férias reduzido à metade. Essa previsão de redução à metade não existe no ordenamento jurídico dos domésticos.

Perceba-se que até sete faltas não geram qualquer pena (a pena somente se aplica se verificadas **mais de sete faltas**: oito, nove, dez...). Assim, se um empregado contratado para a prestação de 25 horas semanais tiver oito faltas durante o período aquisitivo (12 meses anteriores à concessão), fará jus a apenas nove dias de férias.

Ressalte-se que as férias dos contratados sob o regime de tempo parcial são fruídas em dias sem a adjetivação "corridos" (o que ocorre com as férias do contratado sob o regime de tempo integral), o que sugere a possibilidade de divisibilidade desses dias a critério dos contratantes.

b) Contratados sob o regime de tempo integral e também contratados sob o regime de tempo parcial *a partir da* vigência da Lei n. 13.467, de 13 de julho de 2017

Consoante o disposto no art. 130 da CLT, após cada período de 12 meses de vigência do contrato de trabalho, o empregado contratado sob regime de tempo integral, **e a partir da vigência da Lei n. 13.467/2017 também o contratado sob o regime de tempo parcial**, terá direito a férias, numa proporção que relaciona o número de faltas injustificadas ao serviço (dentro do mencionado período de 12 meses) ao número de dias de férias que serão fruídas. Observe-se:

DIAS DE FÉRIAS	NÚMERO DE FALTAS INJUSTIFICADAS
30 dias corridos	Até 5
24 dias corridos	De 6 até 14
18 dias corridos	De 15 até 23
12 dias corridos	De 24 até 32
Não se concedem férias	A partir de 33

Note-se, para fins de memorização dos valores contidos nesta tabela **de cinco níveis**, que o número de dias de férias decresce observando um interstício de seis unidades (30, 24, 18 e 12) e que, ressalvada a primeira (até cinco faltas) e a última faixa (a partir de trinta e três faltas), o número de dias envolve interstícios de nove unidades (entre 6, 15, 24 e 33 faltas). Pode-se falar, então, no método "**6 9**", segundo o qual os interstícios do lado esquerdo da tabela são de seis unidades e os do lado direito são de nove unidades.

Esclareça-se, quanto à tabela supraexpendida, que, em verdade, são os blocos de faltas que geram diminuição proporcional do número de dias de férias, e não o exato número de

---

51 Incluindo em todas as faixas as correspondentes frações, por exemplo, 22 horas e 30 minutos ou 5 horas e 20 minutos.

faltas. Aliás, é vedado descontar diretamente do período de férias as faltas cometidas, como se vê no § 1.º do art. 130 da CLT. Exemplo: um empregado que houver tido 13 faltas ao serviço durante o período aquisitivo (12 meses anteriores à concessão) fará jus a 24 dias corridos de férias, e não a 17 dias, como se poderia erradamente supor diminuindo diretamente de 30 dias (máximo de dias correspondentes às férias) as 13 faltas ao serviço.

Não se olvide de que o conceito de "faltas do empregado ao serviço" não inclui o de dias destinados a descanso. Deseja-se dizer com isso que a um bancário, por exemplo, que ordinariamente trabalha de segunda a sexta-feira, não podem ser atribuídas sete faltas se não comparece ao serviço de segunda a domingo. Perceba-se que ele somente faltou ao serviço por cinco dias (de segunda a sexta). O sábado e o domingo são, respectivamente, dia útil não trabalhado e dia destinado ao repouso semanal. Ele não trabalharia nos referidos dias, logo, as faltas corridas haveriam de ser contadas unicamente em virtude dos dias de efetivo serviço. Não se confundam, portanto, as situações de "faltas do empregado ao serviço" com as de perda (apenas financeira) do montante correspondente ao repouso semanal remunerado.

Mais um detalhe: o art. 130 da CLT menciona que as férias devem ser concedidas em "dias corridos", dado que sugere **ordinariamente** sua indivisibilidade. Fracionar férias é, portanto, comportamento extraordinário.

CLT REFORMA TRABALHISTA	CLT ORIGINAL
Art. 134. As férias serão concedidas por ato do empregador, em um só período, nos 12 (doze) meses subsequentes à data em que o empregado tiver adquirido o direito. (Redação dada pelo Decreto-lei n. 1.535, de 13-4-1977) **§ 1.º** Desde que haja concordância do empregado, as férias poderão ser usufruídas em até três períodos, sendo que um deles não poderá ser inferior a quatorze dias corridos e os demais não poderão ser inferiores a cinco dias corridos, cada um. • § 1.º c/ redação determinada pela Lei n. 13.467, de 13-7-2017. **§ 2.º** *(Revogado pela Lei n. 13.467, de 13-7-2017).* **§ 3.º** É vedado o início das férias no período de dois dias que antecede feriado ou dia de repouso semanal remunerado. • § 3.º acrescentado pela Lei n. 13.467, de 13-7-2017.	**Art. 134.** As férias serão concedidas por ato do empregador, em um só período, nos 12 (doze) meses subsequentes à data em que o empregado tiver adquirido o direito. (Redação dada pelo Decreto-lei n. 1.535, de 13-4-1977) **§ 1.º** Somente em casos excepcionais serão as férias concedidas em 2 (dois) períodos, um dos quais não poderá ser inferior a 10 (dez) dias corridos. (Incluído pelo Decreto-lei n. 1.535, de 13-4-1977) **§ 2.º** Aos menores de 18 (dezoito) anos e aos maiores de 50 (cinquenta) anos de idade, as férias serão sempre concedidas de uma só vez. (Incluído pelo Decreto-lei n. 1.535, de 13-4-1977)

O que mudou?

O art. 134 da CLT manteve integralmente apenas o seu *caput*, que identifica os períodos aquisitivos e concessivo. Tudo mais mudou.

O § 1.º, que antes previa a bipartição das férias em casos excepcionais, desde que um dos períodos não fosse inferior a dez dias corridos, passou a admitir, desde que haja concordância do empregado, a tripartição. As férias, a partir da reforma trabalhista de 2017, poderão ser usufruídas em até três períodos, sendo que um deles não poderá ser inferior a 14 dias corridos e os demais não poderão ser inferiores a cinco dias corridos, cada um.

O § 2.º, que previa a obrigatória unicidade das férias para os menores de 18 (dezoito) anos e para os maiores de 50 (cinquenta) anos de idade, foi integralmente revogado.

O § 3.º foi adicionado como uma inovação. Vedou-se o início das férias no período de dois dias que antecede feriado ou dia de repouso semanal remunerado.

Comentários

- **Sistemática de aquisição e de concessão das férias**

As férias são adquiridas "após cada período de 12 (doze) meses de vigência do contrato de trabalho" (art. 130, *caput*, da CLT) e "concedidas, por ato do empregador, [...], nos 12 (doze) meses subsequentes à data em que o empregado tiver adquirido o direito" (art. 134, *caput*, da CLT). Para organizar as ideias quanto aos **períodos aquisitivo**[52] **e concessivo**[53], deve-se observar a seguinte exemplificação:

Se um empregado foi admitido no dia 1.º-1-2010, pode-se dizer que ele, depois de um período de 12 meses de vigência do contrato de emprego, adquiriu o primeiro período de férias. A aquisição se completará no dia 31-12-2010, mas a fruição somente se dará a partir do dia 1.º-1-2011.

Em outras palavras: a partir do dia 1.º-1-2011 se iniciará o **período de concessão** das férias adquiridas entre os dias 1.º-1-2010 e 31-12-2010, o qual findará no dia 31-12-2011. Concomitantemente a este período concessivo terá início um **novo período aquisitivo**, de 1.º-1-2011 a 31-12-2011. As férias adquiridas nesse ínterim serão concedidas nos 12 meses seguintes e assim sucessivamente.

- **Época de concessão**

Nos termos do art. 134 da CLT, as férias serão concedidas **por ato do empregador,** nos 12 meses subsequentes à data em que o empregado tiver adquirido o direito.

É o empregador, portanto, quem estabelece o instante das férias em conformidade com suas conveniências operacionais. O art. 136 da CLT é bem claro: *"a época da concessão das férias será a que melhor consulte os interesses do empregador"*, cabendo-lhe, porém, observar a regra constante do novo § 3.º do art. 134 da CLT, segundo a qual "é vedado o início das férias no período de dois dias que antecede feriado ou dia de repouso semanal remunerado". A novidade normativa revelou-se salutar e benéfica na medida em que os empregadores não mais poderão, por exemplo, iniciar as férias de nenhum empregado numa sexta-feira para que ele já as inicie com o desfavorável cômputo do sábado e do domingo.

---

52   O período aquisitivo corresponde a *cada período de doze meses de vigência do contrato de trabalho.*
53   O período concessivo corresponde a *cada período de doze meses subsequentes à data em que o empregado tiver adquirido o direito às férias.*

É bom registrar também que o período das férias, por motivos de incompatibilidade, **jamais poderá coincidir, no todo ou em parte, com o período de concessão do aviso prévio trabalhado**.

Ressalve-se que os **membros de uma família que trabalharem no mesmo estabelecimento ou empresa** terão direito a gozar férias no mesmo período, se assim desejarem e **se disso não resultar prejuízo para o serviço**. Para exemplificar essa situação, imagine-se um armarinho onde trabalham unicamente mãe e filha. Embora elas tenham o direito de gozar as férias no mesmo período, este poderá ser objetado pelo empregador, na medida em que o atendimento de suas pretensões implicará o fechamento do estabelecimento ou o prejuízo da contratação de empregado substituto.

O **empregado estudante menor de 18 anos** também tem o direito, se assim desejar, de fazer coincidir suas férias com um período específico, qual seja, o recesso escolar. Observe-se que, em relação ao estudante menor de 18 anos, não há a ressalva quanto à inaplicabilidade desse direito se dele resultar prejuízo para o serviço. A inexistência da ressalva faz presumir que o referido destinatário não deixará de ser atendido, ainda que isso possa turbar o serviço na empresa. Acrescente-se aqui a situação referente às férias do aprendiz, uma vez que, nos moldes do art. 25 do Decreto n. 5.598/2005, elas também devem coincidir, preferencialmente, com os recessos escolares, sendo vedado ao empregador fixar período diverso daquele definido no programa de aprendizagem.

Destaque-se que a Convenção n. 132 da OIT prevê que a época das férias, sempre que não fixada em contratos coletivos ou em outro instrumento, será determinada pelo empregador somente após **prévia consulta** à pessoa interessada ou quem a represente (art. 10, § 1.º). Trata-se de prática não inserta na lei, mas frequentemente utilizada pelo empregador brasileiro, notadamente diante do fato de que essa "prévia consulta" em nada o limita.

Fracionamento de férias individuais

Em regra, as férias individuais são concedidas "em um só período" (*vide* o *caput* do art. 134 da CLT).

O fracionamento das férias, desde que assim concorde o empregado, poderá ser outorgado em, no máximo, três períodos[54], **um dos quais** não poderá ser inferior a 14 (quatorze) dias corridos. Os demais períodos não poderão ser inferiores a 5 (cinco) dias corridos, cada um.

Férias individuais	14 dias ou mais	5 dias ou mais	5 dias ou mais

Não mais são imunes à possibilidade do ora analisado fracionamento os menores de 18 anos e os maiores de 50 anos de idade. A Lei n. 13.467, de 13 de julho de 2017, revogou o § 2.º do art. 134 da CLT e pôs fim ao tratamento diferenciado. Tal "imunidade" se justifi-

---

54 Somente pode haver tripartição. Não pode haver multipartições.

cava na suposta necessidade de os referidos trabalhadores precisarem, em decorrência de suas condições pessoais, de períodos de férias não fracionados para uma melhor recomposição física e mental.

CLT REFORMA TRABALHISTA	CLT ORIGINAL
Art. 143. É facultado ao empregado converter 1/3 (um terço) do período de férias a que tiver direito em abono pecuniário, no valor da remuneração que lhe seria devida nos dias correspondentes. (Redação dada pelo Decreto-lei n. 1.535, de 13-4-1977 (Vide Lei n. 7.923, de 1989) § **1.º** O abono de férias deverá ser requerido até 15 (quinze) dias antes do término do período aquisitivo. (Incluído pelo Decreto-lei n. 1.535, de 13-4-1977) § **2.º** Tratando-se de férias coletivas, a conversão a que se refere este artigo deverá ser objeto de acordo coletivo entre o empregador e o sindicato representativo da respectiva categoria profissional, independendo de requerimento individual a concessão do abono. (Incluído pelo Decreto-lei n. 1.535, de 13-4-1977) § **3.º** *(Revogado pela Lei n. 13.467, de 13-7-2017).*	**Art. 143.** É facultado ao empregado converter 1/3 (um terço) do período de férias a que tiver direito em abono pecuniário, no valor da remuneração que lhe seria devida nos dias correspondentes. (Redação dada pelo Decreto-lei n. 1.535, de 13-4-1977 (Vide Lei n. 7.923, de 1989) § **1.º** O abono de férias deverá ser requerido até 15 (quinze) dias antes do término do período aquisitivo. (Incluído pelo Decreto-lei n. 1.535, de 13-4-1977) § **2.º** Tratando-se de férias coletivas, a conversão a que se refere este artigo deverá ser objeto de acordo coletivo entre o empregador e o sindicato representativo da respectiva categoria profissional, independendo de requerimento individual a concessão do abono. (Incluído pelo Decreto-lei n. 1.535, de 13-4-1977) § **3.º** O disposto neste artigo não se aplica aos empregados sob o regime de tempo parcial. (Incluído pela Medida Provisória n. 2.164-41, de 2001)

O que mudou?

O art. 143 da CLT manteve-se na sua quase integralidade. Apenas o seu § 3.º foi revogado. Com a revogação passou a ser admitida a conversão de 1/3 (um terço) do período de férias em abono pecuniário.

Comentários

- ### Abono pecuniário

O art. 143 da CLT faculta ao empregado contratado para prestação de trabalho **em regime de tempo integral** a conversão de um terço do período de férias a que tiver direito em abono pecuniário[55], no valor da remuneração que lhe seria devida nos dias correspondentes. Veja-se o texto de lei:

---

55 Popularmente se intitula esse negócio jurídico "venda de férias", embora, a rigor, não seja uma "venda". Perceba-se que o empregador não estará ganhando as férias do empregado para, em lugar dele, fruí-las. Por isso, o acertado é dizer existente um abono atribuído em virtude da não fruição integral das férias.

> **Art. 143.** É facultado ao empregado converter 1/3 (um terço) do período de férias a que tiver direito em abono pecuniário, no valor da remuneração que lhe seria devida nos dias correspondentes (redação dada ao *caput* pelo Decreto-Lei n. 1.535, de 13-4-1977).

Assim, se um empregado que teria 30 dias de férias quiser converter um terço do período em abono pecuniário, fruirá 20 dias de descanso e retornará ao serviço no 21.º dia de afastamento.

É bom anotar que, embora o texto legal não seja expresso, não há nenhum obstáculo jurídico oposto à conversão de **menos de 1/3 (um terço)** do período de férias em abono pecuniário. Cabe notar que o "1/3 (um terço)" do período de férias aparece no art. 143 da CLT como um limite. Os ajustes feitos aquém desse limite não violam a regra disposta no art. 444 da CLT, pois dão mais proteção ao trabalhador na medida em que ele poderá efetivamente descansar mais tempo.

- **Forma e prazo de postulação**

Note-se que, conforme supradestacado, o abono pecuniário **é uma faculdade do empregado**. É ele (o empregado) quem decide se deseja ou não negociar **um terço** de suas férias. O empregador não poderá interferir para obrigá-lo a tanto.

Por outro lado, pode-se afirmar que o empregado terá "direito de vender" um terço de suas férias, e o empregador não poderá recusar essa sua proposta se o requerimento para o alcance de tal vantagem for apresentado até 15 dias antes do término do período aquisitivo correspondente. Perceba-se o conteúdo do § 1.º do art. 143 da CLT:

> **Art. 143.** [...]
> § **1.º** O abono de férias deverá ser requerido até 15 (quinze) dias antes do término do período aquisitivo. (Parágrafo acrescentado pelo Decreto-Lei n. 1.535, de 13-4-1977.)

Surgirá para o empregado, nesse caso, um direito subjetivo de recebimento do abono pecuniário. Em outras palavras: **se o requerimento for feito dentro do prazo** supraexposto, o empregador estará obrigado a atender ao requerimento; **se, porém, o requerimento for formulado fora do prazo** fixado no § 1.º do art. 143 da CLT, o empregador atenderá o pleito se quiser.

Assim, para exemplificar, pode-se afirmar que um empregado admitido no dia 1.º-1-2009 terá até o dia 15-12-2009 para requerer a conversão de um terço do período de suas férias (que hão de ser concedidas entre os dias 1.º-1-2010 até 31-12-2010) em abono pecuniário. Se ele, dentro do prazo legal, requerer a conversão de um terço do período de férias a que tiver direito em abono pecuniário, o empregador haverá de atendê-lo.

Registre-se que **o empregado terá de renovar esse pedido a cada novo período aquisitivo**, não sendo admissível que, no primeiro dia de emprego, ele, genericamente, e para os futuros períodos, manifeste a intenção de sempre converter um terço do período de suas férias em abono pecuniário.

Acrescente-se que o número de dias passíveis da mencionada conversão será sempre correspondente ao máximo de um terço das férias a que o empregado, contratado sob o regime de tempo integral, tiver direito. Tal número variará de quatro dias (*vide* o art. 130, IV, da CLT, indicativo no número mínimo de 12 dias de férias) até a proporção de um terço do número total de férias concedidas pelo empregador. Por lei, o número máximo é de 30 dias, conforme o art. 130, I, da CLT, mas pode ser bem maior do que isso se o empregador, contratualmente, desejar oferecer um padrão mais elevado.

- **Natureza da parcela**

Compreenda-se que o ora analisado abono pecuniário, **até o limite de 20 dias**, não integrará a remuneração do empregado **para efeitos da legislação do trabalho**. Nesse sentido, a verba em exame não será considerada como parcela de natureza salarial, não incidindo, consequentemente, sobre ele o FGTS, a contribuição previdenciária (*vide* o § 9.º, letra *e*, n. 6, do art. 28 da Lei n. 8.212/91), nem o imposto de renda (*vide* o art. 1.º da Instrução Normativa RFB n. 936/2009 – *DOU* 6-5-2009).

Mas por que se afirma que a verba terá natureza não salarial somente até o limite de 20 dias? Isso acontece porque, em decorrência da autonomia privada da vontade (individual ou coletiva), os empregadores podem oferecer para seus empregados mais do que 30 dias de férias. Nada obsta à concessão de melhorias na condição social dos trabalhadores. Note-se que, embora de difícil ocorrência prática, não se pode negar a possibilidade de um empregado ser destinatário de férias em dimensão máxima mais favorável do que aquela prevista em lei.

Nessas circunstâncias, se um empregador concede férias na dimensão de sessenta dias por ano, somente se poderá admitir a possibilidade de abono pecuniário **de natureza não salarial** até o limite de 20 dias de salário. É a dicção do art. 144 da CLT. Observe-se:

> **Art. 144.** O abono de férias de que trata o artigo anterior, bem como o concedido em virtude de cláusula do contrato de trabalho, do regulamento da empresa, da convenção ou acordo coletivo, **desde que não excedente de vinte dias do salário**, não integrarão a remuneração do empregado para efeitos da legislação do trabalho. (Redação dada ao artigo pela Lei n. 9.528, de 10-12-1997, conversão da Medida Provisória n. 1.596-14, de 23-10-1997.)

Perceba-se que essa interpretação não viola o disposto no art. 143 da CLT, mantendo-se em um terço o limite máximo **legal** de conversão.

Aplicabilidade ao regime de tempo parcial

O abono pecuniário, por expressa vedação constante do ora revogado § 3.º do art. 143 da CLT, **não se aplicava aos empregados sob o regime de tempo parcial**. A opção do legislador justificava-se na medida em que o número total de dias de férias do contratado sob o regime de tempo parcial era extremamente pequeno, ainda que em sua dimensão máxima (18 dias). Entendia-se, por isso, incompatível a conversão de um terço do período de férias em abono pecuniário. Não se garantiria o mínimo de descanso ao trabalhador em regime de tempo parcial.

A Lei n. 13.467, de 13 de julho de 2017, entretanto, mudou essa realidade. O seu art. 5.º, I, *g*, revogou expressamente o disposto no § 3.º do art. 143 da CLT e, em seu lugar, disciplinou o assunto no § 6.º do art. 58-A do mesmo diploma trabalhista. Observe-se:

> **Art. 58-A.** [...]
> § 6.º É facultado ao empregado contratado sob regime de tempo parcial converter um terço do período de férias a que tiver direito em abono pecuniário.

Por conta da igualdade de tratamento, tanto os trabalhadores em regime de tempo integral quanto aqueles em regime de tempo parcial passaram a ser igualmente destinatários da tabela de fixação do número de dias de férias conforme consta do art. 130 da CLT. Por lógica, ambos os grupos de trabalhadores passaram a merecer o mesmo tratamento no tocante ao acesso ao abono pecuniário previsto no *caput* do art. 143 do multicitado diploma trabalhista.

CLT REFORMA TRABALHISTA	CLT ORIGINAL
DO DANO EXTRAPATRIMONIAL **Art. 223-A.** Aplicam-se à reparação de danos de natureza extrapatrimonial decorrentes da relação de trabalho apenas os dispositivos deste Título. **Art. 223-B.** Causa dano de natureza extrapatrimonial a ação ou omissão que ofenda a esfera moral ou existencial da pessoa física ou jurídica, as quais são as titulares exclusivas do direito à reparação. **Art. 223-C.** A honra, a imagem, a intimidade, a liberdade de ação, a autoestima, a sexualidade, a saúde, o lazer e a integridade física são os bens juridicamente tutelados inerentes à pessoa física. **Art. 223-D.** A imagem, a marca, o nome, o segredo empresarial e o sigilo da correspondência são bens juridicamente tutelados inerentes à pessoa jurídica. **Art. 223-E.** São responsáveis pelo dano extrapatrimonial todos os que tenham colaborado para a ofensa ao bem jurídico tutelado, na proporção da ação ou da omissão. **Art. 223-F.** A reparação por danos extrapatrimoniais pode ser pedida cumulativamente com a indenização por danos materiais decorrentes do mesmo ato lesivo. **§ 1.º** Se houver cumulação de pedidos, o juízo, ao proferir a decisão, discriminará os valores das indenizações a título de danos patrimoniais e das reparações por danos de natureza extrapatrimonial. **§ 2.º** A composição das perdas e danos, assim compreendidos os lucros cessantes e os danos emergentes, não interfere na avaliação dos danos extrapatrimoniais. **Art. 223-G.** Ao apreciar o pedido, o juízo considerará: I – a natureza do bem jurídico tutelado; II – a intensidade do sofrimento ou da humilhação; III – a possibilidade de superação física ou psicológica; IV – os reflexos pessoais e sociais da ação ou da omissão; V – a extensão e a duração dos efeitos da ofensa; VI – as condições em que ocorreu a ofensa ou o prejuízo moral; VII – o grau de dolo ou culpa; VIII – a ocorrência de retratação espontânea;	Não há correspondente na CLT original.

CLT REFORMA TRABALHISTA	CLT ORIGINAL
IX – o esforço efetivo para minimizar a ofensa; X – o perdão, tácito ou expresso; XI – a situação social e econômica das partes envolvidas; XII – o grau de publicidade da ofensa. **§ 1.º** Se julgar procedente o pedido, o juízo fixará a indenização a ser paga, a cada um dos ofendidos, em um dos seguintes parâmetros, vedada a acumulação: I – ofensa de natureza leve, até três vezes o último salário contratual do ofendido; II – ofensa de natureza média, até cinco vezes o último salário contratual do ofendido; III – ofensa de natureza grave, até vinte vezes o último salário contratual do ofendido; IV – ofensa de natureza gravíssima, até cinquenta vezes o último salário contratual do ofendido. **§ 2.º** Se o ofendido for pessoa jurídica, a indenização será fixada com observância dos mesmos parâmetros estabelecidos no § 1.º deste artigo, mas em relação ao salário contratual do ofensor. **§ 3.º** Na reincidência entre partes idênticas, o juízo poderá elevar ao dobro o valor da indenização. • Arts. 223-A a 223-G acrescentados pela Lei n. 13.467, de 13-7-2017.	

O que mudou?

Os arts. 223-A a 223-G da CLT são inovações. Esses dispositivos tratam da reparação dos chamados "danos de natureza extrapatrimonial decorrentes da relação de trabalho" e se autoidentificam como suficientes para a solução de qualquer controvérsia em torno do assunto. O uso do advérbio "apenas" no texto do art. 223-A da CLT ("aplicam-se à reparação de danos de natureza extrapatrimonial decorrentes da relação de trabalho **apenas** os dispositivos deste Título") sugere que o legislador trabalhista entendeu que o seu conjunto normativo afastaria a aplicabilidade de outras normas jurídicas, inclusive as de caráter geral como, por exemplo, as disposições civis, o que, na prática, afigura-se como assertiva exagerada e não correspondente com a realidade.

Comentários

Os danos materiais ou físicos são visíveis e mensuráveis supondo, no dizer de Hans Fischer, "ofensa ou diminuição de certos valores econômicos"[56]. Assim, tendo em vista o seu conteúdo, tais danos podem ser categorizados como emergentes, justificativos de reparação do que realmente se perdeu, ou impedientes, motivadores de compensação do que razoavelmente se deixou de ganhar. Há nessa seara um dano que atinge o patrimônio material, tangível, físico.

---

56 FISCHER, Hans. *A reparação dos danos no direito civil*. Tradução de Férrer de Almeida. São Paulo, 1938, p. 20.

Os danos imateriais ou morais, por outro lado, não são visíveis a partir de uma operação contábil de perdas e ganhos. Não há como tatear as ofensas à sensibilidade, à afetividade. É certo, sim, que, uma vez constatadas tais transgressões, elas conduzem à presunção de dolorosas percepções anímicas como, por exemplo, a perda, o desprestígio, o desalento, a amargura ou a indignidade. Há neste plano um dano que atinge o patrimônio imaterial, intangível ou sensível.

Anote-se aqui a impropriedade da classificação segundo a qual o dano material seria patrimonial e o dano imaterial extrapatrimonial. Quem parte dessa perspectiva está estreitando o conceito de patrimônio, tomando-o apenas na sua dimensão contábil, nos estritos termos constantes da escrituração empresarial. Sustenta-se isso porque o dano imaterial é, em verdade, um dano ao patrimônio intangível do sujeito lesado[57]. Apesar de inserido no plano meramente sensível e, por isso, intangível, o objeto violado é um patrimônio, etimologicamente identificado como tudo aquilo que é adquirido em ação (-mónium significa ação) intergeracional, de pai (patri- provém de pater, raiz da palavra pai) para filho. Aliás, o Texto Constitucional reconhece a existência de patrimônio imaterial no seu art. 216, seguindo a linha conceitual da UNESCO (United Nations Educational, Scientific and Cultural Organization) que o entende como a intangível expressão de vida recebida de ancestrais e repassada para descendentes[58].

Registre-se, ainda, que estas esferas – material e imaterial – apesar da possível origem comum – são autônomas e cumuláveis, sendo frequente a evidência de lesões materiais que, por extensão ou desenvolvimento, alcançam o plano imaterial e vice-versa. Para firmar este entendimento o STJ publicou a Súmula 37, segundo a qual "são cumuláveis as indenizações por dano material e dano moral oriundos do mesmo fato" (*DJU* 17-3-1992, rep. *DJU* 19-3-1992).

Pois bem. Essa introdução serve para iniciar as discussões em torno do conteúdo do Título II-A da CLT que trata do "dano extrapatrimonial", encontrável a partir do art. 223-A do referido diploma legal. Vê, então, bem no começo dessa análise o primeiro motivo para crítica. O legislador deveria fazer menção à expressão "dano ao patrimônio imaterial", por ser mais técnica e adequada, ou mesmo a "dano moral" por sua popularidade e difusão, mas preferiu tratar a matéria sob o rótulo da extrapatrimonialidade.

Já no art. 223-A da CLT deixou-se bem evidente que se aplicariam à reparação de danos de natureza extrapatrimonial decorrentes da relação de trabalho **apenas** os dispositivos do Título II-A. A intenção manifesta da reforma trabalhista de cunho patronal ao usar o advérbio de exclusão "apenas" foi o de afastar a incidência de qualquer outra fonte normativa para as decisões em torno da matéria, embora esse desejar seja conflitante com o conteúdo do art. 8.º do mesmo diploma que admite a colmatação de lacunas, até mesmo porque não se pode deixar de decidir em decorrência da sua evidência.

Deixou-se claro ali, designadamente no art. 223-B da CLT, que *"causa dano de natureza extrapatrimonial a ação ou omissão que ofenda a esfera moral ou existencial da pessoa física ou*

---

57 No mesmo sentido ver: SILVA, Wilson Melo. *O dano moral e sua reparação*. 3. ed. Rio de Janeiro: Forense, 1983; e CARVALHO RAMOS, André de. A ação civil pública e o dano moral coletivo. *Revista de Direito do Consumidor*, São Paulo, v. 25, p. 80-98, 1998.
58 O art. 216 do Texto Constitucional foi regulamentado pelo Decreto n. 3.551, de 4 de agosto de 2000, que expressamente trata do Programa Nacional do Patrimônio Imaterial.

*jurídica, as quais são as **titulares exclusivas** do direito à reparação"* (destaque não constante do original). Reconheceu-se, portanto, que as ofensas às esferas morais e existenciais seriam o fato gerador dos danos imateriais e que tanto trabalhadores quanto empregadores, e, além deles, também seus dependentes, poderiam ser os vitimados.

A suposta intenção de eliminação de discussões que envolvessem o dano em ricochete ou dano reflexo pela mera utilização da expressão "titulares exclusivas", parece ter sido, se é que foi o caso, frustrada. Afirma-se isso porque o dispositivo relaciona a titularidade exclusiva às pessoas físicas e jurídicas (sem distinção ou exclusão), o que, em última análise, acaba por dizer o óbvio. Afinal, quem terá essa titularidade se não forem aqueles que o direito reconhece como pessoas?

Por outro lado, acredita-se que numa **mera enumeração**, o legislador citou no art. 223-C da CLT, a honra, a imagem, a intimidade, a liberdade de ação, a autoestima, a sexualidade, a saúde, o lazer e a integridade física como bens juridicamente tutelados **inerentes à pessoa física** e, também **de maneira não exaustiva**, no art. 223-D do mesmo diploma legal, a imagem, a marca, o nome, o segredo empresarial e o sigilo da correspondência como bens juridicamente tutelados **inerentes à pessoa jurídica**.

Com a manifesta indicação de que todos os que tenham colaborado para a ofensa ao bem jurídico tutelado, na proporção da ação ou da omissão, seriam responsáveis pelo dano extrapatrimonial, o legislador deixou bem claro que reparação deste poderia ser pedida cumulativamente com a indenização por danos materiais decorrentes do mesmo ato lesivo, tal qual pacificado pela jurisprudência do STJ na já citada Súmula 37, desde 1992.

Os dispositivos trazidos pela legislação reformadora das relações de trabalho não trouxeram nenhuma novidade na medida em que dispuseram sobre atos que os magistrados, na prática, já realizavam. Os juízes, de fato, independentemente das lembranças contidas nos §§ 1.º e 2.º do art. 223-F da CLT, ao proferirem as suas decisões em pedidos cumulados na forma aqui analisada, discriminam sempre os valores das indenizações a título de danos patrimoniais e das reparações por danos de natureza extrapatrimonial. A composição das perdas e danos, assim compreendidos os lucros cessantes e os danos emergentes, também, pelo que demonstra a prática forense trabalhista, não interfere na avaliação dos danos extrapatrimoniais.

A Lei n. 13.467/2017, entretanto, inovou – e muito – a partir do instante em que orientou a conduta dos magistrados, impondo-lhe considerar uma série de variáveis para o arbitramento da indenização por dano moral, e, mais do que isso, extrapolou os lindes da razoabilidade, ao criar uma sistemática de valores máximos que cada violado poderia ter direito considerados múltiplos do seu último salário contratual. Observem-se inicialmente os referenciais para o arbitramento:

> **CLT. Art. 223-G.** Ao apreciar o pedido, o juízo considerará:
> I – a natureza do bem jurídico tutelado;
> II – a intensidade do sofrimento ou da humilhação;
> III – a possibilidade de superação física ou psicológica;
> IV – os reflexos pessoais e sociais da ação ou da omissão;
> V – a extensão e a duração dos efeitos da ofensa;

VI – as condições em que ocorreu a ofensa ou o prejuízo moral;
VII – o grau de dolo ou culpa;
VIII – a ocorrência de retratação espontânea;
IX – o esforço efetivo para minimizar a ofensa;
X – o perdão, tácito ou expresso;
XI – a situação social e econômica das partes envolvidas;
XII – o grau de publicidade da ofensa.

Não se olvide que esses referenciais, embora úteis para a determinação do arbitramento, não são os únicos existentes, tampouco precisam ser necessariamente considerados todos eles de forma conjuntiva. Apesar da dicção do verbo "considerar" – *o juízo considerará* – não se vê margem para um dirigismo da atuação judiciária, tampouco uma patrulha da atividade decisória. Cabe, portanto, ao magistrado – livre e independente – receber a série de referenciais como sugestões não exaustivas para que ele possa proferir uma decisão fundamentada e, especialmente, justa.

O grande problema da Lei n. 13.467/2017 reside, porém, na tentativa de tarifar a dimensão da violação ao patrimônio imaterial, que, como qualquer outro dano, se deveria, em verdade, medir por sua extensão (vide o art. 944 do Código Civil). Esse atuar legislativo afronta claramente o texto constitucional que, nos termos do inciso V do seu art. 5.º, assegura o direito de resposta, **proporcional** ao agravo. Não fosse apenas isso, a tarifação imposta pela lei tem por baliza o "último salário contratual do ofendido", o que pode fazer com que um mesmo bem jurídico ofendido venha a merecer indenizações em dimensões extremamente diferentes, violando, assim, o disposto no *caput* do art. 5.º da Carta que pressupõe serem todos "iguais perante a lei, sem distinção de qualquer natureza". A distinção aqui seria de natureza financeira.

Imagine-se, a título de exemplo, que dois empregados de uma mesma empresa – o gerente executivo e o auxiliar de serviços gerais – foram publicamente acusados de terem conjuntamente praticado atos de improbidade. Imagine-se também que se constatou, depois de longo e extenuante processo, que ambos eram absolutamente inocentes e que tudo não passou de uma acusação leviana de colegas desafetos. O magistrado, partindo do pressuposto de que "todos os homens nascem livres e iguais em dignidade e direitos" (DUDH, art. I), outorgaria a cada um deles a mesma indenização por dano à sua imagem e honra, pois não poderia supor que um deles teria mais dignidade do que o outro.

Pois bem. Segundo os parâmetros contidos na legislação de reforma trabalhista de 2017, se julgasse procedente o pedido, o juízo fixaria a indenização a ser paga, a cada um dos ofendidos, em um dos seguintes parâmetros, **vedada a acumulação**:

I – ofensa de natureza leve, **até três vezes** o último salário contratual do ofendido;
II – ofensa de natureza média, **até cinco vezes** o último salário contratual do ofendido;
III – ofensa de natureza grave, **até vinte vezes** o último salário contratual do ofendido;
IV – ofensa de natureza gravíssima, **até cinquenta vezes** o último salário contratual do ofendido.

Anote-se, a título completivo, que:

a) se o ofendido fosse uma pessoa jurídica, a indenização seria fixada com observância dos mesmos parâmetros, mas em relação ao salário contratual do ofensor;
b) na reincidência entre partes idênticas, o juízo poderia elevar ao dobro o valor da indenização.

Ora, diante da sistemática aqui em exame, e com base no exemplo oferecido como ilustração, o gerente executivo, independentemente da classificação em que se inserisse a ofensa, ganharia muito mais do que o auxiliar de serviços gerais, pois os seus salários – como sói acontecer – são extremamente dessemelhantes.

Observe-se, por fim, que a parametrização criada pela Lei n. 13.467/2017 trouxe um complicador adicional, que é justamente o da ausência de referenciais para entender-se o que seriam as ofensas de natureza leve, média, grave e gravíssima. Se a simples menção do magistrado seria suficiente para tanto, de nada adiantou retirar dele a escolha do referencial de cálculo, impondo-lhe unicamente determinado múltiplo de salários contratuais. Diante dessa ausência de referencial, os juízes, apesar de constritos pelo teto de múltiplos do salário contratual, poderão se valer do expediente de considerar gravíssima a natureza de uma ofensa que, sob o olhar de outros, poderia ter sido categorizada, por exemplo, como média ou grave. O sentimento do magistrado, enfim, o levará a realizar o ato de gradualismo. Esse simples ato de classificação do grau de ofensividade terá o condão de elevar, por si só, a dimensão indenizatória. A formulação para a dosimetria, portanto, revelou-se incoerente.

A tarifação do dano moral, por fim, parece ser violadora das disposições constitucionais, pois claramente o art. 5.º, X, do texto fundamental prevê que seriam invioláveis a intimidade, a vida privada, a honra e a imagem das pessoas, assegurando-se-lhes o **direito à indenização** pelo dano material ou moral **decorrente de sua violação**. Se a indenização **decorre** da violação, não há falar-se em tabelas fechadas ou em parâmetros circunscritos.

CLT REFORMA TRABALHISTA	CLT ORIGINAL
Art. 372. Os preceitos que regulam o trabalho masculino são aplicáveis ao trabalho feminino, naquilo em que não colidirem com a proteção especial instituída por este Capítulo. **Parágrafo único.** (*Revogado pela Lei n. 13.467, de 13-7-2011.*)	Art. 372. Os preceitos que regulam o trabalho masculino são aplicáveis ao trabalho feminino, naquilo em que não colidirem com a proteção especial instituída por este Capítulo. **Parágrafo único.** Não é regido pelos dispositivos a que se refere este artigo o trabalho nas oficinas em que sirvam exclusivamente pessoas da família da mulher e esteja esta sob a direção do esposo, do pai, da mãe, do tutor ou do filho.

O que mudou?

O art. 372 da CLT manteve o seu *caput*, mas perdeu, por revogação, o seu parágrafo único. O dispositivo que abre o capítulo *"da proteção do trabalho da mulher"*, portanto, livrou-se da ressalva contida no precitado parágrafo único, consoante o qual não teria proteção especial o trabalho da mulher nas oficinas em que sirvam exclusivamente pessoas da sua família e que esteja esta sob a direção do esposo, do pai, da mãe, do tutor ou do filho.

A revogação deixou clara, portanto, a transcendência da proteção especial, independentemente de a relação de trabalho ser realizado no âmbito intra ou extrafamiliar da mulher. Havendo relação de trabalho, o tratamento diferenciado deve ser observado onde quer que seja.

Comentários

No âmbito da problemática decorrente de uma longa história de supostas prevalências e prerrogativas masculinas, o constituinte brasileiro deixou claro, no art. 3.º, IV, da Carta Magna de 1988, que entre seus objetivos, estava o de promover o bem de todos, sem preconceitos e sem discriminações. Como se não bastasse tal compromisso, os representantes do povo brasileiro, em seu texto fundamental, garantiram também, no primeiro dos incisos do art. 5.º, que homens e mulheres seriam iguais em direitos e obrigações. Entretanto, ressalvou-se que isso seria praticado, *nos termos da Constituição*[59]. A ressalva, claramente indicativa do reconhecimento de uma igualdade mitigada, deixou confessado que, em nome do paralelismo essencial entre homens e mulheres, não se poderia deixar de admitir diferenças biológicas evidentes. Enfim, apesar de juridicamente iguais, homens e mulheres são fisiológica e psicologicamente dessemelhantes, sendo essa uma constatação inelutável. Por serem apenas formalmente iguais, homens e mulheres, *nos estritos termos da Constituição*, podem ser tratados de modo desigual, sem que isso implique, segundo a vontade do constituinte originário, uma violência à isonomia, mas sim um tratamento desigual com o foco corretivo da desigualdade[60].

Para verificar o quanto ora exposto, basta perceber que, nos termos da própria Constituição de 1988, as mulheres conseguem obter a aposentadoria espontânea com idade menor do que a exigida para os homens e com tempo de contribuição reduzido em relação a estes[61], o mesmo ocorrendo em relação ao serviço militar obrigatório em tempo de paz, do qual as mulheres estão isentas[62]. Essas evidências demonstram que, apesar da proclamada igualdade de gênero, existem claras diferenças estruturais entre homens e mulheres, notadamente no que diz respeito à gestação, função biológica unicamente a elas concebida. A proteção do mercado de trabalho da mulher passou, então, a ser uma preocupação justificável, tendo o legislador incluído esse objeto como direito mínimo previsto no art. 7.º, XX, da Constituição de 1988[63].

---

59 "Art. 5.º Todos são iguais perante a lei, sem distinção de qualquer natureza, garantindo-se aos brasileiros e aos estrangeiros residentes no País a inviolabilidade do direito à vida, à liberdade, à igualdade, à segurança e à propriedade, nos termos seguintes:
I – homens e mulheres são iguais em direitos e obrigações, nos termos desta Constituição."
60 Sobre o trabalho feminino, consulte-se a magistral obra de: BARROS, Alice Monteiro de. *A mulher e o direito do trabalho*. São Paulo: LTr, 1995.
61 Veja-se, no Texto Constitucional de 1988, o art. 40, III, *a* e *b* (sobre a aposentadoria espontânea no serviço público), e o art. 201, § 7.º, I e II (sobre a aposentadoria espontânea no serviço privado).
62 Ver o § 2.º do art. 143 do Texto Constitucional.
63 "Art. 7.º São direitos dos trabalhadores urbanos e rurais, além de outros que visem à melhoria de sua condição social: [...] XX – proteção do mercado de trabalho da mulher, mediante incentivos específicos, nos termos da lei."

As disparidades que extremam homens e mulheres garantem a estas algumas proteções, que, entretanto, por ato reflexo, podem ensejar discriminação de gênero[64]. Cônscios disso, os legisladores constitucional e infraconstitucional atuam em esferas protetivas que não apenas abarcam o curso laboral, mas também o instante pré-contratual.

Romperam-se – e a cada dia rompem-se mais – as exceções à regra geral do respeito às proteções especiais dadas ao trabalho feminino. Como se disse anteriormente, a Lei 13.467/2017, ao revogar o parágrafo único do art. 372 da CLT, livrou-se da ressalva contida no precitado parágrafo único, consoante o qual não teria proteção especial o trabalho da mulher nas oficinas em que sirvam exclusivamente pessoas da sua família e que esteja esta sob a direção do esposo, do pai, da mãe, do tutor ou do filho. A revogação deixou clara, portanto, a transcendência da proteção especial, independentemente de a relação de trabalho ser realizada no âmbito intra ou extrafamiliar da mulher.

CLT REFORMA TRABALHISTA	CLT ORIGINAL
Art. 384. *(Revogado pela Lei n. 13.467, de 13-7-2011.)*	**Art. 384.** Em caso de prorrogação do horário normal, será obrigatório um descanso de 15 (quinze) minutos no mínimo, antes do início do período extraordinário do trabalho.

O que mudou?

Em contradição com a lógica das proteções especiais dadas ao trabalho feminino, o legislador da reforma trabalhista de 2017 revogou integralmente o disposto no art. 384 da CLT, fazendo desaparecer o polêmico intervalo de 15 minutos que deveria ser outorgado antes do início do período extraordinário de trabalho.

Comentários

Nos termos do art. 384 da CLT, ora revogado pela Lei n. 13.467, de 13 de julho de 2017, as mulheres eram destinatárias **exclusivas** de um intervalo mínimo de 15 minutos concedido entre o final do expediente normal e o início do período extraordinário de trabalho. Veja-se:

> **Art. 384.** Em caso de prorrogação do horário normal, será obrigatório um descanso de quinze minutos no mínimo, antes do início do período extraordinário do trabalho.

A jurisprudência, ao longo dos anos, debateu-se com o tema. Houve quem afirmasse que tal norma foi recebida pelo texto fundamental dado seu objetivo de velar pela saúde, pela se-

---

64 Entende-se por discriminação de gênero, nos termos da Convenção sobre a Eliminação de todas as Formas de Discriminação contra a Mulher, adotada pela Assembleia Geral da ONU em 18 de dezembro de 1979 e ratificada totalmente no Brasil pelo Decreto n. 4.377, de 13 de setembro de 2002, "toda a distinção, exclusão ou restrição baseada no sexo e que tenha por objeto ou resultado prejudicar ou anular o reconhecimento, gozo ou exercício pela mulher, independentemente de seu estado civil, com base na igualdade do homem e da mulher, dos direitos humanos e liberdades fundamentais nos campos político, econômico, social, cultural e civil ou em qualquer outro campo".

gurança e pela higidez física da mulher trabalhadora; houve também quem, por motivos diversos, sustentasse que a ora analisada regra não foi recepcionada sob o fundamento de ser produtora de um injustificado tratamento diferenciado em favor unicamente das mulheres.

Seja lá como for, é importante deixar anotado que o direito aqui analisado é ainda exigível por parte das mulheres que mantiveram vínculos de emprego sob a égide da CLT vigente antes da reforma, sendo, por isso, passível de exigibilidade no âmbito do Judiciário dentro dos limites prescricionais. Não se pode, ademais, desconsiderar a tese da possível incorporação do direito à fruição deste intervalo por parte de quem foi contratada antes do início da vigência da Lei n. 13.467, de 13 de julho de 2017.

De todo modo, cabe deixar averbada informação no sentido de que o Plenário do Supremo Tribunal Federal (STF), em novembro de 2014, por maioria de votos, negou provimento ao Recurso Extraordinário (RE) 658.312, **com repercussão geral reconhecida**, e firmou a tese no sentido de que o art. 384 da Consolidação das Leis do Trabalho (CLT) fora, **sim**, recepcionado pela Constituição da República e que deveria, por isso, ser aplicado unicamente às mulheres. O Ministro Dias Toffoli, relator do mencionado RE, salientou que a Constituição de 1988 estabeleceu cláusula específica de igualdade de gênero e que, ao mesmo tempo, admitiu a possibilidade de tratamento diferenciado, levando em conta a "histórica exclusão da mulher do mercado de trabalho"; a existência de "um componente orgânico, biológico, inclusive pela menor resistência física da mulher"; e um componente social, pelo fato de ser comum a chamada dupla jornada – o acúmulo de atividades pela mulher no lar e no trabalho – "que, de fato, é uma realidade e, portanto, deve ser levado em consideração na interpretação da norma". O voto do relator ressaltou que as disposições constitucionais e infraconstitucionais não impedem que ocorram tratamentos diferenciados, desde que existentes razões jurídicas ponderosas que admitam o discrímen e que as garantias sejam proporcionais às diferenças ou definidas por algumas conjunturas sociais. Nesses moldes, o art. 384 da CLT foi avaliado como norma que tratava "de aspectos de evidente desigualdade de forma proporcional". Toffoli afastou ainda os argumentos de que a manutenção do intervalo prejudicaria o acesso da mulher ao mercado de trabalho. Segundo o relator, "não parece existir fundamento sociológico ou mesmo comprovação por dados estatísticos a amparar essa tese", tampouco "há notícia da existência de levantamento técnico ou científico a demonstrar que o empregador prefira contratar homens, em vez de mulheres, em virtude dessa obrigação".

CLT REFORMA TRABALHISTA	CLT ORIGINAL
Art. 394-A. Sem prejuízo de sua remuneração, nesta incluído o valor do adicional de insalubridade, a empregada deverá ser afastada de: I – atividades consideradas insalubres em grau máximo, enquanto durar a gestação; II – atividades consideradas insalubres em grau médio ou mínimo, quando apresentar atestado de saúde, emitido por médico de confiança da mulher, que recomende o afastamento durante a gestação; III – atividades consideradas insalubres em qualquer grau, quando apresentar atestado de saúde,	**Art. 394-A.** A empregada gestante ou lactante será afastada, enquanto durar a gestação e a lactação, de quaisquer atividades, operações ou locais insalubres, devendo exercer suas atividades em local salubre. (Incluído pela Lei n. 13.287, de 2016) **Parágrafo único.** (Vetado). (Incluído pela Lei n. 13.287, de 2016)

CLT REFORMA TRABALHISTA	CLT ORIGINAL
emitido por médico de confiança da mulher, que recomende o afastamento durante a lactação. § 1.º (Vetado). § 2.º Cabe à empresa pagar o adicional de insalubridade à gestante ou à lactante, efetivando-se a compensação, observado o disposto no art. 248 da Constituição Federal, por ocasião do recolhimento das contribuições incidentes sobre a folha de salários e demais rendimentos pagos ou creditados, a qualquer título, à pessoa física que lhe preste serviço. § 3.º Quando não for possível que a gestante ou a lactante afastada nos termos do *caput* deste artigo exerça suas atividades em local salubre na empresa, a hipótese será considerada como gravidez de risco e ensejará a percepção de salário-maternidade, nos termos da Lei n. 8.213, de 24 de julho de 1991, durante todo o período de afastamento. • Artigo c/ redação determinada pela Lei n. 13.467, de 13-7-2017.	

O que mudou?

O art. 394-A da CLT foi amplamente modificado. Onde existia previsão genérica de que a empregada gestante ou lactante seria afastada, enquanto durasse a gestação e a lactação, de quaisquer atividades, operações ou locais insalubres, e de que haveria de exercer as suas atividades em local salubre, passou a existir norma claramente violadora do direito fundamental à proteção à maternidade. A Lei n. 13.467/2017 passou a cogitar a presença da gestante ou da lactante em ambientes insalubres em imenso exemplo de retrocesso social.

Comentários

O texto original do art. 394-A da CLT (cuja redação foi determinada pela Lei n. 13.287, de 11 de maio de 2016) impunha o dever patronal de não apenas reduzir, mas, para além disso, de eliminar a causa da insalubridade em face de empregadas gestantes ou lactantes. O texto previa que a empregada gestante ou lactante **seria afastada**, enquanto durasse a gestação e a lactação, de quaisquer atividades, operações ou locais insalubres, devendo exercer suas atividades em local salubre.

Saliente-se: o texto previa; não mais prevê. Lamenta-se informar que o referido dispositivo, totalmente sintonizado com o direito fundamental a proteção à maternidade (*vide* art. 6.º da Constituição da República), foi barbaramente transmudado. O legislador da reforma trabalhista de 2017 não poupou gestante nem lactante do submetimento à insalubridade meio ambiental. A Lei n. 13.467/2017 introduziu alterações no art. 394-A da CLT e impôs condições e variáveis, conforme a seguir se vê:

CLT. Art. 394-A. Sem prejuízo de sua remuneração, nesta incluído o valor do adicional de insalubridade, a empregada deverá ser afastada de:

I – atividades consideradas insalubres em grau máximo, enquanto durar a gestação;

II – atividades consideradas insalubres em grau médio ou mínimo, quando apresentar atestado de saúde, emitido por médico de confiança da mulher, que recomende o afastamento durante a gestação;

III – atividades consideradas insalubres em qualquer grau, quando apresentar atestado de saúde, emitido por médico de confiança da mulher, que recomende o afastamento durante a lactação.

Perceba-se que, tirante as atividades consideradas insalubre em grau máximo, a gestante somente delas se afastará se apresentar atestado de saúde, emitido por médico de confiança da mulher, que recomende o afastamento durante a gestação. Desapareceu, portanto, o automatismo. A lactante, por sua vez, independentemente do grau de insalubridade, sempre precisará apresentar o referido atestado se quiser se afastar do referido ambiente nocivo.

Como há impositivo afastamento da mulher de suas atividades durante a licença-maternidade, caberá à empresa pagar o adicional de insalubridade que suplementará o salário-maternidade durante o período da licença, efetivando-se a compensação, observado o disposto no art. 248 da Constituição Federal, por ocasião do recolhimento das contribuições incidentes sobre a folha de salários e demais rendimentos pagos ou creditados, a qualquer título, à pessoa física que lhe preste serviço.

Há, por fim, a necessidade de referir o texto construído pelo legislador da reforma trabalhista em total dissintonia com a legislação previdenciária. Menciona-se aqui o disposto no § 3.º do precitado art. 394-A da CLT, segundo o qual, "quando não for possível que a gestante ou a lactante afastada [...] exerça suas atividades em **local salubre** na empresa, a hipótese será considerada como **gravidez de risco** e **ensejará a percepção de salário-maternidade**, nos termos da Lei n. 8.213, de 24 de julho de 1991, durante todo o período de afastamento".

Afirmou-se existente uma dissintonia, porque o salário-maternidade, nos termos do art. 71 da Lei n. 8.213/91 tem momentos específicos e bem delimitados para ser concedido. Ele "é devido à segurada da Previdência Social, durante 120 (cento e vinte) dias, com início no período entre 28 (vinte e oito) dias antes do parto e a data de ocorrência deste".

O máximo que se pode fazer diferente disso é, nos moldes do § 3.º do art. 93 do Decreto n. 3.048/99, e em casos excepcionais, aumentar os períodos de repouso anterior e posterior ao parto em mais duas semanas, mediante atestado médico específico.

Vê-se, portanto, que, não estando dentro dessas balizas temporais, não há falar-se em adiantamento da percepção de salário-maternidade. O legislador da reforma trabalhista talvez quisesse estar a dizer que, ao considerar a "gravidez de risco", encaminharia a trabalhadora para a percepção de salário-maternidade ou, quando esta não fosse possível, para a percepção de auxílio-doença se houvesse atestada incapacidade laborativa.

De todo modo, uma **interpretação literal** conduzirá o intérprete a uma solução estranha, mas juridicamente possível: **a de tornar fruível o salário-maternidade durante todo o tempo em que a trabalhadora estiver vivendo uma gravidez de risco**. Quando, portanto, não for possível que a gestante ou a lactante afastada exerça suas atividades em local salubre na empresa, a hipótese será considerada como gravidez de risco e ensejará a percepção de salário-maternidade, nos termos da Lei n. 8.213, de 24 de julho de 1991, durante todo o período de afastamento.

CLT REFORMA TRABALHISTA	CLT ORIGINAL
Art. 396. Para amamentar o próprio filho, até que este complete 6 (seis) meses de idade, a mulher terá direito, durante a jornada de trabalho, a 2 (dois) descansos especiais, de meia hora cada um. **§ 1.º** Quando o exigir a saúde do filho, o período de 6 (seis) meses poderá ser dilatado, a critério da autoridade competente. **§ 2.º** Os horários dos descansos previstos no *caput* deste artigo deverão ser definidos em acordo individual entre a mulher e o empregador. • § 2.º acrescentado pela Lei n. 13.467, de 13-7-2017.	**Art. 396.** Para amamentar o próprio filho, até que este complete 6 (seis) meses de idade, a mulher terá direito, durante a jornada de trabalho, a 2 (dois) descansos especiais, de meia hora cada um. **Parágrafo único.** Quando o exigir a saúde do filho, o período de 6 (seis) meses poderá ser dilatado, a critério da autoridade competente.

O que mudou?

A única mudança produzida no art. 396 da CLT foi a inserção de um segundo parágrafo. Com isso, o parágrafo único tornou-se § 1.º e o § 2.º foi criado.

O novo texto diz o óbvio, ou seja, que os horários para amamentar o próprio filho até que ele complete 6 (seis) meses de idade, em cada um dos 2 (dois) descansos especiais, de meia hora cada, deverão ser definidos em **acordo individual** entre a mulher e o empregador.

Comentários

Segundo a Organização Mundial de Saúde, as crianças devem receber aleitamento materno exclusivo até, no mínimo, os **seis meses de idade**[65], o que se confirma mediante a leitura do art. 396 da CLT. Este, portanto, deve ser o referencial aplicado para o preenchimento do conceito de "período da amamentação", constante da legislação trabalhista, ressalvada condição mais favorável em contrato individual ou contrato coletivo de trabalho.

Para amamentar o próprio filho **até que este complete seis meses de idade**, a mulher, nos termos do art. 396 da CLT, terá direito, durante a jornada de trabalho, a **dois descansos especiais** de meia hora cada um. Os horários desses descansos especiais, segundo a dicção da Lei n. 13.467, de 13 de julho de 2017, que criou o § 2.º para o referido dispositivo, "deverão ser definidos **em acordo individual**" – tácito ou expresso (verbal ou escrito) entre a mulher e o empregador.

É bom anotar que, quando a saúde do filho o exigir, o período de seis meses poderá ser dilatado a critério da autoridade competente, que, segundo a sistemática trabalhista e previ-

---

65 WORLD HEALTH ORGANIZATION. *The optimal duration of exclusive breastfeeding* – Report of an Expert Consultation – Geneva, Switzerland, March 2001.

denciária ora vigente, é o médico que acompanha a mulher, independentemente de atender na rede pública ou particular.

CLT REFORMA TRABALHISTA	CLT ORIGINAL
Art. 442-B. A contratação do autônomo, cumpridas por este todas as formalidades legais, com ou sem exclusividade, de forma contínua ou não, afasta a qualidade de empregado prevista no art. 3.º desta Consolidação. • Artigo acrescentado pela Lei n. 13.467, de 13-7-2017.	Não há correspondente na CLT original.

O que mudou?

O dispositivo contido no art. 442-B da CLT é mais uma das inovações da reforma trabalhista, talvez uma das mais polêmicas nela existentes. Por meio desse dispositivo se admitiu a contratação do autônomo, cumpridas por este todas as formalidades legais, **com ou sem exclusividade**, **de forma contínua ou não**, com a expressa previsão de que, assim agindo os contratantes, estaria afastada a qualidade de empregado prevista no art. 3.º da CLT.

Comentários

De etimologia evidente (*auto*, do vocábulo grego *autós*, "por si próprio", "de si mesmo" e *nomia*, do também grego *nómos*, "regra", "lei"), a autonomia, nessa acepção, indica um estado segundo o qual o próprio trabalhador estabelece as regras para o oferecimento de seu serviço.

O trabalhador dotado de autonomia idealiza a regra de prestação do serviço, e a ela submete o tomador na medida das necessidades deste. Observe-se que o trabalhador autônomo pode, inclusive, alterar as fórmulas de concretização dos objetivos pessoais sem dever satisfações a quem quer que seja.

O **trabalho autônomo**, em última análise, é caracterizado pelo fato de o trabalhador (o prestador dos serviços) ser o responsável pela determinação do *tempo* e do *modo* de execução daquilo que lhe foi contratado. Se o trabalhador autônomo tem sua atividade reconhecida por lei e atua como empresário de si mesmo, diz-se existente a figura do trabalhador autônomo "profissional liberal"[66].

---

66 Anote-se, apenas a título de esclarecimento, que a Justiça do Trabalho tem competência para dirimir os conflitos que envolvam os trabalhadores autônomos, haja vista o teor do art. 114 do Texto Constitucional, especialmente no seu inciso I. Há, é verdade, controvérsia não pacificada em torno da competência do Judiciário trabalhista quando o autônomo é um empresário individual e, nessa qualidade, estabeleça relações de consumo com o tomador dos seus serviços. A despeito disso, independentemente da situação em que se encontre, se o trabalhador autônomo ajuizou ação trabalhista para pretender o recebimento de créditos inadimplidos, estará invariavelmente sujeito à incidência da contribuição previdenciária. A **Orientação Jurisprudencial 398 da SDI-1 do TST** deixa isso bem claro: "CONTRIBUIÇÃO PREVIDENCIÁRIA. ACORDO HOMOLOGADO EM JUÍZO SEM RECONHECIMENTO DE VÍNCULO DE EMPREGO. CONTRIBUINTE INDIVIDUAL. RECOLHIMENTO DA ALÍQUOTA DE 20% A CARGO DO TOMADOR E 11% A CARGO DO PRESTADOR DE SERVIÇOS. (*DEJT* divulgado em 2-8-2010). Nos acordos homologados em juízo em

Nesse ponto cabe registrar a novidade trazida pela reforma trabalhista de 2017. A Lei n. 13.467, de 13 de julho de 2017, trouxe em seu bojo o novo art. 442-B para a CLT com o objetivo de tornar possível a contratação de uma espécie singular de trabalhador autônomo: o **autônomo exclusivo e não eventual**. Veja-se:

> **Art. 442-B.** A contratação do autônomo, cumpridas por este todas as formalidades legais, com ou sem exclusividade, de forma contínua ou não, afasta a qualidade de empregado prevista no art. 3.º desta Consolidação.

Mas quem seria esse especial autônomo?

À primeira vista parece que esse especial autônomo seria o trabalhador que assim fosse considerado pela simples evidência do cumprimento das formalidades legais exigíveis para tanto, como, por exemplo, a confecção de contrato escrito e a inscrição no registro profissional competente. Isso garantiria a inversão do ônus probatório em favor do tomador dos serviços, cabendo ao suposto autônomo a prova de que as formalidades nas quais se inseriu foram fictícias, de mera fachada.

Se, entretanto, essas formalidades legais a que se refere o art. 442-B da CLT estivessem relacionadas apenas à construção de um instrumental composto de peças contratuais, aumentariam exponencialmente o número de ações trabalhistas para se discutir a tênue diferença entre o empregado regido pela CLT e o "autônomo exclusivo e não eventual" que se colocou à disposição de um único tomador de serviços por pura necessidade, ainda que submetido às exigências da pejotização. De uma forma geral, os tomadores dos serviços desses "autônomos exclusivos e não eventuais" sustentam aos quatro cantos que eles não veem nada de descaracterizador nas imposições de rotinas aos seus prestadores, argumentando que existiria uma diferença supostamente muito grande entre um empregado subordinado e um autônomo disciplinado, obediente e totalmente regrado. Será mesmo?

Fato é que a subordinação jurídica passou a estar escondida na fachada da autonomia. O eufemismo a encobriu mediante palavras e expressões que, embora maquiadas, diziam exatamente o mesmo. Em lugar de "ordem", passaram a falar em "orientação"; em vez de "satisfações ao empregador", começaram a referir as "expedições de relatório", em lugar de "cumprimento de horário de trabalho" preferem referenciar a "pontualidade profissional". Falsos autônomos – quando isso é o caso – mantêm-se claramente subordinados, mas, para garantir a continuidade dos seus serviços, afirmam-se plenamente independentes.

Outro aspecto a considerar é o de que a exclusividade referida no art. 442-B da CLT é manifestamente bifrontal, vale dizer, o dispositivo tanto autoriza que determinada empresa seja a única tomadora de serviços do autônomo, quanto que o autônomo, caso pessoa física, seja única pessoa a prestar os serviços em favor da empresa, em manifesta pessoalidade, in-

---

que não haja o reconhecimento de vínculo empregatício, é devido o recolhimento da contribuição previdenciária, mediante a alíquota de 20% a cargo do tomador de serviços e de 11% por parte do prestador de serviços, na qualidade de contribuinte individual, sobre o valor total do acordo, respeitado o teto de contribuição. Inteligência do § 4.º do art. 30 e do inciso III do art. 22, todos da Lei n. 8.212, de 24-7-1991".

transferibilidade, própria dos ajustes *intuitu personae*. Isso aproxima ainda mais as figuras do empregado e desse especial prestador de trabalho autônomo, tornando ainda mais difícil a elucidação da verdadeira natureza jurídica do trabalho.

CLT REFORMA TRABALHISTA	CLT ORIGINAL
Art. 443. O contrato individual de trabalho poderá ser acordado tácita ou expressamente, verbalmente ou por escrito, por prazo determinado ou indeterminado, ou para prestação de trabalho intermitente. • Artigo c/ redação dada pela Lei n. 13.467, de 13-7-2017. **§ 1.º** Considera-se como de prazo determinado o contrato de trabalho cuja vigência dependa de termo prefixado ou da execução de serviços especificados ou ainda da realização de certo acontecimento suscetível de previsão aproximada. (Parágrafo único renumerado pelo Decreto-lei n. 229, de 28-2-1967) **§ 2.º** O contrato por prazo determinado só será válido em se tratando: (Incluído pelo Decreto-lei n. 229, de 28-2-1967) *a)* de serviço cuja natureza ou transitoriedade justifique a predeterminação do prazo; (Incluída pelo Decreto-lei n. 229, de 28-2-1967) *b)* de atividades empresariais de caráter transitório; (Incluída pelo Decreto-lei n. 229, de 28-2-1967) *c)* de contrato de experiência. (Incluída pelo Decreto-lei n. 229, de 28-2-1967) **§ 3.º** Considera-se como intermitente o contrato de trabalho no qual a prestação de serviços, com subordinação, não é contínua, ocorrendo com alternância de períodos de prestação de serviços e de inatividade, determinados em horas, dias ou meses, independentemente do tipo de atividade do empregado e do empregador, exceto para os aeronautas, regidos por legislação própria. • § acrescentado pela Lei n. 13.467, de 13-7-2017.	**Art. 443.** O contrato individual de trabalho poderá ser acordado tácita ou expressamente, verbalmente ou por escrito e por prazo determinado ou indeterminado. **§ 1.º** Considera-se como de prazo determinado o contrato de trabalho cuja vigência dependa de termo prefixado ou da execução de serviços especificados ou ainda da realização de certo acontecimento suscetível de previsão aproximada. (Parágrafo único renumerado pelo Decreto-lei n. 229, de 28-2-1967) **§ 2.º** O contrato por prazo determinado só será válido em se tratando: (Incluído pelo Decreto-lei n. 229, de 28-2-1967) *a)* de serviço cuja natureza ou transitoriedade justifique a predeterminação do prazo; (Incluída pelo Decreto-lei n. 229, de 28-2-1967) *b)* de atividades empresariais de caráter transitório; (Incluída pelo Decreto-lei n. 229, de 28-2-1967) *c)* de contrato de experiência. (Incluída pelo Decreto-lei n. 229, de 28-2-1967)

O que mudou?

Houve mudança na redação do *caput* do art. 443 da CLT para nela ser anotada a possibilidade de o contato de emprego ser também "para prestação de trabalho intermitente". O § 3.º também é uma inovação. Por meio dele se considera como "intermitente" o contrato de trabalho no qual a prestação de serviços, com subordinação, não é contínua, ocorrendo com alternância de períodos de prestação de serviços e de inatividade, determinados em horas, dias ou meses, independentemente do tipo de atividade do empregado e do empregador, exceto para os aeronautas, regidos por legislação própria.

Comentários

O *caput* art. 443 da CLT foi modificado pela Lei 13.467, de 2017. Surgiu no seu corpo normativo, na sua parte final, uma singular referência à **contratação para a prestação de trabalho intermitente**, um dos mais polêmicos institutos da reforma trabalhista de 2017, caracterizado pela admissão da licitude da conduta patronal de contratar uma empregado para pagar-lhe, somente quando se mostrarem necessários os seus serviços, apenas as horas laboradas sem que se estipule uma jornada fixa mínima de trabalho ou uma carga semanal fixa mínima a ser cumprida. O tipo contratual, aliás, é identificado pelo extermínio da ideia do tempo à disposição do empregador, motivo pelo há quem a identifique na Inglaterra como *zero-hour contract* (contrato sem horas preestabelecidas) ou na Itália como *lavoro a chiamata* (trabalho mediante chamadas).

Segundo o § 3.º do art. 443 da CLT, considera-se como **intermitente** o contrato de trabalho no qual a prestação de serviços, com subordinação, não é contínua, ocorrendo com alternância de períodos de prestação de serviços e de inatividade, determinados em horas, dias ou meses, independentemente do tipo de atividade do empregado e do empregador, exceto unicamente para os aeronautas, por estarem eles regidos por legislação própria. Aqui, como se antedisse, a prestação dos serviços subordinados é oferecida de maneira fracionada, com alternância de períodos de atividade e de inatividade, segundo a lógica do *just in time*, vale dizer, do consumo fatiado, a granel, do número exato de horas, dias ou meses necessários à satisfação dos interesses patronais.

O argumento mais utilizado para justificar a adoção do contrato para a prestação do trabalho intermitente foi o de retirar da informalidade um conjunto de trabalhadores que normalmente eram identificados como biscateiros ou *freelancers*. Partiu-se do inocente pressuposto de que, uma vez reconhecida a ora analisada figura contratual, as pessoas que viviam de "bicos" poderiam, enfim, ter CTPS anotada, férias, décimo terceiro salário, FGTS e recolhimento de contribuições previdenciárias. Na lógica da análise econômica do direito, os tomadores de serviço, porém, não aderirão a essa novidade contratual, porque, obviamente, o custo de tornar formal quem nunca precisou ser formal será bem superior do que aquele de mantê-los como se encontram, à margem da proteção trabalhista e previdenciária. Será que alguém imagina uma empresa sair dos seus cuidados para formalizar o contrato de emprego de um trabalhador que lhe atende nos momentos apenas episódicos? Claro que não.

CLT REFORMA TRABALHISTA	CLT ORIGINAL
Art. 444. As relações contratuais de trabalho podem ser objeto de livre estipulação das partes interessadas em tudo quanto não contravenha às disposições de proteção ao trabalho, aos contratos coletivos que lhes sejam aplicáveis e às decisões das autoridades competentes. **Parágrafo único.** A livre estipulação a que se refere o *caput* deste artigo aplica-se às hipóteses previstas no art. 611-A desta Consolidação, com a mesma eficácia legal e preponderância sobre os instrumentos coletivos, no caso de empregado portador de diploma de nível superior e que perceba salário mensal igual ou superior a duas vezes o limite máximo dos benefícios do Regime Geral de Previdência Social. • Parágrafo único acrescentado pela Lei n. 13.467, de 13-7-2017.	**Art. 444.** As relações contratuais de trabalho podem ser objeto de livre estipulação das partes interessadas em tudo quanto não contravenha às disposições de proteção ao trabalho, aos contratos coletivos que lhes sejam aplicáveis e às decisões das autoridades competentes.

O que mudou?

O art. 444 da CLT ganhou um parágrafo único para tratar da situação do trabalhador hipersuficiente, assim entendido o empregado portador de diploma de nível superior, que perceba salário mensal igual ou superior a duas vezes o limite máximo dos benefícios do Regime Geral de Previdência Social.

Comentários

A Lei n. 13.467/2017 criou a figura do **empregado hipersuficiente**, *aquele que, nos contratos individuais de emprego tem remuneração superior a* **duas vezes** *o* **limite máximo estabelecido para os benefícios do Regime Geral de Previdência Social** (no ano de 2017, apenas para ter-se uma ideia de dimensão, esse valor é de R$ 11.062,62, vale dizer, o resultado de duas vezes o teto previdenciário do RGPS: R$ 5.531,31 x 2), e o considerou suscetível à arbitragem. Para esse trabalhador o engajamento à arbitragem será possível por sua própria iniciativa ou mediante a sua concordância expressa, sem que se possa alegar que o direito do trabalho é, por si só, indisponível para ele.

É importante ressaltar a evidente mudança radical na perspectiva que se pode ter sobre a proteção destinada ao empregado pelo simples fato de possuir uma retribuição elevada, se comparada com o padrão ordinário dos trabalhadores que recebem um salário mínimo ou algo mais que isso. Não necessariamente quem recebe um pouco mais frui de mais autonomia. Por vezes o contrário é até mais fortemente evidenciado, pois a garantia do padrão salarial destacado faz com que empregados cônscios das dificuldades de manutenção dos seus postos tornem-se ainda mais submetidos às exigências patronais. O assunto, portanto, mereceria uma análise mais cuidadosa com o intuito de ser evitada a generalização que a lei, infelizmente, ofereceu.

Note-se, por fim, que o art. 444 da CLT ganhou um parágrafo único para também referir o hipersuficiente e para ali determinar que a livre estipulação produzirá em relação a ele uma prevalência do negociado individualmente sobre o legislado, tal qual aquela admitida genericamente no art. 611-A da CLT. Ali, no art. 444 consolidado, além do referencial da remuneração em valor superior a duas vezes o limite máximo estabelecido para os benefícios do Regime Geral de Previdência Social, há também a exigência de que esse trabalhador seja "portador de diploma de nível superior". A exigência minorada para fins de arbitragem faz crer que, para inserção nessa espécie de solução de conflito, bastará a presença do requisito da elevada retribuição, e nada mais que isso.

CLT REFORMA TRABALHISTA	CLT ORIGINAL
Art. 448-A. Caracterizada a sucessão empresarial ou de empregadores prevista nos arts. 10 e 448 desta Consolidação, as obrigações trabalhistas, inclusive as contraídas à época em que os empregados trabalhavam para a empresa sucedida, são de responsabilidade do sucessor. **Parágrafo único.** A empresa sucedida responderá solidariamente com a sucessora quando ficar comprovada fraude na transferência. • Artigo acrescentado pela Lei n. 13.467, de 13-7-2017.	Não há correspondente na CLT original.

O que mudou?

O art. 448-A da CLT é uma inovação. Por meio dela diz-se, entretanto, aquilo que, obviamente, o empresariado tanto almejava: "caracterizada a sucessão empresarial ou de empregadores prevista nos arts. 10 e 448 desta Consolidação, **as obrigações trabalhistas**, inclusive as contraídas à época em que os empregados trabalhavam para a empresa sucedida, **são de responsabilidade do sucessor**" (destaques não constantes do original). O parágrafo único do art. 448-A da CLT arremata o melhor dos mundos para setor patronal: "a empresa sucedida responderá solidariamente com a sucessora quando ficar comprovada fraude na transferência". Quando não houver comprovação de fraude, a responsabilidade continuará na pessoa do sucessor.

Comentários

É absolutamente natural que pessoas, coisas ou fatos se sucedem com o objetivo de manter o eterno ciclo da vida. A sucessão, aliás, integra as ideias de continuidade e de conservação. Esse fenômeno, que atinge famílias e reinos, também alcança o universo empresarial. É muito comum que negócio iniciado por um empreendedor seja assumido por outro e que este, mais uma vez, o repasse. Essa opção, entretanto, não turba os liames contratuais estabelecidos com os empregados, que em regra não precisam se preocupar com o que possa estar acontecendo por trás das portas de uma diretoria. Recorde-se, conforme expendido alhures, que as transformações empresariais não afetam os direitos dos operários contratados.

Há clara *despersonalização empresarial*, sendo minimamente relevantes para o contrato de emprego as *alterações estruturais* ou as *mudanças na propriedade*. As modificações podem ser praticadas em atendimento às conveniências de mercado, sem que em nada afetem os contratos de emprego em curso ou os direitos adquiridos pelos empregados (vejam-se os arts. 10 e 448 da CLT). Somente a *extinção* da empresa produzirá o efeito da cessação do vínculo e da apuração dos haveres; a *transformação* não tem esse condão. Esta, a propósito, pressupõe que a *empresa* se mantenha *viva*, ainda que sob controle diverso daquele que a criou. Mas, enfim, o que é que consuma a sucessão empresarial?

A melhor doutrina indica que "a sucessão de empresa se consuma, comumente, pela **transferência de propriedade do estabelecimento**. Basta que uma unidade de produção – que é integrada por instalações, máquinas, matéria-prima e também pelo pessoal, isto é, pelo conjunto de trabalhadores – seja transferida para pessoa física ou jurídica diversa da original, para que ocorra a sucessão de empregadores"[67]. Mas esse seria o único requisito exigível para a caracterização do fenômeno ora analisado?

A resposta parece positiva, uma vez que outras evidências, conquanto reforcem a tese da sucessão empresarial, não são capazes de servir *isoladamente* de referencial para tal caracterização. Observe-se a situação da *continuidade do ramo do negócio*. A despeito de alguns

---

67   GIGLIO, Wagner. Considerações sumárias sobre a sucessão trabalhista e a despersonalização do empregador, *Juris Síntese 63*, jan.-fev. 2007.

doutrinadores[68] indicarem tal evidência como indicativa de sucessão empresarial, ela nem sempre autoriza tal conclusão. Perceba-se que em determinados espaços físicos não há como celebrar outra atividade econômica senão aquela realizada ali originariamente. Imagine-se, por exemplo, a situação de uma empresa de transporte aéreo que funcionava no hangar de determinado aeroporto e que, ao ser extinta, deixou espaço aberto para, obviamente, outra empresa de transporte aéreo. Nenhuma outra atividade senão aquela correspondente ao ramo aeronáutico poderia ser realizada num hangar. Não se poderia desejar, é claro, que, para evitar alegações de sucessão empresarial, se fundasse ali uma papelaria, uma sorveteria ou uma panificadora.

Outro aspecto normalmente apresentado como relevante para a caracterização da sucessão empresarial *é a **continuidade dos vínculos de qualquer natureza** (cíveis, mercantis, financeiros, de trabalho etc.)* **com a unidade econômica sucessora**. É mais uma evidência que reforça a tese da sucessão empresarial, não sendo capaz de servir, entretanto, de referencial isolado para tanto. Diz-se isso porque uma empresa que se submeta a processo de sucessão pode, na tentativa de descaracterizar o traspasse econômico, finalizar todos os vínculos antes firmados com a sucedida justamente com o propósito de gerar a ilusória ideia de criação de um novo empreendimento. Esse argumento adicional foi importante para a caracterização da sucessão empresarial entre instituições financeiras num momento histórico em que alguns bancos brasileiros compraram as carteiras de clientes e de créditos de outros bancos que ingressaram num processo de liquidação extrajudicial. Nessa ocasião ficou definido que as obrigações trabalhistas, inclusive as contraídas na época em que os empregados trabalhavam para o banco sucedido, seriam de responsabilidade do banco sucessor, assim considerado por conta das transferências de ativos, de agências, de direitos e de deveres contratuais[69-70].

Diante desses elementos, há de se concluir que o requisito maior para a caracterização da sucessão empresarial é mesmo o traspasse da unidade econômico-jurídica, podendo-se falar na aderência de outros requisitos capazes de reforçar a evidência do fenômeno ora analisado.

Seja lá como for, fato é que, nos termos da legislação trabalhista reformada pela Lei n. 13.467, de 13 de julho de 2017, e mais especificamente de acordo com o conteúdo do art. 448--A da CLT, uma vez caracterizada a sucessão empresarial ou de empregadores prevista nos arts. 10 e 448 desta Consolidação, **as obrigações trabalhistas, inclusive as contraídas à época**

---

68 Nesse sentido posiciona-se, por exemplo, Alice Monteiro de Barros. In: BARROS, Alice Monteiro de. O trabalho em estabelecimentos bancários, *Síntese Trabalhista* n. 169, jul. 2003, p. 5.

69 "**Orientação Jurisprudencial 261 da SDI-1 do TST**. Bancos. Sucessão trabalhista. As obrigações trabalhistas, inclusive as contraídas à época em que os empregados trabalhavam para o banco sucedido, são de responsabilidade do sucessor, uma vez que a este foram transferidos os ativos, as agências, os direitos e deveres contratuais, caracterizando típica sucessão trabalhista" (27-9-2002).

70 Veja-se também a Orientação Jurisprudencial 408 da SDI-1 do TST:
"**Orientação Jurisprudencial 408 da SDI-1 do TST**. JUROS DE MORA. EMPRESA EM LIQUIDAÇÃO EXTRAJUDICIAL. SUCESSÃO TRABALHISTA. É devida a incidência de juros de mora em relação aos débitos trabalhistas de empresa em liquidação extrajudicial sucedida nos moldes dos arts. 10 e 448 da CLT. O sucessor responde pela obrigação do sucedido, não se beneficiando de qualquer privilégio a este destinado".

em que os empregados trabalhavam para a empresa sucedida, são de responsabilidade do sucessor. A empresa sucedida responderá solidariamente com a sucessora, entretanto, quando ficar comprovada fraude na transferência.

A fraude deve ser entendida como tal toda e qualquer maquinação ardilosa, enganosa e de má-fé, que tenha o intuito de lesar ou ludibriar outrem, tendo o magistrado, **se provocado**, o dever de declará-la e de impedir os objetivos fraudulentos, notadamente dentro do processo. Lembra-se aqui que, nos moldes do art. 142 do CPC/2015, "convencendo-se, pelas circunstâncias, de que autor e réu se serviram do processo para praticar ato simulado ou conseguir fim vedado por lei, o juiz proferirá decisão que impeça os objetivos das partes, aplicando, de ofício, as penalidades da litigância de má-fé".

CLT REFORMA TRABALHISTA	CLT ORIGINAL
Art. 452-A. O contrato de trabalho intermitente deve ser celebrado por escrito e deve conter especificamente o valor da hora de trabalho, que não pode ser inferior ao valor horário do salário mínimo ou àquele devido aos demais empregados do estabelecimento que exerçam a mesma função em contrato intermitente ou não. **§ 1.º** O empregador convocará, por qualquer meio de comunicação eficaz, para a prestação de serviços, informando qual será a jornada, com, pelo menos, três dias corridos de antecedência. **§ 2.º** Recebida a convocação, o empregado terá o prazo de um dia útil para responder ao chamado, presumindo-se, no silêncio, a recusa. **§ 3.º** A recusa da oferta não descaracteriza a subordinação para fins do contrato de trabalho intermitente. **§ 4.º** Aceita a oferta para o comparecimento ao trabalho, a parte que descumprir, sem justo motivo, pagará à outra parte, no prazo de trinta dias, multa de 50% (cinquenta por cento) da remuneração que seria devida, permitida a compensação em igual prazo. **§ 5.º** O período de inatividade não será considerado tempo à disposição do empregador, podendo o trabalhador prestar serviços a outros contratantes. **§ 6.º** Ao final de cada período de prestação de serviço, o empregado receberá o pagamento imediato das seguintes parcelas: I – remuneração; II – férias proporcionais com acréscimo de um terço; III – décimo terceiro salário proporcional; IV – repouso semanal remunerado; e V – adicionais legais. **§ 7.º** O recibo de pagamento deverá conter a discriminação dos valores pagos relativos a cada uma das parcelas referidas no § 6.º deste artigo.	Não há correspondente na CLT original.

CLT REFORMA TRABALHISTA	CLT ORIGINAL
§ 8.º O empregador efetuará o recolhimento da contribuição previdenciária e o depósito do Fundo de Garantia do Tempo de Serviço, na forma da lei, com base nos valores pagos no período mensal e fornecerá ao empregado comprovante do cumprimento dessas obrigações. **§ 9.º** A cada doze meses, o empregado adquire direito a usufruir, nos doze meses subsequentes, um mês de férias, período no qual não poderá ser convocado para prestar serviços pelo mesmo empregador. • Artigo acrescentado pela Lei n. 13.467, de 13-7-2017.	

O que mudou?

O art. 452-A da CLT é uma inovação. Ele disciplinou o engajamento no contrato de trabalho intermitente e algumas particularidades procedimentais.

Comentários

O art. 452-A da CLT, então, disciplinou o engajamento nesta figura contratual e algumas particularidades procedimentais.

A primeira particularidade diz respeito à forma do contrato. Ele **há de ser celebrado por escrito** e **deve conter especificamente o valor da hora de trabalho**, que não pode ser inferior ao valor horário do salário mínimo ou ao valor horário devido aos demais empregados do estabelecimento que exerçam a mesma função em contrato intermitente ou não.

Uma vez elaborado o contrato, ingressa-se na segunda particularidade, a da convocação do empregado.

O empregador poderá convocar o empregado, por **qualquer meio de comunicação eficaz** (carta, telegrama, mensagem eletrônica, whatsapp, telegram etc.), para a prestação dos serviços, cabendo-lhe **informar qual será a jornada**, com, pelo menos, **três dias corridos de antecedência**. Assim se o empregador quiser trabalhar como garçom por seis horas a partir das 12h do domingo, deverá notificá-lo da oferta de trabalho até às 12h da quinta-feira. É bom anotar que o empregador deverá informar qual será a jornada completa (número de horas a trabalhar dentro do dia), e não apenas que algum serviço – sem determinação – lhe será atribuído.

Recebida a convocação, mais uma particularidade: o prazo para a recusa. O **empregado terá o prazo de um dia útil para responder ao chamado**, presumindo-se, no silêncio, a recusa da oferta de trabalho. Essa recusa, aliás, não descaracterizará a subordinação para fins do contrato de trabalho intermitente.

Aceita a oferta para o comparecimento ao trabalho, a parte que descumprir, sem justo motivo, pagará à outra parte, no prazo de 30 dias, multa de 50% (cinquenta por cento) da remuneração que seria devida, permitida a compensação em igual prazo. Então, três situações de descumprimento podem ocorrer:

a) **Situação 1: o empregado que aceitou a convocação, sem justo motivo, não comparece ao trabalho.** Diante de tal agir, deverá pagar ao empregador, no prazo de 30 dias, multa de metade da remuneração que seria devida para toda a jornada que seria prestada, permitida, entretanto, a compensação dentro dos mesmos 30 dias. Assim, se o referido garçom não comparecer para prestar o trabalho intermitente durante as seis horas de determinada jornada em que ele receberia R$ 10,00 por hora trabalhada, será constrito a pagar para o empregador, no prazo de 30 dias, uma multa correspondente à metade das horas que trabalharia, ou seja, seria compelido a pagar R$ 30,00 para o patrão;

b) **Situação 2: o empregado que aceitou a convocação, com justo motivo, não comparece ao trabalho.** Nenhuma sanção será aplicada ao empregado que aceitou a convocação, mas não compareceu ao trabalho por um justo motivo. A lei não identifica o que seria justo motivo, mas a razoabilidade orientará o preenchimento deste conteúdo;

c) **Situação 3: o empregador que formulou a convocação, sem justo motivo, não oferece o trabalho.** Diante de tal agir, deverá pagar ao empregado, no prazo de 30 dias, multa de metade da remuneração que seria devida para toda a jornada que seria prestada, permitida, entretanto, a compensação dentro dos mesmos 30 dias. Assim, se o referido garçom compareceu para prestar o trabalho intermitente durante as seis horas de determinada jornada em que ele receberia R$ 10,00 por hora trabalhada, mas não lhe foi oferecido o serviço, será constrito a pagar para o empregado, no prazo de 30 dias, uma multa correspondente à metade das horas que trabalharia, ou seja, seria compelido a pagar R$ 30,00 para o operário.

É bom anotar que o período de inatividade **não será** considerado tempo à disposição do empregador, podendo o trabalhador, nos ínterins sem atividade para o patrão, prestar serviços em favor de outros contratantes. É, conforme se disse alhures, a lógica do *just in time*.

Ao final de cada período de prestação de serviço, o empregado receberá o pagamento imediato da remuneração e das frações correspondentes às férias proporcionais com acréscimo de um terço, ao décimo terceiro salário proporcional, ao repouso semanal remunerado e aos adicionais legais caso incidentes, a exemplo do adicional de horas extraordinárias se for extrapolado o limite da oitava hora de trabalho num mesmo dia ou do adicional noturno, se o serviço for prestado entre 22h e 5h da manhã do dia seguinte.

O recibo de pagamento deverá conter a discriminação dos valores pagos relativos a cada uma das parcelas, não se admitindo, de nenhum modo, a complexividade.

O empregador efetuará o recolhimento da contribuição previdenciária e o depósito do Fundo de Garantia do Tempo de Serviço, na forma da lei, **com base nos valores pagos no período mensal** e fornecerá ao empregado comprovante do cumprimento dessas obrigações.

A cada 12 meses, o empregado intermitente adquire o direito a usufruir, nos 12 meses subsequentes, um mês de férias, período durante o qual não poderá ser convocado para prestar serviços pelo mesmo empregador, tampouco algo receberá, haja vista a antecipação da percepção dos fragmentos de férias proporcionais com acréscimo de um terço, na forma prevista no § 6.º, II, do art. 452-A da CLT.

CLT REFORMA TRABALHISTA	CLT ORIGINAL
Art. 456-A. Cabe ao empregador definir o padrão de vestimenta no meio ambiente laboral, sendo lícita a inclusão no uniforme de logomarcas da própria empresa ou de empresas parceiras e de outros itens de identificação relacionados à atividade desempenhada. **Parágrafo único.** A higienização do uniforme é de responsabilidade do trabalhador, salvo nas hipóteses em que forem necessários procedimentos ou produtos diferentes dos utilizados para a higienização das vestimentas de uso comum. • Artigo acrescentado pela Lei n. 13.467, de 13-7-2017.	Não há correspondente na CLT original.

O que mudou?

O art. 456-A da CLT é uma inovação. Ele prevê no seu *caput* que cabe ao empregador definir o **padrão de vestimenta** no meio ambiente laboral, sendo lícita a inclusão no uniforme de logomarcas da própria empresa ou de empresas parceiras e de outros itens de identificação relacionados à atividade desempenhada.

O dispositivo possui também um parágrafo único que prevê que a higienização do uniforme é de responsabilidade do trabalhador, salvo nas hipóteses em que forem necessários procedimentos ou produtos diferentes dos utilizados para a higienização das vestimentas de uso comum.

Comentários

O poder de organização é uma variável do poder diretivo que permite ao empregador, dentro dos limites da lei, a expedição de comandos que orientam o modo como os serviços devem ser realizados. Esses comandos podem ser positivos ou negativos, gerais ou específicos, diretos ou delegados, verbais ou escritos. Quando reduzidos a termo, os atos patronais podem ser materializados em ordens de serviço, circulares, avisos, portarias, memorandos, instruções ou comunicados.

Há empregadores que preferem criar um sistema de comandos organizacionais sob o nome jurídico "Regulamento Interno de Trabalho", cujo teor igualmente obriga as comunidades operárias e patronais, constituindo verdadeiro limite contratual imposto aos empregadores[71]. O "Regulamento Interno de Trabalho" (RIT) tem múltiplos objetivos, porém entre os mais relevantes estão aqueles que visam à definição clara e precisa dos procedimentos de rotina e à delimitação de direitos suplementares àqueles contidos em lei, inclusive no tocante aos requisitos de aquisição. É por meio dos regulamentos internos de trabalho que o empregador regula a postura operária diante dos clientes, o vestuário que deve ser utilizado (*dress code*), os es-

---

71 Veja-se a Súmula 77 do TST, segundo a qual "nula é a punição de empregado se não precedida de inquérito ou sindicância internos a que se obrigou a empresa por norma regulamentar".

paços físicos que podem ser ocupados dentro do *layout* de serviço etc. No que diz respeito ao vestuário, cabe observar o conteúdo do art. 456-A da CLT. Veja-se:

> **CLT. Art. 456-A.** Cabe ao empregador definir o padrão de vestimenta no meio ambiente laboral, sendo lícita a inclusão no uniforme de logomarcas da própria empresa ou de empresas parceiras e de outros itens de identificação relacionados à atividade desempenhada.
>
> **Parágrafo único.** A higienização do uniforme é de responsabilidade do trabalhador, salvo nas hipóteses em que forem necessários procedimentos ou produtos diferentes dos utilizados para a higienização das vestimentas de uso comum.

Vê-se, portanto, que é unicamente do empregador o direito de estabelecer o padrão de vestimenta desde que, evidentemente, não seja aviltante ou desmoralizadora, sendo admitida juridicamente a inserção de logomarcas publicitárias do próprio empregador e de empresas parceiras sem que esse fato, por si só, possa vir a ser entendido como violador de algum dos direitos da personalidade do operário.

CLT REFORMA TRABALHISTA	CLT ORIGINAL
Art. 457. Compreendem-se na remuneração do empregado, para todos os efeitos legais, além do salário devido e pago diretamente pelo empregador, como contraprestação do serviço, as gorjetas que receber. (Redação dada pela Lei n. 1.999, de 1-10-1953) **§ 1.º** Integram o salário a importância fixa estipulada, as gratificações legais e as comissões pagas pelo empregador. **§ 2.º** As importâncias, ainda que habituais, pagas a título de ajuda de custo, auxílio-alimentação, vedado seu pagamento em dinheiro, diárias para viagem, prêmios e abonos não integram a remuneração do empregado, não se incorporam ao contrato de trabalho e não constituem base de incidência de qualquer encargo trabalhista e previdenciário. • §§ 1.º e 2.º c/ redação determinada pela Lei n. 13.467, de 13-7-2017. **§ 3.º** Considera-se gorjeta não só a importância espontaneamente dada pelo cliente ao empregado, como também o valor cobrado pela empresa, como serviço ou adicional, a qualquer título, e destinado à distribuição aos empregados. (Redação dada pela Lei n. 13.419, de 2017) **§ 4.º** Consideram-se prêmios as liberalidades concedidas pelo empregador em forma de bens, serviços ou valor em dinheiro a empregado ou a grupo de empregados, em razão de desempenho superior ao ordinariamente esperado no exercício de suas atividades. • § 4.º c/ redação determinada pela Lei n. 13.467, de 13-7-2017. **§ 5.º** Inexistindo previsão em convenção ou acordo coletivo de trabalho, os critérios de rateio e distri-	**Art. 457.** Compreendem-se na remuneração do empregado, para todos os efeitos legais, além do salário devido e pago diretamente pelo empregador, como contraprestação do serviço, as gorjetas que receber. (Redação dada pela Lei n. 1.999, de 1-10-1953) **§ 1.º** Integram o salário não só a importância fixa estipulada, como também as comissões, percentagens, gratificações ajustadas, diárias para viagens e abonos pagos pelo empregador. (Redação dada pela Lei n. 1.999, de 1-10-1953) **§ 2.º** Não se incluem nos salários as ajudas de custo, assim como as diárias para viagem que não excedam de 50% (cinquenta por cento) do salário percebido pelo empregado. (Redação dada pela Lei n. 1.999, de 1-10-1953) **§ 3.º** Considera-se gorjeta não só a importância espontaneamente dada pelo cliente ao empregado, como também o valor cobrado pela empresa, como serviço ou adicional, a qualquer título, e destinado à distribuição aos empregados. (Redação dada pela Lei n. 13.419, de 2017) **§ 4.º** A gorjeta mencionada no § 3.º não constitui receita própria dos empregadores, destina-se aos trabalhadores e será distribuída segundo critérios de custeio e de rateio definidos em convenção ou acordo coletivo de trabalho. (Incluído pela Lei n. 13.419, de 2017) **§ 5.º** Inexistindo previsão em convenção ou acordo coletivo de trabalho, os critérios de rateio e distribuição da gorjeta e os percentuais de retenção previstos nos §§ 6.º e 7.º deste artigo serão definidos em assembleia geral dos trabalhadores, na forma do art. 612 desta Consolidação. (Incluído pela Lei n. 13.419, de 2017)

buição da gorjeta e os percentuais de retenção previstos nos §§ 6.º e 7.º deste artigo serão definidos em assembleia geral dos trabalhadores, na forma do art. 612 desta Consolidação. (Incluído pela Lei n. 13.419, de 2017)

§ 6.º As empresas que cobrarem a gorjeta de que trata o § 3.º deverão: (Incluído pela Lei n. 13.419, de 2017)

I – para as empresas inscritas em regime de tributação federal diferenciado, lançá-la na respectiva nota de consumo, facultada a retenção de até 20% (vinte por cento) da arrecadação correspondente, mediante previsão em convenção ou acordo coletivo de trabalho, para custear os encargos sociais, previdenciários e trabalhistas derivados da sua integração à remuneração dos empregados, devendo o valor remanescente ser revertido integralmente em favor do trabalhador; (Incluído pela Lei n. 13.419, de 2017)

II – para as empresas não inscritas em regime de tributação federal diferenciado, lançá-la na respectiva nota de consumo, facultada a retenção de até 33% (trinta e três por cento) da arrecadação correspondente, mediante previsão em convenção ou acordo coletivo de trabalho, para custear os encargos sociais, previdenciários e trabalhistas derivados da sua integração à remuneração dos empregados, devendo o valor remanescente ser revertido integralmente em favor do trabalhador; (Incluído pela Lei n. 13.419, de 2017)

III – anotar na Carteira de Trabalho e Previdência Social e no contracheque de seus empregados o salário contratual fixo e o percentual percebido a título de gorjeta. (Incluído pela Lei n. 13.419, de 2017)

§ 7.º A gorjeta, quando entregue pelo consumidor diretamente ao empregado, terá seus critérios definidos em convenção ou acordo coletivo de trabalho, facultada a retenção nos parâmetros do § 6.º deste artigo. (Incluído pela Lei n. 13.419, de 2017)

§ 8.º As empresas deverão anotar na Carteira de Trabalho e Previdência Social de seus empregados o salário fixo e a média dos valores das gorjetas referente aos últimos doze meses. (Incluído pela Lei n. 13.419, de 2017)

§ 9.º Cessada pela empresa a cobrança da gorjeta de que trata o § 3.º deste artigo, desde que cobrada por mais de doze meses, essa se incorporará ao salário do empregado, tendo como base a média dos últimos doze meses, salvo o estabelecido em convenção ou acordo coletivo de trabalho. (Incluído pela Lei n. 13.419, de 2017)

§ 10. Para empresas com mais de sessenta empregados, será constituída comissão de empregados, mediante previsão em convenção ou acordo cole-

§ 6.º As empresas que cobrarem a gorjeta de que trata o § 3.º deverão: (Incluído pela Lei n. 13.419, de 2017)

I – para as empresas inscritas em regime de tributação federal diferenciado, lançá-la na respectiva nota de consumo, facultada a retenção de até 20% (vinte por cento) da arrecadação correspondente, mediante previsão em convenção ou acordo coletivo de trabalho, para custear os encargos sociais, previdenciários e trabalhistas derivados da sua integração à remuneração dos empregados, devendo o valor remanescente ser revertido integralmente em favor do trabalhador; (Incluído pela Lei n. 13.419, de 2017)

II – para as empresas não inscritas em regime de tributação federal diferenciado, lançá-la na respectiva nota de consumo, facultada a retenção de até 33% (trinta e três por cento) da arrecadação correspondente, mediante previsão em convenção ou acordo coletivo de trabalho, para custear os encargos sociais, previdenciários e trabalhistas derivados da sua integração à remuneração dos empregados, devendo o valor remanescente ser revertido integralmente em favor do trabalhador; (Incluído pela Lei n. 13.419, de 2017)

III – anotar na Carteira de Trabalho e Previdência Social e no contracheque de seus empregados o salário contratual fixo e o percentual percebido a título de gorjeta. (Incluído pela Lei n. 13.419, de 2017)

§ 7.º A gorjeta, quando entregue pelo consumidor diretamente ao empregado, terá seus critérios definidos em convenção ou acordo coletivo de trabalho, facultada a retenção nos parâmetros do § 6.º deste artigo. (Incluído pela Lei n. 13.419, de 2017)

§ 8.º As empresas deverão anotar na Carteira de Trabalho e Previdência Social de seus empregados o salário fixo e a média dos valores das gorjetas referente aos últimos doze meses. (Incluído pela Lei n. 13.419, de 2017)

§ 9.º Cessada pela empresa a cobrança da gorjeta de que trata o § 3.º deste artigo, desde que cobrada por mais de doze meses, essa se incorporará ao salário do empregado, tendo como base a média dos últimos doze meses, salvo o estabelecido em convenção ou acordo coletivo de trabalho. (Incluído pela Lei n. 13.419, de 2017)

§ 10. Para empresas com mais de sessenta empregados, será constituída comissão de empregados, mediante previsão em convenção ou acordo coletivo de trabalho, para acompanhamento e fiscalização da regularidade da cobrança e distribuição da gorjeta de que trata o § 3.º deste artigo, cujos representantes serão eleitos em assembleia geral convocada para esse fim pelo sindicato laboral e

tivo de trabalho, para acompanhamento e fiscalização da regularidade da cobrança e distribuição da gorjeta de que trata o § 3.º deste artigo, cujos representantes serão eleitos em assembleia geral convocada para esse fim pelo sindicato laboral e gozarão de garantia de emprego vinculada ao desempenho das funções para que foram eleitos, e, para as demais empresas, será constituída comissão intersindical para o referido fim. (Incluído pela Lei n. 13.419, de 2017)

§ 11. Comprovado o descumprimento do disposto nos §§ 4.º, 6.º, 7.º e 9.º deste artigo, o empregador pagará ao trabalhador prejudicado, a título de multa, o valor correspondente a 1/30 (um trinta avos) da média da gorjeta por dia de atraso, limitada ao piso da categoria, assegurados em qualquer hipótese o contraditório e a ampla defesa, observadas as seguintes regras: (Incluído pela Lei n. 13.419, de 2017)

I – a limitação prevista neste parágrafo será triplicada caso o empregador seja reincidente; (Incluído pela Lei n. 13.419, de 2017)

II – considera-se reincidente o empregador que, durante o período de doze meses, descumpre o disposto nos §§ 4.º, 6.º, 7.º e 9.º deste artigo por mais de sessenta dias. (Incluído pela Lei n. 13.419, de 2017)

O que mudou?

O art. 457 da CLT sofreu alterações pontuais, mas importantes. Foram atingidos pela Lei n. 13.467, de 2017, apenas os seus §§ 2.º, 3.º e 5.º, o suficiente para que a reforma trabalhista se constituísse numa autêntica contrarreforma previdenciária.

O § 1.º previu que as chamadas parcelas salariais (aquelas pagas diretamente pelo empregador) são compostas da importância fixa estipulada (salário-base) e dos complementos salariais intitulados de "gratificações legais" (aquelas previstas em lei, a exemplo do décimo terceiro salário) e de "comissões pagas pelo empregador".

O § 2.º, ainda quanto os complementos salariais, previu, com finalidade de excluí-las do conceito de salário de contribuição, que "as importâncias, **ainda que habituais,** pagas a título de **ajuda de custo, auxílio-alimentação, vedado seu pagamento em dinheiro**, **diárias para viagem, prêmios** e **abonos** não integram a remuneração do empregado" e que, exatamente por isso, "não se incorporam ao contrato de trabalho e não constituem base de incidência de qualquer encargo trabalhista e previdenciário" (destaques não constantes do original).

O § 4.º deixou bem claro que os prêmios, antes considerados salário sob condição, passaram para a condição de "**liberalidades** concedidas pelo empregador em forma de bens, serviços ou valor em dinheiro a empregado ou a grupo de empregados, em razão de **desempenho superior** ao ordinariamente esperado no exercício de suas atividades" (destaques não constantes do original).

Outros novos dispositivos, integrantes do conceito de reforma trabalhista em sentido amplo, foram agregados ao art. 457 da CLT, merecendo destaque o conjunto normativo que regulamentou as gorjetas nos moldes da Lei n. 13.419, de 2017.

Comentários

- **Generalidades**

Entende-se como de natureza remuneratória toda verba que visa à retribuição pelo consumo ou pela expectativa de dispêndio da energia laboral. Essa verba normalmente é oferecida pelo empregador, responsável pela contratação e principal destinatário dos resultados do serviço, mas pode ser também por terceiros com quem os empregadores mantêm relações econômicas. Assim, as parcelas de natureza remuneratória podem ser divididas em três grupos distintos:

– **Salário-base**: a retribuição outorgada pelo empregador em virtude do núcleo básico de atividades correspondentes à ocupação do empregado.

– **Complementos salariais**: a retribuição outorgada pelo empregador pelo trabalho prestado pelos empregados em circunstâncias adicionais àquelas originalmente ajustadas.

– **Suplementos salariais**: a retribuição outorgada por terceiros com os quais os empregadores mantêm relações mercantis com o objetivo de incentivar os empregados a bem exercer suas funções. Apesar de o empregador não pagar os suplementos, ele é imensamente beneficiado, na medida em que o empregado sente-se estimulado a ser mais produtivo ou mais eficiente.

O universo daquilo que a lei intitula como **remuneração** é composto pelo conjunto de salário-base, complementos salariais e suplementos salariais, sendo importante anotar que nem sempre estarão presentes os três elementos. Há circunstâncias em que o empregado, por não realizar atividades adicionais (trabalho em horas noturnas ou exercício de função de confiança, por exemplo), não é destinatário de complementos salariais, assim como há casos em que o empregado, por não ter sido contemplado com a generosidade dos fornecedores ou clientes, não recebe suplementos salariais.

Veja-se o texto constante do art. 457 da CLT, segundo o qual "compreendem-se na remuneração do empregado, para todos os efeitos legais, *além do salário devido e pago diretamente pelo empregador*, como contraprestação do serviço, *as gorjetas que receber*" (destaques não constantes do original). Quando o legislador referiu-se ao "salário devido e pago diretamente pelo empregador", quis fazer menção ao salário-base e aos complementos salariais. Igualmente, quando se referiu às "gorjetas que receber", quis tratar dos suplementos salariais.

Para deixar ainda mais clara a intenção do legislador, o § 1.º do precitado art. 457 da CLT dispõe que "integram o salário a importância fixa estipulada" (esta parte fixa seria o salário-base), "as gratificações legais e as comissões pagas pelo empregador. [...]" (esta parte variável corresponderia aos complementos salariais).

- **Gratificações legais**

Como o próprio nome sugere, as gratificações guardam em si a ideia de contentamento, de reconhecimento patronal. Constituem uma manifestação de gratidão atribuída em virtude de um comportamento apreciável praticado pelo empregado. Para que tenha o *status* de complemento salarial, **a gratificação precisa ser *legal*,** conforme previsão contida no § 1.º do art. 457 da CLT (pós Lei n. 13.467, de 13 de julho de 2017), e "ser legal", implica ter previsão em fonte heterônoma.

É importante lembrar que, antes da referida lei, falava-se em gratificação ajustada, vale dizer, o complemento caracterizado pela predefinição do fato gerador, da dimensão e da periodicidade. Assim, somente um montante oferecido de modo isolado, sem ajustes prévios e sem expectativas de repetibilidade, era entendido como liberalidade. É importante observar, de qualquer modo, que, para um ato ser entendido como de liberalidade, não bastará que seja descrito como tal; precisará ser efetivamente uma manifestação isolada de generosidade[72].

Esses complementos salariais são muito semelhantes aos prêmios. Ambos, enfim, são retribuições de incentivo. Há, porém, alguns traços distintivos calcados nos objetivos que permitem uma tentativa de diferenciação, porque os prêmios são galardões que objetivam **estimular** (num presente contínuo) **uma conduta positiva** dos empregados e, por via oblíqua, **servir de exemplo** para tantos quantos queiram a mencionada distinção com efeitos financeiros. As gratificações, por outro lado, decorrem de comportamentos praticados no passado e que irradiaram efeitos no presente.

Outro ponto de distinção diz respeito ao fato gerador em si mesmo: os prêmios dependem muito das qualidades individuais do trabalhador; as gratificações, **em regra**, têm caráter coletivo e são normalmente concedidas em ocasiões de balanço e de confraternização. **Excepcionalmente**, porém, as gratificações visam às atuações individuais, sendo oferecidas sob esse rótulo em favor de quem receba mais responsabilidades por força da confiança adicional do empregador.

- ### Comissões pagas pelo empregador

Comissão é o nome da retribuição paga pelo comitente (pessoa que encarrega outra de alguma coisa) ao comissionado (aquele que tem alguma missão). Trata-se de montante normalmente fixado em percentual sobre uma base de cálculo extremamente variável, mas que, *grosso modo*, coincide com o preço do produto ou serviço intermediado.

Percentagem é uma retribuição que muitas vezes coincide com a ideia de comissão, lucro ou vantagem. Substancialmente significa uma parte proporcional, ou seja, um valor expresso como fração de uma centena que serve à estipulação das comissões. Diz-se, assim, comumente, que o empregador pagará ao seu empregado/comissionado uma percentagem do valor total do bem negociado a título de comissão.

Perceba-se, ainda, que há uma grande diferença entre o salário-base estipulado por unidade de produção e, portanto, atribuído sob o rótulo de comissões (para os chamados comissionados ou comissionistas puros), e os complementos salariais, também intitulados comissões, mas oferecidos a quem teve o salário estipulado por unidade de tempo (para os intitulados

---

72 Súmula 152 do TST. "GRATIFICAÇÃO. AJUSTE TÁCITO. O fato de constar do recibo de pagamento de gratificação o caráter de liberalidade não basta, por si só, para excluir a existência de ajuste tácito. Ex-prejulgado n. 25".

comissionistas impuros ou mistos)[73]. Note-se que os comissionistas impuros ou mistos têm a atividade de vendas como **tarefa adicional**[74-75], enquanto os comissionistas puros têm a atividade de intermediação de vendas como **tarefa essencial**. A Súmula 93 do TST[76] diz respeito aos complementos salariais ora referidos, percebidos por bancários que, como tarefa adicional, vendem papéis ou valores mobiliários em troca de comissões.

- **Ajuda de custo**

A **ajuda de custo** é uma parcela de natureza nitidamente ressarcitória que visa à cobertura de despesas do empregado no instante em que ele se fixa em um novo território, por ordem do empregador. Quanto a ela é importante observar que, nos termos da legislação previdenciária (inciso VII do § 9.º do art. 214 do Decreto n. 3.048/99), deve ser atribuída **em parcela única** e exclusivamente destinada em decorrência de mudança de local de trabalho.

Observe-se que o § 2.º do art. 457 da CLT, com redação pós-reforma trabalhista de 2017, considera expressamente a parcela aqui em análise, **ainda que habitual**, como uma verba que não integra a remuneração do empregado, não se incorpora ao contrato de trabalho e não constitui base de incidência de qualquer encargo trabalhista e previdenciário.

- **Auxílio-alimentação, vedado seu pagamento em dinheiro**

Será considerada utilidade não salarial a alimentação na medida em que for outorgada como "auxílio", em qualquer forma, ainda que com habitualidade, desde que não seja o pagamento em dinheiro. Essa é a lógica vigente a partir da reforma trabalhista de 2017 que modificou a redação do § 2.º do art. 457 da CLT, fazendo constar menção expressa ao "auxílio-alimentação, vedado seu pagamento em dinheiro" como verba não integrante da remuneração do empregado, não incorporável ao contrato de trabalho e não constituinte da base de incidência de qualquer encargo trabalhista e previdenciário. Veja-se:

> § 2.º As importâncias, **ainda que habituais**, pagas a título de ajuda de custo, **auxílio-alimentação, vedado seu pagamento em dinheiro**, diárias para viagem, prêmios e abonos não integram a remuneração do empregado, não se incorporam ao contrato de trabalho e não

---

73 Para saber mais sobre as diferenças entre comissionistas puros e impuros consulte-se o item "conceito de comissionista puro e de comissionista impuro (ou misto)", no tópico "salário-base" do *Curso de direito do trabalho* deste autor (MARTINEZ, Luciano. *Curso de direito do trabalho*. 8. ed. São Paulo: Saraiva, 2017).

74 Exemplo dessa situação é evidenciado por bancários que, apesar de destinatários de salário estipulado por unidade de tempo, vendem produtos do empregador, que lhes podem gerar ganhos suplementares.

75 **Orientação Jurisprudencial 397 da SDI-1 do TST**: "COMISSIONISTA MISTO. HORAS EXTRAS. BASE DE CÁLCULO. APLICAÇÃO DA SÚMULA N. 340 DO TST (publicado no *DEJT* de 2-8-2010). O empregado que recebe remuneração mista, ou seja, uma parte fixa e outra variável, tem direito a horas extras pelo trabalho em sobrejornada. Em relação à parte fixa, são devidas as horas simples acrescidas do adicional de horas extras. Em relação à parte variável, é devido somente o adicional de horas extras, aplicando-se à hipótese o disposto na Súmula n. 340 do TST".

76 Súmula 93 do TST. "BANCÁRIO. Integra a remuneração do bancário a vantagem pecuniária por ele auferida na colocação ou na venda de papéis ou valores mobiliários de empresas pertencentes ao mesmo grupo econômico, se exercida essa atividade no horário e no local de trabalho e com o consentimento, tácito ou expresso, do banco empregador".

constituem base de incidência de qualquer encargo trabalhista e previdenciário (destaques não constantes do original).

O novo dispositivo, como se pode observar, mencionou apenas a concessão de "auxílio-alimentação, vedado seu pagamento em dinheiro", o que leva a crer que esse "auxílio", desde que não concedido em dinheiro, pode ou não estar segundo o Programa de Alimentação do Trabalhador (PAT), nos termos da Lei n. 6.321/76, regulamentada pelo Decreto n. 5/91.

A interpretação sistemática do referido dispositivo e de toda ordem a ele conexa permite o entendimento de que a Súmula 241 do TST deixará de ser exigível, pois qualquer "vale para refeição", desde que não atribuído em dinheiro, será entendido como autêntico "auxílio-alimentação". A jurisprudência cristalizada do TST, então, tornou-se anacrônica, haja vista o fato de os seus termos colidirem com o novo comando normativo. Veja-se:

> **Súmula 241 do TST.** SALÁRIO-UTILIDADE. ALIMENTAÇÃO. O vale para refeição, fornecido por força do contrato de trabalho, tem caráter salarial, integrando a remuneração do empregado, para todos os efeitos legais (Res. 15/1985, *DJ*, 9-12-1985).

A reforma trabalhista de 2017 criou, então, mais um paralelo entre o seu *antes* e o seu *depois*. Assim, antes da vigência da Lei n. 13.467, de 13 de julho de 2017, o valor correspondente aos vales para refeição fornecidos por força do contrato, fora do sistema do Programa de Alimentação ao Trabalhador (PAT), integravam o salário do trabalhador para todos os efeitos legais (cálculo de horas extraordinárias, décimo terceiro salário, férias acrescidas de 1/3 etc.). Agora, na pós-vigência da Lei n. 13.467, de 13 de julho de 2017, qualquer "auxílio-alimentação", desde que não concedido em dinheiro, não mais será integrável à remuneração.

Averbe-se, por fim, que a natureza jurídica de uma parcela não pode ser modificada por força de ajustes contratuais baseados na autonomia individual ou coletiva da vontade. Não será válida, por exemplo, cláusula de norma coletiva que atribuir a uma verba salarial a natureza não salarial ou vice-versa. Imagine-se, para ilustrar a presente anotação, que, por norma coletiva, horas extraordinárias prestadas em determinado período do vínculo de emprego tenham sido consideradas de natureza indenizatória. Apesar da literalidade dessa disposição contratual coletiva, nenhum efeito adviria para fins de incidência das normas trabalhistas e fiscais[77]. A mudança que se operou sobre o auxílio-alimentação teve, é bom salientar, sede legal.

- ### Diárias para viagem

As **diárias de viagem** são verbas de natureza ressarcitória que se destinam exclusivamente à cobertura das despesas havidas em virtude do deslocamento do empregado a serviço do empregador, independentemente da proporção que tenham em relação ao salário. Diz-se isso

---

[77] Nesse sentido, veja-se a Súmula 463 do STJ: "Incide imposto de renda sobre os valores percebidos a título de indenização por horas extraordinárias trabalhadas, ainda que decorrentes de acordo coletivo" (Rel. Min. Eliana Calmon, em 25-8-2010).

para combater a equivocada ideia gerada pela antiga redação do § 2.º do art. 457 da CLT, no sentido de que as diárias, pelo simples fato de excederem 50% do salário, seriam sempre integradas à remuneração, como se tivessem natureza remuneratória.

O mencionado § 2.º do art. 457 da CLT, que foi modificado pela Lei n. 13.467/2017, na verdade, criou, no passado, uma presunção no sentido de que, não existindo provas indicativas de que foram utilizadas para cobrir despesas havidas em virtude do deslocamento a serviço do empregador, as "diárias" **excedentes de 50% do salário** serão entendidas como verdadeira remuneração. Raciocínio inverso é processado com "diárias" **não excedentes de 50% do salário**. Elas serão consideradas como verbas ressarcitórias, por presunção, ainda que não existam elementos indicativos de deslocamento em favor do empregador. É importante lembrar que toda presunção comporta prova em sentido contrário. O art. 1.º da **Instrução Normativa n. 8 da Secretaria Nacional do Trabalho, de 1.º de novembro de 1991** (que regulou a natureza salarial das diárias para viagem), é claríssimo nesse sentido:

> **Art. 1.º** Consideram-se como de natureza salarial as diárias de viagem quando, não sujeitas à prestação de contas, excederem a 50% do salário mensal do empregado, no mês em que forem pagas.
> **Parágrafo único.** Não serão consideradas de natureza salarial as diárias de viagem quando sujeitas à prestação de contas, mesmo se o total dos gastos efetivamente incorridos exceder a 50% do salário do empregado, no mês respectivo.

Formulou-se, em decorrência dessas discussões, o **precedente administrativo n. 50 da fiscalização do trabalho** (ato declaratório Defit n. 4, de 21 de fevereiro de 2002), segundo o qual "é ônus do empregador afastar a presunção de que as diárias de viagem que excedam a 50% do salário do empregado têm natureza salarial, pela comprovação de que o empregado presta contas de suas despesas, recebendo os valores a título de ressarcimento".

Apesar disso, o TST, mediante a **Súmula 101, ainda se posicionava** nos seguintes moldes: "Integram o salário, pelo seu valor total e para efeitos indenizatórios, as diárias de viagem que excedam a 50% (cinquenta por cento) do salário do empregado, enquanto perdurarem as viagens". Essa posição era até confirmada por meio da leitura da **Súmula 318** da referida Corte trabalhista. Veja-se: "Tratando-se de empregado mensalista, a integração das diárias no salário deve ser feita tomando-se por base o salário mensal por ele percebido e não o valor do dia de salário, **somente sendo devida a referida integração quando o valor das diárias, no mês, for superior à metade do salário mensal**" (destaques não constantes do original).

Fato é que a reforma trabalhista de 2017, manifestada pela multicitada Lei n. 13.467/2017, pôs fim a qualquer discussão ao dispor que "as importâncias, **ainda que habituais**, pagas a título de ajuda de custo, auxílio-alimentação, vedado seu pagamento em dinheiro, **diárias para viagem**, prêmios e abonos **não integram a remuneração do empregado, não se incorporam ao contrato de trabalho e não constituem base de incidência de qualquer encargo trabalhista e previdenciário** (destaques não constantes do original).

Assim, a partir da vigência da Lei n. 13.467, de 13 de julho de 2017, as diárias de viagem, mesmo as habituais, qualquer que sejam os valores a elas atribuídos, não mais integram a remuneração, sendo entendidas em todo caso como verbas meramente ressarcitórias. Estarão abertas, é verdade, largas portas para a fraude, pois qualquer empregador que queria se livrar da incidência tributária poderá referir parte de valor pago ao empregado como "diárias de viagem". Essa opção fraudulenta atrairá também, é claro, as responsabilidades próprias do ato, pois a fiscalização do trabalho ou até mesmo o Judiciário trabalhista poderão, em determinadas situações, exigir que o empregador prove que ocorreram as viagens para que sejam justificadas as diárias de viagem.

Não há dúvidas de que os trabalhadores destinatários dessas "diárias de viagem", depois de despedidos, aforarão ações para sustentar a tese de que receberam, em verdade, **salário disfarçado de diárias de viagem** e, para demonstrar isso, requererão dos antigos patrões a prova (provavelmente impossível de fazer) da existência das viagens que embasariam o pagamento das aqui discutidas diárias.

- **Prêmios**

São **estímulos** oferecidos ao empregado para que este inicie ou mantenha condutas positivas ao empreendimento, por exemplo, a assiduidade, a pontualidade, a produtividade e o cumprimento de metas, ou, nas palavras da lei, um "desempenho superior ao ordinariamente esperado no exercício de suas atividades". Por isso os prêmios normalmente estão vinculados a um período de observação, findo o qual o empregado avaliado poderá ou não iniciar a percepção do prêmio ou, se já o recebe, poderá mantê-lo. É, portanto, uma distinção conferida em favor de quem se tornou notado pelo trabalho ou pelo mérito[78].

Caracterizam-se, também, pelo **caráter exemplar**, vale dizer, funcionam como referencial a ser atingido por empregados, que, espelhados nos premiados, querem também ser destinatários de tal destaque (com repercussão financeira, o que é melhor).

Os prêmios somente passaram a ter sede legal a partir da reforma trabalhista de 2017. Antes a sua previsão era meramente contratual (ajuste *inter partes* ou contrato coletivo). No tocante à dimensão, eles podem revestir diversas apresentações, seja quanto aos fatos geradores, seja quanto à forma de aferição. São normalmente calculados sobre o salário-base.

Para que fossem integrados no conceito de complemento salarial, os prêmios e as gratificações precisavam ser *ajustados com habitualidade*. Isso significava que a atitude isolada, jamais repetida, de outorga de um montante em dinheiro era entendida como ato de

---

[78] Os bichos, que têm previsão genérica no § 1.º do art. 31 da Lei n. 9.615/98, são premiações concedidas por ocasião de vitórias ou empates nas partidas disputadas pelo atleta profissional. Eles têm evidentemente natureza salarial, uma vez que, como qualquer estímulo, retribuem a eficiência do trabalho. Anote-se que a palavra "bicho" no sentido em que é aplicada veio do "jogo do bicho", muito popular no Brasil. Conta-se que, no começo do século XX, os jogadores de futebol não ganhavam salários, mas sim montantes arrecadados pelos próprios torcedores, que se reuniam no intuito de retribuir os protagonistas do espetáculo futebolístico. Quando arrecadavam pouco formavam bichos pequenos, por exemplo, um cachorro; quando arrecadavam muito, conseguiam formar bichos grandes, por exemplo, uma vaca. Acrescente-se que é desse costume que surgiu a expressão "fazer uma vaquinha", normalmente relacionada com a arrecadação coletiva para um bem comum.

liberalidade, não obrigando à repetibilidade da conduta. Nesse sentido manifestou-se o STF, mediante a Súmula 209:

> **Súmula 209 do STF.** O salário-produção como outras modalidades de salário-prêmio, é devido, desde que verificada a condição a que estiver subordinado, e não pode ser suprimido, unilateralmente, pelo empregador **quando pago com habitualidade** (destaques não constantes do original).

Note-se que a condicionalidade do prêmio não afastava, antes da reforma trabalhista de 2017, sua natureza salarial. Bastava ao trabalhador provar que preencheu os requisitos ou condições para a percepção do prêmio para que ele fosse exigível e para que, no período, ele fosse considerado parte integrante da remuneração.

Atente-se, porém, para o fato de que os prêmios concedidos **a partir da vigência da Lei n. 13.467/2017**, por expressa disposição normativa, não mais integram a remuneração do empregado, não mais se incorporam ao contrato de trabalho e não mais constituem base de incidência de qualquer encargo trabalhista ou previdenciário.

A nova redação dada ao § 4.º do art. 457 da CLT deixou bem claro que se consideram "prêmios as **liberalidades** concedidas pelo empregador em forma de bens, serviços ou valor em dinheiro a empregado ou a grupo de empregados, em razão de desempenho superior ao ordinariamente esperado no exercício de suas atividades" (destaques não constantes do original). Dê-se ênfase sobre a palavra "liberalidade" que é justamente a qualidade ou condição de quem, em seus atos ou em suas intenções, dá o que não teria obrigação de dar e o faz sem a expectativa de receber algo em troca.

- **Abonos**

Abonar significa adiantar ou fazer pagamento por outrem com o objetivo de desonerá-lo. Aliás, a etimologia do verbo "abonar" sugere isto: *ab-*, prefixo que revela "distanciamento" (tal qual acontece com **ab**uso, mediante o desvirtuamento, o distanciamento do uso normal), e *onare*, variação latina das palavras "ônus", "custo", "carga". Diante disso, abonar expressa exatamente o quanto antes expendido, ou seja, adiantar o pagamento para distanciar-se do ônus do débito.

Nesse sentido, os abonos sempre constituíram antecipações salariais, de natureza espontânea ou coacta (por força de lei ou de norma coletiva), que visam minorar os danos causados ao trabalhador por conta da demora do processo de outorga de efetivo aumento salarial. Era, então, um lenitivo em razão da expectativa do reajuste. Os abonos, a propósito, eram integrados ao salário na medida em que concedidos os acréscimos salariais. Apesar de aparecerem nos demonstrativos de pagamento como rótulos autônomos, não estão condicionados a um específico fato gerador, mas apenas à concessão do ajuste de salário. Quando oferecido, enfim, o reajuste salarial que motivou o pagamento do abono, este era integrado ao salário-base e desaparecia como rótulo autônomo.

Atente-se, porém, para o fato de que **os abonos pagos a partir da vigência da Lei n. 13.467/2017**, por expressa disposição normativa (nova redação do § 2.º do art. 457 da CLT), não mais integram a remuneração do empregado, não mais se incorporam ao contrato de trabalho e não mais constituem base de incidência de qualquer encargo trabalhista ou previdenciário.

CLT REFORMA TRABALHISTA	CLT ORIGINAL
Art. 458. Além do pagamento em dinheiro, compreende-se no salário, para todos os efeitos legais, a alimentação, habitação, vestuário ou outras prestações *in natura* que a empresa, por força do contrato ou do costume, fornecer habitualmente ao empregado. Em caso algum será permitido o pagamento com bebidas alcoólicas ou drogas nocivas. (Redação dada pelo Decreto-lei n. 229, de 28-2-1967) § 1.º Os valores atribuídos às prestações *in natura* deverão ser justos e razoáveis, não podendo exceder, em cada caso, os dos percentuais das parcelas componentes do salário mínimo (arts. 81 e 82). (Incluído pelo Decreto-lei n. 229, de 28-2-1967) § 2.º Para os efeitos previstos neste artigo, não serão consideradas como salário as seguintes utilidades concedidas pelo empregador: I – vestuários, equipamentos e outros acessórios fornecidos aos empregados e utilizados no local de trabalho, para a prestação do serviço; II – educação, em estabelecimento de ensino próprio ou de terceiros, compreendendo os valores relativos a matrícula, mensalidade, anuidade, livros e material didático; III – transporte destinado ao deslocamento para o trabalho e retorno, em percurso servido ou não por transporte público; IV – assistência médica, hospitalar e odontológica, prestada diretamente ou mediante seguro-saúde; V – seguros de vida e de acidentes pessoais; VI – previdência privada; VII – (Vetado); (§ 2.º incluído pela Lei n. 12.761, de 27-12-2012) § 3.º A habitação e a alimentação fornecidas como salário-utilidade deverão atender aos fins a que se destinam e não poderão exceder, respectivamente, a 25% (vinte e cinco por cento) e 20% (vinte por cento) do salário-contratual. (Incluído pela Lei n. 8.860, de 24-3-1994) § 4.º Tratando-se de habitação coletiva, o valor do salário-utilidade a ela correspondente será obtido mediante a divisão do justo valor da habitação pelo número de co-habitantes, vedada, em qualquer hipótese, a utilização da mesma unidade residencial por mais de uma família. (Incluído pela Lei n. 8.860, de 24-3-1994) § 5.º O valor relativo à assistência prestada por serviço médico ou odontológico, próprio ou não, inclusive o reembolso de despesas com medicamentos, óculos, aparelhos ortopédicos, próteses, órteses, despesas médico-hospitalares e outras similares, mesmo quando concedido em diferentes modalidades de planos e coberturas, não integram o salário do empregado para qualquer efeito nem o salário de contribuição, para efeitos do previsto na alínea *q* do § 9.º do art. 28 da Lei n. 8.212, de 24 de julho de 1991. • § c/ redação determinada pela Lei n. 13.467, de 13-7-2017.	**Art. 458.** Além do pagamento em dinheiro, compreende-se no salário, para todos os efeitos legais, a alimentação, habitação, vestuário ou outras prestações *in natura* que a empresa, por força do contrato ou do costume, fornecer habitualmente ao empregado. Em caso algum será permitido o pagamento com bebidas alcoólicas ou drogas nocivas. (Redação dada pelo Decreto-lei n. 229, de 28-2-1967) § 1.º Os valores atribuídos às prestações *in natura* deverão ser justos e razoáveis, não podendo exceder, em cada caso, os dos percentuais das parcelas componentes do salário mínimo (arts. 81 e 82). (Incluído pelo Decreto-lei n. 229, de 28-2-1967) § 2.º Para os efeitos previstos neste artigo, não serão consideradas como salário as seguintes utilidades concedidas pelo empregador: I – vestuários, equipamentos e outros acessórios fornecidos aos empregados e utilizados no local de trabalho, para a prestação do serviço; II – educação, em estabelecimento de ensino próprio ou de terceiros, compreendendo os valores relativos a matrícula, mensalidade, anuidade, livros e material didático; III – transporte destinado ao deslocamento para o trabalho e retorno, em percurso servido ou não por transporte público; IV – assistência médica, hospitalar e odontológica, prestada diretamente ou mediante seguro-saúde; V – seguros de vida e de acidentes pessoais; VI – previdência privada; VII – (Vetado); (§ 2.º incluído pela Lei n. 12.761, de 27-12-2012) § 3.º A habitação e a alimentação fornecidas como salário-utilidade deverão atender aos fins a que se destinam e não poderão exceder, respectivamente, a 25% (vinte e cinco por cento) e 20% (vinte por cento) do salário-contratual. (Incluído pela Lei n. 8.860, de 24-3-1994) § 4.º Tratando-se de habitação coletiva, o valor do salário-utilidade a ela correspondente será obtido mediante a divisão do justo valor da habitação pelo número de co-habitantes, vedada, em qualquer hipótese, a utilização da mesma unidade residencial por mais de uma família. (Incluído pela Lei n. 8.860, de 24-3-1994)

O que mudou?

O art. 458 da CLT recebeu apenas um parágrafo a mais, o § 5.º.

Na linha da desoneração previdenciária do empresariado, o dispositivo previu que o "valor relativo à assistência prestada por serviço médico ou odontológico, próprio ou não, inclusive o reembolso de despesas com medicamentos, óculos, aparelhos ortopédicos, próteses, órteses, despesas médico-hospitalares e outras similares, mesmo quando concedido em diferentes modalidades de planos e coberturas, não integram o salário do empregado para qualquer efeito nem o salário de contribuição, para efeitos do previsto na alínea *q* do § 9.º do art. 28 da Lei n. 8.212, de 24 de julho de 1991".

Comentários

O salário pode ser atribuído de duas diferentes formas, ambas admitidas em lei, nos termos do art. 458 da CLT. Observe-se:

> **Art. 458.** Além do pagamento **em dinheiro**, compreendem-se no salário, para todos os efeitos legais, a alimentação, habitação, vestuário ou outras **prestações "in natura"** que a empresa, por força do contrato ou do costume, fornecer habitualmente ao empregado. Em caso algum será permitido o pagamento com bebidas alcoólicas ou drogas nocivas (redação dada ao *caput* do Decreto-Lei n. 229, de 28-2-1967, *DOU* 28-2-1967. Destaques não constantes do original).

O pagamento do salário pode ser feito, portanto, em *dinheiro* ou em *prestações in natura*, sendo certo que a proporção entre essas duas formas retributivas deve respeitar a regra geral inserta no parágrafo único do art. 82 da CLT, vale dizer, o mínimo em dinheiro corresponderá a 30% do total e o máximo em prestações *in natura* será de 70% do universo considerado. É importante registrar, nesse sentido, a existência da Orientação Jurisprudencial 18 da SDC do TST. Segundo tal orientação, "os descontos efetuados com base em cláusula de acordo firmado entre as partes não **podem ser superiores a 70% do salário-base percebido pelo empregado**".

O percentual mínimo de 30% em dinheiro visa à proteção da dignidade do trabalhador na medida em que se lhe garanta a possibilidade de autonomia, de arbítrio, de direção exclusiva de seu próprio destino ainda que com ativos de pequena dimensão. É, sem dúvidas, uma manifestação da dignidade da pessoa humana como uma "regra", e não apenas como "princípio".

- **Salário *in especie* ou salário em efetivo**

Entende-se que o salário é pago *in especie* (*in cash, in metalico*) quando é disponibilizado em sua expressão monetária corrente, ou seja, em **dinheiro**. É a forma preferencial e naturalmente exigível.

- **Salário *in natura* ou salário em utilidades**

Entende-se que o salário é pago *in natura* quando, em lugar de dinheiro, o empregador disponibiliza **utilidades** em favor de seus empregados. Não é a forma preferencial, e somente se oferece o pagamento *in natura* quando há ajuste contratual específico nesse sentido.

- **Utilidades salariais**

Utilidades salariais são bens suscetíveis de apreciação econômica que poderiam ser adquiridos pelos empregados mediante os salários recebidos, mas que, por um ajuste com os empregadores, são-lhes oferecidos como substituintes do dinheiro[79].

Tais vantagens recebem o nome de utilidades salariais, salário-utilidade ou de salário *in natura* para indicar que, em lugar do dinheiro, retribui-se o trabalho com a própria coisa, desde que, evidentemente, os contratantes estejam assim ajustados. O *caput* do art. 458 da CLT, consoante antes expendido, prevê essa possibilidade. O mais importante critério de caracterização das utilidades é o da destinação. Se a utilidade for destinada ao trabalhador além dos limites de seu contrato de emprego, podendo ele usar e dispor dela como se a tivesse adquirido diretamente (uma cesta básica, por exemplo), terá natureza salarial. Se, por outro lado, a utilidade outorgada pelo empregador visar ao serviço em qualquer dimensão ou extensão (uma refeição concedida no intervalo intrajornada, por exemplo), terá natureza não salarial e, consequentemente, não poderá ser integrada à remuneração.

- **Utilidades não salariais**

Ao lado das utilidades salariais, existem aquelas de natureza não salarial. Por não ter como destinatário o empregado, mas sim o serviço (diz-se ser **para o serviço**, e não **pelo serviço**), dispõe o § 2.º do art. 458 da CLT (em redação dada pela Lei n. 10.243, de 19-6-2001, *DOU* 20-6-2001) que não serão consideradas como salário as seguintes vantagens concedidas pelo empregador:

– vestuários[80], equipamentos e outros acessórios fornecidos aos empregados e utilizados no local de trabalho, para a prestação do serviço;

– educação, em estabelecimento de ensino próprio ou de terceiros, compreendendo os valores relativos à matrícula, mensalidade, anuidade, livros e material didático;

– transporte destinado ao deslocamento para o trabalho e retorno, em percurso servido ou não por transporte público;

– assistência médica, hospitalar e odontológica, prestada diretamente ou mediante seguro-saúde;

– seguros de vida[81] e de acidentes pessoais[82];

---

79 Nesse âmbito podem estar incluídos aportes feitos em cartões magnéticos representativos de créditos junto a estabelecimentos comerciais previamente autorizados.

80 As lojas de grife, que exigem que seus empregados utilizem roupas com as marcas da empresa, não podem cobrar pelo vestuário. Se os lojistas cobram por essas roupas, podem ser obrigados, mediante ação judicial, a restituir os valores despendidos para tanto.

81 No tocante ao assunto, vejam-se os arts. 19, IV, da Lei n. 7.102/83 e 6.º, II, da Lei n. 11.901/2009, que asseguram "seguro de vida em grupo" estipulado pelo empregador em favor, respectivamente, dos vigilantes e dos bombeiros civis.

82 Nesse particular, veja-se o disposto no art. 2.º, V, da Lei n. 13.103/2015, segundo o qual "os motoristas profissionais empregados têm benefício de seguro de contratação obrigatória assegurado e custeado pelo empregador, destinado à **cobertura de morte natural, morte por acidente, invalidez total ou parcial decorrente de acidente, traslado e auxílio para funeral referentes às suas atividades**, no valor mínimo correspondente a 10 (dez) vezes o piso salarial de sua categoria ou valor superior fixado em convenção ou acordo coletivo de trabalho" (destaques não constantes do original).

– previdência privada;
– o valor correspondente ao vale-cultura.

Anote-se, com fundamento na Lei n. 13.467/2017, que inseriu o § 5.º no art. 458 da CLT, que "o valor relativo à assistência prestada por serviço médico ou odontológico, próprio ou não, inclusive o reembolso de despesas com medicamentos, óculos, aparelhos ortopédicos, próteses, órteses, despesas médico-hospitalares e outras similares, mesmo quando concedido em diferentes modalidades de planos e coberturas, **não integram o salário do empregado para qualquer efeito** nem o salário de contribuição, para efeitos do previsto na alínea *q* do § 9.º do art. 28 da Lei n. 8.212, de 24 de julho de 1991" (destaques não constantes do original).

CLT REFORMA TRABALHISTA	CLT ORIGINAL
Art. 461. Sendo idêntica a função, a todo trabalho de igual valor, prestado ao mesmo empregador, no mesmo estabelecimento empresarial, corresponderá igual salário, sem distinção de sexo, etnia, nacionalidade ou idade. **§ 1.º** Trabalho de igual valor, para os fins deste Capítulo, será o que for feito com igual produtividade e com a mesma perfeição técnica, entre pessoas cuja diferença de tempo de serviço para o mesmo empregador não seja superior a quatro anos e a diferença de tempo na função não seja superior a dois anos. **§ 2.º** Os dispositivos deste artigo não prevalecerão quando o empregador tiver pessoal organizado em quadro de carreira ou adotar, por meio de norma interna da empresa ou de negociação coletiva, plano de cargos e salários, dispensada qualquer forma de homologação ou registro em órgão público. **§ 3.º** No caso do § 2.º deste artigo, as promoções poderão ser feitas por merecimento e por antiguidade, ou por apenas um destes critérios, dentro de cada categoria profissional. **§ 4.º** O trabalhador readaptado em nova função por motivo de deficiência física ou mental atestada pelo órgão competente da Previdência Social não servirá de paradigma para fins de equiparação salarial. (Incluído pela Lei n. 5.798, de 31-8-1972) **§ 5.º** A equiparação salarial só será possível entre empregados contemporâneos no cargo ou na função, ficando vedada a indicação de paradigmas remotos, ainda que o paradigma contemporâneo tenha obtido a vantagem em ação judicial própria. **§ 6.º** No caso de comprovada discriminação por motivo de sexo ou etnia, o juízo determinará, além do pagamento das diferenças salariais devidas, multa, em favor do empregado discriminado, no valor de 50% (cinquenta por cento) do limite máximo dos benefícios do Regime Geral de Previdência Social. • §§ 5.º e 6.º acrescentados pela Lei n. 13.467, de 13-7-2017.	**Art. 461.** Sendo idêntica a função, a todo trabalho de igual valor, prestado ao mesmo empregador, na mesma localidade, corresponderá igual salário, sem distinção de sexo, nacionalidade ou idade. (Redação dada pela Lei n. 1.723, de 8-11-1952) **§ 1.º** Trabalho de igual valor, para os fins deste Capítulo, será o que for feito com igual produtividade e com a mesma perfeição técnica, entre pessoas cuja diferença de tempo de serviço não for superior a 2 (dois) anos. (Redação dada pela Lei n. 1.723, de 8-11-1952) **§ 2.º** Os dispositivos deste artigo não prevalecerão quando o empregador tiver pessoal organizado em quadro de carreira, hipótese em que as promoções deverão obedecer aos critérios de antiguidade e merecimento. (Redação dada pela Lei n. 1.723, de 8-11-1952) **§ 3.º** No caso do parágrafo anterior, as promoções deverão ser feitas alternadamente por merecimento e por antiguidade, dentro de cada categoria profissional. (Incluído pela Lei n. 1.723, de 8-11-1952) **§ 4.º** O trabalhador readaptado em nova função por motivo de deficiência física ou mental atestada pelo órgão competente da Previdência Social não servirá de paradigma para fins de equiparação salarial. (Incluído pela Lei n. 5.798, de 31-8-1972)

O que mudou?

O art. 461 da CLT sofreu profunda alteração. Em verdade, apenas o § 4.º da redação original se manteve. As disposições normativas referentes ao trabalhador readaptado em nova função por motivo de deficiência física ou mental permanecem as mesmas. De resto, todos os demais dispositivos do artigo ora em análise sofreram alguma modificação, tendo sido criado um parágrafo a mais: o § 6.º.

Comentários

- **Generalidades**

Equiparação é o procedimento de correção de desigualdade salarial que tem por objetivo atribuir **igual retribuição**, sem distinção de sexo, etnia, nacionalidade ou idade, a quem preste **trabalho de igual valor**[83], em **idêntica função**, ao mesmo empregador, no mesmo estabelecimento[84].

Abre-se parêntese logo no começo dessa análise para chamar a atenção para o fato de que a Lei n. 13.467/2017 incluiu a **etnia** entre os fatores que não poderiam justificar a desigualdade salarial. Apesar de serem referidos apenas quatro fatores – *"sem distinção de sexo, etnia, nacionalidade ou idade"*, outros tantos, obviamente, não podem motivá-la, mesmo porque a legislação infraconstitucional não pode produzir restrições não autorizadas pelo Texto Constitucional. Dessa forma, se a norma constitucional veda *"quaisquer outras formas de discriminação"* (vide art. 3.º, IV, da Constituição da República) como poderia uma legislação infraconstitucional autorizar apenas algumas delas? Seria possível admitir-se desigualdade salarial fundada em credo? Um católico – pelo simples fato de ser católico – poderia receber mais do que um protestante? A resposta é evidentemente negativa. Logo, cabe a leitura do rol de fatores que não podem produzir distinção do modo mais amplo possível, abarcando, evidentemente, "quaisquer outras formas de discriminação".

Na mesma linha da discriminação, e conforme o § 6.º do art. 461 da CLT, "no caso de comprovada discriminação **por motivo de sexo ou etnia**, o juízo determinará, além do pagamento das diferenças salariais devidas, multa, em favor do empregado discriminado, no valor de 50% (cinquenta por cento) do limite máximo dos benefícios do Regime Geral de Previdência Social".

Pois bem. Ao falar-se em equiparação salarial trata-se evidentemente de um **procedimento comparativo**, mediante o qual o interessado deverá tomar como referencial um colega de trabalho que, segundo sua perspectiva, realize idênticas funções (conjunto de atribuições, de tarefas), não apenas sob o ponto de vista material, mas também sob os aspectos quantitati-

---

83 Vide o art. 5.º da CLT: "A todo **trabalho de igual valor** corresponderá salário igual, sem distinção de sexo" (destaques não constantes do original).

84 Para aprofundamento sobre o tema, recomenda-se a leitura da obra *Equiparação salarial*, da professora Fabíola Marques, publicada sob o selo editorial da LTr.

vo e qualitativo. Essa pretensão ficará, entretanto, prejudicada quando o empregador tiver estabelecido, mediante um plano de classificação de cargos e salários (ou quadro de carreira), critérios objetivos e subjetivos para promoções de classe (verticais) e de nível (horizontais), levando em conta a antiguidade **e** o merecimento de cada trabalhador.

- **Requisitos**

Os requisitos são cumulativos. Em outras palavras, não existirá possibilidade de equiparação salarial quando não estejam cumpridos todos os requisitos exigíveis. São eles:

1.º) Identidade de funções: paragonado (aquele que pretende a equiparação salarial) e paradigma (aquele contra quem se dirige a pretensão de equiparação) devem exercer exatamente as mesmas tarefas, independentemente do rótulo que se ofereça aos cargos.

Destaque-se que cargos com nomes idênticos geram a presunção de identidade funcional entre seus exercentes; cargos com nomes diferentes produzem, *a contrario sensu*, presunção de conteúdo funcional diverso. Trata-se, portanto, de situação que implica efeitos no campo probatório: se equiparando e paradigma exercem cargos com denominações iguais, caberá ao empregador a prova da diferença funcional; se, entretanto, equiparando e modelo têm cargos com nomes diferentes, caberá ao interessado na equiparação a prova da identidade funcional.

O TST manifestou-se sobre o assunto mediante a Súmula 6, III:

> **Súmula 6, III, do TST.** A equiparação salarial só é possível se o empregado e o paradigma exercerem a mesma função, desempenhando as mesmas tarefas, não importando se os cargos têm, ou não, a mesma denominação.

Registre-se, ainda, que, sendo regulamentada uma **profissão, cujo exercício pressupõe habilitação técnica** (mediante diploma ou certificado), é impossível a equiparação salarial entre trabalhadores que aparentemente exerçam as mesmas tarefas. É o que acontece, por exemplo, entre legalmente habilitados auxiliares de enfermagem e não legalmente habilitados atendentes de enfermagem. Tal situação, que pode encontrar outras similares, implicou a edição e publicação da Orientação Jurisprudencial 296 da SDI-1 do TST. Veja-se:

> **Orientação Jurisprudencial 296 da SDI-1 do TST.** Equiparação Salarial. Atendente e Auxiliar de Enfermagem. Impossibilidade. Sendo regulamentada a profissão de auxiliar de enfermagem, cujo exercício pressupõe habilitação técnica, realizada pelo Conselho Regional de Enfermagem, impossível a equiparação salarial do simples atendente com o auxiliar de enfermagem.

Um detalhe adicional que não pode ser esquecido diz respeito ao **nível hierárquico**. Destaca-se isso porque **a simples evidência de que o paradigma era superior hierárquico do equiparando revela-se como razão jurídica suficiente para a rejeição da pretensão de equiparação.** Afinal, as atribuições de mando e de fiscalização do paradigma sobre o equiparando são insuscetíveis de compartilhamento. O equiparando, em outras palavras, não pode ser mandante de si mesmo.

2.º) Simultaneidade da prestação dos serviços: equiparando e modelo (outro nome que se dá ao paradigma) precisam ter sido contemporâneos um do outro na mesma empresa, ainda que a contemporaneidade se tenha limitado a apenas um dia de atividade. Não pode, portanto, um empregado recém-contratado postular equiparação salarial em relação a um modelo com quem não conviveu na empresa.

Veja-se quanto a isso a Súmula 6, IV, do TST:

> **Súmula 6, IV, do TST.** É desnecessário que, ao tempo da reclamação sobre equiparação salarial, reclamante e paradigma estejam a serviço do estabelecimento, desde que o pedido se relacione com situação pretérita.

Anote-se, em complemento, que a Lei n. 13.467/2017 inseriu no texto do art. 461 da CLT um parágrafo adicional (o § 5.º) com a finalidade específica de tratar da simultaneidade ora em estudo. Diz-se ali que "a equiparação salarial só será possível entre empregados contemporâneos no cargo ou na função, **ficando vedada a indicação de paradigmas remotos**, ainda que o paradigma contemporâneo tenha obtido a vantagem em ação judicial própria".

Ora, "empregados contemporâneos no cargo ou função" são justamente aqueles que conviveram juntos, pelo menos durante um dia, na mesma empresa (antes da vigência da Lei 13.467/2017) ou no mesmo estabelecimento (depois da vigência da referida norma), sendo relevante destacar que o referido texto normativo proibiu "a indicação de paradigmas remotos".

Mas o que são "paradigmas remotos"?

A resposta é simples. Os paradigmas remotos são aqueles que trabalharam em um momento do passado na empresa, sem nenhum ponto de contato temporal com o atual equiparando (chamado nesse momento de empregado "C"). Tal paradigma remoto (chamado aqui de empregado "A") pode ter sido, no passado, o referencial para a aquisição da equiparação salarial em favor de algum determinado trabalhador (aqui identificado como empregado "B"). Pois bem. O novo texto legal veda que esse empregado "B" seja paradigma do operário "A", ainda que "B" e "A" sejam contemporâneos. Isso evitará a perpetuação da equiparação ou o fenômeno da chamada "equiparação em cadeia" em que B conseguiu equiparação em face de A, permitindo assim que C (que não foi contemporâneo de A, mas apenas de B) consiga nova equiparação.

3.º) Limitação a empregado da mesma empresa até a vigência da Lei n. 13.467/2017 e limitação a empregado do mesmo estabelecimento a partir da vigência do referido diploma legal: o paradigma precisava ser ou ter sido colega do equiparando, na mesma empresa, e, conforme supraexpendido, ter convivido com ele no ambiente laboral. Não se admitia (e ainda não se admite) equiparação entre trabalhadores de empresas diferentes. Impossível que o gerente do supermercado da rede A queira equiparação salarial com o gerente do supermercado da rede B.

Destaque-se aqui que **o conceito de "mesma empresa" envolvia empresas integrantes do mesmo grupo econômico**. Com isso se pretende dizer que, evidenciada a concentração econômica, um empregado podia tomar como seu paradigma um colega que foi contratado por empresa integrante do mesmo grupo. Observe-se jurisprudência nesse sentido:

> EQUIPARAÇÃO SALARIAL ENTRE EMPREGADOS DE EMPRESAS DIVERSAS INTEGRANTES DO MESMO GRUPO ECONÔMICO. A legislação trabalhista, no art. 2.º, § 2.º, da CLT, ao prever a constituição de grupo econômico, considera um único contrato de trabalho entre o trabalhador e as empresas componentes. Assim, por ser único o empregador considerado, são devidas as diferenças salariais, para se alcançar a igualdade de tratamento prevista no art. 461 consolidado, ainda que envolvidos empregados de empresas diversas, se integrantes

do mesmo grupo econômico. Inteligência da Súmula 129/TST. Recurso conhecido e parcialmente provido (TRT, 10.ª R., RO 00121-2005-021-10-00-0, 2.ª T., Rel. Juiz Alexandre Nery de Oliveira, j. 21-6-2006).

Não modificava o conceito de mesma empresa a situação que envolve a **cessão de empregados**. Afirma-se isso porque uma empresa poderia ceder seu empregado para outra empresa ou para órgão da Administração Pública e, ainda assim, o cedido continuaria juridicamente vinculado ao empreendimento do qual se desgarrou.

Imagine-se, para melhor entender, a situação em que uma instituição bancária, empregadora dos trabalhadores A e B, cede um deles para outra empresa privada ou mesmo para um ente público (para um Município, por exemplo). O empregado cedido (o empregado A, por exemplo) continuará juridicamente ligado à empresa cedente se esta continuar a pagar seus salários. Nessa circunstância, ainda que teoricamente a serviço de tomadores diferentes, o empregado B (lotado na cedente) poderá indicar o empregado A (lotado na cessionária) como paradigma ou vice-versa. Esse é o entendimento contido na Súmula 6, V, do TST. Veja-se:

> **Súmula 6, V, do TST.** A cessão de empregados não exclui a equiparação salarial, embora exercida a função em órgão governamental estranho à cedente, se esta responde pelos salários do paradigma e do reclamante.

Observe-se, entretanto, que a citada Lei n. 13.467/2017 restringiu imensamente o alcance da equiparação salarial. Desde a sua vigência, e desde operada a mudança do *caput* do art. 461 da CLT, "sendo idêntica a função, a todo trabalho de igual valor, **prestado ao mesmo empregador, no mesmo estabelecimento empresarial,** corresponderá igual salário, sem distinção de sexo, etnia, nacionalidade ou idade" (destaques não constantes do original).

Isso mesmo: "prestado ao mesmo empregador, **no mesmo estabelecimento empresarial**"! Entenda-se "estabelecimento empresarial" como uma fração do complexo de bens organizados para exercício da empresa, sendo muito comum que os grandes empreendimentos dividam a empresa em múltiplos estabelecimentos. Dessa forma, uma grande rede de mercados, que tem muitos estabelecimentos, somente permitirá a equiparação entre os empregados lotados em cada um dessas várias unidades fracionárias.

Enfim, a reforma trabalhista de 2017 praticamente aniquilou o instituto da equiparação salarial, retirando a possibilidade de paradigmas e equiparandos lotados numa mesma empresa, mas não no mesmo estabelecimento, terem o mesmo salário, ainda que realizem exatamente as mesmas funções.

4.º) Relações de emprego na mesma localidade até a vigência da Lei n. 13.467/2017: não bastava que equiparando e paradigma tivessem trabalhado na mesma empresa. Era imprescindível que ambos trabalhassem, ou tivessem trabalhado para o mesmo empregador em estabelecimentos insertos na mesma localidade, assim entendida a mesma região metropolitana (com as mesmas peculiaridades geoeconômicas)[85].

---

85 Nos termos do § 3.º do art. 25 do Texto Constitucional, "os Estados poderão, mediante lei complementar, instituir regiões metropolitanas, aglomerações urbanas e microrregiões, constituídas por agrupamentos de municípios limítrofes,

Veja-se, nesse sentido, o texto da Súmula 6, X, do TST:

Súmula 6, X, do TST. O conceito de "mesma localidade" de que trata o art. 461 da CLT refere-se, em princípio, ao mesmo município, ou a municípios distintos que, comprovadamente, pertençam à mesma região metropolitana.

Nesses termos, não era possível, *em tese*[86], que o gerente do supermercado da rede A, filial de Salvador, obtivesse equiparação salarial em relação a um seu colega, também gerente do supermercado da rede A, lotado na filial de Belo Horizonte.

---

para integrar a organização, o planejamento e a execução de funções públicas de interesse comum". Observe-se que o dispositivo constitucional faz menção a lei complementar estadual, motivo por que se forma o seguinte sistema: a) a Lei Complementar n. 14, de 8 de junho de 1973, foi recepcionada pelo Texto Constitucional de 1988; b) novas regiões metropolitanas podem ser instituídas por meio de lei complementar estadual.
O Estatuto da Metrópole – Lei n. 13.089, de 12 de janeiro de 2015 – confirma isso em seu art. 4.º, segundo o qual "a instituição de região metropolitana ou de aglomeração urbana que envolva Municípios pertencentes a mais de um Estado será formalizada **mediante a aprovação de leis complementares pelas assembleias legislativas de cada um dos Estados envolvidos**" (destaque não constante do original).
O parágrafo único do referido art. 4.º esclarece que "até a aprovação das leis complementares [...] por todos os Estados envolvidos, a região metropolitana ou a aglomeração urbana terá validade apenas para os Municípios dos Estados que já houverem aprovado a respectiva lei".
Apenas a título informativo, revela-se que, nos termos da precitada Lei Complementar n. 14, de 8 de junho de 1973, compõem as chamadas regiões metropolitanas brasileiras – São Paulo, Belo Horizonte, Porto Alegre, Recife, Salvador, Curitiba, Belém e Fortaleza – os seguintes municípios:
"Art. 1.º [...] § 1.º A região metropolitana de São Paulo constitui-se dos Municípios de: São Paulo, Arujá, Barueri, Biritiba-Mirim, Caieiras, Cajamar, Carapicuíba, Cotia, Diadema, Embu, Embu-Guaçu, Ferraz de Vasconcelos, Francisco Morato, Franco da Rocha, Guararema, Guarulhos, Itapecerica da Serra, Itapevi, Itaquaquecetuba, Jandira, Juquitiba, Mairiporã, Mauá, Mogi das Cruzes, Osasco, Pirapora do Bom Jesus, Poá, Ribeirão Pires, Rio Grande da Serra, Salesópolis, Santa Isabel, Santana de Parnaíba, Santo André, São Bernardo do Campo, São Caetano do Sul, Suzano e Taboão da Serra.
§ 2.º A região metropolitana de Belo Horizonte constitui-se dos Municípios de: Belo Horizonte, Betim, Caeté, Contagem, Ibirité, Lagoa Santa, Nova Lima, Pedro Leopoldo, Raposos, Ribeirão das Neves, Rio Acima, Sabará, Santa Luzia e Vespasiano.
§ 3.º A região metropolitana de Porto Alegre constitui-se dos Municípios de: Porto Alegre, Alvorada, Cachoeirinha, Campo Bom, Canoas, Estância Velha, Esteio, Gravataí, Guaíba, Novo Hamburgo, São Leopoldo, Sapiranga, Sapucaia do Sul e Viamão.
§ 4.º A região metropolitana de Recife constitui-se dos Municípios de: Recife, Cabo, Igarassu, Itamaracá, Jaboatão, Moreno, Olinda, Paulista e São Lourenço da Mata.
§ 5.º A região metropolitana de Salvador constitui-se dos Municípios de: Salvador Camaçari, Candeias, Itaparica, Lauro de Freitas, São Francisco do Conde, Simões Filho e Vera Cruz.
§ 6.º A região metropolitana de Curitiba constitui-se dos Municípios de: Curitiba, Almirante Tamandaré, Araucária, Bocaiúva do Sul, Campo Largo, Colombo, Contenda, Piraquara, São José dos Pinhais, Rio Branco do Sul, Campina Grande do Sul, Quatro Barras, Mandirituba e Balsa Nova.
§ 7.º A região metropolitana de Belém constitui-se dos Municípios de: Belém e Ananindeua.
§ 8.º A região metropolitana de Fortaleza constitui-se dos Municípios de: Fortaleza, Caucaia, Maranguape, Maracanaú, Pacatuba e Aquiráz (redação dada ao parágrafo pela Lei Complementar n. 52, de 16-4-1986)".
86   Afirma-se que não é possível em tese a equiparação salarial porque o conceito de "mesma localidade" pode, *de lege ferenda*, ser relativizado além dos limites da mesma região geoeconômica. Enfim, duas cidades situadas em Estados diferentes podem ter custos de vida absolutamente equivalentes.

Reitere-se que a Lei n. 13.467/2017 restringiu o alcance da equiparação salarial e passou a permiti-la apenas em relação a trabalhadores lotados no mesmo estabelecimento empresarial. Ora, se toda a discussão deve residir no âmbito do mesmo estabelecimento, não mais será necessário indagar sobre a localidade desse estabelecimento, pois, sendo único, não se perquirirá mais sobre as eventuais disparidades econômicas existentes entre os lugares de exercício do trabalho.

5.º) Exigência de igual produtividade: produtividade é um requisito quantitativo capaz de demonstrar que, num processo de comparação, um dos empregados é **mais rápido** ou **mais exigido** no desempenho de suas atividades. Trata-se de um requisito obstativo, cabendo ao empregador o ônus de demonstrar que o paradigma recebia salário maior porque produzia mais. Ao equiparando cabe desvencilhar-se do ônus de provar que exercia as mesmas funções que o modelo. Não lhe cabe o ônus de provar que era tão produtivo quanto este. É o empregador que deverá fazer prova disso para impedir a equiparação salarial.

Observe-se a Súmula 6, VIII, do TST:

> **Súmula 6, VIII, do TST.** É do empregador o ônus da prova do fato impeditivo, modificativo ou extintivo da equiparação salarial.

Entre as formas de demonstrar que um trabalhador é mais produtivo que outro pode o patrão valer-se não apenas de estatísticas quando seja possível contar as tarefas desenvolvidas, mas também de demonstrativos de volume de serviço ou de tráfego de clientes atendidos. Dessa forma, o gerente de um setor do supermercado que atenda mais clientes pode (e deve) ganhar mais que o gerente de um setor pouco visitado e que vende menos.

6.º) Trabalho com a mesma perfeição técnica: perfeição técnica é um requisito qualitativo capaz de demonstrar que, num processo de comparação, um dos empregados é mais perfeito tecnicamente ou mais experiente no desempenho de suas atividades. A sistemática probatória é a mesma que envolve a produtividade. Nesse ponto é importante frisar que, mesmo com dificuldades de comparação, os trabalhos intelectuais são suscetíveis de equiparação salarial, existindo inclusive manifestação jurisprudencial confirmando essa tese. Veja-se:

> **Súmula 6, VII, do TST.** Desde que atendidos os requisitos do artigo 461 da CLT, é possível a equiparação salarial de trabalho intelectual, que pode ser avaliado por sua perfeição técnica, cuja aferição terá critérios objetivos.

Anote-se que, no plano da perfeição técnica, experiências profissionais anteriores, formação técnica em estabelecimentos de ensino de elevado conceito, parcerias com outros profissionais de notório destaque e reconhecimento público são alguns dos muitos referenciais que podem auxiliar na demonstração da superioridade técnica de um trabalhador em detrimento de outro.

7.º) Diferença máxima de dois anos no exercício da função equiparanda até a vigência da Lei n. 13.467/2017: O § 1.º do art. 461 da CLT sofreu considerável modificação por força da referida lei. Antes, era necessária a demonstração de uma diferença na função igual ou superior a dois anos para que se tornasse impossível juridicamente a equiparação salarial.

A lei estabelece que a existência de **mais de dois anos, no exercício da função**, em favor do paradigma retiraria do equiparando a possibilidade de equiparação salarial. Tratava-se de um obstáculo objetivo, uma vez que, independentemente de eventual identidade funcional entre equiparando e modelo, estes não podem ser equiparados. A diferença de mais de dois anos no exercício da função deveria existir em favor do paradigma, e não em favor do equiparando, porque, logicamente, sendo o equiparando mais antigo que o modelo no exercício das funções comparadas, tanto maior seria a razão para que fosse acolhido seu pleito de equiparação salarial, desde que, é claro, atendidos os demais requisitos exigíveis.

Nesse sentido, *vide* a Súmula 202 do STF:

> **Súmula 202 do STF.** Na equiparação de salário, em caso de trabalho igual, toma-se em conta o tempo de serviço na função, e não no emprego.

Ver, também, a Súmula 6, II, do TST:

> **Súmula 6, II, do TST.** Para efeito de equiparação de salários em caso de trabalho igual, conta-se o tempo de serviço na função e não no emprego.

Depois de vigente a Lei n. 13.467/2009 o legislador passou a ser mais rigoroso. Ele associou o tempo no exercício da função com o tempo de serviço na empresa. A redação passou a ser a seguinte:

> **CLT. Art. 461.** [...] § 1.º Trabalho de igual valor, para os fins deste Capítulo, será o que for feito com igual produtividade e com a mesma perfeição técnica, entre pessoas cuja **diferença de tempo de serviço** para o mesmo empregador não seja superior a **quatro anos** e a **diferença de tempo na função** não seja superior a **dois anos** (destaques não constantes do original).

Perceba-se que a partir das modificações produzidas pela reforma trabalhista, o equiparando terá de demonstrar, entre outros requisitos, que, num comparativo entre ele e o paradigma, este não tem diferença de tempo de serviço para o mesmo empregador superior a 4 (quatro) anos e, também, cumulativamente, este não tem diferença de tempo na função superior a 2 (dois) anos. Dessa forma, independentemente da função exercida, se o paradigma tiver tempo de serviço no mesmo empregador maior do que quatro anos, a equiparação estará estancada. E se esse requisito for superado, o desafio do equiparando continuará, pois ele precisará demonstrar que o modelo, com menos de quatro anos a mais na empresa, tem menos de dois anos a mais no exercício da função equiparanda.

8.º) Inexistência de quadro de carreira: para tornar possível a equiparação salarial é necessária a verificação de um requisito negativo, ou seja, da inexistência de organização do pessoal mediante quadro de carreira, também conhecido como Plano de Classificação de Cargos e Salários (PCCS). Os §§ 2.º e 3.º do art. 461 da CLT, nesse particular, são claríssimos:

> § 2.º Os dispositivos deste artigo não prevalecerão quando o empregador tiver pessoal organizado em quadro de carreira ou adotar, por meio de norma interna da empresa ou de negociação coletiva, plano de cargos e salários, dispensada qualquer forma de homologação ou registro em órgão público[87].

---

87 *Perceba-se que* a Súmula 6, I, do TST, haverá de ser modificada ou cancelada. Segundo a referida Súmula, "para os fins previstos no § 2.º do art. 461 da CLT, só é válido o quadro de pessoal organizado em carreira quando homologado

§ 3.º No caso do § 2.º deste artigo, as promoções poderão ser feitas por merecimento e[88] por antiguidade, ou por apenas um destes critérios, dentro de cada categoria profissional.

Observe-se que a intenção do dispositivo foi prestigiar a autonomia das partes no procedimento de definição dos passos necessários à ascendência na carreira. Em outras palavras: existindo quadro de carreira, preferem-se as regras nele insertas à sistemática da equiparação salarial.

Não basta apenas isso.

9.º) Não ser o paradigma trabalhador readaptado em nova função, por motivo de deficiência física ou mental atestada pelo órgão competente da Previdência Social (*vide* o § 4.º do art. 461 da CLT): isso acontece diante de situações de impossibilidade de desempenho da atividade que o empregado exerce na época em que se afastou em gozo de auxílio-doença ou aposentadoria por invalidez. Nesse caso, sendo possível o desempenho de outra atividade, após processo de reabilitação profissional, nos casos indicados pela perícia médica do Instituto Nacional do Seguro Social, o trabalhador pode conviver, recebendo seu salário originário, com outros empregados exercentes da função em que foi adaptado. Nenhum dos colegas poderá elegê-lo como paradigma porque seu salário não diz respeito à função que exerce por conta da readaptação, mas à outra, da qual se encontra afastado por impossibilidade funcional.

10.º) Não ser o equiparando ou o paradigma servidor público, ainda que celetista. Afirma-se isso porque o art. 37, XIII, da CF/88 veda a equiparação de qualquer natureza para o efeito de remuneração do pessoal do serviço público, ainda que celetista, sendo juridicamente impossível pretensão calcada no art. 461 da CLT. Veja-se a Orientação Jurisprudencial 297 da SDI-1 do TST:

> **Orientação Jurisprudencial 297 da SDI-1 do TST.** Equiparação Salarial. Servidor Público da Administração Direta, Autárquica e Fundacional. Art. 37, XIII, da CF/88. O art. 37, inciso XIII, da CF/88 veda a equiparação de qualquer natureza para o efeito de remuneração do pessoal do serviço público, sendo juridicamente impossível a aplicação da norma infraconstitucional prevista no art. 461 da CLT quando se pleiteia equiparação salarial entre servidores públicos, independentemente de terem sido contratados pela CLT.

O art. 37, XIII, da Constituição trata, evidentemente, de servidores públicos, estatutários ou celetistas, e não de empregados públicos, contratados por empresas públicas ou sociedades de economia mista. Nesse sentido foi publicada a Súmula 455 (ex – Orientação Jurisprudencial 353 da SDI-1) do TST. Veja-se:

---

pelo Ministério do Trabalho, excluindo-se, apenas, dessa exigência o quadro de carreira das entidades de direito público da administração direta, autárquica e fundacional aprovado por ato administrativo da autoridade competente". A reforma trabalhista tornou irrelevante a homologação do quadro de pessoal organizado em carreira no Ministério do Trabalho. A partir da vigência da Lei n. 13.467/2017 é "dispensada qualquer forma de homologação ou registro em órgão público" (veja-se a nova redação do § 2.º do art. 461 da CLT).

88   Esse, aliás, já era o posicionamento do TST, manifestado na **Orientação Jurisprudencial 418 da SDI-1**, embora dependente de referendo de norma coletiva. Para a mencionada OJ, "não constitui óbice à equiparação salarial a existência de plano de cargos e salários que, referendado por norma coletiva, prevê critério de promoção apenas por merecimento ou antiguidade, não atendendo, portanto, o requisito de alternância dos critérios, previsto no art. 461, § 2.º, da CLT".

Súmula 455. EQUIPARAÇÃO SALARIAL. SOCIEDADE DE ECONOMIA MISTA. ART. 37, XIII, DA CF/1988. POSSIBILIDADE. À sociedade de economia mista não se aplica a vedação à equiparação prevista no art. 37, XIII, da CF/1988, pois, ao admitir empregados sob o regime da CLT, equipara-se a empregador privado, conforme disposto no art. 173, § 1.º, II, da CF/1988.

11.º) Concomitância de todos os requisitos antes mencionados. Não basta que estejam presentes alguns dos requisitos permissivos da equiparação salarial. É indispensável que **todos** eles coexistam, ou seja, que se apresentem concomitantemente. Se faltar apenas um dos requisitos, não será possível falar em equiparação salarial.

Alguns aspectos adicionais devem ser considerados:

1.º) Somente é objeto da equiparação o salário-base e a gratificação pelo exercício da função equiparanda. Estão fora desse objeto vantagens de caráter pessoal, como o adicional por tempo de serviço.

2.º) Se o paradigma é desligado e o empregado que a ele foi equiparado para fins salariais continua a trabalhar, não haverá redução salarial deste. A equiparação salarial corrige a distorção definitivamente, não sendo autorizada sua cessação por força do desligamento do modelo. Ademais, a redução salarial é vedada pelo art. 7.º, VI, da Constituição.

CLT REFORMA TRABALHISTA	CLT ORIGINAL
Art. 468. Nos contratos individuais de trabalho só é lícita a alteração das respectivas condições por mútuo consentimento, e ainda assim desde que não resultem, direta ou indiretamente, prejuízos ao empregado, sob pena de nulidade da cláusula infringente desta garantia. **§ 1.º** Não se considera alteração unilateral a determinação do empregador para que o respectivo empregado reverta ao cargo efetivo, anteriormente ocupado, deixando o exercício de função de confiança. **§ 2.º** A alteração de que trata o § 1.º deste artigo, com ou sem justo motivo, não assegura ao empregado o direito à manutenção do pagamento da gratificação correspondente, que não será incorporada, independentemente do tempo de exercício da respectiva função. • § acrescentado pela Lei n. 13.467, de 13-7-2017.	**Art. 468.** Nos contratos individuais de trabalho só é lícita a alteração das respectivas condições por mútuo consentimento, e ainda assim desde que não resultem, direta ou indiretamente, prejuízos ao empregado, sob pena de nulidade da cláusula infringente desta garantia. **Parágrafo único.** Não se considera alteração unilateral a determinação do empregador para que o respectivo empregado reverta ao cargo efetivo, anteriormente ocupado, deixando o exercício de função de confiança.

O que mudou?

O art. 468 da CLT apenas ganhou um parágrafo com a finalidade específica de afrontar diretamente a jurisprudência contida na Súmula 372, I, do TST, segundo a qual "percebida a gratificação de função por **dez ou mais anos** *pelo empregado, se o empregador,* **sem justo motivo***, revertê-lo a seu cargo efetivo, não poderá retirar-lhe a gratificação tendo em vista o princípio da estabilidade financeira" (destaques não constantes do original).*

O novo § 2.º representa a antípoda do posicionamento jurisprudencial, pois ali se prevê que a alteração de que trata o § 1.º do art. 468 da CLT, **com ou sem justo motivo***, não assegura ao* empregado o direito à manutenção do pagamento da gratificação correspondente, que não será incorporada, independentemente do tempo de exercício da respectiva função.

Comentários

Não é rebaixamento a determinação do empregador para que o empregado reverta ao cargo efetivo anteriormente ocupado, deixando o exercício de função de confiança. Perceba-se que esse ato, nos termos do parágrafo único do art. 468 da CLT, não é sequer uma alteração unilateral. Esse posicionamento legal se justifica na evidência de que, desde o momento em que recebe o encargo de confiança, o empregado sabe que, se não mais houver fidúcia do empregador, será afastado da **função adicional** e, consequentemente, verá retirada a gratificação correspondente. Há, sem dúvida, uma cláusula implícita que regula a situação e cria, assim, o procedimento que se passou a intitular de **reversão**.

Acrescente-se que, na forma prevista no art. 499 da CLT, não há estabilidade em relação ao exercício de funções adicionais. Mesmo ao empregado garantido pela estabilidade aplica-se a reversão. Ele, na medida em que desaparece a confiança que justificava a atribuição de função adicional, tal qual qualquer outro empregado, reverte ao cargo efetivo que haja anteriormente ocupado.

Ressalve-se, entretanto, que, apesar de não se poder sustentar o direito de manutenção de um trabalhador no exercício de uma função adicional, falava-se, até o advento da Lei 13.467/2017, em nome da estabilidade econômica, no direito de integração a seu salário da gratificação pelo exercício da função adicional. Isso acontecerá desde que tal gratificação venha sendo outorgada *por* dez ou mais anos *e que*, ***sem justo motivo***, *o trabalhador tenha sido revertido a seu cargo efetivo*. Esse é o entendimento cristalizado do TST, ora expendido por meio da Súmula 372, I. Veja-se:

> **Súmula 372, I, do TST.** Percebida a gratificação de função por **dez ou mais anos** pelo empregado, se o empregador, **sem justo motivo**, revertê-lo a seu cargo efetivo, não poderá retirar-lhe a gratificação tendo em vista o princípio da estabilidade financeira (destaques não constantes do original).

Para que a gratificação de função seja incorporada ao salário depois de dez ou mais anos de exercício, não é necessário que o empregado tenha passado todo esse tempo na mesma função. Havendo uma pluralidade de funções, é razoável que as diversas gratificações recebidas no período supramencionado sejam consideradas em sua média aritmética[89].

Importante anotar, porém, que a reforma trabalhista de 2017 exterminou a gratificação de função incorporada em nome da estabilidade financeira. A Lei n. 13.467/2017 adicionou o § 2.º ao art. 468 da CLT para deixar bem claro que "a alteração de que trata o § 1.º deste artigo, **com ou sem justo motivo**, **não assegura** ao empregado o direito à manutenção do pagamento da gratificação correspondente, que não será incorporada, independentemente do tempo de exercício da respectiva função".

---

[89] Nesse sentido, veja-se decisão proferida em sede de recurso ordinário – Processo 01412-2006-281-04-00-0 RO.

CLT REFORMA TRABALHISTA	CLT ORIGINAL
Art. 477. Na extinção do contrato de trabalho, o empregador deverá proceder à anotação na Carteira de Trabalho e Previdência Social, comunicar a dispensa aos órgãos competentes e realizar o pagamento das verbas rescisórias no prazo e na forma estabelecidos neste artigo. **§ 1.º** *(Revogado pela Lei n. 13.467, de 13-7-2017).* **§ 2.º** O instrumento de rescisão ou recibo de quitação, qualquer que seja a causa ou forma de dissolução do contrato, deve ter especificada a natureza de cada parcela paga ao empregado e discriminado o seu valor, sendo válida a quitação, apenas, relativamente às mesmas parcelas. (Redação dada pela Lei n. 5.584, de 26-6-1970) **§ 3.º** *(Revogado pela Lei n. 13.467, de 13-7-2017).* **§ 4.º** O pagamento a que fizer jus o empregado será efetuado: I – em dinheiro, depósito bancário ou cheque visado, conforme acordem as partes; ou II – em dinheiro ou depósito bancário quando o empregado for analfabeto. **§ 5.º** Qualquer compensação no pagamento de que trata o parágrafo anterior não poderá exceder o equivalente a um mês de remuneração do empregado. (Redação dada pela Lei n. 5.584, de 26-6-1970) **§ 6.º** A entrega ao empregado de documentos que comprovem a comunicação da extinção contratual aos órgãos competentes bem como o pagamento dos valores constantes do instrumento de rescisão ou recibo de quitação deverão ser efetuados até dez dias contados a partir do término do contrato. *a) (Revogada pela Lei n. 13.467, de 13-7-2017);* *b) (Revogada pela Lei n. 13.467, de 13-7-2017)* **§ 7.º** *(Revogado pela Lei n. 13.467, de 13-7-2017).* **§ 8.º** A inobservância do disposto no § 6.º deste artigo sujeitará o infrator à multa de 160 BTN, por trabalhador, bem assim ao pagamento da multa a favor do empregado, em valor equivalente ao seu salário, devidamente corrigido pelo índice de variação do BTN, salvo quando, comprovadamente, o trabalhador der causa à mora. (Incluído pela Lei n. 7.855, de 24-10-1989) **§ 9.º** *(Vetado pela Lei n. 13.467, de 13-7-2017).* **§ 10.** A anotação da extinção do contrato na Carteira de Trabalho e Previdência Social é documento hábil para requerer o benefício do seguro-desemprego e a movimentação da conta vinculada no Fundo de Garantia do Tempo de Serviço, nas hipóteses legais, desde que a comunicação prevista no *caput* deste artigo tenha sido realizada. • § acrescentado pela Lei n. 13.467, de 13-7-2017.	**Art. 477.** É assegurado a todo empregado, não existindo prazo estipulado para a terminação do respectivo contrato, e quando não haja ele dado motivo para cessação das relações de trabalho, o direto de haver do empregador uma indenização, paga na base da maior remuneração que tenha percebido na mesma empresa. (Redação dada pela Lei n. 5.584, de 26-6-1970) **§ 1.º** O pedido de demissão ou recibo de quitação de rescisão, do contrato de trabalho, firmado por empregado com mais de 1 (um) ano de serviço, só será válido quando feito com a assistência do respectivo Sindicato ou perante a autoridade do Ministério do Trabalho e Previdência Social. (Redação dada pela Lei n. 5.584, de 26-6-1970) **§ 2.º** O instrumento de rescisão ou recibo de quitação, qualquer que seja a causa ou forma de dissolução do contrato, deve ter especificada a natureza de cada parcela paga ao empregado e discriminado o seu valor, sendo válida a quitação, apenas, relativamente às mesmas parcelas. (Redação dada pela Lei n. 5.584, de 26-6-1970) **§ 3.º** Quando não existir na localidade nenhum dos órgãos previstos neste artigo, a assistência será prestada pelo Represente do Ministério Público ou, onde houver, pelo Defensor Público e, na falta ou impedimento deste, pelo Juiz de Paz. (Redação dada pela Lei n. 5.584, de 26-6-1970) **§ 4.º** O pagamento a que fizer jus o empregado será efetuado no ato da homologação da rescisão do contrato de trabalho, em dinheiro ou em cheque visado, conforme acordem as partes, salvo se o empregado for analfabeto, quando o pagamento somente poderá ser feito em dinheiro. (Redação dada pela Lei n. 5.584, de 26-6-1970) **§ 5.º** Qualquer compensação no pagamento de que trata o parágrafo anterior não poderá exceder o equivalente a um mês de remuneração do empregado. (Redação dada pela Lei n. 5.584, de 26-6-1970) **§ 6.º** O pagamento das parcelas constantes do instrumento de rescisão ou recibo de quitação deverá ser efetuado nos seguintes prazos: (Incluído pela Lei n. 7.855, de 24-10-1989) *a)* até o primeiro dia útil imediato ao término do contrato; ou (Incluído pela Lei n. 7.855, de 24-10-1989) *b)* até o décimo dia, contado da data da notificação da demissão, quando da ausência do aviso prévio, indenização do mesmo ou dispensa de seu cumprimento. (Incluído pela Lei n. 7.855, de 24-10-1989) **§ 7.º** O ato da assistência na rescisão contratual (§§ 1.º e 2.º) será sem ônus para o trabalhador e empregador. (Incluído pela Lei n. 7.855, de 24-10-1989) **§ 8.º** A inobservância do disposto no § 6.º deste artigo sujeitará o infrator à multa de 160 BTN, por

CLT REFORMA TRABALHISTA	CLT ORIGINAL
	trabalhador, bem assim ao pagamento da multa a favor do empregado, em valor equivalente ao seu salário, devidamente corrigido pelo índice de variação do BTN, salvo quando, comprovadamente, o trabalhador der causa à mora. (Incluído pela Lei n. 7.855, de 24-10-1989)
	§ 9.º *(Vetado)*. (Incluído pela Lei n. 7.855, de 24-10-1989)

O que mudou?

O art. 477 da CLT sofreu alterações no seu *caput*, revogações de parágrafos e, no seu final, a adição de um parágrafo.

As mais importantes mudanças se deram em torno da (1) extinção da assistência e da homologação para validação de dissoluções de contratos de emprego com mais um ano, da (2) unificação dos prazos para cumprimento de todas as obrigações de dar e de fazer relativas à ruptura do vínculo e (3) da transformação da CTPS no documento hábil para requerer o benefício do seguro-desemprego e movimentação da conta vinculada no Fundo de Garantia do Tempo de Serviço, nas hipóteses legais, desde que a comunicação prevista no *caput* do art. 477 da CLT tenha sido realizada.

Comentários

- **Generalidades**

O pagamento das parcelas decorrentes da cessação do contrato de emprego é um momento importante na vida do empregado. Afinal, é nesse instante que os parceiros laborais, cientes de que o vínculo não mais poderia continuar, reúnem-se para calcular cada uma das parcelas objeto da situação que pôs fim ao negócio jurídico.

A Lei n. 13.467/2017 modificou substancialmente o art. 477 da CLT. O *caput* antes existente não guardava necessária correlação com os seus demais elementos. A despeito de a cabeça do artigo mencionar aplicabilidade restrita ao empregado **que não tivesse dado motivo para cessação das relações de trabalho**, os parágrafos, em clara situação de desconexão e independência, envolviam situações diversas de terminação de vínculo. Nesse ponto, portanto, a reforma trabalhista de 2017 foi colaborativa. Ela deu coerência ao texto do mencionado artigo, ficando bem claro que a sua aplicação abrange todas as fórmulas de cessação contratual, a despeito de ter sido utilizada a locução "extinção" que, segundo a perspectiva desta obra, é, em verdade, uma espécie do gênero "cessação". Seja lá como for, tornou-se clara a intenção do legislador de abarcar todas as formas de terminação do vínculo. Observe-se o texto:

> **CLT. Art. 477.** Na extinção do contrato de trabalho, o empregador deverá proceder à anotação na Carteira de Trabalho e Previdência Social, comunicar a dispensa aos órgãos competentes e realizar o pagamento das verbas rescisórias no prazo e na forma estabelecidos neste artigo.

Merece registro também a visão dada pela nova legislação de que o instante de pagamento das parcelas decorrentes da ruptura do vínculo **não é apenas para cumprimento da obrigação de pagar, mas também de efetivação de todas as obrigações de fazer**, sejam relacionadas às anotações na CTPS, sejam de comunicação para órgãos competentes, sejam ainda de entrega de formulários ou outros documentos exigíveis para a habilitação a benefícios sociais. Na linha da simplificação e da modernização, cabe anotar que a Carteira de Trabalho e Previdência Social passou a ser, na forma do § 10 do art. 477 da CLT, o documento hábil para requerer o seguro-desemprego e a movimentação da conta vinculada no Fundo de Garantia do Tempo de Serviço, nas hipóteses legais, desde que a comunicação prevista no *caput* do citado artigo tenha sido realizada. Os procedimentos informativos do desligamento do trabalhador serão, decerto, lançados pelos empregadores em plataformas eletrônicas dos órgãos responsáveis pelo saque do FGTS e pela habilitação ao seguro-desemprego, bastando ao empregado a apresentação de sua CTPS para tornar os benefícios desfrutáveis.

Nos próximos itens o "pagamento das parcelas decorrentes da cessação do vínculo" será analisado em fragmentos temáticos com o propósito de oferecer-se uma visão detalhada desse importante instante na vida do trabalhador e do empregador.

- **Base de cálculo**

A base de cálculo das parcelas decorrentes da cessação dos contratos é aquilo que se chama de "maior remuneração" (a expressão foi extirpada do texto do art. 477, *caput*, da CLT). A "maior remuneração" é apurada a partir da soma do salário-base pago na data da cessação, acrescido da média duodecimal dos complementos e dos suplementos salariais[90]. Apesar de a reforma trabalhista de 2017 ter eliminado menção à citada expressão, acredita-se que a "maior remuneração" permanece como referencial para os cálculos das verbas pagas no instante da cessação do contrato.

- **Termo de rescisão do contrato de trabalho**

Apurada a "maior remuneração" e procedidos os cálculos que identificam a dimensão das parcelas que devem ser pagas, os valores precisam ser lançados num instrumento intitulado *termo de rescisão do contrato de trabalho* (**TRCT**). *Note-se que o vocábulo "rescisão" é utilizado aqui em sentido genérico, para fazer referência a qualquer forma de cessação dos contratos de emprego*, e não à forma específica de dissolução.

O pagamento das parcelas contidas no TRCT, desde a vigência da Lei n. 13.467/2017, não mais imporá *o ato da homologação da rescisão do contrato de trabalho. Empregado e empregador realizarão, então, sem a necessária intermediação de terceiros, o ato de quitação na forma do § 4.º do art. 477 da CLT*, vale dizer:

---

90 **Súmula 459 do STF:** "No cálculo da indenização por despedida injusta, incluem-se os adicionais, ou gratificações, que, pela habitualidade, se tenham incorporado ao salário". **Súmula 462 do STF:** "No cálculo da indenização por despedida injusta, inclui-se, quando devido, o repouso semanal remunerado". No tocante à Súmula 459 do STF há de considerar-se que, nos moldes da nova redação do § 1.º do art. 457 da CLT, somente integram o salário as "gratificações legais".

CLT, Art. 477. [...]

§ 4.º O pagamento a que fizer jus o empregado será efetuado:

I – em dinheiro, depósito bancário ou cheque visado, conforme acordem as partes; ou

II – em dinheiro ou depósito bancário quando o empregado for analfabeto.

Se, por acaso, o trabalhador tiver, além de créditos, também débitos de natureza trabalhista[91], por exemplo, o valor correspondente ao aviso prévio que preferiu não prestar em tempo de serviço apesar de ter pedido demissão, qualquer compensação no ato do pagamento das verbas rescisórias não poderá exceder o equivalente a um mês de **remuneração** do empregado. Essa compensação, na Justiça do Trabalho, estará restrita às dívidas de natureza trabalhista, entendimento esse contido na Súmula 18 do TST:

Súmula 18 do TST. COMPENSAÇÃO. A compensação, na Justiça do Trabalho, está restrita a dívidas de natureza trabalhista.

Outro detalhe que diz respeito à compensação é o que envolve o meio processual adequado para sua postulação. Consoante a Súmula 48 do TST, a compensação somente poderá ser arguida com a contestação:

Súmula 48 do TST. COMPENSAÇÃO. A compensação só poderá ser arguida com a contestação.

Adite-se, ainda, que, embora seja lícito ao menor (aquele que tem idade inferior a 18 anos, salvo se emancipado) firmar recibo pelo pagamento dos salários pagos mês a mês, é vedado a ele, sem assistência de seus responsáveis legais, dar quitação ao empregador pelo recebimento das parcelas decorrentes da cessação do contrato de emprego[92].

• Homologação e assistência

A reforma trabalhista de 2017 pôs fim à homologação, assim entendido o procedimento de natureza administrativa que tinha por finalidade realizar o controle, mediante a assistência de específicos órgãos, de validade dos atos praticados em decorrência da cessação dos contratos de emprego, notadamente a verificação da validade do consentimento e do pagamento. Não era, entretanto, exigível em todos os contratos, mas apenas naqueles que envolvessem empregados com mais de um ano de serviço[93].

---

91   Anote-se que, nos termos da Súmula 187 do TST, "a correção monetária não incide sobre o débito do trabalhador reclamante".

92   Art. 439 da CLT. "É lícito ao menor firmar recibo pelo pagamento dos salários. Tratando-se, porém, de rescisão do contrato de trabalho, é vedado ao menor de dezoito anos dar, sem assistência dos seus responsáveis legais, quitação ao empregador pelo recebimento da indenização que lhe for devida".

93   Veja-se, nesse sentido, a redação do ora revogado § 1.º do art. 477 da CLT:

"§ 1.º O pedido de demissão ou recibo de quitação de rescisão do contrato de trabalho, firmado por empregado com mais de um ano de serviço, só será válido quando feito com a assistência do respectivo Sindicato ou perante a autoridade do Ministério do Trabalho e Previdência Social".

Percebe-se, portanto, que nos limites do ora revogado § 1.º do art. 477 da CLT (efeito produzido pela Lei n. 13.467/2017) somente os contratos firmados por empregado com até um ano de serviço não exigiam a formalidade da homologação administrativa. O sindicato representante da categoria profissional e a autoridade local do Ministério do Trabalho e Previdência Social tinham **competência funcional primária e concorrente** (um ou o outro, indistintamente) para assistir o empregado durante os atos praticados em decorrência da cessação dos contratos de emprego. Quando não existia na localidade quaisquer dos citados órgãos, **e somente se eles não existissem**, a assistência era prestada, em caráter secundário e subsidiário, "pelo Representante do Ministério Público, **ou**, onde houver, pelo Defensor Público e, na falta ou impedimento destes, pelo Juiz de Paz" (vide o § 3.º do art. 477 da CLT). Atente-se para o fato de que existia (não existe mais) **concorrência funcional derivada** entre o representante do Ministério Público e o defensor público da localidade, vale dizer, poderia ser invocada a assistência de um ou de outro, indistintamente. Somente na ausência destes e, logicamente, dos órgãos com competência funcional primária é que poderia ser invocada a participação do juiz de paz, o último na escala dos competentes para operar o ora extinto procedimento de homologação. Destaque-se, por fim, que o supramencionado ato da assistência – sobre o qual não mais se falará como ato obrigatório, impositivo e indispensável ao aperfeiçoamento da cessação de contratos que tivessem mais de um ano de existência – era processado **sem qualquer ônus** para o trabalhador e para o empregador.

A reforma trabalhista de 2017, sob o pálio da modernização das relações laborais, **eliminou o procedimento administrativo de homologação** e, em decorrência disso, a partir da vigência da Lei n. 13.467/2017, colocou face a face, sem a intermediação necessária de terceiros, os sujeitos da relação de emprego, sem nenhuma assistência, sem nenhuma aferição da existência de vício de consentimento ou de equívoco nos cálculos. Isso, entretanto, não impedirá que os sindicatos operários ofereçam atenção facultativa, voluntária ao trabalhador para que ele não seja enganado no momento de assinatura dos documentos correspondentes ao fim do vínculo. Esse auxílio, porém, será dado unicamente por uma decisão estratégica da entidade sindical, caso ela – com fundamento na sua liberdade organizacional – assim entenda útil ou oportuno.

- **Quitação e eficácia liberatória**

No *termo de rescisão* (TRCT) deve estar especificada a natureza de cada parcela paga ao empregado e discriminado seu valor, sendo válida, por conta do princípio da não complessividade, a quitação, apenas, relativamente às mesmas parcelas. Observe-se, nesse sentido, o texto da Súmula 330 do TST, especificamente nos seus itens I e II:

Súmula 330 do TST.
A quitação passada pelo empregado, com assistência de entidade sindical de sua categoria, ao empregador, com observância dos requisitos exigidos nos parágrafos do art. 477 da CLT, tem eficácia liberatória em relação às parcelas expressamente consignadas no recibo, salvo se oposta ressalva expressa e especificada ao valor dado à parcela ou parcelas impugnadas.
I – A quitação não abrange parcelas não consignadas no recibo de quitação e, consequentemente, seus reflexos em outras parcelas, ainda que estas constem desse recibo;
II – Quanto a direitos que deveriam ter sido satisfeitos durante a vigência do contrato de trabalho, a quitação é válida em relação ao período expressamente consignado no recibo de quitação.

- **Prazo de pagamento e penas pelo atraso**

A Lei n. 13.467/2017 unificou o prazo para o pagamento das parcelas decorrentes da cessação do contrato. Antes dessa norma, porém, existiam duas hipóteses a considerar, que, aliás, **continuarão a ser referenciadas e aplicadas em relação aos vínculos findos antes da modificação produzida pela mencionada reforma trabalhista**. Assim, cabe um **antes** e um **depois** da reforma trabalhista de 2017, nos seguintes termos:

a) **Até a data de vigência da Lei n. 13.467/2017, o prazo previsto no § 6.º do art. 477 da CLT considerava duas variáveis:**

1.º) até o **primeiro dia útil** imediato ao término do contrato; ou
2.º) até o **décimo dia**[94], contado da data da notificação da demissão, quando da ausência do aviso prévio, indenização do mesmo ou dispensa de seu cumprimento.

Observe-se, quanto à contagem do prazo, o disposto na OJ 162 da SDI-1 do TST:

Orientação Jurisprudencial 162 da SDI-1, TST. Multa. Art. 477 da CLT. Contagem do Prazo. Aplicável o art. 132 do Código Civil de 2002. Inserida em 26.03.99 (atualizada a legislação e inserido dispositivo). **A contagem do prazo para quitação das verbas decorrentes da rescisão contratual prevista no artigo 477 da CLT exclui necessariamente o dia da notificação da demissão e inclui o dia do vencimento, em obediência ao disposto no artigo 132 do Código Civil de 2002** (artigo 125 do Código Civil de 1916).

É bom anotar, mesmo porque essa questão tem ocorrido muitas vezes na prática forense, que não há regra que determine a exclusão do dia de início de contagem do prazo se ele for um dia destinado ao descanso (domingo ou feriado). Essa regra aplica-se unicamente às situações em que o dia final for um dia destinado ao descanso. Veja-se, a propósito, o § 1.º do art. 132 do Código Civil, segundo o qual "*se o **dia do vencimento** cair em feriado considerar-se-á prorrogado o prazo até o seguinte dia útil*".

Assim, apenas a título exemplificativo, imagine-se a situação de um empregado que recebeu o aviso prévio indenizado de resilição por iniciativa patronal no dia 7-6-2014 (sábado). O prazo de dez dias terá o seu início em 8-6-2014 (domingo) e se estenderá, contado dia a dia, até o dia 17-6-2014 (terça-feira), e não até o dia 18-6-2014 (quarta-feira).

b) **A partir da vigência da Lei n. 13.467/2017, o prazo previsto no § 6.º do art. 477 da CLT foi unificado:**

A partir da vigência da nova legislação o prazo está unificado em 10 (dez) dias, independentemente do motivo ensejador da terminação do vínculo. Veja-se:

CLT. Art. 477. [...]
§ 6.º A entrega ao empregado de documentos que comprovem a comunicação da extinção contratual aos órgãos competentes bem como o pagamento dos valores constantes do instrumento

---

[94] Em conformidade com a **Orientação Jurisprudencial 14 da SDI-1 do TST**, "em caso de aviso prévio cumprido em casa, o prazo para pagamento das verbas rescisórias é até o décimo dia da notificação de despedida".

de rescisão ou recibo de quitação deverão ser efetuados **até dez dias** contados a partir do término do contrato (destaques não constantes do original).

- **Penas pelos atrasos**

O pagamento fora dos prazos assinalados sujeita o infrator a duas espécies de multa:

Multa administrativa: É multa cobrada pela Superintendência Regional do Trabalho e Emprego (SRTE) por trabalhador prejudicado. Atente-se, a propósito, com base no Precedente Administrativo n. 28 da Secretaria de Inspeção do Trabalho (Aprovado pelo Ato Declaratório DEFIT n. 3, de 29-5-2001, *DOU* 30-5-2001, e consolidado pelo Ato Declaratório DEFIT n. 4, de 21-2-2002, *DOU* 22-2-2002), que "o pagamento da multa em favor do empregado não exime o autuado da multa administrativa, uma vez que são penalidades distintas: a primeira beneficia o empregado, enquanto a segunda destina-se ao Poder Público".

Multa moratória: *É multa cobrada em favor do empregado prejudicado, em valor equivalente a seu salário-base, devidamente corrigido, salvo quando, comprovadamente, ele tenha sido o responsável pelo atraso.*

Uma questão importante, entretanto, normalmente envolve o conceito de "atraso": afinal, o legislador refere-se apenas ao atraso no pagamento das verbas decorrentes da terminação do contrato de emprego ou ao atraso no conjunto de prestações relacionadas ao procedimento de desligamento?

A reforma produzida pela Lei n. 13.467/2017 deixa claro que o cumprimento da obrigação relacionada a cessação do contrato de emprego não se exaure no pagamento dos valores constantes do instrumento de rescisão ou recibo de quitação, mas, em realidade, se completa com a simultânea entrega da documentação que comprova a comunicação de ruptura contratual aos órgãos competentes. Dessa forma, caberá a multa do art. 477 da CLT, no valor correspondente a um salário-base (vide § 8.º do art. 477 consolidado), quando o empregador fizer o pagamento das verbas decorrentes da cessação do vínculo, mas não as anotações na CTPS e a entrega ao empregado dos precitados documentos comprobatórios do seu desligamento para fins de levantamento do FGTS e habilitação ao seguro-desemprego.

Perceba-se, portanto, que a pontualidade no pagamento das verbas decorrentes da terminação do contrato de emprego não isenta o empregador do pagamento da multa prevista no art. 477 da CLT se ele tiver atrasado o cumprimento de qualquer uma das obrigações de fazer. Isso se justifica na medida em que ora analisado procedimento de quitação tem natureza complexa, envolvendo uma série de atos interdependentes entre si[95].

---

95 Observe-se jurisprudência antiga, porém bem atual, nesse sentido:
"MULTA DO ARTIGO 477, § 8.º DA CLT – ATO COMPLEXO – A quitação rescisória é um ato complexo que envolve também obrigações de fazer, tais como a entrega do TRCT para levantamento do FGTS depositado e das guias CD/SD, para fins de obtenção do benefício do seguro desemprego. Portanto, tem-se que o descumprimento do prazo estabelecido no § 6.º do art. 477 da CLT no tocante as obrigações de fazer configura atraso na quitação, sendo cabível a aplicação da multa prevista no § 8.º do artigo retromencionado" (TRT 3.ª R., RO 00995-2006-108-03-00-5, 3.ª T., Rel. Des. Maria Lúcia Cardoso Magalhães, *DJMG*, 21-4-2008).

Ainda sobre o conceito de atraso, é bom observar que **a lei não autoriza depósito antecipado do valor devido**, tampouco que o pagamento aconteça parcialmente[96] ou em instante diferido. Quem age contra essas prescrições está tecnicamente incorrendo em mora. Note-se que não está em mora apenas quem não paga, mas também quem paga fora do tempo e lugar previstos. Nesse sentido é de observar o disposto no art. 394 do Código Civil:

> **Art. 394.** Considera-se em mora o devedor que não efetuar o pagamento e o credor que não quiser recebê-lo no tempo, lugar e forma que a lei ou a convenção estabelecer.

Outro aspecto importante a analisar diz respeito ao **sujeito passivo da penalidade**. Nesse sentido, pode-se afirmar que a multa por mora **é devida indistintamente por empregadores privados ou públicos**, não sendo garantido a estes últimos qualquer privilégio da isenção. Anote-se que sobre esse suposto privilégio manifestou-se o TST, mediante a Orientação Jurisprudencial 238 da SDI-1, nos seguintes moldes:

> **Orientação Jurisprudencial 238 da SDI-1 do TST.** Multa. Art. 477 da CLT. Pessoa Jurídica de Direito Público. Aplicável. Inserida em 20.06.01 (inserido dispositivo). Submete-se à multa do artigo 477 da CLT a pessoa jurídica de direito público que não observa o prazo para pagamento das verbas rescisórias, pois nivela-se a qualquer particular, em direitos e obrigações, despojando-se do "ius imperii" ao celebrar um contrato de emprego.

A jurisprudência dominante, entretanto, entendeu que a multa de mora, por força das circunstâncias que envolvem um estado de falência, **não se aplica à massa falida**. Enfim, diante desse estado jurídico, os bens da empresa quebrada concentram-se no juízo universal, e dele somente podem sair com autorização judicial. Por conta disso, o TST produziu a Súmula 388. Note-se:

> **Súmula 388 do TST.** A Massa Falida não se sujeita à penalidade do artigo 467 e nem à multa do § 8.º do art. 477, ambos da CLT.

Ainda no âmbito dos sujeitos sobre os quais pode recair a multa prevista no art. 477 da CLT, veiculou-se no cotidiano forense a ideia de que, tendo sido o efetivo empregador o responsável por sua ocorrência, a empresa tomadora dos serviços, numa situação de terceirização, não seria apenada. Esta tese baseia-se no argumento de que a empresa tomadora apenas teria responsabilidade subsidiária sobre as *obrigações trabalhistas* produzidas durante a relação jurídica de direito material (durante o contrato de emprego). Como a multa do art. 477 da CLT é resultante do inadimplemento das mencionadas obrigações trabalhistas, o comportamento da empresa prestadora seria pós-contratual, fora do campo de responsabilidade da tomadora dos serviços. Essa tese, entretanto, não se revela razoável, pois as verbas decorrentes do inadimplemento das obrigações trabalhistas são mero acessório, que, como se sabe, seguem o destino

---

96 O prazo legal de dez dias para a homologação da rescisão abrange todas as obrigações do empregador para com o empregado, e o descumprimento de quaisquer delas justifica a multa por atraso rescisório. Veja-se decisão nesse sentido no processo (RO) 00995-2006-108-03-00-5.

e a sorte do principal. O TST confirmou esse entendimento ao incluir o item VI no texto da sua Súmula 331. Veja-se:

> VI – A responsabilidade subsidiária do tomador de serviços abrange todas as verbas decorrentes da condenação referentes ao período da prestação laboral.

Perceba-se que, segundo a perspectiva do TST, a responsabilidade subsidiária do tomador abrangerá "todas as verbas decorrentes da condenação", e não apenas as verbas decorrentes da contratação.

Outro detalhe relevante a observar diz respeito ao cabimento da multa prevista no art. 477, § 8.º, da CLT, quando houver **fundada controvérsia quanto à existência da obrigação geradora do inadimplemento** (situação de sustentação de inexistência do vínculo de emprego). Sobre o tema parece acertada a tese segundo a qual, uma vez certificada a existência do vínculo de emprego, os efeitos declaratórios autorizam a exigibilidade da multa ora analisada. Perceba-se que o Judiciário apenas declarará aquilo que efetivamente existiu. Se efetivamente existiu, deveriam ter sido pagas as parcelas decorrentes da extinção daquilo que, de fato, aconteceu.

Motivado por esse raciocínio, o TST, em novembro de 2009, cancelou a Orientação Jurisprudencial 351 da Seção I de Dissídios Individuais (SDI-1), que estabelecia ser "incabível a multa prevista no art. 477, § 8.º, da CLT, quando houver fundada controvérsia quanto à existência da obrigação cujo inadimplemento gerou a multa".

Aspecto adicional que justificou o cancelamento da citada Orientação Jurisprudencial foi a dificultosa determinação do conceito de **"fundada controvérsia"**. Afirma-se isso porque, tratando-se de conceito jurídico indeterminado, múltiplas acepções à expressão eram atribuídas. A Orientação Jurisprudencial 351, tal qual fora confeccionada, era estimulante da negativa da existência de vínculo empregatício, notadamente quando não realizada anotação do contrato na CTPS. Enfim, diante desse quadro, bastava ao demandado sustentar sua defesa na suposta "fundada controvérsia" para ter fundamentos para a postulação da isenção da multa.

Exatamente por isso o TST publicou a **Súmula 462** (*DEJT* divulgado em 30-6-2016), segundo a qual "a circunstância de a relação de emprego ter sido reconhecida apenas em juízo não tem o condão de afastar a incidência da multa prevista no art. 477, § 8.º, da CLT". Dessa forma e nesses termos, "a referida multa não será devida **apenas quando**, comprovadamente, o empregado der causa à mora no pagamento das verbas rescisórias" (destaque não constante do original).

E se houver afastamento de justa causa em juízo? Nesse caso, a multa prevista no § 8.º do art. 477 da CLT será ou não devida?

A resposta parece depender do nível de controvérsia que envolveu a discussão quanto à existência ou não da justa causa operária e, consequentemente, da interpretação judicial acerca dos fatos. Assim, não caberia a condenação na multa do § 8.º do art. 477 da CLT, se, à época da pena, não pairavam razoáveis dúvidas sobre a existência da falta grave e se, cumulativamente, o empregador pagou, na ocasião, as parcelas incontroversas que independiam do motivo ensejador da terminação do contrato. Por outro lado, caberia a condenação da multa aqui analisada no caso de inexistência de dúvidas razoáveis sobre a ocorrência da falta grave. Esta seria, aliás, uma forma de coibir despedidas sumárias fundadas em falso motivo, apenando o infrator pela mora na quitação a que não deu causa o empregado. Exemplo em que não há dúvida razoável para a caracterização da falta grave diz respeito às situações em que o operário é duplamente punido pelo mesmo fato (suspenso e, em seguida, despedido com justa causa). Nesse caso, o empregador, por ter ferido um princípio básico do exercício do poder disciplinar, produziu uma justa causa sem o mínimo suporte na razoabilidade.

Mais uma temática relacionada à multa prevista no § 8.º do art. 477 da CLT diz respeito a sua aplicabilidade nas **situações em que se pretende a declaração de despedida indireta**. Nessas hipóteses, diante da controvérsia acerca da iniciativa da dispensa, não se pode falar na incidência da citada multa, uma vez que somente depois da certificação do débito e do trânsito em julgado da decisão pode-se falar em mora[97].

CLT REFORMA TRABALHISTA	CLT ORIGINAL
Art. 477-A. As dispensas imotivadas individuais, plúrimas ou coletivas equiparam-se para todos os fins, não havendo necessidade de autorização prévia de entidade sindical ou de celebração de convenção coletiva ou acordo coletivo de trabalho para sua efetivação.	Não há correspondente na CLT original.

O que mudou?

O art. 477-A da CLT é uma inovação. Por meio dele são equiparadas as dispensas imotivadas individuais, plúrimas ou coletivas, inclusive quanto à desnecessidade de autorização prévia de entidade sindical ou de celebração de convenção coletiva ou acordo coletivo de trabalho para sua efetivação.

Comentários

A **despedida individual (ou singular)** é aquela dirigida por um empregador específico contra um empregado singularmente considerado. A **despedida coletiva**, por sua vez, é aquela operada simultaneamente, por motivo único, contra um grupo de trabalhadores, sem pretensão de substituição dos dispensados. Nesse particular, Orlando Gomes, em estudo publicado em 1974, foi preciso no estabelecimento dos traços característicos do instituto ora analisado:

---

97 Veja-se jurisprudência nesse sentido:
"DESPEDIDA INDIRETA – MULTA POR ATRASO NO PAGAMENTO DAS PARCELAS RESCISÓRIAS – A multa do art. 477, § 8.º, da CLT é prevista se o empregador, ao rescindir o contrato de trabalho, deixa de pagar as verbas rescisórias no momento oportuno ali consignado. Quando há controvérsia judicial acerca da iniciativa da dispensa e o débito rescisório somente é reconhecido em juízo, não se configura a hipótese prevista na norma legal" (TRT 5.ª R., RO 00354-2004-291-05-00-7 (14.171/05), Rel. Des. Sônia França, j. 5-7-2005).

Na dispensa coletiva é única e exclusiva a causa determinante. O empregador, compelido a dispensar certo número de empregados, não se propõe a despedir determinados trabalhadores, senão aqueles que não podem continuar no emprego. Tomando a medida de dispensar uma pluralidade de empregados não visa o empregador a pessoas concretas, mas a um grupo de trabalhadores identificáveis apenas por traços não pessoais, como a lotação em certa seção ou departamento da empresa, a qualificação profissional, ou o tempo de serviço. A causa da dispensa é comum a todos, não se prendendo ao comportamento de nenhum deles, mas a uma necessidade da empresa.

A finalidade do empregador ao cometer a dispensa coletiva não é abrir vagas ou diminuir, por certo tempo, o número dos empregados. Seu desígnio é, ao contrário, reduzir definitivamente o quadro de pessoal. Os empregados dispensados não são substituídos, ou porque se tornaram desnecessários ou porque não tem a empresa condição de conservá-los[98].

Além de definir com maestria o conteúdo jurídico da despedida coletiva, Orlando Gomes, na obra ora referida, ofereceu elementos de distinção entre o mencionado instituto e a **despedida plúrima**. Percebam-se:

A exigência da reunião desses elementos de caracterização da dispensa coletiva facilita a sua distinção da dispensa ou despedida plúrima.

Dispensa dessa espécie sucede quando numa empresa se verifica uma série de despedidas singulares ou individuais, ao mesmo tempo, por motivo relativo à conduta de cada empregado dispensado.

Essa dispensa há de ser praticada, primeiramente, contra número considerável de empregados, por fato que a todos diga respeito, como, por exemplo, a insubordinação dos trabalhadores da seção de embalagem de uma empresa. Os dispensados têm de ser pessoas determinadas, constituindo um conjunto concreto de empregados. Afastados, há de ser substituídos, eis que o serviço precisa ser prestado continuadamente por igual número de trabalhadores. A dispensa plúrima não tem, por último, a finalidade de reduzir o quadro do pessoal.

Os pontos de semelhança entre dispensa plúrima e coletiva desautorizam a aceitação do critério quantitativo para a caracterização da última, pois a primeira também supõe uma pluralidade de dispensados. Algumas leis qualificam como coletiva, entretanto, a despedida, em certo período, de empregados em número superior aos que indica em função da quantidade de trabalhadores da empresa. Pode, no entanto, ser plúrima a dispensa que atinge proporção superior à estabelecida para que se considere coletiva. Nem deve perder esta conotação a despedida de empregados em pequeno número ou em número inferior às percentagens estabelecidas, se reveste os outros caracteres da dispensa coletiva.

É importante anotar que a dispensa coletiva, para ser efetivada, **precisava** passar pelo crivo do sindicato representativo da categoria profissional atingida, a quem, nos moldes do art. 8.º, III, da Constituição da República, se atribui a defesa dos direitos e interesses transindividuais, inclusive em questões judiciais ou administrativas. Nesse particular é obrigatória a referência ao *leading case* da Embraer – Empresa Brasileira de Aeronáutica S.A. Dissídio Coletivo TST-RODC-309/2009-000-15-00.4. Nos autos do referido processo, a Seção Especializada em Dissídios Coletivos do Tribunal Superior do Trabalho assentou a necessidade de prévia

---

98   GOMES, Orlando. Dispensa coletiva na reestruturação da empresa (aspectos jurídicos do desemprego tecnológico). *LTr*, 38/577, 1974.

negociação coletiva com o sindicato obreiro para a dispensa em massa dos empregados. Se inviável a negociação coletiva, a Alta Corte Trabalhista afirmou cabível o processo judicial de Dissídio Coletivo com o objetivo de regular os efeitos pertinentes. Em sede de recurso extraordinário (RE 647.651/SP), a discussão foi levada à apreciação do STF, que acabou por reconhecer que a questão possuía repercussão geral, pois ultrapassava o interesse subjetivo das partes e se mostrava relevante do ponto de vista econômico, político, social e jurídico para outros tantos casos semelhantes.

Apesar de toda a lógica *conforme a Constituição* do posicionamento jurisprudencial ora apresentado, o legislador da reforma trabalhista de 2017 criou o art. 477-A na CLT para deixar bem claro que "as dispensas imotivadas individuais, plúrimas ou coletivas equiparam-se para todos os fins, não havendo necessidade de autorização prévia de entidade sindical ou de celebração de convenção coletiva ou acordo coletivo de trabalho para sua efetivação". Houve, portanto, um retrocesso no modo de avaliar as dispensas, pois, em essência, nem mesmo o legislador conseguiria verdadeiramente equipará-las. Não há dúvidas de que as despedidas transindividuais produzem efeitos sociais deletérios e não se questiona nem um segundo sobre o interesse que as entidades sindicais podem ter sobre elas. Há, portanto, largo espaço para discussões sobre a constitucionalidade do dispositivo ora em destaque.

CLT REFORMA TRABALHISTA	CLT ORIGINAL
Art. 477-B. Plano de Demissão Voluntária ou Incentivada, para dispensa individual, plúrima ou coletiva, previsto em convenção coletiva ou acordo coletivo de trabalho, enseja quitação plena e irrevogável dos direitos decorrentes da relação empregatícia, salvo disposição em contrário estipulada entre as partes.	Não há correspondente na CLT original.

O que mudou?

O art. 477-B da CLT é uma inovação. Por meio dele o Plano de Demissão Voluntária ou Incentivada, para dispensa individual, plúrima ou coletiva, previsto em convenção coletiva ou acordo coletivo de trabalho, **enseja quitação plena e irrevogável dos direitos decorrentes da relação empregatícia**, salvo disposição em contrário estipulada entre as partes.

Comentários

Nos termos da ***Orientação Jurisprudencial 270 da SDI-1 do TST***, "a **transação extrajudicial** que importa rescisão do contrato de trabalho ante a adesão do empregado a plano de demissão voluntária implica apenas quitação exclusivamente das parcelas e valores constantes do recibo", *salvo* **se quitação ampla e irrestrita de todas as parcelas decorrentes do contrato de emprego tiver sido dada em item constante de instrumento coletivo negociado e de demais instrumentos assinados pelo empregado.** Essa ressalva foi a conclusão a que chegaram, por unanimidade, na Plenária de 30 de abril de 2015, os ministros do STF, no julgamento do Recurso Extraordinário (RE) 590.415, que teve repercussão geral reconhecida.

Ao darem provimento ao mencionado recurso extraordinário, os ministros fixaram a tese de que **"a transação extrajudicial que importa rescisão do contrato de trabalho em razão de adesão voluntária do empregado a plano de dispensa incentivada enseja quitação ampla e irrestrita de todas as parcelas objeto do contrato de emprego, caso essa condição tenha constado expressamente do acordo coletivo que aprovou o plano, bem como dos demais instrumentos celebrados com o empregado"**.

Em seu voto, o relator do caso, Ministro Luís Roberto Barroso, defendeu o seu ponto de vista ao afirmar que apenas no âmbito das relações individuais do trabalho o trabalhador fica à mercê de proteção estatal até contra sua própria necessidade ou ganância, haja vista a sua vulnerabilidade em face do empregador. Sustentou, porém, que essa assimetria não se coloca com a mesma intensidade nas negociações coletivas de trabalho, porque ali pesos e forças tendem a se igualar[99].

Agora sob o ponto de vista crítico, a decisão do STF, conquanto mereça respeito, traz em si o risco de estimular, mediante aplicações analógicas, a construção de cláusulas contratuais coletivas de quitação geral, capazes de afetar o patrimônio pessoal dos empregados. Cabe refletir se não haveria mesmo nenhum limite ao exercício da autonomia coletiva sindical em tais situações. Afinal, um instrumento coletivo negociado poderia realmente dar quitação ampla e irrestrita de **todas** as parcelas decorrentes do contrato de emprego, em ofensa ao direito de propriedade dos trabalhadores?

O legislador da reforma trabalhista de 2017 entendeu que sim. Exatamente por conta disso tornou lei o precitado entendimento relacionado ao "Plano de Demissão Voluntária ou Incentivada". A Lei n. 13.467/2017 criou o art. 477-B na CLT para tratar do assunto, e assim o fez:

> **Art. 477-B.** Plano de Demissão Voluntária ou Incentivada, para dispensa individual, plúrima ou coletiva, previsto em convenção coletiva ou acordo coletivo de trabalho, **enseja quitação plena e irrevogável dos direitos decorrentes da relação empregatícia**, salvo disposição em contrário estipulada entre as partes (destaques não constantes do original).

---

[99] O voto condutor do acórdão, da lavra do Ministro Roberto Barroso (RE 590.415 (Rel. Min. Roberto Barroso, *DJe* 29-5-2015), foi proferido com base nas seguintes razões: (a) "a Constituição reconheceu as convenções e os acordos coletivos como instrumentos legítimos de prevenção e de autocomposição de conflitos trabalhistas; tornou explícita a possibilidade de utilização desses instrumentos, inclusive para a redução de direitos trabalhistas; atribuiu ao sindicato a representação da categoria; impôs a participação dos sindicatos nas negociações coletivas; e assegurou, em alguma medida, a liberdade sindical [...]"; (b) "a Constituição de 1988 [...] prestigiou a autonomia coletiva da vontade como mecanismo pelo qual o trabalhador contribuirá para a formulação das normas que regerão a sua própria vida, inclusive no trabalho (art. 7.º, XXVI, CF)"; (c) "no âmbito do direito coletivo, não se verifica [...] a mesma assimetria de poder presente nas relações individuais de trabalho. Por consequência, a autonomia coletiva da vontade não se encontra sujeita aos mesmos limites que a autonomia individual"; (d) "[...] não deve ser vista com bons olhos a sistemática invalidação dos acordos coletivos de trabalho com base em uma lógica delimitação da autonomia da vontade exclusivamente aplicável às relações individuais de trabalho".

A extensão e o alcance da norma são os mais amplos possíveis, pois aplicáveis, indistintamente, no âmbito das dispensas individuais, plúrimas ou coletivas. Bastará, portanto, que o empregador ajuste, mediante negociação coletiva, um plano de desligamento incentivado para fruir da máxima proteção dada por uma **quitação plena e irrevogável dos direitos decorrentes da relação empregatícia**, salvo, evidentemente, se os próprios sujeitos coletivos ajustarem inexistente tal quitação em tal dimensão.

CLT REFORMA TRABALHISTA	CLT ORIGINAL
Art. 482. Constituem justa causa para rescisão do contrato de trabalho pelo empregador: *a)* ato de improbidade; *b)* incontinência de conduta ou mau procedimento; *c)* negociação habitual por conta própria ou alheia sem permissão do empregador, e quando constituir ato de concorrência à empresa para a qual trabalha o empregado, ou for prejudicial ao serviço; *d)* condenação criminal do empregado, passada em julgado, caso não tenha havido suspensão da execução da pena; *e)* desídia no desempenho das respectivas funções; *f)* embriaguez habitual ou em serviço; *g)* violação de segredo da empresa; *h)* ato de indisciplina ou de insubordinação; *i)* abandono de emprego; *j)* ato lesivo da honra ou da boa fama praticado no serviço contra qualquer pessoa, ou ofensas físicas, nas mesmas condições, salvo em caso de legítima defesa, própria ou de outrem; *k)* ato lesivo da honra ou da boa fama ou ofensas físicas praticadas contra o empregador e superiores hierárquicos, salvo em caso de legítima defesa, própria ou de outrem; *l)* prática constante de jogos de azar *m) perda da habilitação ou dos requisitos estabelecidos em lei para o exercício da profissão, em decorrência de conduta dolosa do empregado.* • Alínea acrescentada pela Lei n. 13.467, de 13-7-2017. **Parágrafo único.** Constitui igualmente justa causa para dispensa de empregado a prática, devidamente comprovada em inquérito administrativo, de atos atentatórios à segurança nacional. (Incluído pelo Decreto-lei n. 3, de 27-1-1966)	**Art. 482.** Constituem justa causa para rescisão do contrato de trabalho pelo empregador: *a)* ato de improbidade; *b)* incontinência de conduta ou mau procedimento; *c)* negociação habitual por conta própria ou alheia sem permissão do empregador, e quando constituir ato de concorrência à empresa para a qual trabalha o empregado, ou for prejudicial ao serviço; *d)* condenação criminal do empregado, passada em julgado, caso não tenha havido suspensão da execução da pena; *e)* desídia no desempenho das respectivas funções; *f)* embriaguez habitual ou em serviço; *g)* violação de segredo da empresa; *h)* ato de indisciplina ou de insubordinação; *i)* abandono de emprego; *j)* ato lesivo da honra ou da boa fama praticado no serviço contra qualquer pessoa, ou ofensas físicas, nas mesmas condições, salvo em caso de legítima defesa, própria ou de outrem; *k)* ato lesivo da honra ou da boa fama ou ofensas físicas praticadas contra o empregador e superiores hierárquicos, salvo em caso de legítima defesa, própria ou de outrem; *l)* prática constante de jogos de azar **Parágrafo único.** Constitui igualmente justa causa para dispensa de empregado a prática, devidamente comprovada em inquérito administrativo, de atos atentatórios à segurança nacional. (Incluído pelo Decreto-lei n. 3, de 27-1-1966)

O que mudou?

A única mudança no art. 482 da CLT foi a criação de uma alínea a mais, a de letra *m*, que caracteriza como justa causa para rescisão do contrato de trabalho pelo empregador também a "**perda da habilitação** ou dos requisitos estabelecidos em lei para o exercício da profissão, em decorrência de conduta dolosa do empregado" (destaques não constantes do original).

Comentários

A **perda da habilitação ou dos requisitos estabelecidos em lei para o exercício da profissão, em decorrência de conduta dolosa do empregado,** foi inserida no texto normativo da CLT, no art. 482, *m*, pela Lei n. 13.467/2017. Por meio dessa norma a perda da habilitação ou de qualquer outro requisito estabelecido em lei para o exercício da profissão, **desde que em decorrência de conduta dolosa do empregado**, será motivo suficiente para a resolução contratual por inexecução faltosa. Exemplos não faltam para a situação, mas dois são reiterados: o do motorista que, por ingestão intencional de bebida alcoólica, é apenado com a perda da habilitação para dirigir durante determinado período e o do advogado-empregado que por ato de improbidade é suspenso pela OAB.

CLT REFORMA TRABALHISTA	CLT ORIGINAL
Art. 484-A. O contrato de trabalho poderá ser extinto por acordo entre empregado e empregador, caso em que serão devidas as seguintes verbas trabalhistas: I – por metade: *a)* o aviso prévio, se indenizado; e *b)* a indenização sobre o saldo do Fundo de Garantia do Tempo de Serviço, prevista no § 1.º do art. 18 da Lei n. 8.036, de 11 de maio de 1990; II – na integralidade, as demais verbas trabalhistas. **§ 1.º** A extinção do contrato prevista no *caput* deste artigo permite a movimentação da conta vinculada do trabalhador no Fundo de Garantia do Tempo de Serviço na forma do inciso I-A do art. 20 da Lei n. 8.036, de 11 de maio de 1990, limitada até 80% (oitenta por cento) do valor dos depósitos. **§ 2.º** A extinção do contrato por acordo prevista no *caput* deste artigo não autoriza o ingresso no Programa de Seguro-Desemprego. • Artigo acrescentado pela Lei n. 13.467, de 13-7-2017.	Não há correspondente na CLT original.

O que mudou?

O art. 484-A da CLT é uma inovação. Ele autoriza a cessação do contrato de emprego por acordo realizado entre empregado e empregador.

Comentários

Ocorre resilição quando um dos sujeitos integrantes da relação contratual de emprego ou ambos, por consenso, decidem dissolver o ajuste. Na primeira situação ocorrerá ***resilição unilateral***, fórmula comum dentro das relações de emprego; na segunda, ***resilição bilateral***, procedimento que durante anos não era aceito pelas normas trabalhistas, embora materialmente existente. Afirma-se que não era aceito formalmente o mecanismo da resilição bilateral, porque as normas trabalhistas não informavam as consequências jurídicas para essa conduta, restringindo-as, apenas, e para desestimular a terminação dos vínculos mediante autocomposição, às hipóteses de resilição por iniciativa de apenas uma das partes.

A Lei n. 13.467/2017, porém, passou a admitir a **resilição bilateral**, uma das maiores novidades da reforma trabalhista de 2017. Isso mesmo. O novo art. 484-A da CLT admite a resilição do contrato *por acordo* entre empregado e empregador. Veja-se:

> **Art. 484-A.** O contrato de trabalho poderá ser extinto por acordo entre empregado e empregador, caso em que serão devidas as seguintes verbas trabalhistas:
> I – por metade:
> *a)* o aviso prévio, se indenizado; e
> *b)* a indenização sobre o saldo do Fundo de Garantia do Tempo de Serviço, prevista no § 1.º do art. 18 da Lei n. 8.036, de 11 de maio de 1990;
> II – na integralidade, as demais verbas trabalhistas.

Perceba-se que, na forma do § 1.º do artigo aqui citado, a resilição bilateral permite a movimentação da conta vinculada do trabalhador no Fundo de Garantia do Tempo de Serviço na forma do inciso I-A do art. 20 da Lei n. 8.036, de 11 de maio de 1990, limitada, entretanto, a até 80% (oitenta por cento) do valor dos depósitos. Em outras palavras, o empregado que, por acordo com o empregador, puser fim ao seu contrato de emprego, estará autorizado a levantar 80% do montante total dos depósitos no FGTS; os 20% restantes ficarão retidos na conta vinculada, tal qual ocorre com a retenção que atinge os depósitos daqueles que são despedidos por falta grave. Além desse montante, o empregador haverá de assumir o pagamento da metade da indenização compensatória sobre os depósitos do FGTS, pagar metade do valor do aviso prévio indenizado e a integralidade dos demais débitos resilitórios (férias proporcionais, décimo terceiro proporcional etc.).

Tal empregado, que, em rigor, pediu para sair do trabalho, não poderá, contudo, valer-se do benefício do seguro-desemprego. Essa é, aliás, a posição evidenciada no § 2.º do artigo ora em exame. Veja-se: CLT. "Art. 484-A. [...] § 2.º A extinção do contrato por acordo prevista no *caput* deste artigo não autoriza o ingresso no Programa de Seguro-Desemprego".

CLT REFORMA TRABALHISTA	CLT ORIGINAL
Art. 507-A. Nos contratos individuais de trabalho cuja remuneração seja superior a duas vezes o limite máximo estabelecido para os benefícios do Regime Geral de Previdência Social, poderá ser pactuada cláusula compromissória de arbitragem, desde que por iniciativa do empregado ou mediante a sua concordância expressa, nos termos previstos na Lei n. 9.307, de 23 de setembro de 1996.	Não há correspondente na CLT original.
• Artigo acrescentado pela Lei n. 13.467, de 13-7-2017.	

O que mudou?

O art. 507-A da CLT é uma inovação. Ele permite, desde que por iniciativa do empregado ou mediante a sua concordância expressa, que seja pactuada a cláusula compromissória de arbitragem nos contratos individuais de trabalho daqueles cuja remuneração seja superior a duas vezes o limite máximo estabelecido para os benefícios do Regime Geral de Previdência Social.

Comentários

A arbitragem é uma fórmula heterônoma de solução dos conflitos por meio da qual um terceiro, escolhido por ambos os litigantes, presta uma solução para a disputa. A submissão à arbitragem pode acontecer antes de o conflito surgir ou na constância dele. Se ajustada antes do surgimento do conflito, diz-se ativado por uma cláusula compromissória, vale dizer, por uma convenção mediante a qual as partes comprometem-se a submeter à arbitragem os litígios eventualmente emergentes. Se a querela estiver acontecendo, as partes podem valer-se do compromisso arbitral, que pode ser *judicial* (celebrado por termo, nos autos, perante o juízo ou tribunal onde tem curso a demanda) ou *extrajudicial* (celebrado por escrito particular, assinado por duas testemunhas, ou por instrumento público).

De qualquer sorte, o laudo arbitral não pode produzir efeitos próprios de coisa julgada **nas relações individuais de emprego** simplesmente porque tal fórmula de solução de conflitos é inadmissível nesse âmbito, salvo na situação excepcional prevista no art. 507-A da CLT, que será posteriormente analisada. Isso ocorre porque estas relações são caracterizadas pela situação de desigualdade material entre as partes. Por isso, ciente de que o empregado, desacompanhado de sua entidade sindical, submete-se a qualquer negócio para conseguir e manter o seu emprego, é que o legislador (*vide* Lei n. 9.307/96) declarou inaplicável a arbitragem na órbita dos chamados "direitos indisponíveis", entre os quais se encontra, obviamente, o direito mínimo contido nas relações individuais de emprego[100].

Ora, se os direitos aplicáveis a essas relações são mesmo de ordem pública, imperativos e cogentes, é mais do que evidente que os conflitos deles emergentes não podem ser solucionados por um terceiro escolhido pelas partes integrantes da relação. A possibilidade de vício de consentimento é tão elevada que o legislador preferiu, conforme expendido, simplesmente vedar essa via de solução heterônoma, oferecendo aos litigantes apenas o acesso ao Judiciário como via heterônoma. Nesse sentido, aliás, posiciona-se a imensa maioria dos juízes e tribunais. Anote-se que alguns órgãos jurisdicionais admitem a arbitragem em relações individuais de emprego, desde que extinto o vínculo, haja vista a ampla liberdade de que dispõem os contendores neste momento.

Observe-se, então, que as declarações promovidas por um trabalhador no sentido de que não existem outros créditos senão aqueles contidos no laudo arbitral não têm efeito jurídico de transação judicial. **Os atos praticados pelos órgãos arbitrais em face de conflitos individuais trabalhistas configuram, no máximo, ato jurídico de efeito liberatório restrito**,

---

100 Perceba-se que, nos moldes da lei, a arbitragem somente aparece quando o bem jurídico a ela submetido é avaliado pela entidade sindical operária, sendo exemplo a participação dos lucros ou resultados, conforme se pode ver no texto do art. 4.º da Lei n. 10.101/2000.

nos mesmos moldes dos atos homologatórios praticados perante a autoridade administrativa do Ministério do Trabalho e Previdência Social, não possuindo o alcance da quitação extintiva com eficácia liberatória plena.

Ressalve-se aqui a exceção mencionada linhas atrás. A reforma trabalhista de 2017, mediante a Lei n. 13.467/2017, criou, como já se disse alhures, a figura do **empregado hipersuficiente**, *aquele que, nos contratos individuais de emprego tem remuneração superior a **duas vezes o limite máximo estabelecido para os benefícios do Regime Geral de Previdência Social*** (no ano de 2017, apenas para ter-se uma ideia de dimensão, esse valor é R$ 11.062,62, vale dizer, o resultado de duas vezes o teto previdenciário do RGPS: R$ 5.531,31 x 2), e o considerou suscetível à arbitragem. O engajamento desse trabalhador à arbitragem será possível por sua própria iniciativa ou mediante a sua concordância expressa, sem que se possa alegar em favor dele que o direito do trabalho é, por si só, indisponível. Veja-se o dispositivo:

> **Art. 507-A.** Nos contratos individuais de trabalho cuja remuneração seja superior a duas vezes o limite máximo estabelecido para os benefícios do Regime Geral de Previdência Social, poderá ser pactuada cláusula compromissória de arbitragem, desde que por iniciativa do empregado ou mediante a sua concordância expressa, nos termos previstos na Lei n. 9.307, de 23 de setembro de 1996.

Diga-se mais: o art. 444 da CLT ganhou um parágrafo único para também referir o empregado hipersuficiente e para ali determinar que a livre estipulação produzirá em relação a ele uma prevalência do negociado individualmente sobre o legislado, tal qual aquela admitida genericamente no art. 611-A da CLT. Ali, no art. 444 consolidado, além do referencial da remuneração em valor superior a duas vezes o limite máximo estabelecido para os benefícios do Regime Geral de Previdência Social, há também a exigência de que esse trabalhador seja "portador de diploma de nível superior". A exigência minorada para fins de arbitragem faz crer que, para inserção nessa espécie de solução de conflito, bastará a presença do requisito da elevada retribuição, e nada mais que isso.

CLT REFORMA TRABALHISTA	CLT ORIGINAL
Art. 507-B. É facultado a empregados e empregadores, na vigência ou não do contrato de emprego, firmar o termo de quitação anual de obrigações trabalhistas, perante o sindicato dos empregados da categoria. **Parágrafo único.** O termo discriminará as obrigações de dar e fazer cumpridas mensalmente e dele constará a quitação anual dada pelo empregado, com eficácia liberatória das parcelas nele especificadas. • Artigo acrescentado pela Lei n. 13.467, de 13-7-2017.	Não há correspondente na CLT original.

O que mudou?

O art. 507-B é mais uma inovação da reforma trabalhista de 2017. Criou-se por meio dele o termo de quitação anual de obrigações trabalhistas, perante o sindicato dos empregados da categoria.

Comentários

A reforma trabalhista de 2017 trouxe uma novidade polêmica. Inspirada na Lei n. 12.007, de 29 de julho de 2009, que dispõe sobre a emissão de declaração de quitação anual de débitos pelas pessoas jurídicas prestadoras de serviços públicos ou privados, o legislador trabalhista da Lei n. 13.467/2017 instituiu o "termo de quitação anual de obrigações trabalhistas", que poderá ser facultativamente firmado entre empregados e empregadores, na vigência ou não do contrato de emprego, perante o sindicato dos empregados da categoria. Veja-se:

> **CLT. Art. 507-B.** É facultado a empregados e empregadores, na vigência ou não do contrato de emprego, firmar o termo de quitação anual de obrigações trabalhistas, perante o sindicato dos empregados da categoria.
> **Parágrafo único.** O termo discriminará as obrigações de dar e fazer cumpridas mensalmente e dele constará a quitação anual dada pelo empregado, com eficácia liberatória das parcelas nele especificadas.

Pelo que consta do dispositivo, que menciona a realização do ato "perante o sindicato dos empregados da categoria", não haverá espaço para a entidade sindical obreira negar-se a estar diante do ato de prestação de contas, mas, sem dúvidas – até porque se espera isso dela – poderá orientar o empregado na constatação de eventuais diferenças em seu favor. A assinatura do termo de quitação somente se dará, obviamente, se ambas as partes concordarem que realmente estão quites, sendo importante lembrar que o termo não é caracterizado pela reciprocidade: o parágrafo único refere apenas sobre "quitação anual dada pelo empregado", e não sobre "quitação anual recíproca dada entre empregado e empregador".

A responsabilidade da entidade sindical obreira será elevada na medida em que o termo de quitação discriminará as obrigações de dar e fazer cumpridas mensalmente e dele constará a quitação anual **com eficácia liberatória das parcelas nele especificadas.** A jurisprudência detalhará os efeitos da expressão "eficácia liberatória", principalmente por ela não estar acompanhada do qualificativo "geral". Em princípio, porém, parece que a eficácia liberatória referida no texto ora analisado – até por conta dos posicionamentos do STF em situações que envolvem a intermediação da entidade sindical – tem mesmo a intenção de oferecer quitação plena para todas as parcelas nele especificadas, não sendo possível discussões sobre eventuais diferenças ainda que no Judiciário.

CLT REFORMA TRABALHISTA	CLT ORIGINAL
Art. 510-A. Nas empresas com mais de duzentos empregados, é assegurada a eleição de uma comissão para representá-los, com a finalidade de promover-lhes o entendimento direto com os empregadores. **§ 1.º** A comissão será composta: I – nas empresas com mais de duzentos e até três mil empregados, por três membros; II – nas empresas com mais de três mil e até cinco mil empregados, por cinco membros; III – nas empresas com mais de cinco mil empregados, por sete membros.	Não há correspondente na CLT original.

CLT REFORMA TRABALHISTA	CLT ORIGINAL
§ 2.º No caso de a empresa possuir empregados em vários Estados da Federação e no Distrito Federal, será assegurada a eleição de uma comissão de representantes dos empregados por Estado ou no Distrito Federal, na mesma forma estabelecida no § 1.º deste artigo. **Art. 510-B.** A comissão de representantes dos empregados terá as seguintes atribuições: I – representar os empregados perante a administração da empresa; II – aprimorar o relacionamento entre a empresa e seus empregados com base nos princípios da boa-fé e do respeito mútuo; III – promover o diálogo e o entendimento no ambiente de trabalho com o fim de prevenir conflitos; IV – buscar soluções para os conflitos decorrentes da relação de trabalho, de forma rápida e eficaz, visando à efetiva aplicação das normas legais e contratuais; V – assegurar tratamento justo e imparcial aos empregados, impedindo qualquer forma de discriminação por motivo de sexo, idade, religião, opinião política ou atuação sindical; VI – encaminhar reivindicações específicas dos empregados de seu âmbito de representação; VII – acompanhar o cumprimento das leis trabalhistas, previdenciárias e das convenções coletivas e acordos coletivos de trabalho. § 1.º As decisões da comissão de representantes dos empregados serão sempre colegiadas, observada a maioria simples. § 2.º A comissão organizará sua atuação de forma independente. **Art. 510-C.** A eleição será convocada, com antecedência mínima de trinta dias, contados do término do mandato anterior, por meio de edital que deverá ser fixado na empresa, com ampla publicidade, para inscrição de candidatura. § 1.º Será formada comissão eleitoral, integrada por cinco empregados, não candidatos, para a organização e o acompanhamento do processo eleitoral, vedada a interferência da empresa e do sindicato da categoria. § 2.º Os empregados da empresa poderão candidatar-se, exceto aqueles com contrato de trabalho por prazo determinado, com contrato suspenso ou que estejam em período de aviso prévio, ainda que indenizado. § 3.º Serão eleitos membros da comissão de representantes dos empregados os candidatos mais votados, em votação secreta, vedado o voto por representação. § 4.º A comissão tomará posse no primeiro dia útil seguinte à eleição ou ao término do mandato anterior.	

CLT REFORMA TRABALHISTA	CLT ORIGINAL
§ 5.º Se não houver candidatos suficientes, a comissão de representantes dos empregados poderá ser formada com número de membros inferior ao previsto no art. 510-A desta Consolidação. **§ 6.º** Se não houver registro de candidatura, será lavrada ata e convocada nova eleição no prazo de um ano. **Art. 510-D.** O mandato dos membros da comissão de representantes dos empregados será de um ano. **§ 1.º** O membro que houver exercido a função de representante dos empregados na comissão não poderá ser candidato nos dois períodos subsequentes. **§ 2.º** O mandato de membro de comissão de representantes dos empregados não implica suspensão ou interrupção do contrato de trabalho, devendo o empregado permanecer no exercício de suas funções. **§ 3.º** Desde o registro da candidatura até um ano após o fim do mandato, o membro da comissão de representantes dos empregados não poderá sofrer despedida arbitrária, entendendo-se como tal a que não se fundar em motivo disciplinar, técnico, econômico ou financeiro. **§ 4.º** Os documentos referentes ao processo eleitoral devem ser emitidos em duas vias, as quais permanecerão sob a guarda dos empregados e da empresa pelo prazo de cinco anos, à disposição para consulta de qualquer trabalhador interessado, do Ministério Público do Trabalho e do Ministério do Trabalho. • Artigos acrescentados pela Lei n. 13.467, de 13-7--2017.	

O que mudou?

Os dispositivos constantes dos arts. 510-A a 510-D são inovações. Eles regulamentaram o disposto no art. 11 da Constituição da República no tocante ao **direito dado aos trabalhadores de empresas com mais de 200 (duzentos) empregados** de **eleger um representante destes** com a **finalidade exclusiva** de promover-lhes o entendimento direto com os empregadores.

Comentários

Exemplo de atuação no plano da chamada negociação plúrima é visível no âmbito do art. 11 da Constituição da República. Há ali expressa menção ao **direito dado aos trabalhadores de empresas com mais de 200 (duzentos) empregados** de **eleger um representante destes** com a **finalidade exclusiva** de promover-lhes o entendimento direto com os empregadores. O texto é bem claro: "finalidade EXCLUSIVA de promover-lhes o ENTENDIMENTO DIRETO com os empregadores" (destaque não constante do original), e nada mais do que isso. A finalidade negocial coletiva permanece, portanto, claramente em poder da entidade sindical.

Anote-se aqui que a Lei n. 13.467/2017 regulamentou, enfim, a mencionada disposição constitucional mediante o conteúdo do art. 510-A da CLT, que precisou os seus limites conceituais. Observem-se:

> **Art. 510-A.** Nas empresas com mais de duzentos empregados, é assegurada a eleição de uma comissão para representá-los, com a finalidade de promover-lhes o entendimento direto com os empregadores.
> § 1.º A comissão será composta:
> I – nas empresas com mais de duzentos e até três mil empregados, por três membros;
> II – nas empresas com mais de três mil e até cinco mil empregados, por cinco membros;
> III – nas empresas com mais de cinco mil empregados, por sete membros.
> § 2.º No caso de a empresa possuir empregados em vários Estados da Federação e no Distrito Federal, será assegurada a eleição de uma comissão de representantes dos empregados por Estado ou no Distrito Federal, na mesma forma estabelecida no § 1.º deste artigo.

A comissão de representantes, *organizada quanto ao seu agir de forma rigorosamente independente*, terá um conjunto de atribuições, conforme ditado pelo art. 510-B da CLT, com destaque para a representação dos empregados perante a administração da empresa, o aprimoramento do relacionamento entre a empresa e seus empregados com base nos princípios da boa-fé e do respeito mútuo, a promoção do diálogo e do entendimento no ambiente de trabalho com o fim de prevenir conflitos, a busca de soluções para os conflitos decorrentes da relação de trabalho, de forma rápida e eficaz, visando à efetiva aplicação das normas legais e contratuais, a garantia de tratamento justo e imparcial aos empregados, impedindo qualquer forma de discriminação por motivo de sexo, idade, religião, opinião política ou atuação sindical, o encaminhamento de reivindicações específicas dos empregados de seu âmbito de representação e, afinal, o acompanhamento do cumprimento das leis trabalhistas, previdenciárias e das convenções coletivas e acordos coletivos de trabalho.

As decisões da comissão de representantes dos empregados serão sempre colegiadas, observada a maioria simples. Nesse contexto há de destacar a presença de um princípio da democracia e de respeito às decisões das maiorias.

O art. 510-C da CLT previu, por outro lado, a **sistemática de eleição**, que será convocada, com antecedência mínima de 30 (trinta) dias, contados do término do mandato anterior, por meio de edital, que deverá ser fixado na empresa, com ampla publicidade, para inscrição de candidatura. Para a orientação desses trabalhos eleitorais será formada uma **comissão eleitoral** integrada por 5 (cinco) empregados, não candidatos, vedada, em todo caso, a interferência da empresa e do sindicato da categoria no processo eleitoral.

É bom anotar que a vedação de interferência da empresa é até bem compreensível, pois o poder econômico não pode invadir o espaço de representação dos trabalhadores. Entretanto, é difícil entender a vedação de interferência da entidade sindical obreira. A ela, afinal, cabe, nos termos do art. 8.º, III, da Constituição da República, "a defesa dos direitos e interesses coletivos ou individuais da categoria, inclusive em questões judiciais ou administrativas". Ora, se assim é, por que a entidade sindical dos trabalhadores não pode interferir na sistemática de eleição quando o objetivo for corrigir eventual irregularidade? Esse é um poder-dever do sindicato, e quem se opõe a ele pratica conduta antissindical.

Pois bem. Os empregados da empresa poderão candidatar-se, exceto aqueles com contrato de trabalho por tempo determinado, com contrato suspenso ou que estejam em período de aviso prévio, ainda que indenizado. Tal restrição se justifica por dois motivos: **primeiro**, porque § 3.º do art. 510-D da CLT confere estabilidade aos integrantes da comissão desde o registro da candidatura até um ano após o fim do mandato, não podendo ser via ilegítima para a transformação de contrato por tempo determinado em contrato por tempo indeterminado, tampouco para impedir os efeitos de aviso prévio já concedido; **segundo**, porque a condição de integrante da comissão pressupõe a atividade, e não o afastamento, sendo, pois, incompatível com a qualidade de quem está com o contrato de emprego suspenso, independentemente da causa motivadora. Tanto isso é claro que o § 2.º do art. 510-D da CLT explicita que o mandato de membro de comissão de representantes dos empregados não implica suspensão ou interrupção do contrato de trabalho, **devendo o empregado permanecer no exercício de suas funções**. Não se poderia imaginar algo diferente, pois uma comissão de representantes impõe a presença física de quem representa.

Anote-se, ademais, que **serão eleitos membros da comissão de representantes dos empregados os candidatos mais votados**, em **votação secreta, vedado o voto por representação**. A comissão tomará posse no primeiro dia útil seguinte à eleição ou ao término do mandato anterior.

Se não houver candidatos suficientes, a comissão de representantes dos empregados poderá ser formada com número de membros inferior ao previsto no art. 510-A da CLT, sem que se anule o processo eleitoral e sem que se imponha a realização de eleição adicional. Se, por outro lado, não houver registro de candidatura, aí sim, será lavrada ata e convocada nova eleição no prazo de um ano.

O mandato dos membros da comissão de representantes dos empregados será de 1 (um) ano, sem previsão de recondução. Há, aliás, em respeito aos princípios da democracia e da pluralidade, previsão expressa, contida no § 1.º do art. 510-D no sentido de que o membro que houver exercido a função de representante dos empregados na comissão **não poderá ser candidato nos dois períodos subsequentes**.

Os documentos referentes ao processo eleitoral devem ser emitidos em duas vias, as quais permanecerão sob a guarda dos empregados e da empresa pelo prazo de 5 (cinco) anos, à disposição para consulta de qualquer trabalhador interessado, do Ministério Público do Trabalho e do Ministério do Trabalho.

CLT REFORMA TRABALHISTA	CLT ORIGINAL
Art. 545. Os empregadores ficam obrigados a descontar da folha de pagamento dos seus empregados, desde que por eles devidamente autorizados, as contribuições devidas ao sindicato, quando por este notificados. • Artigo c/ redação da Lei n. 13.467, de 13-7-2017. **Parágrafo único.** O recolhimento à entidade sindical beneficiária do importe descontado deverá ser feito até o décimo dia subsequente ao do	**Art. 545.** Os empregadores ficam obrigados a descontar na folha de pagamento dos seus empregados, desde que por eles devidamente autorizados, as contribuições devidas ao Sindicato, quando por este notificados, salvo quanto à contribuição sindical, cujo desconto independe dessas formalidades. (Redação dada pelo Decreto-lei n. 925, de 10-10-1969) **Parágrafo único.** O recolhimento à entidade sindical beneficiária do importe descontado deverá

CLT REFORMA TRABALHISTA	CLT ORIGINAL
desconto, sob pena de juros de mora no valor de 10% (dez por cento) sobre o montante retido, sem prejuízo da multa prevista no art. 553 e das cominações penais relativas à apropriação indébita. (Incluído pelo Decreto-lei n. 925, de 10-10-1969)	ser feito até o décimo dia subsequente ao do desconto, sob pena de juros de mora no valor de 10% (dez por cento) sobre o montante retido, sem prejuízo da multa prevista no art. 553 e das cominações penais relativas à apropriação indébita. (Incluído pelo Decreto-lei n. 925, de 10-10-1969)

O que mudou?

A mudança ocorreu unicamente no *caput* do art. 545 da CLT. Onde constava ressalva de desconto de contribuição sindical independentemente de autorização, foi escrito um texto sem menção à referida exceção. A partir da vigência da Lei n. 13.467/2017, o art. 545 da CLT passou a referir que "os empregadores ficam obrigados a descontar da folha de pagamento dos seus empregados, desde que por eles devidamente autorizados, as contribuições devidas ao sindicato, quando por este notificados".

Comentários

Para alcançar seus propósitos, as associações sindicais precisam, obviamente, de arrimo financeiro e, para tanto, estão legalmente autorizadas a se valer de algumas fontes de custeio, assim identificadas pelo art. 548 da CLT:

a) contribuições devidas aos sindicatos pelos que participem das categorias econômicas ou profissionais ou das profissões liberais representadas pelas referidas entidades, sob a denominação de **contribuição sindical**;

b) contribuições dos associados, na forma estabelecida nos estatutos ou pelas assembleias gerais, sob as denominações **contribuição confederativa**, **contribuição assistencial** e **mensalidades sindicais**;

c) rendas produzidas por bens ou valores adquiridos, por exemplo, aluguéis e rendimentos decorrentes de investimentos;

d) doações e legados;

e) multas e outras rendas eventuais.

Neste item de comentário, por conta de sua imensa relevância para o estudo do direito sindical e coletivo do trabalho, serão analisados apenas os suportes financeiros identificados como contribuição sindical, contribuição confederativa, contribuição assistencial e mensalidades sindicais. Desde já, como forma de auxiliar na diferenciação das mencionadas fontes de custeio, sugere-se um paralelismo de conceitos entre as contribuições assumidas pelo integrante de categoria econômica e profissional e as fontes de custeio admitidas por proprietário de imóvel em sistema de condomínio. Nesse sentido, a **contribuição sindical** seria algo assemelhado ao **IPTU**, pela força tributária e pela coercividade, embora tenha passado a ser facultativa desde a vigência da Lei n. 13.467/2017; a **contribuição confederativa** seria algo assemelhado à **taxa condominial**, pela destinação ao custeio do conjunto, notadamente das despesas ordinárias da coletividade; a **contribuição assistencial** seria algo parecido com a **taxa extra**, por conta da assunção de despesas extraordinárias e da necessidade de recomposição do caixa, e, por fim, a ***contribuição associativa ou mensalidade sindical***, que, por sua especificidade de destinação, seria comparável às mensalidades de clube ou academia existentes dentro de um condomínio residencial.

Para que o estudo não se restrinja apenas às comparações, vejam-se as principais características de cada uma das citadas fontes de custeio sindical.

- **Contribuição sindical**

A contribuição sindical é um suporte financeiro compulsório (até a data de vigência da Lei n. 13.467/2017), de caráter parafiscal, previsto na parte final do art. 8.º, IV, do Texto Constitucional[101] e nos arts. 578 a 610 da CLT, e imposto a todos os trabalhadores e empregadores pelo simples fato de integrarem a categoria profissional ou econômica.

A despeito do princípio da liberdade de sindicalização previsto no Texto Constitucional (*vide* o art. 8.º, VII), a contribuição sindical foi exigida de associados e de não associados até o advento da reforma trabalhista de 2017. O STF, apesar de reconhecer que a manutenção dessa base de custeio sindical era um resquício do modelo corporativista que teimava em permanecer, manteve firme posicionamento no sentido de que ela foi recepcionada pela ordem constitucional[102]. O argumento sempre foi o mesmo: o inciso IV do art. 8.º da Constituição ressalvou a existência da contribuição sindical quando, ao mencionar a contribuição confederativa, resguardou a modalidade de custeio prevista em lei.

É importante anotar que a persistência da contribuição sindical decorre do fato de ser ela uma importante fonte de custeio que independeu de qualquer esforço das entidades sindicais até a vigência da Lei n. 13.467/2017, que apenas retirou a sua compulsoriedade, mas não a eliminou. Veja-se a nova redação dada ao art. 578 da CLT:

> **Art. 578.** As contribuições devidas aos sindicatos pelos participantes das categorias econômicas ou profissionais ou das profissões liberais representadas pelas referidas entidades serão, sob a denominação de contribuição sindical, pagas, recolhidas e aplicadas na forma estabelecida neste Capítulo, **desde que prévia e expressamente autorizadas** (destaques não constantes do original).

---

101 "Art. 8.º [...] IV – a assembleia geral fixará a contribuição que, em se tratando de categoria profissional, será descontada em folha, para custeio do sistema confederativo da representação sindical respectiva, **independentemente da contribuição prevista em lei**" (destaques não constantes do original).

102 A recepção pela ordem constitucional vigente da contribuição sindical compulsória, prevista no art. 578 da CLT e exigível de todos os integrantes da categoria, independentemente de sua filiação ao sindicato, resulta do art. 8.º, IV, *in fine*, da Constituição; não obsta à recepção a proclamação, no *caput* do art. 8.º, do princípio da liberdade sindical, que há de ser compreendido a partir dos termos em que a Lei Fundamental a positivou, nos quais a unicidade (art. 8.º, II) e a própria contribuição sindical de natureza tributária (art. 8.º, IV) – marcas características do modelo corporativista resistente –, dão a medida da sua relatividade (cf. MI 144, Sepúlveda Pertence, RTJ 147/868, 874); nem impede a recepção questionada a falta da lei complementar prevista no art. 146, III, CF, à qual alude o art. 149, à vista do disposto no art. 34, §§ 3.º e 4.º, das Disposições Transitórias (cf. RE 146.733, Moreira Alves, RTJ 146/684, 694) (RE 180.745, Rel. Min. Sepúlveda Pertence, julgamento em 24-3-1998, 1.ª Turma, *DJ*, 8-5-1998).

Na tentativa de não apenas tornar facultativa a contribuição sindical, mas de eliminá-la, o art. 7.º da Lei n. 11.648/2008 previu que os arts. 578 a 610 vigorariam apenas até o instante em que se publicasse lei que disciplinasse a contribuição negocial, vinculada ao exercício efetivo da negociação coletiva e à aprovação em assembleia geral da categoria. A mencionada lei, entretanto, ainda não foi publicada.

- **Contribuição confederativa**

A contribuição confederativa é um suporte financeiro de caráter obrigacional, fixado pela assembleia geral sindical, exigível unicamente dos associados da categoria. Ela está prevista na primeira parte do inciso IV do art. 8.º da Constituição de 1988[103] e na letra *b* do art. 548 da CLT[104], visando finalisticamente ao custeio do sistema confederativo.

Não há a menor dúvida de que a contribuição aqui em exame é exigível apenas dos associados (filiados) à categoria, existindo, inclusive, Súmula Vinculante do STF sobre a matéria:

> **Súmula Vinculante 40 do STF.** A contribuição confederativa de que trata o art. 8.º, IV, da Constituição, só é exigível dos filiados ao sindicato respectivo (antes Súmula 666 do STF – *DJU* 9-10-2003, rep. *DJU* 10-10-2003, e *DJU* 13-10-2003).

Antes da publicação da Súmula 666 do STF, ora Súmula Vinculante 40 do STF, mas baseado nas decisões do próprio Supremo Tribunal Federal, o TST inseriu em 25-5-1998 a Orientação Jurisprudencial 17 da SDC[105] e publicou em 20-8-1998 o Precedente Normativo 119, também da SDC[106].

O empregador poderá efetuar o desconto, em folha de pagamento de salário, do montante correspondente à contribuição confederativa, quando notificado do valor das contribuições. Para os empregados não associados, entretanto, o desconto somente poderá ser materializado depois de colhida a prévia e expressa autorização do contribuinte, que, nos moldes da

---

103 "Art. 8.º [...] IV – **a assembleia geral fixará a contribuição que, em se tratando de categoria profissional, será descontada em folha, para custeio do sistema confederativo da representação sindical respectiva**, independentemente da contribuição prevista em lei" (destaques não constantes do original).

104 "Art. 548. Constituem o patrimônio das associações sindicais: [...] b) as contribuições dos associados, na forma estabelecida nos estatutos ou pelas assembleias gerais."

105 **Orientação Jurisprudencial 17 da SDC do TST.** "Contribuições para Entidades Sindicais. Inconstitucionalidade de sua Extensão a não Associados. Inserida em 25-5-1998. As cláusulas coletivas que estabeleçam contribuição em favor de entidade sindical, a qualquer título, obrigando trabalhadores não sindicalizados, são ofensivas ao direito de livre associação e sindicalização, constitucionalmente assegurado, e, portanto, nulas, sendo passíveis de devolução, por via própria, os respectivos valores eventualmente descontados.

106 **Precedente Normativo 119 da SDC do TST.** "Contribuições Sindicais – Inobservância de Preceitos Constitucionais (negativo): A Constituição da República, em seus arts. 5.º, XX e 8.º, V, assegura o direito de livre associação e sindicalização. É ofensiva a essa modalidade de liberdade cláusula constante de acordo, convenção coletiva ou sentença normativa estabelecendo contribuição em favor de entidade sindical a título de taxa para custeio do sistema confederativo, assistencial, revigoramento ou fortalecimento sindical e outras da mesma espécie, obrigando trabalhadores não sindicalizados. Sendo nulas as estipulações que inobservem tal restrição, tornam-se passíveis de devolução os valores irregularmente descontados" (redação dada ao Precedente pela RA TST n. 82/98 – *DJU* 20-8-1998).

Portaria n. 160/2004 do MTE, somente terá validade durante o período de vigência do instrumento coletivo, podendo ser revogada a qualquer tempo.

O empregador fará o recolhimento da contribuição à entidade sindical até o décimo dia do mês subsequente ao do desconto, de acordo com o parágrafo único do art. 545 da CLT[107].

Caso o empregado sofra desconto de contribuição confederativa para a qual não tenha anuído, pelo fato de não ser associado do sindicato, poderá ajuizar ação trabalhista tendente a reaver os valores descontados. **Essa ação é aforada na Justiça do Trabalho e dirigida contra o empregador, responsável pela dedução não autorizada** com fundamento no descumprimento do disposto no art. 462 da CLT. O empregador, então, com base no disposto na Lei n. 8.984/95, poderá ajuizar ação contra o sindicato da categoria profissional para fins de ressarcimento[108-109].

---

107 "Art. 545. Os empregadores ficam obrigados a descontar da folha de pagamento dos seus empregados, desde que por eles devidamente autorizados, as contribuições devidas ao sindicato, quando por este notificados (nova redação dada pela Lei n. 13.467/2017).

Parágrafo único. O recolhimento à entidade sindical beneficiária do importe descontado deverá ser feito até o décimo dia subsequente ao do desconto, sob pena de juros de mora no valor de dez por cento sobre o montante retido, sem prejuízo da multa prevista no art. 553, e das cominações penais relativas à apropriação indébita (redação dada ao artigo pelo Decreto-Lei n. 925, de 10-10-1969)."

108 Note-se que o contrário também poderia acontecer: o sindicato operário poderia ajuizar ação contra o empregador, na Justiça do Trabalho, por não ter deduzido e encaminhado os valores correspondentes à contribuição confederativa de seus associados. A Emenda Constitucional n. 45/2004, que deu nova redação ao art. 114 do Texto Constitucional, garantiu a mudança no âmbito da competência do órgão jurisdicional. Isso, aliás, justificou o cancelamento das Súmulas 224 e 334, ambas do TST.

109 Atente-se para o fato de que a Lei n. 8.984/95 não oferece, *in tese*, competência à Justiça do Trabalho para dirimir conflitos entre o sindicato profissional e trabalhador (sindicato de operário *versus* operário) ou entre o sindicato patronal e as empresas dele integrantes (sindicato de patrão *versus* patrão). Não se poderia, portanto, afirmar que ela, nos termos do inciso IX do art. 114 da CF/88, seria a garante de tal competência à Justiça do Trabalho. Assim, somente uma interpretação extensiva do inciso III do art. 114 da CF/88 (redação pós-Emenda Constitucional 45/2004) permite a conclusão no sentido de que a Justiça do Trabalho é competente para processar e julgar não apenas as ações sobre representação sindical, mas também aquelas ações havidas entre sindicatos, entre sindicatos e trabalhadores, e entre sindicatos e empregadores. Registre-se que a dúvida quanto à amplitude do referido dispositivo justifica-se por conta da pontuação (da primeira vírgula) utilizada. Enfim: a primeira vírgula foi utilizada para separar expressões de função idêntica? Existem duas interpretações possíveis:

1.ª interpretação (ampliativa da competência). Se a resposta for positiva, ou seja, se a primeira vírgula foi utilizada para separar expressões de função idêntica (no caso específico a palavra "ações"), a Justiça do Trabalho teria, sim, competência material para processar e julgar ações sobre representação sindical, [ações] entre sindicatos, [ações] entre sindicatos e trabalhadores, e [também ações] entre sindicatos e empregadores.

2.ª interpretação (restritiva da competência). Se a citada primeira vírgula não existisse (ou se viesse a existir conclusão no sentido de que ela foi utilizada para indicar a omissão de um grupo de palavras – conforme Eduardo Martins, **Manual de redação e estilo**. 2. ed., O Estado de S. Paulo, 1992, p. 302, item 3), a competência da Justiça do Trabalho, no particular, seria restringida às contendas que envolvessem unicamente discussões sobre representação sindical. Afirma-se isso porque, diante da interpretação restritiva, a Justiça do Trabalho somente poderia processar e julgar as ações sobre representação sindical [que tenham sido formadas] entre sindicatos, entre sindicatos e trabalhadores, e [também] entre sindicatos e empregadores.

- **Contribuição assistencial**

A contribuição assistencial[110] é um suporte financeiro de caráter obrigacional, previsto em convenção coletiva, acordo coletivo ou sentença normativa, exigível unicamente dos associados da categoria. O art. 513, *e*, da CLT[111] constitui sua fonte normativa.

A contribuição assistencial se distingue da contribuição confederativa por conta da finalidade. Enquanto a confederativa visa ao custeio ordinário do sistema sindical, a assistencial objetiva o revigoramento da entidade sindical depois de uma dispendiosa campanha de melhorias das condições de trabalho ou de atividade de crescimento institucional.

Afora pequenos dados que caracterizam e distinguem contribuição confederativa e contribuição assistencial, elas são tratadas da mesma forma pela doutrina e pela jurisprudência, sendo-lhes indistintamente aplicáveis as precitadas Súmula 666 do STF, ora Súmula Vinculante 40 do STF, Orientação Jurisprudencial 17 da SDC do TST e o Precedente Normativo 119 do mesmo órgão jurisdicional.

- **Contribuição associativa ou mensalidade sindical**

A contribuição associativa ou mensalidade sindical é um suporte financeiro de caráter obrigacional, previsto no estatuto das entidades sindicais e exigível dos associados em decorrência do ato de agremiação. Tem por finalidade garantir vantagens corporativas, muitas vezes extensíveis aos dependentes dos associados, bem como o acesso a clubes ou a espaços de recreio e entretenimento.

CLT REFORMA TRABALHISTA	CLT ORIGINAL
Art. 578. As contribuições devidas aos sindicatos pelos participantes das categorias econômicas ou profissionais ou das profissões liberais representadas pelas referidas entidades serão, sob a denominação de contribuição sindical, pagas, recolhidas e aplicadas na forma estabelecida neste Capítulo, desde que prévia e expressamente autorizadas. • Artigo c/ redação da Lei n. 13.467, de 13-7-2017.	**Art. 578.** As contribuições devidas aos Sindicatos pelos que participem das categorias econômicas ou profissionais ou das profissões liberais representadas pelas referidas entidades serão, sob a denominação do "imposto sindical", pagas, recolhidas e aplicadas na forma estabelecida neste Capítulo (Vide Decreto-Lei n. 229, de 1967) (Vide Lei n. 11.648, de 2008).

O que mudou?

A redação do art. 578 da CLT foi modificada em um ponto essencial. A chamada contribuição sindical perdeu a sua compulsoriedade e passou a ser devida desde que prévia e expressamente autorizada.

O TST, porém, parece ter admitido a primeira interpretação (ampliativa da competência), haja vista o cancelamento da Orientação Jurisprudencial 290 da sua SDI-1.

110 Também conhecida como "taxa de reversão" ou ainda como "taxa de revigoramento ou de fortalecimento sindical".

111 "Art. 513. São prerrogativas dos sindicatos: [...] e) impor contribuições a todos aqueles que participam das categorias econômicas ou profissionais ou das profissões liberais representadas."

Comentários

Segundo a perspectiva jurisprudencial que antes dominava, apesar da consagrada liberdade sindical individual negativa (arts. 5.º, XX, e 8.º, VI), admitia-se como recepcionada a contribuição sindical obrigatória. Essa conclusão era obtida a partir de interpretação segundo a qual o fragmento final do inciso IV do art. 8.º autorizava a aplicabilidade da contribuição sindical disciplinada entre os arts. 578 e 610 da CLT, a despeito da exigibilidade de tratamento da matéria mediante lei complementar, segundo art. 149 c/c art. 146, III, da CF/88, haja vista o disposto nos §§ 3.º e 4.º do art. 34 do ADCT[112].

Independentemente da literalidade do fragmento final do inciso IV do art. 8.º do Texto Constitucional, as interpretações que justificavam a recepção da contribuição sindical dita obrigatória afrontam os valores constitucionais extremamente caros, especialmente aqueles que dizem respeito à limitação da democracia e das liberdades individuais[113]. Nesses termos, o processo interpretativo não poderia desprezar – embora muito tenha se desprezado – uma análise sistemática da ordem constitucional de modo a avaliar o texto no contexto.

O legislador constitucional, ao enunciar, no art. 8.º, IV, que, "independentemente da contribuição prevista em lei", as Assembleias Gerais poderiam criar contribuição para o custeio do sistema confederativo da representação sindical respectiva, não quis necessariamente aproveitar o ordenamento infraconstitucional já existente, tampouco autorizar interpretações retrospectivas[114]. A expressão "independentemente da contribuição prevista em lei", para respeitar os

---

112 Vejam-se alguns trechos de decisões do STF:

"A recepção pela ordem constitucional vigente da contribuição sindical compulsória, prevista no art. 578, CLT, e exigível de todos os integrantes da categoria, independentemente de sua filiação ao sindicato, resulta do art. 8.º, IV, *in fine*, da Constituição; não obsta à recepção a proclamação, no *caput* do art. 8.º, do princípio da liberdade sindical, que há de ser compreendido a partir dos termos em que a Lei Fundamental a positivou, nos quais a unicidade (art. 8.º, II) e a própria contribuição sindical de natureza tributária (art. 8.º, IV) – marcas características do modelo corporativista resistente –, dão a medida da sua relatividade (cf. MI 144, Pertence, RTJ 147/868, 874); nem impede a recepção questionada a falta da lei complementar prevista no art. 146, III, CF, à qual alude o art. 149, à vista do disposto no art. 34, §§ 3.º e 4.º, das Disposições Transitórias (cf. RE 146.733, Moreira Alves, RTJ 146/684, 694)" (RE 180.745, Rel. Min. Sepúlveda Pertence, j. em 24-3-1998, 1.ª T., *DJ*, 8-5-1998).

"A contribuição assistencial visa a custear as atividades assistenciais dos sindicatos, principalmente no curso de negociações coletivas. A contribuição confederativa destina-se ao financiamento do sistema confederativo de representação sindical patronal ou obreira. Destas, somente a segunda encontra previsão na CF (art. 8.º, IV), que confere à assembleia geral a atribuição para criá-la. Este dispositivo constitucional garantiu a sobrevivência da contribuição sindical, prevista na CLT. Questão pacificada nesta Corte, no sentido de que somente a contribuição sindical prevista na CLT, por ter caráter parafiscal, é exigível de toda a categoria independente de filiação" (RE 224.885-AgR, Rel. Min. Ellen Gracie, j. em 8-6-2004, 2.ª T., *DJ*, de 6-8-2004).

113 Com base na assertiva de Canotilho (em **Direito constitucional e teoria da Constituição**. 6. ed. Coimbra: Almedina, 1993, p. 536-537) segundo o qual, "diante de uma relação de tensão entre o direito de um indivíduo e o de uma pessoa coletiva (pessoa na sua qualidade de 'unidade interativa', inserida em formações sociais), deve prevalecer o caráter subjetivo individual", registra-se o quanto é difícil entender as razões em virtude das quais a liberdade sindical individual negativa não tem prevalecido, nesse caso, sobre o interesse da pessoa coletiva.

114 Quem já chamava a atenção para isso era o professor José Carlos Barbosa Moreira em artigo intitulado O Poder Judiciário e a efetividade da nova Constituição, publicado nos albores da Carta Magna de 1988. O mestre fluminense, como num vaticínio sobre o que aconteceria, identificou o método interpretativo que passaria a ser utilizado: "põe-se ênfase nas semelhanças, corre-se um véu sobre as diferenças e conclui-se que, à luz daquelas, e a despeito destas, a disci-

valores internos da Carta de 1988, não poderia, por óbvio, tentar conciliar valores inconciliáveis. Afinal, como seria possível conciliar a liberdade de não se filiar ou de não se manter filiado a sindicato (art. 8.º, V, da CF/88) com a situação segundo a qual um não associado, a despeito dessa condição, tivesse que contribuir para uma entidade com a qual não quis se envolver?

Evaristo de Moraes Filho (*O problema do sindicato único no Brasil*. São Paulo: Alfa-Ômega, 1978, p. 287) também revela perplexidade diante do instituto e, mesmo à luz do Texto Constitucional de 1967 – que apenas mencionava ser "livre a associação profissional ou sindical", não possuindo dispositivo equivalente àquele hoje encontrado no art. 8.º, V, da Carta de 1988 –, questionava, com base na liberdade sindical do indivíduo: "se lhe é reconhecido o direito pleno de não ser envolvido pelo sindicato, como tirar do seu bolso uma contribuição obrigatória em favor desse mesmo sindicato?".

A resposta tornava-se mais embaraçosa na medida em que se adicionava à circunstância o fator "unicidade sindical". Além de constrangido na sua liberdade sindical individual negativa, o integrante da categoria tinha que, compulsoriamente, contribuir para uma específica entidade representativa, mesmo que não a tivesse escolhido como tal; ainda que não aceitasse a ideologia por ela praticada[115]; ainda que nem dela quisesse ouvir falar. Essa situação de subjugação era praticada até o momento em que o sujeito aviltado, sem ter alternativa, afastava-se da sua atividade profissional ou econômica. Somente assim, violando a sua liberdade de exercício de trabalho (art. 5.º, XIII, da CF/88), o indivíduo poderá livrar-se da renitente contribuição sindical compulsória[116].

Tinha razão Paulo Bonavides quando chamava a atenção para os riscos da aplicação do método de interpretação conforme a Constituição. Para o constitucionalista cearense

> [...] é de temer-se venha o método a engendrar artifícios ou subterfúgios que possam fazer prevalecer incólumes no ordenamento constitucional normas inconstitucionais [...]. Corre-se não raro com o emprego desse método o risco de transformar a interpretação da lei conforme a Constituição numa interpretação da Constituição conforme a lei (*eine gesetzeskonforme Auslegung der Verfassung*), distorção que se deve conjurar[117].

---

plina da matéria, afinal de contas, mudou pouco, se é que na verdade mudou. É um tipo de interpretação a que não ficaria mal chamar retrospectiva: o olhar do intérprete dirige-se antes ao passado que ao presente, e a imagem que ele capta é menos a representação da realidade que uma sombra fantasmagórica. Pois bem: o que sucede com outros diplomas é passível de suceder igualmente com uma nova Constituição" (BARBOSA MOREIRA, José Carlos. O Poder Judiciário e a efetividade da nova Constituição. **Revista Forense**, n. 304, out./dez. 1988, p. 152).

115 Cf. o posicionamento do professor Arion Sayão Romita (A (des)organização sindical brasileira. **Revista LTr**, n. 71, p. 673, jun. 2007), segundo o qual "aqueles que preferem não aderir ao sindicato não podem ser compelidos a manter uma entidade, apenas porque esta representa toda a categoria profissional".

116 Não é ociosa a lembrança de que a única forma de associação compulsória é aquela de que se vale o Estado em nome do *pacto unionis civilis* que ao mesmo tempo constituiu a sociedade e instituiu os mecanismos de coação que permitem falar em liberdade civil. Somente o Estado pode administrar filiações obrigatórias como, por exemplo, o faz em relação ao regime geral da previdência social (*vide* art. 201, *caput*, da CF/88). Como o Estado brasileiro, por sua própria escolha, não pode administrar a vida sindical (*vide* art. 8.º, I, da CF/88), não poderá, consequentemente, intermediar o financiamento de contribuições em favor das entidades para as quais deu liberdade de ação, tampouco contra os indivíduos em favor de quem prometeu não impor filiação ou manutenção de filiação. Isso é óbvio.

117 BONAVIDES, Paulo. **Curso de direito constitucional**. 15. ed. São Paulo: Malheiros, 2004, p. 517-518.

E foi o que aconteceu durante muitos anos na matéria sob exame: não apenas prevaleceu como constitucional uma norma evidentemente inconstitucional, como se chegou a essa conclusão mediante uma interpretação da Constituição conforme a lei preexistente.

Pois bem. Se a força da Constituição não foi suficiente para desautorizar a compulsoriedade do imposto sindical, a própria legislação infraconstitucional, ruborizada com a existência de um texto que desprestigiava norma de hierarquia mais elevada, enfim, modificou-se. O legislador infraconstitucional reconheceu que não era possível manter a teratológica contribuição sindical obrigatória. Ela passou a ser voluntária nos termos da reforma trabalhista de 2017. Triunfou, portanto, a liberdade sindical individual negativa.

CLT REFORMA TRABALHISTA	CLT ORIGINAL
Art. 579. O desconto da contribuição sindical está condicionado à autorização prévia e expressa dos que participarem de uma determinada categoria econômica ou profissional, ou de uma profissão liberal, em favor do sindicato representativo da mesma categoria ou profissão ou, inexistindo este, na conformidade do disposto no art. 591 desta Consolidação. • Artigo c/ redação da Lei n. 13.467, de 13-7-2017.	**Art. 579.** A contribuição sindical é devida por todos aqueles que participarem de uma determinada categoria econômica ou profissional, ou de uma profissão liberal, em favor do sindicato representativo da mesma categoria ou profissão ou, inexistindo este, na conformidade do disposto no art. 591 (Vide Decreto-Lei n. 229, de 1967) (Vide Lei n. 11.648, de 2008).

O que mudou?

A redação do art. 579 da CLT foi igualmente modificada em um ponto essencial.

O desconto da contribuição sindical passou a estar condicionado à autorização prévia e expressa dos que participarem de determinada categoria econômica ou profissional, ou de uma profissão liberal.

Comentários

Conforme se antecipou, o desconto da contribuição sindical passou a estar condicionado à autorização prévia e expressa dos que participarem de determinada categoria econômica ou profissional, ou de uma profissão liberal.

Da importância da arrecadação da contribuição sindical serão feitos os seguintes créditos pela Caixa Econômica Federal:

I – para os empregadores:
a) 5% para a confederação correspondente;
b) 15% para a federação;
c) 60% para o sindicato respectivo; e
d) 20% para a "Conta Especial Emprego e Salário".

II – para os trabalhadores (aqui incluídos empregados, autônomos e profissionais liberais):
a) 5% para a confederação correspondente;
b) 10% para a central sindical;
c) 15% para a federação;

d) 60% para o sindicato respectivo; e
e) 10% para a "Conta Especial Emprego e Salário".

Anotem-se também as regras de **redestinação da repartição,** nos casos de inexistência de algum dos destinatários ora mencionados:

a) inexistindo confederação, seu percentual (5%) caberá à federação representativa do grupo (*caput* do art. 590 da CLT);

b) não havendo sindicato, nem entidade sindical de grau superior ou central sindical, a contribuição sindical será creditada, integralmente, à "Conta Especial Emprego e Salário" (§ 3.º do art. 590 da CLT);

c) não havendo indicação de central sindical, os percentuais que lhe caberiam (10%) serão destinados à "Conta Especial Emprego e Salário" (§ 4.º do art. 590 da CLT);

d) inexistindo sindicato, os percentuais que lhe seriam devidos (60%) serão creditados à federação correspondente à mesma categoria econômica ou profissional (*caput* do art. 591 da CLT);

e) inexistindo sindicato, além do que seria normalmente devido à confederação (5%), esta receberá também o percentual (15%) da federação (parágrafo único do art. 591 da CLT).

CLT REFORMA TRABALHISTA	CLT ORIGINAL
Art. 582. Os empregadores são obrigados a descontar da folha de pagamento de seus empregados relativa ao mês de março de cada ano a contribuição sindical dos empregados que autorizaram prévia e expressamente o seu recolhimento aos respectivos sindicatos. • Artigo c/ redação da Lei n. 13.467, de 13-7-2017. **§ 1.º** Considera-se um dia de trabalho, para efeito de determinação da importância a que alude o item I do art. 580, o equivalente: (Redação dada pela Lei n. 6.386, de 9-12-1976) *a)* a uma jornada normal de trabalho, se o pagamento ao empregado for feito por unidade de tempo; (Redação dada pela Lei n. 6.386, de 9-12-1976) *b)* a 1/30 (um trinta avos) da quantia percebida no mês anterior, se a remuneração for paga por tarefa, empreitada ou comissão. (Redação dada pela Lei n. 6.386, de 9-12-1976) **§ 2.º** Quando o salário for pago em utilidades, ou nos casos em que o empregado receba, habitualmente, gorjetas, a contribuição sindical corresponderá a 1/30 (um trinta avos) da importância que tiver servido de base, no mês de janeiro, para a contribuição do empregado à Previdência Social. (Redação dada pela Lei n. 6.386, de 9-12-1976)	**Art. 582.** Os empregadores são obrigados a descontar, da folha de pagamento de seus empregados relativa ao mês de março de cada ano, a contribuição sindical por estes devida aos respectivos sindicatos. (Redação dada pela Lei n. 6.386, de 9-12-1976) (Vide Lei n. 11.648, de 2008) **§ 1.º** Considera-se um dia de trabalho, para efeito de determinação da importância a que alude o item I do art. 580, o equivalente: (Redação dada pela Lei n. 6.386, de 9-12-1976) *a)* a uma jornada normal de trabalho, se o pagamento ao empregado for feito por unidade de tempo; (Redação dada pela Lei n. 6.386, de 9-12-1976) *b)* a 1/30 (um trinta avos) da quantia percebida no mês anterior, se a remuneração for paga por tarefa, empreitada ou comissão. (Redação dada pela Lei n. 6.386, de 9-12-1976) **§ 2.º** Quando o salário for pago em utilidades, ou nos casos em que o empregado receba, habitualmente, gorjetas, a contribuição sindical corresponderá a 1/30 (um trinta avos) da importância que tiver servido de base, no mês de janeiro, para a contribuição do empregado à Previdência Social. (Redação dada pela Lei n. 6.386, de 9-12-1976)

O que mudou?

A redação do art. 582 da CLT foi também modificada em um ponto essencial.

Os empregadores são obrigados a descontar da **folha de pagamento de seus empregados** relativa ao **mês de março** de cada ano a contribuição sindical desde que eles tenham oferecido autorização prévia e expressa de recolhimento em favor dos seus respectivos sindicatos.

Comentários

Mais uma vez a tônica da questão é a até então inexistente previsão de tomada de autorização prévia e expressa para fins de desconto e de posterior recolhimento em favor dos seus respectivos sindicatos.

CLT REFORMA TRABALHISTA	CLT ORIGINAL
Art. 583. O recolhimento da contribuição sindical referente aos empregados e trabalhadores avulsos será efetuado no mês de abril de cada ano, e o relativo aos agentes ou trabalhadores autônomos e profissionais liberais realizar-se-á no mês de fevereiro, observada a exigência de autorização prévia e expressa prevista no art. 579 desta Consolidação. • Artigo c/ redação da Lei n. 13.467, de 13-7-2017. **§ 1.º** O recolhimento obedecerá ao sistema de guias, de acordo com as instruções expedidas pelo Ministro do Trabalho (Incluído pela Lei n. 6.386, de 9-12-1976) **§ 2.º** O comprovante de depósito da contribuição sindical será remetido ao respectivo Sindicato; na falta deste, à correspondente entidade sindical de grau superior, e, se for o caso, ao Ministério do Trabalho. (Incluído pela Lei n. 6.386, de 9-12-1976)	**Art. 583.** O recolhimento da contribuição sindical referente aos empregados e trabalhadores avulsos será efetuado no mês de abril de cada ano, e o relativo aos agentes ou trabalhadores autônomos e profissionais liberais realizar-se-á no mês de fevereiro. (Redação dada pela Lei n. 6.386, de 9-12-1976) (Vide Lei n. 11.648, de 2008) **§ 1.º** O recolhimento obedecerá ao sistema de guias, de acordo com as instruções expedidas pelo Ministro do Trabalho (Incluído pela Lei n. 6.386, de 9-12-1976) **§ 2.º** O comprovante de depósito da contribuição sindical será remetido ao respectivo Sindicato; na falta deste, à correspondente entidade sindical de grau superior, e, se for o caso, ao Ministério do Trabalho. (Incluído pela Lei n. 6.386, de 9-12-1976)

O que mudou?

A redação do art. 583 da CLT foi também modificada em um ponto essencial.

O dispositivo trata do recolhimento da contribuição sindical referente aos avulsos, que será efetuado no **mês de abril** de cada ano, e o relativo aos agentes ou trabalhadores autônomos e profissionais liberais, que se realizará no **mês de fevereiro**, observada a exigência de autorização prévia e expressa prevista no art. 579 desta Consolidação.

Comentários

Mais uma vez a tônica da questão é a até então inexistente previsão de tomada de autorização prévia e expressa para fins de desconto e de posterior recolhimento em favor dos seus respectivos sindicatos.

CLT REFORMA TRABALHISTA	CLT ORIGINAL
Art. 587. Os empregadores que optarem pelo recolhimento da contribuição sindical deverão fazê-lo no mês de janeiro de cada ano, ou, para os que venham a se estabelecer após o referido mês, na ocasião em que requererem às repartições o registro ou a licença para o exercício da respectiva atividade. • Artigo c/ redação da Lei n. 13.467, de 13-7-2017.	**Art. 587.** O recolhimento da contribuição sindical dos empregadores efetuar-se-á no mês de janeiro de cada ano, ou, para os que venham a estabelecer-se após aquele mês, na ocasião em que requeiram às repartições o registro ou a licença para o exercício da respectiva atividade. (Redação dada pela Lei n. 6.386, de 9-12-1976) (Vide Lei n. 11.648, de 2008)

O que mudou?

A redação do art. 587 da CLT foi modificada igualmente em um ponto essencial.

O dispositivo trata do recolhimento da contribuição sindical dos empregadores. Onde existia previsão coativa de recolhimento, passou a existir previsão de opção pelo recolhimento da contribuição sindical no **mês de janeiro** de cada ano, ou, para os que venham a se estabelecer após o referido mês, na ocasião em que requererem às repartições o registro ou a licença para o exercício da respectiva atividade.

Comentários

Mais uma vez a tônica da questão é a mudança do foco da compulsoriedade para a voluntariedade. O empregador deixou de estar submetido à contribuição coacta, passando a ter a opção de recolher ou não a contribuição sindical.

CLT REFORMA TRABALHISTA	CLT ORIGINAL
Art. 601. *(Revogado pela Lei n. 13.467, de 13-7-2017.)*	**Art. 601.** No ato da admissão de qualquer empregado, dele exigirá o empregador a apresentação da prova de quitação do imposto sindical. (Vide Lei n. 11.648, de 2008)

O que mudou?

O art. 601, que tratava da exigência da prova de quitação do imposto sindical no ato da admissão de qualquer empregado, foi revogado e, consequentemente, suprimido do conjunto normativo da CLT.

Comentários

Como a contribuição sindical perdeu a sua compulsoriedade, e como ela passou a ser devida desde que prévia e expressamente autorizada, não mais faria sentido a exigência de quitação do referido tributo no ato da admissão de qualquer empregado.

CLT REFORMA TRABALHISTA	CLT ORIGINAL
Art. 602. Os empregados que não estiverem trabalhando no mês destinado ao desconto da contribuição sindical e que venham a autorizar prévia e expressamente o recolhimento serão descontados no primeiro mês subsequente ao do reinício do trabalho. **Parágrafo único.** De igual forma se procederá com os empregados que forem admitidos depois daquela data e que não tenham trabalhado anteriormente nem apresentado a respectiva quitação.	**Art. 602.** Os empregados que não estiverem trabalhando no mês destinado ao desconto do imposto sindical serão descontados no primeiro mês subsequente ao do reinício do trabalho. (Vide Lei n. 11.648, de 2008) **Parágrafo único.** De igual forma se procederá com os empregados que forem admitidos depois daquela data e que não tenham trabalhado anteriormente nem apresentado a respectiva quitação.

O que mudou?

Assim como aconteceu com os dispositivos anteriores, a nova redação modificou o *caput* do art. 602 da CLT para mencionar a necessidade de autorização prévia e expressa da contribuição sindical para empregados que não estejam trabalhando no mês de março para que sejam descontados no primeiro mês subsequente ao do reinício do trabalho.

Manteve-se a redação do parágrafo único, que diz que se procederá da mesma forma com os empregados que forem admitidos depois de março e que não tenham trabalhado anteriormente nem apresentado a respectiva quitação.

Comentários

Mais uma vez a tônica da questão é a até então inexistente previsão de tomada de autorização prévia e expressa para fins de desconto e de posterior recolhimento em favor dos seus respectivos sindicatos.

CLT REFORMA TRABALHISTA	CLT ORIGINAL
Art. 604. *(Revogado pela Lei n. 13.467, de 13-7-2017.)*	**Art. 604.** Os agentes ou trabalhadores autônomos ou profissionais liberais são obrigados a prestar aos encarregados da fiscalização os esclarecimentos que lhes forem solicitados, inclusive exibição de quitação do imposto sindical. (Vide Lei n. 11.648, de 2008)

O que mudou?

O art. 604, que tratava da exibição da quitação do imposto sindical por parte dos agentes, trabalhadores autônomos ou profissionais liberais, foi revogado e, consequentemente, suprimido do conjunto normativo da CLT.

Comentários

Como a contribuição sindical perdeu a sua compulsoriedade, e como ela passou a ser devida desde que prévia e expressamente autorizada, não mais faria sentido a exigência de quitação do referido tributo pelos agentes, trabalhadores autônomos ou profissionais liberais.

CLT REFORMA TRABALHISTA	CLT ORIGINAL
Art. 611-A. A convenção coletiva e o acordo coletivo de trabalho têm prevalência sobre a lei quando, entre outros, dispuserem sobre: I – pacto quanto à jornada de trabalho, observados os limites constitucionais; II – banco de horas anual; III – intervalo intrajornada, respeitado o limite mínimo de trinta minutos para jornadas superiores a seis horas; IV – adesão ao Programa Seguro-Emprego (PSE), de que trata a Lei n. 13.189, de 19 de novembro de 2015; V – plano de cargos, salários e funções compatíveis com a condição pessoal do empregado, bem como identificação dos cargos que se enquadram como funções de confiança; VI – regulamento empresarial; VII – representante dos trabalhadores no local de trabalho; VIII – teletrabalho, regime de sobreaviso, e trabalho intermitente; IX – remuneração por produtividade, incluídas as gorjetas percebidas pelo empregado, e remuneração por desempenho individual; X – modalidade de registro de jornada de trabalho; XI – troca do dia de feriado; XII – enquadramento do grau de insalubridade; XIII – prorrogação de jornada em ambientes insalubres, sem licença prévia das autoridades competentes do Ministério do Trabalho; XIV – prêmios de incentivo em bens ou serviços, eventualmente concedidos em programas de incentivo; XV – participação nos lucros ou resultados da empresa. **§ 1.º** No exame da convenção coletiva ou do acordo coletivo de trabalho, a Justiça do Trabalho observará o disposto no § 3.º do art. 8.º desta Consolidação. **§ 2.º** A inexistência de expressa indicação de contrapartidas recíprocas em convenção coletiva ou acordo coletivo de trabalho não ensejará sua nulidade por não caracterizar um vício do negócio jurídico. **§ 3.º** Se for pactuada cláusula que reduza o salário ou a jornada, a convenção coletiva ou o acordo coletivo de trabalho deverão prever a proteção dos empregados contra dispensa imotivada durante o prazo de vigência do instrumento coletivo. **§ 4.º** Na hipótese de procedência de ação anulatória de cláusula de convenção coletiva ou de acordo coletivo de trabalho, quando houver a cláusula compensatória, esta deverá ser igualmente anulada, sem repetição do indébito.	Não há correspondente na CLT original.

CLT REFORMA TRABALHISTA	CLT ORIGINAL
§ 5.º Os sindicatos subscritores de convenção coletiva ou de acordo coletivo de trabalho deverão participar, como litisconsortes necessários, em ação individual ou coletiva, que tenha como objeto a anulação de cláusulas desses instrumentos. • Art. 611-A acrescentado pela Lei n. 13.467, de 13-7-2017.	

O que mudou?

O art. 611-A da CLT é uma inovação, talvez a mais representativa da chamada reforma trabalhista de 2017. Ela encarna a ideia de que o negociado há de prevalecer sobre o legislado em relação às determinadas matérias e que isso se dá por conta do respeito ao direito fundamental de reconhecimento dos instrumentos coletivos negociados como fonte de direito. **O rol constante do *caput* não é exaustivo**, deixando-se clara essa intenção a partir da leitura da locução "entre outros".

Os parágrafos do art. 611-A da CLT também trouxeram novidades, entre as quais se destacam a atuação do Judiciário trabalhista segundo o princípio da intervenção mínima na autonomia da vontade coletiva; a inexigibilidade de expressa indicação de contrapartidas recíprocas nos instrumentos coletivos negociados; a proteção dos empregados contra dispensa imotivada durante o prazo de vigência do instrumento coletivo que reduza o salário ou a jornada; a nulificação recíproca de cláusula normativa e de cláusula compensatória, sem repetição do indébito e, por fim, a formação de litisconsortes passivos necessários entre os sindicatos subscritores e os empregadores nas ações individuais ou coletivas que visem à anulação de cláusulas dos instrumentos coletivos negociados.

Comentários

Chamam a atenção, pela importância prática, os itens III, XII e XIII. O item III, por admitir que a negociação coletiva poderá diminuir o intervalo intrajornada, **respeitado o limite mínimo de 30 minutos** para jornadas superiores a seis horas; o item XII, por permitir o **enquadramento do grau de insalubridade**, mas não, evidentemente, a certificação quanto à existência da própria insalubridade, pois isso dependeria da realização de inelimináve prova pericial. A Lei n. 13.467/2017, entretanto, realmente ousou e inovou ao permitir que a negociação coletiva prevalecesse sobre a lei no tocante ao enquadramento do grau de insalubridade, podendo até mesmo, teoricamente, dizer mínima uma insalubridade de grau máximo. Há aí, sim, elevada possibilidade de discussão jurídica; e o item XIII, por aceitar a **prorrogação de jornada em ambientes insalubres, sem licença prévia** das autoridades competentes do Ministério do Trabalho. Esse último ponto surpreende por presumir-se que os sujeitos das relações coletivas (empresas, sindicatos patronais e sindicatos operários) têm conhecimento técnico suficiente para autorizar a prorrogação de jornadas e para descartar a tomada de licença prévia das autoridades administrativas do Ministério do Trabalho, consoante prevista no art. 60 da CLT.

Algumas particularidades adicionais também precisam ser consideradas nessa atividade de prevalência do negociado sobre o legislado. A **primeira particularidade**, prevista no § 1.º do art. 611-A da CLT **aponta no sentido de que, no exame da convenção coletiva ou do acordo coletivo de trabalho, a Justiça do Trabalho observará o disposto no § 3.º do art. 8.º da Consolidação**. Consta ali que *"no exame de convenção coletiva ou acordo coletivo de trabalho,* ***a Justiça do Trabalho analisará exclusivamente a conformidade dos elementos essenciais do negócio jurídico****, respeitado o disposto no art. 104 da Lei n. 10.406, de 10 de janeiro de 2002 (Código Civil), e balizará sua atuação pelo princípio da intervenção mínima na autonomia da vontade coletiva"* (destaques não constantes do original).

Esse dispositivo, conquanto pretenda viabilizar a prevalência do negociado sobre o legislado, subestima a missão institucional dos magistrados e arvora-se a fronteira de atuação jurisdicional. Como se pode impor que a Justiça do Trabalho analise "exclusivamente" a conformidade dos elementos essenciais do negócio jurídico? Obviamente o magistrado tem a liberdade de ir além na defesa dos postulados constitucionais, ainda que se valha do argumento de, para tal análise, caber-lhe dizer se há ou não licitude no objeto do contrato. Pode-se até falar no respeito ao *"princípio da intervenção mínima na autonomia da vontade coletiva"*, pois, de fato, o magistrado não deve impedir o lícito desejar dos contratantes coletivos, mas também não pode, sob esse pretexto, fechar os olhos para violações aos direitos fundamentais ou ainda aos direitos de terceiros.

A **segunda particularidade** a considerar, prevista no § 2.º do art. 611-A da CLT, deixa claro que a inexistência de expressa indicação de contrapartidas recíprocas em convenção coletiva ou acordo coletivo de trabalho não ensejará sua nulidade por não caracterizar um vício do negócio jurídico. Tem-se por princípio presumir que as ações desenvolvidas pela entidade sindical obreira estão legitimadas por sua correspondente base e que são benfazejas as cláusulas produzidas por conta de seus atos negociais, ainda que, em determinados momentos, possam sinalizar um decréscimo de condição social. Há momentos em que a entidade sindical obreira, para alcançar determinada vantagem mais valiosa, precisa abrir mão de outra anteriormente conquistada por via negocial coletiva sem expressamente explicitar as contrapartidas recíprocas. Esse ato de apenas aparente rendição deve ser entendido como conduta contemporizadora, capaz de assimilar um novo corpo normativo (negocial coletivo) onde, de modo conglobado, estejam presentes mais vantagens que desvantagens.

Como **terceira particularidade**, há previsão, estampada no § 3.º do art. 611-A da CLT, de que, sendo pactuada cláusula que reduza o salário ou a jornada, a convenção coletiva ou o acordo coletivo de trabalho deverão prever também (e necessariamente) a **proteção dos empregados contra dispensa imotivada durante o período de vigência do instrumento coletivo**.

Uma **quarta particularidade** é evidenciada na hipótese de procedência de ação anulatória de cláusula de convenção coletiva ou de acordo coletivo de trabalho. Quando houver a cláusula compensatória, esta deverá ser igualmente anulada, sem repetição do indébito.

Por fim, a **quinta e ultima particularidade** diz respeito à necessária presença dos sindicatos subscritores de determinado instrumento coletivo negociado, como litisconsortes passivos necessários em ação individual ou coletiva que tenha como objeto a anulação de cláusula desses instrumentos.

CLT REFORMA TRABALHISTA	CLT ORIGINAL
Art. 611-B. Constituem objeto ilícito de convenção coletiva ou de acordo coletivo de trabalho, exclusivamente, a supressão ou a redução dos seguintes direitos: I – normas de identificação profissional, inclusive as anotações na Carteira de Trabalho e Previdência Social; II – seguro-desemprego, em caso de desemprego involuntário; III – valor dos depósitos mensais e da indenização rescisória do Fundo de Garantia do Tempo de Serviço (FGTS); IV – salário mínimo; V – valor nominal do décimo terceiro salário; VI – remuneração do trabalho noturno superior à do diurno; VII – proteção do salário na forma da lei, constituindo crime sua retenção dolosa; VIII – salário-família; IX – repouso semanal remunerado; X – remuneração do serviço extraordinário superior, no mínimo, em 50% (cinquenta por cento) à do normal; XI – número de dias de férias devidas ao empregado; XII – gozo de férias anuais remuneradas com, pelo menos, um terço a mais do que o salário normal; XIII – licença-maternidade com a duração mínima de cento e vinte dias; XIV – licença-paternidade nos termos fixados em lei; XV – proteção do mercado de trabalho da mulher, mediante incentivos específicos, nos termos da lei; XVI – aviso prévio proporcional ao tempo de serviço, sendo no mínimo de trinta dias, nos termos da lei; XVII – normas de saúde, higiene e segurança do trabalho previstas em lei ou em normas regulamentadoras do Ministério do Trabalho; XVIII – adicional de remuneração para as atividades penosas, insalubres ou perigosas; XIX – aposentadoria; XX – seguro contra acidentes de trabalho, a cargo do empregador; XXI – ação, quanto aos créditos resultantes das relações de trabalho, com prazo prescricional de cinco anos para os trabalhadores urbanos e rurais,	Não há correspondente na CLT original.

CLT REFORMA TRABALHISTA	CLT ORIGINAL
até o limite de dois anos após a extinção do contrato de trabalho; XXII – proibição de qualquer discriminação no tocante a salário e critérios de admissão do trabalhador com deficiência; XXIII – proibição de trabalho noturno, perigoso ou insalubre a menores de dezoito anos e de qualquer trabalho a menores de dezesseis anos, salvo na condição de aprendiz, a partir de quatorze anos; XXIV – medidas de proteção legal de crianças e adolescentes; XXV – igualdade de direitos entre o trabalhador com vínculo empregatício permanente e o trabalhador avulso; XXVI – liberdade de associação profissional ou sindical do trabalhador, inclusive o direito de não sofrer, sem sua expressa e prévia anuência, qualquer cobrança ou desconto salarial estabelecidos em convenção coletiva ou acordo coletivo de trabalho; XXVII – direito de greve, competindo aos trabalhadores decidir sobre a oportunidade de exercê-lo e sobre os interesses que devam por meio dele defender; XXVIII – definição legal sobre os serviços ou atividades essenciais e disposições legais sobre o atendimento das necessidades inadiáveis da comunidade em caso de greve; XXIX – tributos e outros créditos de terceiros; XXX – as disposições previstas nos arts. 373-A, 390, 392, 392-A, 394, 394-A, 395, 396 e 400 desta Consolidação. **Parágrafo único.** Regras sobre duração do trabalho e intervalos não são consideradas como normas de saúde, higiene e segurança do trabalho para os fins do disposto neste artigo. • Art. 611-B acrescentado pela Lei n. 13.467, de 13-7-2017.	

O que mudou?

O art. 611-B da CLT também é uma inovação, que funciona como freio para a generalização da prevalência do negociado sobre o legislado. Diz-se ali, como verdadeiras fronteiras da negociação coletiva, que os instrumentos coletivos negociados não podem suprimir nem reduzir determinados direitos, sob pena de caracterizada a ilicitude do objeto.

Comentários

A reforma trabalhista veiculada pela Lei n. 13.467/2017 previu também situações em que objeto da negociação coletiva seria ilícito. Fez isso ao mencionar no art. 611-B da CLT praticamente todo o rol de direitos contido nos arts. 7.º, 8.º e 9.º do Texto Constitucional, além de outros relacionados à identificação profissional, aos direitos de proteção à maternidade, aos tributos e aos créditos de terceiros.

Apesar de a expressão "exclusivamente" sugerir o fechamento do rol de objetos ilícitos, sustenta-se aqui a inexistência de uma suposta exaustividade. Há, sim, a possibilidade de inclusão de outros direitos cuja supressão ou redução constituem objeto ilícito. Exemplo disso pode ser tomado com o direito fundamental de acesso à Justiça. Ele não se encontra no rol do art. 611-B. Apenas por isso seria possível dizer que um instrumento coletivo negociado poderia restringir o acesso ao Judiciário? Claro que não. E a mesma resposta pode ser obtida diante de qualquer cláusula que vise à compressão, por exemplo, dos direitos da personalidade, da democracia, da cidadania, do pluralismo político, da dignidade da pessoa humana etc.

Diante dessa evidência, pode-se afirmar que a negociação coletiva não pode suprimir, reduzir ou embaraçar nenhum dos direitos fundamentais, tampouco atuar em campos diversos daqueles próprios às matérias trabalhistas. Assim, cláusula que trate, por ilustração, de controle de natalidade, de ideologia, de crença religiosa e de sexualidade, entre outras, também terá o seu objeto reconhecido como ilícito para fins de contratação coletiva laboral.

Merece destaque a regra contida no parágrafo único do referido art. 611-B consolidado, que deixa claro – talvez com o objetivo de atacar diretamente a jurisprudência contida na Súmula 437 do TST, que as "regras sobre duração do trabalho e intervalos não são consideradas como normas de saúde, higiene e segurança do trabalho", não possuindo, por conseguinte, caráter impediente de objeto ilícito.

Trata-se de uma assertiva de difícil assimilação, pois não há pesquisa doutrinária que desconheça a regular fruição de intervalos e a prestação de trabalho dentro dos limites exigidos por lei como fatores influentes na agregação de saúde e de segurança laboral.

CLT REFORMA TRABALHISTA	CLT ORIGINAL
Art. 614. Os Sindicatos convenentes ou as empresas acordantes promoverão, conjunta ou separadamente, dentro de 8 (oito) dias da assinatura da Convenção ou Acordo, o depósito de uma via do mesmo, para fins de registro e arquivo, no Departamento Nacional do Trabalho, em se tratando de instrumento de caráter nacional ou interestadual, ou nos órgãos regionais do Ministério do Trabalho e Previdência Social, nos demais casos. (Redação dada pelo Decreto-lei n. 229, de 28-2-1967)	**Art. 614.** Os Sindicatos convenentes ou as empresas acordantes promoverão, conjunta ou separadamente, dentro de 8 (oito) dias da assinatura da Convenção ou Acordo, o depósito de uma via do mesmo, para fins de registro e arquivo, no Departamento Nacional do Trabalho, em se tratando de instrumento de caráter nacional ou interestadual, ou nos órgãos regionais do Ministério do Trabalho e Previdência Social, nos demais casos. (Redação dada pelo Decreto-lei n. 229, de 28-2-1967)
§ 1.º As Convenções e os Acordos entrarão em vigor 3 (três) dias após a data da entrega dos mesmos no órgão referido neste artigo. (Redação dada pelo Decreto-lei n. 229, de 28-2-1967)	**§ 1.º** As Convenções e os Acordos entrarão em vigor 3 (três) dias após a data da entrega dos mesmos no órgão referido neste artigo. (Redação dada pelo Decreto-lei n. 229, de 28-2-1967)
§ 2.º Cópias autênticas das Convenções e dos Acordos deverão ser afixadas de modo visível, pelos Sindicatos convenentes, nas respectivas sedes e nos estabelecimentos das empresas compreendidas no seu campo de aplicação, dentro de 5 (cinco) dias da data do depósito previsto neste artigo. (Redação dada pelo Decreto-lei n. 229, de 28-2-1967)	**§ 2.º** Cópias autênticas das Convenções e dos Acordos deverão ser afixadas de modo visível, pelos Sindicatos convenentes, nas respectivas sedes e nos estabelecimentos das empresas compreendidas no seu campo de aplicação, dentro de 5 (cinco) dias da data do depósito previsto neste artigo. (Redação dada pelo Decreto-lei n. 229, de 28-2-1967)

CLT REFORMA TRABALHISTA	CLT ORIGINAL
§ 3.º Não será permitido estipular duração de convenção coletiva ou acordo coletivo de trabalho superior a dois anos, sendo vedada a ultratividade. • § 3.º alterado pela Lei n. 13.467, de 13-7-2017.	**§ 3.º** Não será permitido estipular duração de Convenção ou Acordo superior a 2 (dois) anos. (Redação dada pelo Decreto-lei n. 229, de 28-2--1967)

O que mudou?

O art. 614 da CLT teve apenas o seu § 3.º modificado. Essa modificação visou acrescer apenas o trecho "sendo vedada a ultratividade". O dispositivo, portanto, teve a finalidade única de vedar o efeito ultra-ativo que o Judiciário trabalhista vinha reconhecendo existir.

Comentários

- **Depósito, registro e arquivo**

De acordo com a regra contida no *caput* do art. 614 da CLT, os sindicatos convenentes ou as empresas acordantes devem promover, conjunta ou separadamente, **dentro de oito dias da assinatura** da convenção ou acordo, o **depósito**[118] do correspondente instrumento para fins de **registro**[119] e **arquivo**[120] no órgão competente do Ministério do Trabalho e Previdência Social. Feito o depósito do instrumento, ele entrará em vigor três dias depois (§ 1.º do art. 614 da CLT). Para aumentar a publicidade, notadamente entre os interessados em seu conteúdo, o § 2.º do precitado dispositivo celetista determina que, dentro de cinco dias da data do depósito, cópias autenticadas das convenções e dos acordos sejam afixadas de modo visível nas sedes dos sindicatos convenentes e nos estabelecimentos das empresas compreendidas em seu campo de aplicação.

Toda a sistemática que envolve esse processo está contida na Instrução Normativa SRT n. 11, de 24-3-2009 (*DOU* 25-3-2009).

Sendo certo que os sujeitos coletivos podem negociar a qualquer tempo, até mesmo no curso de um processo judicial, eles podem chegar ao consenso produtor de um instrumento coletivo negociado. Nesse caso, ao contrário do que sói acontecer nas relações individuais de trabalho, não será necessária a homologação da autoridade judiciária. Bastará a realização de depósito, registro e arquivamento junto ao Ministério do Trabalho e Previdência Social para que se repute exigível o referido negócio jurídico. Veja-se, nesse sentido, o teor da **Orientação Jurisprudencial 34 da SDC do TST**[121].

---

118 **Depósito** é o ato de entrega do requerimento de registro do instrumento no protocolo dos órgãos do MTE para fins de registro.

119 **Registro** é o ato administrativo de assentamento da norma coletiva depositada.

120 **Arquivo** é o ato de organização e de guarda dos documentos registrados para fins de consulta.

121 **Orientação Jurisprudencial 34 da SDC do TST.** "Acordo Extrajudicial. Homologação. Justiça do Trabalho. Prescindibilidade. Inserida em 7-12-1998. É desnecessária a homologação, por Tribunal Trabalhista, do acordo extraju-

Diante da temática surge, inevitavelmente, um questionamento: *e se o instrumento coletivo negociado não for depositado, registrado ou arquivado, ele ainda assim terá validade jurídica?*

Apesar de não existir consenso sobre o tema, o TST já se manifestou no sentido de que a exigência do depósito tem a finalidade de dar publicidade às convenções e acordos coletivos de trabalho, e que sua ausência não pode invalidá-los. Com base nesse entendimento, adotado pelo Ministro Vieira de Mello Filho, a Seção Especializada em Dissídios Individuais (SDI-1) do TST, nos autos do processo E-ED-RR-563.420/1999.3, rejeitou embargos declaratórios interpostos por um ex-empregado de São Paulo e manteve decisão que reconheceu a validade de acordo coletivo que tratava da extensão de turnos de revezamento. Segundo o relator, "a organização e o funcionamento do sistema sindical brasileiro prescindem de qualquer autorização e reconhecimento dos sindicatos pelo Estado, que antes existia". Para ele, as normas e condições de trabalho negociadas pelas partes valem por si sós, criando direitos e obrigações entre elas a partir do momento em que o instrumento coletivo é assinado.

- **Prazo de vigência**

De acordo com o § 3.º do art. 614 da CLT, com nova redação dada pela Lei n. 13.467/2017, "não será permitido estipular duração de convenção coletiva ou acordo coletivo de trabalho superior a dois anos, sendo vedada a ultratividade"[122]. Esse dispositivo, porém, conquanto muito aplicado e reiterado pelo reformador trabalhista de 2017, não se coaduna com a promessa constitucional de que o legislador não interferiria na organização sindical e que, ao contrário disso, estimularia a livre negociação entre os sujeitos coletivos. Ademais, se as convenções e acordos coletivos de trabalho devem mesmo ser reconhecidos como fonte de direito (veja-se o art. 7.º, XXVI, da Constituição), não seria razoável desestimar, em nome de um dispositivo legal cunhado em período legislativo autoritário, aquilo que as partes convenentes entenderam que lhes devia ser aplicável.

Mais um argumento contra a limitação legal do prazo de vigência dos instrumentos coletivos negociados: *qualquer convenção ou acordo coletivo de trabalho está regido pela cláusula implícita* **rebus sic stantibus,** *segundo a qual a modificação substancial dos fatos autoriza a revisão do direito.* Assim, tanto os empregadores podem invocá-la, em meio a uma crise, para promover a redução coletiva dos salários, quanto os empregados, em instante de prosperidade patronal, para exigir participação nos lucros ou resultados.

A despeito do quanto ora expendido, o TST manifestou adstrição ao texto legal quando editou a **Orientação Jurisprudencial 322 da SDI-1**[123]. Em conformidade com tal orientação,

---

dicialmente celebrado, sendo suficiente, para que surta efeitos, sua formalização perante o Ministério do Trabalho (art. 614 da CLT e art. 7.º, XXVI, da Constituição Federal)".

122 O legislador da reforma trabalhista de 2017 valeu-se do referido § 3.º do art. 614 da CLT, entretanto, apenas para veicular, na sua parte final, a vedação à ultratividade, instituto que tanto incomodou os empresários brasileiros.

123 **Orientação Jurisprudencial 322 da SDI-1 do TST.** "ACORDO COLETIVO DE TRABALHO. CLÁUSULA DE TERMO ADITIVO PRORROGANDO O ACORDO PARA PRAZO INDETERMINADO. INVÁLIDA. *DJ*, 9-12-2003. Nos termos do art. 614, § 3.º, da CLT, é de 2 anos o prazo máximo de vigência dos acordos e das convenções

é inválida, naquilo que ultrapassa o prazo total de dois anos, a cláusula de termo aditivo que prorroga a vigência do instrumento coletivo originário por tempo indeterminado.

Opina-se, porém, no sentido de que, independentemente do propósito contido na norma coletiva, ela deve ter o prazo de duração que os sujeitos coletivos entenderem necessário para o alcance de seus propósitos, sendo certo que, nesse tipo de relação, não há contratante vulnerado. Relembre-se de que é indispensável a participação dos sindicatos nas negociações coletivas e de que a presença deles garante uma situação de equivalência contratual. Se, por alguma razão, a contratação coletiva for firmada por tempo indeterminado, caberá às próprias partes a rediscussão das cláusulas caso advenha fato novo ou acontecimento imprevisto que modifique substancialmente a relação de trabalho.

- **Incorporação das cláusulas normativas ao contrato de emprego**

De acordo com o princípio da condição mais benéfica, aplicável no campo das relações individuais, as fontes de direito não se modificam nem se substituem para piorar a situação do trabalhador. No âmbito das relações coletivas, em que os instrumentos visam ao oferecimento de um padrão mais favorável que aquele contido na lei ou no contrato, somente se admitirá mitigação das vantagens adicionais conquistadas pelos referidos instrumentos coletivos negociados mediante um novo instrumento coletivo negociado.

O fundamento jurídico dessa ação é claramente o direito adquirido. Diante dessas assertivas, pode-se perguntar: *a condição mais benéfica resultante de acordo coletivo, convenção coletiva ou sentença normativa deve ser respeitada mesmo após a expiração de seu prazo de vigência? Elas terão efeito ultra-ativo?*

Sobre a ultra-atividade das cláusulas normativas[124] digladiam-se duas correntes, uma admitindo o efeito ultra-ativo e outra o negando. Aqueles que entendem existente o efeito ultra-ativo nas normas coletivas[125] partem do pressuposto de que as vantagens adquiridas por meio de instrumentos coletivos negociados somente podem ser modificadas ou excluídas do universo patrimonial operário por meio de outro instrumento da mesma natureza. Esse posicionamento é extraído da parte final do § 2.º do art. 114 da Constituição da República, onde se vê que as vantagens conquistadas anteriormente pelos trabalhadores, seja por meio de disposições legais, seja por força de cláusulas convencionais, devem ser respeitadas. Perceba-se:

> Art. 114. [...] § 2.º Recusando-se qualquer das partes à negociação coletiva ou à arbitragem, é facultado às mesmas, de comum acordo, ajuizar dissídio coletivo de natureza econômica, po-

---

coletivas. Assim sendo, é inválida, naquilo que ultrapassa o prazo total de 2 anos, a cláusula de termo aditivo que prorroga a vigência do instrumento coletivo originário por prazo indeterminado".

124 Somente as cláusulas normativas, produtoras de direitos e obrigações dentro dos contratos de emprego, são susceptíveis de ultra-atividade. As cláusulas obrigacionais, tipicamente civis, valem, sem qualquer dúvida, no prazo assinado e em relação às partes convenentes.

125 Entre os defensores da ultra-atividade estão Arnaldo Süssekind, Délio Maranhão, Amauri Mascaro Nascimento, Segadas Vianna, José Martins Catharino, Antonio Lamarca, Orlando Teixeira da Costa, José Alberto Couto Maciel, Cláudio Armando Couce de Menezes, todos referenciados pelo Professor Luiz de Pinho Pedreira, que também defende a tese (PINHO PEDREIRA, Luiz de. *Principiologia de direito do trabalho*. Salvador: Gráfica Contraste, 1996, p. 133).

dendo a Justiça do Trabalho decidir o conflito, **respeitadas as disposições** mínimas legais de proteção ao trabalho, **bem como as convencionadas anteriormente** (destaques não constantes do original).

A redação ora expendida decorreu da Emenda Constitucional n. 45, de 8-12-2004. Antes dela, o Texto Constitucional mencionava, semelhantemente, que a Justiça do Trabalho poderia "estabelecer normas e condições, respeitadas as disposições convencionais e legais mínimas de proteção ao trabalho". A ideia era exatamente a mesma. Sob esse comando constitucional, aliás, foram edificados dispositivos que expressamente admitiam a ultra-atividade, conquanto viessem a ser revogados por norma substitutiva. Vejam-se, nesse sentido, os dispositivos constantes do parágrafo único do art. 1.º da Lei n. 7.788/89[126], posteriormente revogado pelo art. 14 da Lei n. 8.030/90, e do § 1.º do art. 1.º da Lei n. 8.542/92[127], em seguida retirado do ordenamento jurídico pelo art. 17 da Medida Provisória n. 1.053/95, que, depois de algumas reedições, foi convertida na Lei n. 10.192/2001.

Aqueles que entendem inexistente o efeito ultra-ativo partem do pressuposto da determinação do prazo de vigência dos instrumentos coletivos negociados, nos termos contidos na lei infraconstitucional (art. 613, II, IV[128], e art. 614, § 3.º, da CLT).

O entendimento sumulado do TST, no particular, sofreu intensas e expressivas modificações em pouco tempo. A Alta Corte entendia, de início, nos termos da redação originária da Súmula 277[129], que apenas as sentenças normativas vigoravam no prazo assinado e que, por isso, elas (somente elas) não integrariam, de forma definitiva, os contratos. Nada se dizia sobre a admissão ou a negação de efeito ultra-ativo em relação aos instrumentos coletivos negociados.

A partir de revisão jurisprudencial produzida em novembro de 2009, o TST modificou novamente a sua Súmula 277[130] e, por meio dela, passou a entender que não somente as

---

126 "Art. 1.º A política nacional de salários, respeitado o princípio da irredutibilidade, tem como fundamento a livre negociação coletiva e reger-se-á pelas normas estabelecidas nesta Lei.

Parágrafo único. As vantagens salariais asseguradas aos trabalhadores nas Convenções ou Acordos Coletivos só poderão ser reduzidas ou suprimidas por convenções ou acordos coletivos posteriores".

127 "Art. 1.º A política nacional de salários, respeitado o princípio da irredutibilidade, tem por fundamento a livre negociação coletiva e reger-se-á pelas normas estabelecidas nesta lei.

§ 1.º As cláusulas dos acordos, convenções ou contratos coletivos de trabalho integram os contratos individuais de trabalho e somente poderão ser reduzidas ou suprimidas por posterior acordo, convenção ou contrato coletivo de trabalho.

128 "Art. 613. As Convenções e os Acordos deverão conter obrigatoriamente: [...] II – prazo de vigência; [...] IV – condições ajustadas para reger as relações individuais de trabalho durante sua vigência."

"Art. 614. [...] § 3.º Não será permitido estipular duração de Convenção ou Acordo superior a dois anos."

129 "**Súmula 277 do TST. REDAÇÃO ORIGINÁRIA.** SENTENÇA NORMATIVA. VIGÊNCIA. REPERCUSSÃO NOS CONTRATOS DE TRABALHO. As condições de trabalho alcançadas por força de sentença normativa vigoram no prazo assinado, não integrando, de forma definitiva, os contratos (Res. n. 10/88, *DJ*, 1.º-3-1988)".

130 "**Súmula 277 do TST. REDAÇÃO ANTERIOR.** SENTENÇA NORMATIVA, CONVENÇÃO OU ACORDO COLETIVOS. VIGÊNCIA. REPERCUSSÃO NOS CONTRATOS DE TRABALHO.

I – As condições de trabalho alcançadas por força de sentença normativa, convenção ou acordo coletivos vigoram no prazo assinado, não integrando, de forma definitiva, os contratos individuais de trabalho.

condições de trabalho alcançadas por força de sentença normativa, mas também aquelas obtidas por meio de instrumentos coletivos negociados (convenção ou acordo coletivos) vigorariam apenas no prazo assinado e que, por isso, nenhuma se integraria, de forma definitiva, aos contratos individuais de trabalho. Ressalva-se, apenas, o período compreendido entre 23-12-1992 e 28-7-1995, em que vigorou a Lei n. 8.542, revogada pela Medida Provisória n. 1.709, convertida na Lei n. 10.192, de 14 de fevereiro de 2001, mas se sabia existente pelo menos mais uma exceção, encontrável na Orientação Jurisprudencial 41 da SDI-1 do próprio TST[131].

Pois bem. A Elevada Corte trabalhista mais uma vez modificou a sua orientação. A redação dada à Súmula 277 sofreu novas e profundas alterações na revisão jurisprudencial realizada em setembro de 2012. O TST, então, passou a admitir, expressamente e sem ressalvas, a ultra-atividade, ou seja, passou a entender que as vantagens adquiridas por meio de instrumentos coletivos negociados somente poderão ser modificadas ou excluídas do universo patrimonial operário por meio de outro instrumento da mesma natureza e que, enquanto isso não ocorrer, as cláusulas normativas dos acordos e convenções coletivas se manterão integradas aos contratos individuais de trabalho. Veja-se a redação ora vigente:

> **Súmula 277 do TST.** CONVENÇÃO COLETIVA DE TRABALHO OU ACORDO COLETIVO DE TRABALHO. EFICÁCIA. ULTRATIVIDADE (redação alterada na sessão do Tribunal Pleno realizada em 14-9-2012). As cláusulas normativas dos acordos coletivos ou convenções coletivas integram os contratos individuais de trabalho e somente poderão ser modificadas ou suprimidas mediante negociação coletiva de trabalho.

A redação dada à Súmula 277 do TST a partir de setembro de 2012, ao contrário do que fizeram as versões anteriores, nada menciona sobre o instrumento coletivo julgado (sentença normativa), o que leva a crer que, por conclusão óbvia, **apenas os instrumentos coletivos negociados (acordos e convenções coletivas de trabalho) produzem efeitos ultra-ativos**. A sentença normativa, por sua vez, vigorará – como já dizia a primeira versão da ora analisada súmula – no prazo assinado, não integrando, de forma definitiva, os contratos individuais de trabalho. Esse, aliás, é o entendimento visível no Precedente Normativo 120 do TST (produzido pela Res. n. 176/2011, *DEJT* divulgado em 27, 30 e 31-5-2011), segundo o qual "a sentença normativa vigora, desde seu termo inicial, até que sentença normativa, convenção coletiva de trabalho ou acordo coletivo de trabalho superveniente produza sua revogação, expressa ou tácita, respeitado, porém, o prazo máximo legal de quatro anos de vigência". Em outras palavras, **a sentença normativa não produz efeito ultra-ativo**; ela, em verdade, vigorará no

---

II – Ressalva-se da regra enunciada no item I o período compreendido entre 23-12-1992 e 28-7-1995, em que vigorou a Lei n. 8.542, revogada pela Medida Provisória n. 1.709, convertida na Lei n. 10.192, de 14 de fevereiro de 2001.

131 **A Orientação Jurisprudencial 41 da SDI-1 do TST** era clara quanto à existência de efeito ultra-ativo residual em favor do trabalhador beneficiário da estabilidade acidentária. Não seria razoável, afinal, imaginar a supressão de uma proteção em curso pela expiração da vigência do instrumento coletivo negociado ou da sentença normativa. Esse entendimento, obviamente, era aplicável em situações análogas que envolviam outras proteções contra o desligamento como, por exemplo, na estabilidade do aposentável.

prazo assinado ou até que outra sentença normativa ou algum instrumento coletivo negociado (convenção ou acordo coletivo) substituinte seja produzido.

Para demonstrar toda a delicadeza do tema e as possíveis idas e vindas em torno da questão, cabe anotar que a Confederação Nacional dos Estabelecimentos de Ensino – Confenen – ingressou com a ADPF 323 perante o STF sob o fundamento de que a redação dada à Súmula 277 do TST em setembro de 2012 representaria lesão aos preceitos fundamentais da separação dos Poderes e da legalidade. Segundo a referida entidade, a interpretação judicial dada pelo TST foi produzida sem que existissem precedentes jurisprudenciais para embasar a mudança e que, ademais, seria inadequada na medida em que a Alta Corte trabalhista estaria assumindo papel estranho às suas competências e, consequentemente, usurpando função do legislador infraconstitucional.

Por conta da referida ADPF, o STF, em decisão da lavra do Ministro Gilmar Mendes, concedeu, no dia 14 de outubro de 2016, medida cautelar para suspender todos os processos em curso e os efeitos de decisões judiciais proferidas no âmbito da Justiça do Trabalho que versem sobre a aplicação da ultra-atividade de normas de acordos e de convenções coletivas, sem prejuízo do término de sua fase instrutória, bem como das execuções já iniciadas.

O § 3.º do art. 614 da CLT[132], com nova redação dada pela Lei n. 13.467/2017, **fulminou a ultra-atividade**, ao dispor que ela não mais será permitida.

A ultra-atividade das normas coletivas incentivou e facilitou durante muito tempo o processo negocial, porque as entidades sindicais obreiras tinham um trunfo para forçar o patronato a com elas negociar. Sem ter como vigentes as cláusulas do instrumento coletivo anterior até que um novo seja firmado, os empregadores, decerto, não mais manifestarão interesse no processo negocial. Aos trabalhadores restou apenas a greve num país em que o medo de perder o emprego é a cada instante mais elevado.

CLT REFORMA TRABALHISTA	CLT ORIGINAL
Art. 620. As condições estabelecidas em acordo coletivo de trabalho sempre prevalecerão sobre as estipuladas em convenção coletiva de trabalho. • Artigo c/ redação determinada pela Lei n. 13.467, de 13-7-2017.	Art. 620. As condições estabelecidas em Convenção quando mais favoráveis, prevalecerão sobre as estipuladas em Acordo. (Redação dada pelo Decreto-lei n. 229, de 28-2-1967)

O que mudou?

A nova redação do art. 620 da CLT deu prevalência em todos os casos e situações ao acordo coletivo de trabalho diante da convenção coletiva de trabalho.

Antes, a norma previa que as condições estabelecidas em convenção, somente quando mais favoráveis, prevaleciam sobre as estipuladas em acordo.

---

132 CLT, art. 614: "[...] § 3.º Não será permitido estipular duração de convenção coletiva ou acordo coletivo de trabalho superior a dois anos, sendo vedada a ultratividade" (destaque não constante do original).

Comentários

Existem dois instrumentos coletivos negociados previstos no sistema jurídico brasileiro: a convenção coletiva de trabalho e o acordo coletivo de trabalho.

a) Convenção coletiva de trabalho é o negócio jurídico de caráter normativo por meio do qual dois ou mais sindicatos representativos de categorias econômicas e profissionais[133] estipulam condições de trabalho aplicáveis, no âmbito das respectivas representações, às relações individuais de trabalho.

b) Acordo coletivo de trabalho é o negócio jurídico de caráter normativo, por meio do qual o sindicato representativo da categoria profissional[134] e uma ou mais empresas[135] da correspondente categoria econômica estipulam condições de trabalho, aplicáveis no âmbito da empresa ou das empresas acordantes às respectivas relações de trabalho.

A legitimação para negociar é originariamente do sindicato. Apenas em caráter residual e supletivo, diante de categorias inorganizadas em sindicatos, a federação ou a confederação assume essa qualidade, conforme regra constante do § 2.º do art. 611 da CLT[136].

Outro detalhe relevante é aquele relacionado à prevalência de um instrumento coletivo negociado sobre outro. Optava-se simplesmente pela aplicação daquele que fosse mais favorável ao operário, salvo, evidentemente, quando algum desses instrumentos contivesse disposição *in pejus* nas hipóteses previstas no art. 7.º, VI, XIII e XIV, da Constituição. Essas ponderações demonstravam o quanto inócuas e sem sentido eram as disposições insertas no texto original do art. 620 da CLT com redação dada pelo Decreto-lei n. 229, de 28-2-1967 [137].

Perceba-se que as condições estabelecidas em convenção coletiva, ainda quando mais favoráveis, nem sempre prevaleciam sobre as estipuladas em acordo coletivo. Para chegar a essa conclusão basta imaginar a situação de um grupo de trabalhadores, regidos por convenção coletiva, que, por conta de crise econômica, veem seu sindicato negociar acordo coletivo com a empresa onde trabalham para reduzir coletivamente seus salários. Pergunta-se: *esse acordo, apesar de malfazejo, prevaleceria diante da convenção coletiva?*

---

133 Note-se que a relação se trava entre duas entidades sindicais, uma representativa da categoria profissional, outra representativa da categoria econômica.

134 Perceba-se que a relação se trava entre entidade sindical representativa da categoria profissional e empresa ou grupo de empresas. Não há presença de entidade sindical no polo patronal. A presença do sindicato da categoria profissional, contudo, é indispensável, nos termos do art. 8.º, VI, da Constituição de 1988.

135 A locução "uma ou mais empresas" não exclui do seu âmbito o empregador pessoa física, identificado como empresário individual, haja vista o teor do art. 2.º da CLT, consoante o qual se considera empregador "a empresa, **individual** ou coletiva". Pode-se, porém, perguntar: e o empregador individual que não seja empresário? Ele pode firmar acordo coletivo de trabalho? A resposta é positiva, especialmente depois da publicação da EC n. 72/2013, que, entre os direitos dos empregados domésticos, incluiu o reconhecimento de acordos e convenções coletivas de trabalho.

136 "§ 2.º As Federações e, na falta destas, as Confederações representativas de categorias econômicas ou profissionais poderão celebrar convenções coletivas de trabalho para reger as relações das categorias a elas vinculadas, inorganizadas em sindicatos, no âmbito de suas representações" (redação dada ao parágrafo pelo Decreto-Lei n. 229, de 28-2-1967).

137 **CLT.** "Art. 620. As condições estabelecidas em Convenção quando mais favoráveis, prevalecerão sobre as estipuladas em Acordo" (Redação revogada, antes dada pelo Decreto-lei n. 229, de 28-2-1967).

A resposta é evidentemente positiva. Enfim, apesar de ser explicitamente desfavorável ao mencionado grupo de trabalhadores, esse acordo coletivo valerá porque seu conteúdo está inserto entre as situações excepcionais previstas nos incisos VI, XIII e XIV do art. 7.º do Texto Constitucional.

A Lei n. 13.467/2017 trouxe, porém, uma novidade no âmbito dessa discussão. **O legislador da reforma trabalhista resolveu dar ao acordo coletivo de trabalho uma posição hierarquicamente mais elevada do que a da convenção coletiva de trabalho em qualquer situação.** A redação passou a ser a seguinte:

> **CLT. Art. 620.** As condições estabelecidas em acordo coletivo de trabalho **sempre prevalecerão** sobre as estipuladas em convenção coletiva de trabalho (**nova redação dada pela Lei n. 13.467/2017**, destaques não constantes do original).

Perceba-se que, em qualquer situação ou circunstância, as condições estabelecidas em acordo coletivo de trabalho sempre prevalecerão sobre as estipuladas em convenção coletiva, ainda quando este último instrumento coletivo negociado ofereça um direito mais vantajoso do que o contido no acordo. Isso ocorrerá por conta da aplicação do princípio da presunção de legitimação dos atos negociais da entidade sindical operária. Por meio dele se presume que a entidade sindical obreira, para alcançar determinada vantagem mais valiosa, abriu mão na construção do acordo coletivo de outra vantagem anteriormente conquistada por via negocial coletiva sem expressamente explicitar as contrapartidas recíprocas. Esse ato de apenas aparente rendição do acordo coletivo em face da convenção coletiva deve ser entendido como conduta contemporizadora, capaz de assimilar um novo corpo normativo (negocial coletivo) no qual, de modo conglobado, estejam presentes mais vantagens do que desvantagens. Nesse contexto é bom lembrar que o § 2.º do art. 611-A da CLT deixa claro que a inexistência de expressa indicação dessas contrapartidas recíprocas não enseja nulidade por não caracterizar um vício do negócio jurídico.

CLT REFORMA TRABALHISTA	CLT ORIGINAL
Art. 634. Na falta de disposição especial, a imposição das multas incumbe às autoridades regionais competentes em matéria de trabalho, na forma estabelecida por este Título. **§ 1.º** A aplicação da multa não eximirá o infrator da responsabilidade em que incorrer por infração das leis penais. **§ 2.º** Os valores das multas administrativas expressos em moeda corrente serão reajustados anualmente pela Taxa Referencial (TR), divulgada pelo Banco Central do Brasil, ou pelo índice que vier a substituí-lo. • § 2.º acrescentado pela Lei n. 13.467, de 13-7-2017.	**Art. 634.** Na falta de disposição especial, a imposição das multas incumbe às autoridades regionais competentes em matéria de trabalho, na forma estabelecida por este Título. **Parágrafo único.** A aplicação da multa não eximirá o infrator da responsabilidade em que incorrer por infração das leis penais.

O que mudou?

O art. 634 da CLT, que trata dos referenciais para a imposição das multas administrativas, ganhou um parágrafo a mais, o § 2.º, e ali se previu que os valores das multas administrativas expressos em moeda corrente hão de ser reajustados anualmente pela Taxa Referencial (TR), divulgada pelo Banco Central do Brasil, ou pelo índice que vier a substituí-lo.

Comentários

O art. 634 da CLT está contido no "Título VII" da CLT, aquele que trata "DO PROCESSO DE MULTAS ADMINISTRATIVAS", mais especificamente no seu "Capítulo I", que cuida "DA FISCALIZAÇÃO, DA AUTUAÇÃO E DA IMPOSIÇÃO DE MULTAS". Nesse espaço normativo o legislador trabalhista cuidou de detalhar todo o processo administrativo que envolve a atuação fiscalizadora da Auditoria do Trabalho e, justamente ali, tomou o cuidado de resolver o antigo problema da desatualização dos valores das multas fixadas nos textos legislativos.

A partir da vigência da Lei n. 13.467, de 2017, os valores das multas administrativas expressos em moeda corrente serão reajustados anualmente pela Taxa Referencial (TR), divulgada pelo Banco Central do Brasil, ou pelo índice que vier a substituí-lo.

Exemplo disso será visível, a título de ilustração, na multa criada pela própria norma de reforma trabalhista na nova redação do art. 47 da CLT: a multa no valor de R$ 3.000,00 (três mil reais) por empregado não registrado, acrescido de igual valor em cada reincidência, será atualizada automaticamente pela TR sem que seja necessária sequer a expedição de algum ato administrativo. O reajustamento anual, portanto, será automático, e ocorrerá sempre na data de aniversário de início da vigência da lei instituidora da multa.

CLT REFORMA TRABALHISTA	CLT ORIGINAL
Art. 652. Compete às Varas do Trabalho: a) conciliar e julgar: I – os dissídios em que se pretenda o reconhecimento da estabilidade de empregado; II – os dissídios concernentes a remuneração, férias e indenizações por motivo de rescisão do contrato individual de trabalho; III – os dissídios resultantes de contratos de empreitadas em que o empreiteiro seja operário ou artífice; IV – os demais dissídios concernentes ao contrato individual de trabalho; V – as ações entre trabalhadores portuários e os operadores portuários ou o Órgão Gestor de Mão de Obra – OGMO decorrentes da relação de trabalho; (Incluído pela Medida Provisória n. 2.164-41, de 2001) b) processar e julgar os inquéritos para apuração de falta grave; c) julgar os embargos opostos às suas próprias decisões; d) impor multas e demais penalidades relativas aos atos de sua competência; (Redação dada pelo Decreto-lei n. 6.353, de 20.3.1944)	**Art. 652.** Compete às Juntas de Conciliação e Julgamento: (Vide Constituição Federal de 1988) a) conciliar e julgar: I – os dissídios em que se pretenda o reconhecimento da estabilidade de empregado; II – os dissídios concernentes a remuneração, férias e indenizações por motivo de rescisão do contrato individual de trabalho; III – os dissídios resultantes de contratos de empreitadas em que o empreiteiro seja operário ou artífice; IV – os demais dissídios concernentes ao contrato individual de trabalho; V – as ações entre trabalhadores portuários e os operadores portuários ou o Órgão Gestor de Mão de Obra – OGMO decorrentes da relação de trabalho; (Incluído pela Medida Provisória n. 2.164-41, de 2001) b) processar e julgar os inquéritos para apuração de falta grave; c) julgar os embargos opostos às suas próprias decisões;

e) impor multa e demais penalidades relativas aos atos de sua competência. (Suprimida pelo Decreto-lei n. 6.353, de 20-3-1944) *f)* decidir quanto à homologação de acordo extrajudicial em matéria de competência da Justiça do Trabalho. • Alínea acrescentada pela Lei n. 13.467, de 13-7-2017. **Parágrafo único.** Terão preferência para julgamento os dissídios sobre pagamento de salário e aqueles que derivarem da falência do empregador, podendo o Presidente da Junta, a pedido do interessado, constituir processo em separado, sempre que a reclamação também versar sobre outros assuntos. (Vide Constituição Federal de 1988)	*d)* impor multas e demais penalidades relativas aos atos de sua competência; (Redação dada pelo Decreto-lei n. 6.353, de 20-3-1944) *e)* impor multa e demais penalidades relativas aos atos de sua competência. (Suprimida pelo Decreto-lei n. 6.353, de 20-3-1944) **Parágrafo único.** Terão preferência para julgamento os dissídios sobre pagamento de salário e aqueles que derivarem da falência do empregador, podendo o Presidente da Junta, a pedido do interessado, constituir processo em separado, sempre que a reclamação também versar sobre outros assuntos. (Vide Constituição Federal de 1988)

O que mudou?

O art. 652 da CLT teve o seu *caput* modificado para atualizar o nome da unidade jurisdicional de primeira instância. Onde existia referência às Juntas de Conciliação e Julgamento, há menção às Varas do Trabalho.

Diante disso, o art. 652 da CLT passou a tratar do que "compete às Varas do Trabalho", e entre essas competências, cabe referir que passou a existir mais uma, visível na nova alínea *f*, a de *"decidir quanto à homologação de acordo extrajudicial em matéria de competência da Justiça do Trabalho"*.

Comentários

Os juízes do trabalho, de um modo geral, sempre foram avessos às homologações de acordos entabulados no âmbito extrajudicial e que apenas eram trazidos para a Justiça do Trabalho a fim de garantir aos empregadores a segurança da coisa julgada, mais especificamente a certeza de que o ex-empregado não mais o demandaria futuramente em torno de eventuais diferenças. A esse expediente somavam-se muitas vezes a evidência de fuga do empresariado da homologação sindical, causando aos magistrados a sensação de que eles estariam a atuar como verdadeiros assistentes da parte mais vunerável. Associava-se a tudo isso a certeza dos próprios juízes de que não poderiam admitir que qualquer das partes se servisse do processo para praticar ato simulado (lide simulada) ou para conseguir fim vedado por lei.

A repressão às lides simuladas estava na ordem do dia do Ministério Público do Trabalho, que, por conta de eventos dessa natureza, instaurava inquéritos para apurar os fatos, redigia termos de ajustamento de condutas e, em muitos casos, aforava ações civis públicas para combater o uso indevido do Judiciário como substituinte dos órgãos de homologação sindical.

A reforma trabalhista de 2017 mudou essa realidade e, em certa medida, institucionalizou o uso do Judiciário como órgão homologador. Duas importantes alterações normativas constantes da Lei 13.467/2017 foram tomadas para que isso se tornasse possível. A **primeira**, acabou com a homologação sindical, mediante a revogação dos dispositivos pertinentes no art.

477 da CLT; a **segunda**, atribuiu competência às Varas do Trabalho para decidir quanto à homologação de acordo extrajudicial em matéria de competência da Justiça do Trabalho.

A partir da vigência da reforma trabalhista de 2017, portanto, as Varas do Trabalho, nos moldes dos arts. 855-B e seguintes da CLT, recepcionarão processos de jurisdição voluntária para homologação de acordo extrajudicial. Empregado e empregador, que não poderão estar representados por advogado comum, distribuirão petição de acordo, que deverá ser analisada no prazo de 15 (quinze) dias com designação de audiência, se o magistrado a entender necessária. Conclusos os autos, o juiz proferirá decisão para acolher ou rejeitar o pedido de homologação do acordo, sendo importante destacar que a negativa do pedido imporá decisão fundamentada, sob pena de violação do conjunto normativo encontrado no art. 93, IX, da Constituição da República, do art. 489 do CPC/2015 e do art. 832 da CLT.

É sempre relevante destacar que, nos moldes da Súmula 418 do TST, a homologação de acordo constitui faculdade do juiz, inexistindo direito líquido e certo tutelável pela via do mandado de segurança. Diante da eventual não homologação, caberá recurso ordinário para o TRT.

CLT REFORMA TRABALHISTA	CLT ORIGINAL
Art. 702. Ao Tribunal Pleno compete: (Redação dada pela Lei n. 2.244, de 23-6-1954) (Vide Lei 7.701, de 1988)	**Art. 702.** Ao Tribunal Pleno compete: (Redação dada pela Lei n. 2.244, de 23-6-1954) (Vide Lei 7.701, de 1988)
I – em única instância: (Redação dada pela Lei n. 2.244, de 23-6-1954)	I – em única instância: (Redação dada pela Lei n. 2.244, de 23-6-1954)
a) decidir sobre matéria constitucional, quando arguido, para invalidar lei ou ato do poder público; (Redação dada pela Lei n. 2.244, de 23-6-1954)	a) decidir sobre matéria constitucional, quando arguido, para invalidar lei ou ato do poder público; (Redação dada pela Lei n. 2.244, de 23-6-1954)
b) conciliar e julgar os dissídios coletivos que excedam a jurisdição dos Tribunais Regionais do Trabalho, bem como estender ou rever suas próprias decisões normativas, nos casos previstos em lei; (Redação dada pela Lei n. 2.244, de 23-6-1954)	b) conciliar e julgar os dissídios coletivos que excedam a jurisdição dos Tribunais Regionais do Trabalho, bem como estender ou rever suas próprias decisões normativas, nos casos previstos em lei; (Redação dada pela Lei n. 2.244, de 23-6-1954)
c) homologar os acordos celebrados em dissídios de que trata a alínea anterior; (Redação dada pela Lei n. 2.244, de 23-6-1954)	c) homologar os acordos celebrados em dissídios de que trata a alínea anterior; (Redação dada pela Lei n. 2.244, de 23-6-1954)
d) julgar os agravos dos despachos do presidente, nos casos previstos em lei; (Redação dada pela Lei n. 2.244, de 23-6-1954)	d) julgar os agravos dos despachos do presidente, nos casos previstos em lei; (Redação dada pela Lei n. 2.244, de 23-6-1954)
e) julgar as suspeições arguidas contra o presidente e demais juízes do Tribunal, nos feitos pendentes de sua decisão; (Redação dada pela Lei n. 2.244, de 23-6-1954)	e) julgar as suspeições arguidas contra o presidente e demais juízes do Tribunal, nos feitos pendentes de sua decisão; (Redação dada pela Lei n. 2.244, de 23-6-1954)
f) estabelecer ou alterar súmulas e outros enunciados de jurisprudência uniforme, pelo voto de pelo menos dois terços de seus membros, caso a mesma matéria já tenha sido decidida de forma idêntica por unanimidade em, no mínimo, dois terços das turmas em pelo menos dez sessões diferentes em cada uma delas, podendo, ainda, por maioria de dois terços de seus membros, restringir os efeitos daquela declaração ou decidir que ela só tenha eficácia a partir de sua publicação no Diário Oficial;	f) estabelecer súmulas de jurisprudência uniforme, na forma prescrita no Regimento Interno. (Redação dada pela Lei n. 7.033, de 5.10.1982)
• Alínea c/ redação determinada pela Lei n. 13.467, de 13-7-2017.	g) aprovar tabelas de custas emolumentos, nos termos da lei; (Redação dada pela Lei n. 2.244, de 23-6-1954)
	h) elaborar o Regimento Interno do Tribunal e exercer as atribuições administrativas previstas em lei, ou decorrentes da Constituição Federal.
	II – em última instância: (Redação dada pela Lei n. 2.244, de 23-6-1954)

CLT REFORMA TRABALHISTA	CLT ORIGINAL
g) aprovar tabelas de custas emolumentos, nos termos da lei; (Redação dada pela Lei n. 2.244, de 23-6-1954) *h)* elaborar o Regimento Interno do Tribunal e exercer as atribuições administrativas previstas em lei, ou decorrentes da Constituição Federal. II – em última instância: (Redação dada pela Lei n. 2.244, de 23-6-1954) *a)* julgar os recursos ordinários das decisões proferidas pelos Tribunais Regionais em processos de sua competência originária; (Redação dada pela Lei n. 2.244, de 23-6-1954) *b)* julgar os embargos opostos às decisões de que tratam as alíneas "b" e "c" do inciso I deste artigo; (Redação dada pela Lei n. 2.244, de 23-6-1954) *c)* julgar embargos das decisões das Turmas, quando esta divirjam entre si ou de decisão proferida pelo próprio Tribunal Pleno, ou que forem contrárias à letra de lei federal; (Redação dada pelo Decreto-lei n. 229, de 28-2-1967) *d)* julgar os agravos de despachos denegatórios dos presidentes de turmas, em matéria de embargos na forma estabelecida no regimento interno; (Redação dada pela Lei n. 2.244, de 23-6-1954) *e)* julgar os embargos de declaração opostos aos seus acórdãos. (Redação dada pela Lei n. 2.244, de 23-6-1954) **§ 1.º** Quando adotada pela maioria de dois terços dos juízes do Tribunal Pleno, a decisão proferida nos embargos de que trata o inciso II, alínea c, deste artigo, terá força de prejulgado, nos termos dos §§ 2.º e 3.º, do art. 902. (Parágrafo incluído pela Lei n. 2.244, de 23-6-1954) **§ 2.º** É da competência de cada uma das turmas do Tribunal: (Parágrafo incluído pela Lei n. 2.244, de 23-6-1954) *a)* julgar, em única instância, os conflitos de jurisdição entre Tribunais Regionais do Trabalho e os que se suscitarem entre juízes de direito ou juntas de conciliação e julgamento de regiões diferentes; (Alínea incluída pela Lei n. 2.244, de 23-6-1954) *b)* julgar, em última instância, os recursos de revista interpostos de decisões dos Tribunais Regionais e das Juntas de Conciliação e julgamento ou juízes de direito, nos casos previstos em lei; (Alínea incluída pela Lei n. 2.244, de 23-6-1954) *c)* julgar os agravos de instrumento dos despachos que denegarem a interposição de recursos ordinários ou de revista; (Alínea incluída pela Lei n. 2.244, de 23-6-1954) *d)* julgar os embargos de declaração opostos aos seus acórdãos; (Alínea incluída pela Lei n. 2.244, de 23-6-1954)	*a)* julgar os recursos ordinários das decisões proferidas pelos Tribunais Regionais em processos de sua competência originária; (Redação dada pela Lei n. 2.244, de 23-6-1954) *b)* julgar os embargos opostos às decisões de que tratam as alíneas "b" e "c" do inciso I deste artigo; (Redação dada pela Lei n. 2.244, de 23-6-1954) *c)* julgar embargos das decisões das Turmas, quando esta divirjam entre si ou de decisão proferida pelo próprio Tribunal Pleno, ou que forem contrárias à letra de lei federal; (Redação dada pelo Decreto-lei n. 229, de 28-2-1967) *d)* julgar os agravos de despachos denegatórios dos presidentes de turmas, em matéria de embargos na forma estabelecida no regimento interno; (Redação dada pela Lei n. 2.244, de 23-6-1954) *e)* julgar os embargos de declaração opostos aos seus acórdãos. (Redação dada pela Lei n. 2.244, de 23-6-1954) **§ 1.º** Quando adotada pela maioria de dois terços dos juízes do Tribunal Pleno, a decisão proferida nos embargos de que trata o inciso II, alínea "c", deste artigo, terá força de prejulgado, nos termos dos §§ 2.º e 3.º, do art. 902. (Parágrafo incluído pela Lei n. 2.244, de 23-6-1954) **§ 2.º** É da competência de cada uma das turmas do Tribunal: (Parágrafo incluído pela Lei n. 2.244, de 23-6-1954) *a)* julgar, em única instância, os conflitos de jurisdição entre Tribunais Regionais do Trabalho e os que se suscitarem entre juízes de direito ou juntas de conciliação e julgamento de regiões diferentes; (Alínea incluída pela Lei n. 2.244, de 23-6-1954) *b)* julgar, em última instância, os recursos de revista interpostos de decisões dos Tribunais Regionais e das Juntas de Conciliação e julgamento ou juízes de direito, nos casos previstos em lei; (Alínea incluída pela Lei n. 2.244, de 23-6-1954) *c)* julgar os agravos de instrumento dos despachos que denegarem a interposição de recursos ordinários ou de revista; (Alínea incluída pela Lei n. 2.244, de 23-6-1954) *d)* julgar os embargos de declaração opostos aos seus acórdãos; (Alínea incluída pela Lei n. 2.244, de 23-6-1954) *e)* julgar as habilitações incidentes e arguições de falsidade, suspeição e outras nos casos pendentes de sua decisão. (Alínea incluída pela Lei n. 2.244, de 23-6-1954)

CLT REFORMA TRABALHISTA	CLT ORIGINAL
e) julgar as habilitações incidentes e arguições de falsidade, suspeição e outras nos casos pendentes de sua decisão. (Alínea incluída pela Lei n. 2.244, de 23-6-1954) **§ 3.º** As sessões de julgamento sobre estabelecimento ou alteração de súmulas e outros enunciados de jurisprudência deverão ser públicas, divulgadas com, no mínimo, trinta dias de antecedência, e deverão possibilitar a sustentação oral pelo Procurador-Geral do Trabalho, pelo Conselho Federal da Ordem dos Advogados do Brasil, pelo Advogado-Geral da União e por confederações sindicais ou entidades de classe de âmbito nacional. **§ 4.º** O estabelecimento ou a alteração de súmulas e outros enunciados de jurisprudência pelos Tribunais Regionais do Trabalho deverão observar o disposto na alínea f do inciso I e no § 3.º deste artigo, com rol equivalente de legitimados para sustentação oral, observada a abrangência de sua circunscrição judiciária. • §§ 3.º e 4.º acrescentados pela Lei n. 13.467, de 13-7-2017.	

O que mudou?

O art. 702 da CLT, que trata da competência do Tribunal Pleno do TST, sofreu modificação no conteúdo da alínea *f* do inciso I e recebeu dois novos parágrafos.

Na alínea *f* do inciso I, que trata da competência em única instância do Tribunal Pleno do TST, onde existia previsão no sentido de que cabia ao citado órgão "estabelecer súmulas de jurisprudência uniforme, na forma prescrita no Regimento Interno" houve modificação para detalhar a forma de estabelecimento, **e também de alteração**, dessas súmulas **e outros enunciado**s, não mais na forma do Regimento Interno, mas **pelo voto de pelo menos dois terços de seus membros**, caso a mesma matéria já tenha sido decidida de maneira idêntica por unanimidade em, no mínimo, dois terços das turmas em pelo menos dez sessões diferentes em cada uma delas, podendo, ainda, por maioria de dois terços de seus membros, restringir os efeitos daquela declaração ou decidir que ela só tenha eficácia a partir de sua publicação no *Diário Oficial*.

O § 3.º do art. 702 da CLT passou a prever que "as sessões de julgamento sobre estabelecimento ou alteração de súmulas e outros enunciados de jurisprudência deverão ser públicas, divulgadas com, no mínimo, trinta dias de antecedência, e **deverão possibilitar a sustentação oral** pelo Procurador-Geral do Trabalho, pelo Conselho Federal da Ordem dos Advogados do Brasil, pelo Advogado-Geral da União e por confederações sindicais ou entidades de classe de âmbito nacional".

O § 4.º, por sua vez, dispôs que o estabelecimento ou a alteração de súmulas e outros enunciados de jurisprudência pelos **Tribunais Regionais do Trabalho** deverão observar o disposto na alínea *f* do inciso I e no § 3.º do art. 702 da CLT, com rol equivalente de legitimados para sustentação oral, observada a abrangência de sua circunscrição judiciária.

Comentários

As mudanças trazidas no art. 702 da CLT produziram dificuldades adicionais e maior controle para a criação e alteração das súmulas e de outros enunciados (orientações jurisprudenciais, por exemplo). Essas manifestações de jurisprudência uniforme não mais serão editadas na forma do Regimento Interno do TST, mas **por um procedimento especial aplicável em face do próprio TST e dos TRTs** (vide § 3.º do art. 702 da CLT) **quando estes vierem a estabelecer ou alterar súmulas e outros enunciados:**

a) Por voto de **pelo menos 2/3 (dois terços)** de seus membros;
b) O voto previsto no item anterior somente será dado caso **a mesma matéria já tenha sido decidida de forma idêntica POR UNANIMIDADE** em, no mínimo, 2/3 (dois terços) das turmas;
c) As decisões de 2/3 das turmas referidas no item anterior somente serão consideradas se ocorrentes em **pelo menos 10 (dez) sessões diferentes em cada uma dessas turmas.**

Admite-se, ainda, que, por maioria de 2/3 (dois terços) de seus membros, o Tribunal Pleno restrinja os efeitos das declarações contidas em súmulas e outros enunciados ou decida que elas só terão eficácia a partir de sua publicação no *Diário Oficial*.

Mais um complicador para a produção de súmulas e outros enunciados é encontrável no § 3.º do art. 702 da CLT, segundo o qual devem ser possibilitadas as sustentações orais Procurador-Geral do Trabalho, do representante do Conselho Federal da Ordem dos Advogados do Brasil, do Advogado-Geral da União e das confederações sindicais ou entidades de classe de âmbito nacional, salvo senão quiserem fazer uso da faculdade que lhes é garantida por lei. O mesmo ocorrerá, nos moldes do § 4.º do multicitado art. 702 da CLT, em relação ao estabelecimento ou a alteração de súmulas e outros enunciados de jurisprudência pelos Tribunais Regionais do Trabalho, observada a abrangência de sua circunscrição judiciária.

CLT REFORMA TRABALHISTA	CLT ORIGINAL
Art. 775. Os prazos estabelecidos neste Título serão contados em dias úteis, com exclusão do dia do começo e inclusão do dia do vencimento. **§ 1.º** Os prazos podem ser prorrogados, pelo tempo estritamente necessário, nas seguintes hipóteses: I – quando o juízo entender necessário; II – em virtude de força maior, devidamente comprovada. **§ 2.º** Ao juízo incumbe dilatar os prazos processuais e alterar a ordem de produção dos meios de prova, adequando-os às necessidades do conflito de modo a conferir maior efetividade à tutela do direito. • Artigo c/ redação determinada pela Lei n. 13.467, de 13-7-2017.	**Art. 775.** Os prazos estabelecidos neste Título contam-se com exclusão do dia do começo e inclusão do dia do vencimento, e são contínuos e irreleváveis, podendo, entretanto, ser prorrogados pelo tempo estritamente necessário pelo juiz ou tribunal, ou em virtude de força maior, devidamente comprovada. (Redação dada pelo Decreto-lei n. 8.737, de 19-1-1946) **Parágrafo único.** Os prazos que se vencerem em sábado, domingo ou dia feriado, terminarão no primeiro dia útil seguinte. (Redação dada pelo Decreto-lei n. 8.737, de 19-1-1946)

O que mudou?

O art. 775 da CLT foi totalmente modificado. O *caput* passou a prever, tal qual já ocorria no âmbito do processo civil desde a vigência da Lei n. 13.105/2015, que os prazos estabelecidos no Título X da CLT, que trata "DO PROCESSO JUDICIÁRIO DO TRABALHO" serão contados em **dias úteis**, com exclusão do dia do começo e inclusão do dia do vencimento.

O § 1.º, em redação assemelhada à anteriormente existente, passou a prever que os prazos poderiam ser prorrogados, pelo tempo estritamente necessário, quando o juízo entendesse necessário; ou em virtude de força maior, devidamente comprovada.

O § 2.º trouxe, como inovação, a previsão de que ao juízo incumbe **dilatar os prazos** processuais e **alterar a ordem de produção dos meios de prova**, adequando-os às necessidades do conflito de modo a conferir maior efetividade à tutela do direito.

Comentários

O art. 139, VI, do CPC/2015 já previa que "o juiz dirigirá o processo [...] incumbindo-lhe: dilatar os prazos processuais e alterar a ordem de produção dos meios de prova, adequando-os às necessidades do conflito de modo a conferir maior efetividade à tutela do direito".

O legislador da reforma trabalhista 2017, portanto, importou o dispositivo da norma processual civil de 2015, sem, entretanto, trazer de lá alguns esclarecimentos indispensáveis.

Cabe, por isso, chamar a atenção para o fato de que **a dilação de prazos somente pode ser determinada antes de encerrado o prazo regular** (*vide* parágrafo único do art. 139 do CPC/2015). Isso significa que, mesmo entendendo necessário ou ainda que em virtude de força maior, o magistrado não poderá fazer ressurgir prazos expirados, mas apenas estender aqueles ainda em curso. A palavra "prorrogar", aliás, traz em si a ideia de fazer com que se estenda algo além do tempo determinado, mas ainda dentro dele.

Note-se que o novo art. 775 da CLT não trata das situações de restituição do prazo expirado e não realizado por motivo de justa causa. Apesar disso, parece perfeitamente aplicável ao processo do trabalho a integral disposição contida no art. 223 do CPC /2015, segundo o qual "decorrido o prazo, extingue-se o direito de praticar ou de emendar o ato processual, independentemente de declaração judicial, ficando assegurado, porém, à parte provar que não o realizou por justa causa". A referida norma ainda, no citado art. 223, esclarece que se considera "justa causa" o evento alheio à vontade da parte e que a impediu de praticar o ato por si ou por mandatário. Assim, verificada a justa causa, o juiz permitirá à parte a prática do ato no prazo que lhe assinar.

CLT REFORMA TRABALHISTA	CLT ORIGINAL
Art. 789. Nos dissídios individuais e nos dissídios coletivos do trabalho, nas ações e procedimentos de competência da Justiça do Trabalho, bem como nas demandas propostas perante a Justiça Estadual, no exercício da jurisdição trabalhista, as custas relativas ao processo de conhecimento incidirão à base de 2% (dois por cento), observado o mínimo de R$ 10,64 (dez reais e sessenta e	**Art. 789.** Nos dissídios individuais e nos dissídios coletivos do trabalho, nas ações e procedimentos de competência da Justiça do Trabalho, bem como nas demandas propostas perante a Justiça Estadual, no exercício da jurisdição trabalhista, as custas relativas ao processo de conhecimento incidirão à base de 2% (dois por cento), observado o mínimo de R$ 10,64 (dez reais e sessenta e

quatro centavos) e o máximo de quatro vezes o limite máximo dos benefícios do Regime Geral de Previdência Social, e serão calculadas: • *Caput* c/ redação da Lei n. 13.467, de 13-7-2017. I – quando houver acordo ou condenação, sobre o respectivo valor; (Redação dada pela Lei n. 10.537, de 27-8-2002) II – quando houver extinção do processo, sem julgamento do mérito, ou julgado totalmente improcedente o pedido, sobre o valor da causa; (Redação dada pela Lei n. 10.537, de 27-8-2002) III – no caso de procedência do pedido formulado em ação declaratória e em ação constitutiva, sobre o valor da causa; (Redação dada pela Lei n. 10.537, de 27-8-2002) IV – quando o valor for indeterminado, sobre o que o juiz fixar. (Redação dada pela Lei n. 10.537, de 27-8-2002) § 1.º As custas serão pagas pelo vencido, após o trânsito em julgado da decisão. No caso de recurso, as custas serão pagas e comprovado o recolhimento dentro do prazo recursal. (Redação dada pela Lei n. 10.537, de 27-8-2002) § 2.º Não sendo líquida a condenação, o juízo arbitrar-lhe-á o valor e fixará o montante das custas processuais. (Redação dada pela Lei n. 10.537, de 27-8-2002) § 3.º Sempre que houver acordo, se de outra forma não for convencionado, o pagamento das custas caberá em partes iguais aos litigantes. (Redação dada pela Lei n. 10.537, de 27-8-2002) § 4.º Nos dissídios coletivos, as partes vencidas responderão solidariamente pelo pagamento das custas, calculadas sobre o valor arbitrado na decisão, ou pelo Presidente do Tribunal. (Redação dada pela Lei n. 10.537, de 27-8-2002)	quatro centavos) e serão calculadas: (Redação dada pela Lei n. 10.537, de 27-8-2002) I – quando houver acordo ou condenação, sobre o respectivo valor; (Redação dada pela Lei n. 10.537, de 27-8-2002) II – quando houver extinção do processo, sem julgamento do mérito, ou julgado totalmente improcedente o pedido, sobre o valor da causa; (Redação dada pela Lei n. 10.537, de 27-8-2002) III – no caso de procedência do pedido formulado em ação declaratória e em ação constitutiva, sobre o valor da causa; (Redação dada pela Lei n. 10.537, de 27-8-2002) IV – quando o valor for indeterminado, sobre o que o juiz fixar. (Redação dada pela Lei n. 10.537, de 27-8-2002) § 1.º As custas serão pagas pelo vencido, após o trânsito em julgado da decisão. No caso de recurso, as custas serão pagas e comprovado o recolhimento dentro do prazo recursal. (Redação dada pela Lei n. 10.537, de 27-8-2002) § 2.º Não sendo líquida a condenação, o juízo arbitrar-lhe-á o valor e fixará o montante das custas processuais. (Redação dada pela Lei n. 10.537, de 27-8-2002) § 3.º Sempre que houver acordo, se de outra forma não for convencionado, o pagamento das custas caberá em partes iguais aos litigantes. (Redação dada pela Lei n. 10.537, de 27-8-2002) § 4.º Nos dissídios coletivos, as partes vencidas responderão solidariamente pelo pagamento das custas, calculadas sobre o valor arbitrado na decisão, ou pelo Presidente do Tribunal. (Redação dada pela Lei n. 10.537, de 27-8-2002)

O que mudou?

A mudança atingiu apenas o *caput* do art. 789 da CLT. Criou-se um limite máximo para o valor das custas **no processo de conhecimento**, o que antes não existia.

O *caput* do art. 789 da CLT ganhou na sua parte final o trecho que dispõe: "e o máximo de quatro vezes o limite máximo dos benefícios do Regime Geral de Previdência Social".

Tudo mais se manteve tal como se praticava.

Comentários

Como muitas vezes aqui se informou, a reforma trabalhista de 2017 foi realizada em atenção ao segmento empresarial, que muito se incomodava com a atuação da Justiça do Trabalho e alguns dos seus excessos. E segundo a visão patronal era um excesso a inexistência de limite máximo para o valor das custas no processo de conhecimento. Dessa forma a legislação amoldou-se ao justo interesse empresarial e previu que "as custas relativas ao processo de conhecimento incidirão à base de 2% (dois por cento), observado o mínimo de **R$ 10,64** (dez reais e sessenta e quatro centavos) e o máximo de quatro vezes o limite máximo dos benefícios do Regime Geral de Previdência Social". A partir da vigência da Lei 13.467, de 2017, portanto, o valor final das custas em processo de conhecimento, expressas em reais, não poderá exceder o valor de **R$ 22.125,24**, atualizado em 2017.

CLT REFORMA TRABALHISTA	CLT ORIGINAL
Art. 790. Nas Varas do Trabalho, nos Juízos de Direito, nos Tribunais e no Tribunal Superior do Trabalho, a forma de pagamento das custas e emolumentos obedecerá às instruções que serão expedidas pelo Tribunal Superior do Trabalho. (Redação dada pela Lei n. 10.537, de 27-8-2002)	**Art. 790.** Nas Varas do Trabalho, nos Juízos de Direito, nos Tribunais e no Tribunal Superior do Trabalho, a forma de pagamento das custas e emolumentos obedecerá às instruções que serão expedidas pelo Tribunal Superior do Trabalho. (Redação dada pela Lei n. 10.537, de 27-8-2002)
§ 1.º Tratando-se de empregado que não tenha obtido o benefício da justiça gratuita, ou isenção de custas, o sindicato que houver intervindo no processo responderá solidariamente pelo pagamento das custas devidas. (Redação dada pela Lei n. 10.537, de 27-8-2002)	**§ 1.º** Tratando-se de empregado que não tenha obtido o benefício da justiça gratuita, ou isenção de custas, o sindicato que houver intervindo no processo responderá solidariamente pelo pagamento das custas devidas. (Redação dada pela Lei n. 10.537, de 27-8-2002)
§ 2.º No caso de não pagamento das custas, far-se-á execução da respectiva importância, segundo o procedimento estabelecido no Capítulo V deste Título. (Redação dada pela Lei n. 10.537, de 27-8-2002)	**§ 2.º** No caso de não pagamento das custas, far-se-á execução da respectiva importância, segundo o procedimento estabelecido no Capítulo V deste Título. (Redação dada pela Lei n. 10.537, de 27-8-2002)
§ 3.º É facultado aos juízes, órgãos julgadores e presidentes dos tribunais do trabalho de qualquer instância conceder, a requerimento ou de ofício, o benefício da justiça gratuita, inclusive quanto a traslados e instrumentos, àqueles que perceberem salário igual ou inferior a 40% (quarenta por cento) do limite máximo dos benefícios do Regime Geral de Previdência Social. • § 3.º c/ redação alterada pela Lei n. 13.467, de 13-7-2017.	**§ 3.º** É facultado aos juízes, órgãos julgadores e presidentes dos tribunais do trabalho de qualquer instância conceder, a requerimento ou de ofício, o benefício da justiça gratuita, inclusive quanto a traslados e instrumentos, àqueles que perceberem salário igual ou inferior ao dobro do mínimo legal, ou declararem, sob as penas da lei, que não estão em condições de pagar as custas do processo sem prejuízo do sustento próprio ou de sua família. (Redação dada pela Lei n. 10.537, de 27-8-2002)
§ 4.º O benefício da justiça gratuita será concedido à parte que comprovar insuficiência de recursos para o pagamento das custas do processo. • § 4.º acrescentado pela Lei n. 13.467, de 13-7-2017.	

O que mudou?

O art. 790 da CLT, que trata da forma de pagamento das custas e emolumentos, manteve o seu *caput* e o texto constante dos seus §§ 1.º e 2.º. Ele sofreu modificação apenas na redação do § 3.º e, além disso, ganhou um parágrafo adicional, o § 4.º.

A modificação do § 3.º majorou a exigência para a concessão de ofício dos benefícios da justiça gratuita. Antes os magistrados concediam, a requerimento ou de ofício, o benefício da justiça gratuita, inclusive quanto a traslados e instrumentos, àqueles que percebessem salário igual ou inferior ao dobro do mínimo legal, ou declarassem, sob as penas da lei, que não estão em condições de pagar as custas do processo sem prejuízo do sustento próprio ou de sua família. **Depois da vigência da Lei n. 13.467/2017, os magistrados somente concederão, a requerimento ou de ofício, o benefício da justiça gratuita, inclusive quanto a traslados e instrumentos, àqueles que perceberem salário igual ou inferior a 40% (quarenta por cento) do limite máximo dos benefícios do Regime Geral de Previdência Social.**

O novo § 4.º do art. 790 da CLT tratou de quem estivesse fora da faixa da concessão de ofício. Para estes – para quem ganha mais do que 40% do limite máximo dos benefícios do RGPS, ou seja, para quem ganha mais de **R$ 2.212,52** (valor em 2017) – o benefício da justiça gratuita somente será concedido **se comprovada** a insuficiência de recursos para o pagamento das custas do processo.

Comentários

As alterações produzidas no art. 790 da CLT imporão uma mudança de hábito. As partes, os procuradores e os magistrados estavam acostumados à postulação dos benefícios da justiça gratuita fundados na mera declaração de que o demandante não poderia assumir as custas do processo sem prejuízo pessoal ou de sua família. Havia uma presunção de miserabilidade pela simples afirmativa de que isso acontecia cabendo à parte contrária fazer prova contrária a essa presunção.

A nova redação dada aos §§ 3.º e 4.º do art. 790 da CLT mudam significativamente essa realidade. A partir da vigência da Lei n. 13.467, de 2017, **os magistrados somente concederão, a requerimento ou de ofício, o benefício da justiça gratuita, inclusive quanto a traslados e instrumentos, àqueles que perceberem salário igual ou inferior a 40% (quarenta por cento) do limite máximo dos benefícios do Regime Geral de Previdência Social**, ou seja, **R$ 2.212,52** (valor em 2017). Somente estes fruirão da presunção de miserabilidade.

Aqueles que ganham salário superior a 40% do limite máximo do RGPS não poderão se favorecer da presunção de miserabilidade. O benefício da justiça gratuita somente lhes será concedido **se comprovada** a insuficiência de recursos para o pagamento das custas do processo.

E como fazer isso? A parte que ganha salário superior a **R$ 2.212,52** (valor em 2017) precisará juntar aos autos o seu contracheque e as cópias dos boletos dos seus mais significativos custos cotidianos de vencimento mensal, a exemplo de planos de saúde, despesas com educação, custos com aluguel, contas de água, energia elétrica, telefonia e dispêndios com alimentação, entre outros. O demandante precisará demonstrar que, a despeito de ganhar mais de **R$ 2.212,52** (valor em 2017), não conseguirá suportar os custos do processo sem a compressão do seu mínimo existencial.

Por fim, cabe alertar para o fato de que muita discussão ocorrerá em torno do vocábulo "salário". Afinal, o legislador, ao dizer salário, quis se referir apenas ao salário-base? Ou ele quis tratar do conjunto de verbas remuneratórias que, além do salário-base, contém complementos salariais (como gratificações legais e adicionais) e suplementos salariais (como gorjetas e gueltas)?

A jurisprudência terá de apresentar o seu posicionamento, mas aqui se antecipa que, em princípio, a palavra "salário", utilizada no texto do art. 790 da CLT parece referir o mesmo que "salário de contribuição", ou seja, conjunto de verbas de natureza remuneratória sobre as quais incide a contribuição previdenciária, sendo pista indicativa deste caminho o uso do referencial do limite máximo dos benefícios do Regime Geral de Previdência Social que é o limite máximo dos salários de contribuição. Ficam fora disso, evidentemente, as verbas que não têm natureza remuneratória, vale dizer, as indenizações, os ressarcimentos, as penalidades e aquelas que, por vontade do legislador, são entendidas como de natureza não remuneratória.

CLT REFORMA TRABALHISTA	CLT ORIGINAL
Art. 790-B. A responsabilidade pelo pagamento dos honorários periciais é da parte sucumbente na pretensão objeto da perícia, ainda que beneficiária da justiça gratuita. • Artigo c/ redação alterada pela Lei n. 13.467, de 13-7-2017. **§ 1.º** Ao fixar o valor dos honorários periciais, o juízo deverá respeitar o limite máximo estabelecido pelo Conselho Superior da Justiça do Trabalho. **§ 2.º** O juízo poderá deferir parcelamento dos honorários periciais. **§ 3.º** O juízo não poderá exigir adiantamento de valores para realização de perícias. **§ 4.º** Somente no caso em que o beneficiário da justiça gratuita não tenha obtido em juízo créditos capazes de suportar a despesa referida no *caput*, ainda que em outro processo, a União responderá pelo encargo. • §§ acrescentados pela Lei n. 13.467, de 13-7-2017.	**Art. 790-B.** A responsabilidade pelo pagamento dos honorários periciais é da parte sucumbente na pretensão objeto da perícia, salvo se beneficiária de justiça gratuita. (Incluído pela Lei n. 10.537, de 27-8-2002)

O que mudou?

O art. 790-B da CLT, que trata da responsabilidade pelo pagamento dos honorários periciais, sofreu modificação substancial. A alteração atingiu o *caput* e impôs a criação de quatro parágrafos explicativos.

Em linhas gerais, a responsabilidade pelo pagamento dos honorários periciais será da parte sucumbente na pretensão objeto da perícia, **ainda que beneficiária da justiça gratuita**, e desse custo somente se livrará se não obtiver em juízo créditos capazes de suportar a despesa, ainda que em outro processo. Nesse caso, se o demandante nada receber nos processos aforados até dois anos depois de transitada em julgado a decisão que certificou o crédito dos honorários (sustenta-se aqui a aplicação analógica do prazo de dois anos previsto no § 4.º do art. 791-A da CLT), aí sim a União responderá pelo encargo.

Sob o ponto de vista procedimental, três particularidades adicionais podem ser destacadas com base no teor dos §§ 2.º, 3.º e 4.º do dispositivo ora em exame:

A primeira está relacionada ao valor dos honorários periciais. Estes deverão respeitar o limite máximo estabelecido pelo Conselho Superior da Justiça do Trabalho.

A segunda diz respeito à possibilidade de serem parcelados os honorários periciais, o que, em rigor, sempre foi possível, embora isso evidentemente sempre tenha dependido da anuência do próprio perito a ser nomeado.

A terceira está ligada à impossibilidade, agora imposta por lei, de o magistrado exigir o adiantamento de valores para realização de perícias. De fato, o magistrado não pode exigir o adiantamento dos honorários prévios da parte requerente, mas pode sugerir que essa conduta se realize, caso as partes não se oponham a tanto. Caso a sugestão não seja atendida, o juízo haverá de contar – se eventualmente conseguir isso – com a boa vontade dos peritos em realizar as perícias para, somente depois disso, receber o pagamento dos honorários periciais.

Comentários

As mudança na sistemática que envolve a responsabilidade pelo pagamento dos honorários periciais causará uma evidente retração nos pedidos de produção de prova técnica, e isso será algo benfazejo ao próprio processo, pois eliminará aventuras jurídicas.

As demandas que envolvem a necessidade da produção de prova pericial serão mais responsáveis, pois os demandantes saberão previamente que, independentemente de serem beneficiários da justiça gratuita, terão de arcar, em sacrifício de outros créditos eventualmente conquistados **no mesmo ou em outro processo**, com os custos da produção da prova técnica que quis produzir.

Atente-se para o fato de que o § 4.º do art. 790-B da CLT não restringiu o seu espectro ressarcitório aos créditos que o sucumbente possa vir a ganhar no mesmo ou em outro processo aforado na Justiça do Trabalho. A menção a "outro processo" pode, por ausência de restrição no texto normativo, alcançar até mesmo outro processo aforado em outro órgão judiciário ou até mesmo em outro órgão administrativo. Assim, se o demandante é sucumbente em uma perícia e tem créditos em um processo de inventário, estes podem ser apresados para a satisfação da dívida processual aqui em exame. O mesmo acontecerá se, em processo administrativo, esse mesmo demandante tiver restituição de imposto de renda decorrente da declaração anual realizada perante a Receita Federal do Brasil.

Caberá à própria parte sucumbente, portanto, informar, quando disponível, a existência de crédito em outro processo capaz de satisfazer a sua dívida processual, sob pena de seu ato omissivo ser caracterizado como "ato atentatório à dignidade da justiça".

Lembre-se de que, nos moldes do art. 77, IV, do CPC/2015, são deveres das partes, de seus procuradores e de todos aqueles que de qualquer forma participem do processo, **"cumprir com exatidão as decisões jurisdicionais, de natureza provisória ou final, e não criar embaraços à sua efetivação"**.

Na forma do § 1.º do art. 77 do CPC/2015, caberá, portanto, ao juiz advertir, com registro em ata, que a parte requerente da realização de prova técnica, independentemente de ser beneficiária da justiça gratuita, assumirá, em caso de sucumbência, os honorários periciais lastreados em créditos auferidos no mesmo ou em outro processo (judiciário ou administrativo) e que a sua conduta omissiva em não realizar espontaneamente o pagamento poderá ser punida como ato atentatório à dignidade da justiça. Nesse caso, o juiz deve, sem prejuízo das sanções criminais, civis e processuais cabíveis, aplicar ao responsável multa de até 20% (vinte por cento) do valor da causa, de acordo com a gravidade da conduta.

Por analogia de tratamento, há de aplicar-se aos honorários periciais a mesma solução aplicada aos honorários advocatícios de sucumbência quando a parte sucumbente for beneficiária da justiça gratuita: vencido o beneficiário da justiça gratuita, desde que não tenha obtido em juízo, ainda que em outro processo, créditos capazes de suportar a despesa, as obrigações decorrentes de sua sucumbência ficarão sob condição suspensiva de exigibilidade e somente poderão ser executadas se, **nos dois anos subsequentes ao trânsito em julgado da decisão que as certificou**, o credor demonstrar que deixou de existir a situação de insuficiência de recursos que justificou a concessão de gratuidade, **extinguindo-se, passado esse prazo**, tais obrigações do beneficiário.

Cabe anotar, por fim, que foi proposta pelo Procurador-Geral da República ação direta de inconstitucionalidade (medida cautelar na ação direta de inconstitucionalidade 5.766/DF, sob a relatoria do Min. Luís Roberto Barroso), tendo por objeto o art. 1.º da Lei 13.467, de 13 de julho de 2017, que aprovou a "Reforma Trabalhista", nos pontos em que altera ou insere disposições nos **arts. 790-B, *caput* e § 4.º (ora em exame)**; 791-A, § 4.º, e 844, § 2.º, da CLT.

O requerente alegou que as normas impugnadas estabelecem restrições inconstitucionais à garantia de gratuidade de justiça, por impor aos seus destinatários: (i) o pagamento de honorários periciais e sucumbenciais, quando tiverem obtido em juízo, inclusive em outro processo, créditos capazes de suportar a despesa; e (ii) o pagamento de custas, caso tenham dado ensejo à extinção da ação, em virtude do não comparecimento à audiência, condicionando a propositura de nova ação a tal pagamento.

Segundo o requerente, tais dispositivos **geram ônus desproporcionais para que cidadãos vulneráveis e desassistidos** busquem o Judiciário; **impõem a utilização de recursos obtidos em processos trabalhistas para custeio de honorários**, sem considerar o possível caráter alimentar de tais valores ou a possibilidade de comprometimento de necessidades essenciais do trabalhador; **condicionam a propositura de nova ação ao pagamento de importância por quem sabidamente não dispõe de recursos**, podendo constituir obstáculo definitivo de acesso ao Judiciário e produzem tratamento desigual e **geram impacto desproporcional sobre os mais pobres**, na medida em que a exigência de pagamento de honorários periciais e sucumbenciais com valores conquistados em outros processos limita-se a causas em curso na Justiça Trabalhista, não se estendendo à Justiça comum ou aos Juizados Especiais Cíveis. Com base em tais argumentos e no risco de imediato comprometimento do direito de acesso dos trabalhadores ao Judiciário, o requerente pleiteou a suspensão cautelar dos dispositivos impugnados e, no mérito, sua declaração de inconstitucionalidade, por violação aos arts. 1.º, incs. III e IV; 3.º, incs. I e III; 5.º, *caput*, incs. XXXV e LXXIV e § 2.º; e 7.º a 9.º da Constituição da República.

O relator, então, no dia 29 de agosto de 2017, determinou a oitiva do Congresso Nacional, do Presidente da República e do Advogado-Geral da União, nos prazos de 5 (cinco) dias para os dois primeiros e de 3 (três) dias para o último, como facultado pelo art. 10, § 1.º, da Lei

n. 9.868/99. Após o decurso do prazo, determinou que os autos deveriam retornar à conclusão para a apreciação da cautelar.

CLT REFORMA TRABALHISTA	CLT ORIGINAL
Art. 791-A. Ao advogado, ainda que atue em causa própria, serão devidos honorários de sucumbência, fixados entre o mínimo de 5% (cinco por cento) e o máximo de 15% (quinze por cento) sobre o valor que resultar da liquidação da sentença, do proveito econômico obtido ou, não sendo possível mensurá-lo, sobre o valor atualizado da causa. **§ 1.º** Os honorários são devidos também nas ações contra a Fazenda Pública e nas ações em que a parte estiver assistida ou substituída pelo sindicato de sua categoria. **§ 2.º** Ao fixar os honorários, o juízo observará: I – o grau de zelo do profissional; II – o lugar de prestação do serviço; III – a natureza e a importância da causa; IV – o trabalho realizado pelo advogado e o tempo exigido para o seu serviço. **§ 3.º** Na hipótese de procedência parcial, o juízo arbitrará honorários de sucumbência recíproca, vedada a compensação entre os honorários. **§ 4.º** Vencido o beneficiário da justiça gratuita, desde que não tenha obtido em juízo, ainda que em outro processo, créditos capazes de suportar a despesa, as obrigações decorrentes de sua sucumbência ficarão sob condição suspensiva de exigibilidade e somente poderão ser executadas se, nos dois anos subsequentes ao trânsito em julgado da decisão que as certificou, o credor demonstrar que deixou de existir a situação de insuficiência de recursos que justificou a concessão de gratuidade, extinguindo-se, passado esse prazo, tais obrigações do beneficiário. **§ 5.º** São devidos honorários de sucumbência na reconvenção. • Artigo acrescentado pela Lei n. 13.467, de 13-7-2017.	Não há correspondente na CLT original.

O que mudou?

O art. 791-A da CLT é, no todo, uma inovação. Não existia norma correspondente na CLT original.

O dispositivo mudou a sistemática de pagamento dos honorários sucumbenciais na Justiça do Trabalho, antes restritos à hipótese constante da Lei n. 5.584/70, ou seja, antes apenas pagáveis em favor do sindicato profissional assistente, desde que o demandante fosse beneficiário da justiça gratuita.

Art. 791-A

Comentários

A partir da vigência da Lei n. 13.467, de 2017, seja em relação aos processos em curso, seja em relação àqueles que venham a ser aforados, "ao advogado, **ainda que atue em causa própria**, serão devidos honorários de sucumbência, fixados entre o mínimo de 5% (cinco por cento) e o máximo de 15% (quinze por cento) **sobre o valor que resultar da liquidação da sentença, do proveito econômico obtido ou, não sendo possível mensurá-lo, sobre o valor atualizado da causa**".

Veja-se, portanto, que o percentual dos honorários de sucumbência variará do mínimo de 5% ao máximo de 15%. A base de cálculo, por outro lado, considerará:

a) O valor que resultar da liquidação da sentença, ou seja, o valor resultante da quantificação dos pedidos. Nesse ponto é relevante lembrar que, sob a égide da Lei n. 13.467/2017 e à luz da nova redação do § 1.º do art. 840 da CLT, sendo escrita, a reclamação deverá conter "o pedido, que deverá ser certo, determinado e com indicação de seu valor".

b) Quando não for possível quantificar os pedidos, haja vista situações em que uma das partes apenas teve um proveito econômico decorrente do acolhimento de alguma pretensão como, por exemplo, o reconhecimento da existência de aposentadoria por invalidez por evento de causa ocupacional para o auferimento de seguro privado, os honorários serão fixados sobre o proveito econômico que, no caso em exemplo, seria o ganho decorrente do seguro;

c) Caso não seja possível mensurar o proveito econômico, os honorários de sucumbência serão calculados sobre "o valor atualizado da causa".

Nesse ponto serão constatáveis algumas mudanças de hábito no Judiciário trabalhista, entre as quais se destacam, sem dúvidas, a moderação no ato de postulação e o consequente comedimento na fixação dos valores das causas. Também é relevante salientar o risco assumido por aqueles peticionários que venham a indicar valores estratosféricos em postulações de indenização por danos morais. Afirma-se isso porque, havendo sucumbência do requerente, ele deverá pagar honorários de sucumbência em favor da parte contrária com base no estratosférico valor por ele mesmo apontado.

Será mais frequente, portanto, a evidência de pretensões de indenização por dano moral baseadas em valores mais modestos, os quais deverão ser sempre identificados de acordo com a nova regra contida no § 1.º do art. 840 da CLT. Haverá uma natural retração de quem pede em decorrência dos riscos de assumir honorários de sucumbência sobre o que não se ganhará.

Os parágrafos inseridos no texto do art. 791-A da CLT ofereceram, ademais, detalhamentos e esclarecimentos, entre os quais se destacam, dada a sua importância, os seguintes:

1) Os honorários são devidos também nas ações contra a Fazenda Pública, vale dizer, a Fazenda Pública também pagará honorários de sucumbência;

2) Os honorários são devidos igualmente nas ações em que a parte estiver assistida ou substituída pelo sindicato de sua categoria, tal que antes ocorria nos limites da Lei n. 5.584/70;

3) Para fixar o percentual dos honorários de sucumbência – entre o mínimo de 5% (cinco por cento) e o máximo de 15% (quinze por cento) – o magistrado deverá considerar o grau de zelo do profissional, o lugar de prestação do serviço, a natureza e a importância da causa e o trabalho realizado pelo advogado e o tempo exigido para o seu serviço, cabendo fazer men-

ção a cada um desses itens no momento de sua dosimetria, sob pena de infringência do dever de motivar;

4) Havendo procedência parcial, o magistrado não poderá simplesmente compensar os honorários. O § 3.º do art. 791-A da CLT, ao vedar a compensação entre os honorários, parte do pressuposto de que jamais existirão pretensões exatamente correspondentes e atuações profissionais rigidamente iguais. Para evitar a solução simplificada do "elas por elas", o legislador impôs ao magistrado o ônus de arbitrar os honorários de sucumbência recíproca, vedada a soma-zero. Não se admite, pois, que o cálculo do êxito corresponda exatamente ao cálculo da perda.

Anote-se, ademais, que eventual compensação dos honorários advocatícios sucumbenciais, nas situações em que o autor seja apenado no pagamento de 10% sobre R$ 10.000,00 e o réu seja igualmente condenado no pagamento de 10% sobre a mesma base de cálculo acabaria por fazer desaparecer um crédito que não é de nenhum dos litigantes, mas, sim, dos advogados que atuaram no processo. Diante dessas situações, mesmo que o processo termine com um rigoroso empate técnico, tanto o autor terá que despender R$ 1.000,00 para o advogado do réu e vice-versa. Essa verba não pode desaparecer dos cálculos.

Entretanto, nunca é demasiada a lembrança de que, sendo os honorários advocatícios sucumbenciais verbas de natureza patrimonial, ambos os patronos poderão, caso assim desejem, em atenção a um acordo por exemplo, renunciar cada um deles à sua fração de honorários sucumbenciais em prol de uma autocomposição;

5) A mesma lógica dos honorários periciais é aplicada aos honorários advocatícios de sucumbência: vencido o beneficiário da justiça gratuita, desde que não tenha obtido em juízo, ainda que em outro processo, créditos capazes de suportar a despesa, as obrigações decorrentes de sua sucumbência ficarão sob condição suspensiva de exigibilidade e somente poderão ser executadas se, **nos dois anos subsequentes ao trânsito em julgado da decisão que as certificou**, o credor demonstrar que deixou de existir a situação de insuficiência de recursos que justificou a concessão de gratuidade, extinguindo-se, passado esse prazo, tais obrigações do beneficiário;

6) São devidos honorários de sucumbência também em face da reconvenção.

É importante anotar que, tal qual ocorrente com os honorários periciais, o § 4.º do art. 791-A da CLT não restringiu o seu espectro ressarcitório aos créditos que o sucumbente possa vir a ganhar no mesmo ou em outro processo aforado na Justiça do Trabalho. A menção a "outro processo" pode, por ausência de restrição no texto normativo, alcançar até mesmo outro processo aforado em outro órgão judiciário ou até mesmo em outro órgão administrativo. Assim, se o demandante é sucumbente e tem créditos, por exemplo, em um processo de inventário, estes podem ser apresados para a satisfação dos honorários advocatícios de sucumbência. O mesmíssimo acontecerá se, em processo administrativo, esse mesmo demandante tiver, ilustrativamente, restituição de imposto de renda decorrente da declaração anual realizada perante a Receita Federal do Brasil.

Caberá à própria parte sucumbente, portanto, informar, quando disponível, a existência de crédito em outro processo capaz de satisfazer os honorários advocatícios de sucumbência, sob pena de seu ato omissivo ser caracterizado como "ato atentatório à dignidade da justiça".

Lembre-se de que, nos moldes do art. 77, IV, do CPC/2015, são deveres das partes, de seus procuradores e de todos aqueles que de qualquer forma participem do processo, **"cumprir** com exatidão as decisões jurisdicionais, de natureza provisória ou final, e não criar embaraços à sua efetivação".

Na forma do § 1.º do art. 77 do CPC/2015, caberá, portanto, ao juiz advertir, com registro em ata, em despacho ou em sentença, que a parte sucumbente dos honorários advocatícios, independentemente de ser beneficiária da justiça gratuita, os assumirá com lastro em créditos auferidos no mesmo ou em outro processo (judiciário ou administrativo) e que a sua conduta omissiva em não realizar espontaneamente esse pagamento poderá ser punida como ato atentatório à dignidade da justiça. Nesse caso, o juiz deve, sem prejuízo das sanções criminais, civis e processuais cabíveis, aplicar ao responsável multa de até 20% (vinte por cento) do valor da causa, de acordo com a gravidade da conduta.

Reitere-se aqui o que já se disse nos comentários ao art. 790-B da CLT reformada: foi proposta pelo Procurador-Geral da República ação direta de inconstitucionalidade (medida cautelar na ação direta de inconstitucionalidade 5.766/DF, sob a relatoria do Min. Luís Roberto Barroso), tendo por objeto o art. 1.º da Lei 13.467, de 13 de julho de 2017, que aprovou a "Reforma Trabalhista", nos pontos em que altera ou insere disposições nos arts. 790-B, *caput* e § 4.º; **791-A, § 4.º (ora em exame)**, e 844, § 2.º, da CLT.

O requerente alegou que as normas impugnadas estabelecem restrições inconstitucionais à garantia de gratuidade de justiça, por impor aos seus destinatários: (i) o pagamento de honorários periciais e sucumbenciais, quando tiverem obtido em juízo, inclusive em outro processo, créditos capazes de suportar a despesa; e (ii) o pagamento de custas, caso tenham dado ensejo à extinção da ação, em virtude do não comparecimento à audiência, condicionando a propositura de nova ação a tal pagamento.

Segundo o requerente, tais dispositivos **geram ônus desproporcionais para que cidadãos vulneráveis e desassistidos** busquem o Judiciário; **impõem a utilização de recursos obtidos em processos trabalhistas para custeio de honorários**, sem considerar o possível caráter alimentar de tais valores ou a possibilidade de comprometimento de necessidades essenciais do trabalhador; **condicionam a propositura de nova ação ao pagamento de importância por quem sabidamente não dispõe de recursos**, podendo constituir obstáculo definitivo de acesso ao Judiciário e produzem tratamento desigual e **geram impacto desproporcional sobre os mais pobres**, na medida em que a exigência de pagamento de honorários periciais e sucumbenciais com valores conquistados em outros processos limita-se a causas em curso na Justiça Trabalhista, não se estendendo à Justiça comum ou aos Juizados Especiais Cíveis. Com base em tais argumentos e no risco de imediato comprometimento do direito de acesso dos trabalhadores ao Judiciário, o requerente pleiteou a suspensão cautelar dos dispositivos impugnados e, no mérito, sua declaração de inconstitucionalidade, por violação aos arts. 1.º, incs. III e IV; 3.º, incs. I e III; 5.º, *caput*, incs. XXXV e LXXIV e § 2.º; e 7.º a 9.º da Constituição da República.

O relator, então, no dia 29 de agosto de 2017, determinou a oitiva do Congresso Nacional, do Presidente da República e do Advogado-Geral da União, nos prazos de 5 (cinco) dias para os dois primeiros e de 3 (três) dias para o último, como facultado pelo art. 10, § 1.º, da Lei n. 9.868/99. Após o decurso do prazo, determinou que os autos deveriam retornar à conclusão para a apreciação da cautelar.

CLT REFORMA TRABALHISTA	CLT ORIGINAL
Art. 792. *(Revogado pela Lei n. 13.467, de 13-7-2017.)*	Art. 792. Os maiores de 18 (dezoito) e menores de 21 (vinte e um) anos e as mulheres casadas poderão pleitear perante a Justiça do Trabalho sem a assistência de seus pais, tutores ou maridos.

O que mudou?

O art. 792, que autorizava os maiores de 18 (dezoito) e menores de 21 (vinte e um) anos e as mulheres casadas a pleitear perante a Justiça do Trabalho sem a assistência de seus pais, tutores ou maridos, foi revogado por absurdo anacronismo.

Comentários

A igualdade entre homens e mulheres, um dos mais significativos postulados axiológicos da Constituição de 1988, e a redução dos limites da maioridade civil de 21 para 18 anos, foram os principais fatores que justificaram a perda da eficácia jurídica da norma em exame, ora revogada pela Lei n. 13.467, de 2017.

CLT REFORMA TRABALHISTA	CLT ORIGINAL
Seção IV-A **Da Responsabilidade por Dano Processual** • Seção acrescentada pela Lei n. 13.467, de 13-7-2017. Art. 793-A. Responde por perdas e danos aquele que litigar de má-fé como reclamante, reclamado ou interveniente. Art. 793-B. Considera-se litigante de má-fé aquele que: I – deduzir pretensão ou defesa contra texto expresso de lei ou fato incontroverso; II – alterar a verdade dos fatos; III – usar do processo para conseguir objetivo ilegal; IV – opuser resistência injustificada ao andamento do processo; V – proceder de modo temerário em qualquer incidente ou ato do processo; VI – provocar incidente manifestamente infundado; VII – interpuser recurso com intuito manifestamente protelatório. Art. 793-C. De ofício ou a requerimento, o juízo condenará o litigante de má-fé a pagar multa, que deverá ser superior a 1% (um por cento) e inferior a 10% (dez por cento) do valor corrigido da causa, a indenizar a parte contrária pelos prejuízos que esta sofreu e a arcar com os honorários advocatícios e com todas as despesas que efetuou.	Não há correspondente na CLT original.

§ 1.º Quando forem dois ou mais os litigantes de má-fé, o juízo condenará cada um na proporção de seu respectivo interesse na causa ou solidariamente aqueles que se coligaram para lesar a parte contrária.
§ 2.º Quando o valor da causa for irrisório ou inestimável, a multa poderá ser fixada em até duas vezes o limite máximo dos benefícios do Regime Geral de Previdência Social.
§ 3.º O valor da indenização será fixado pelo juízo ou, caso não seja possível mensurá-lo, liquidado por arbitramento ou pelo procedimento comum, nos próprios autos.
Art. 793-D. Aplica-se a multa prevista no art. 793-C desta Consolidação à testemunha que intencionalmente alterar a verdade dos fatos ou omitir fatos essenciais ao julgamento da causa.
Parágrafo único. A execução da multa prevista neste artigo dar-se-á nos mesmos autos.

O que mudou?

Os arts. 793-A a 793-D trouxeram inovações para a CLT. Não existia no corpo legislativo trabalhista nenhuma disposição normativa que tratasse sistematicamente da responsabilidade por dano processual. Essas disposições foram trazidas quase que eu sua literalidade dos arts. 78 a 81 do CPC/2015.

As únicas alterações dignas de notas se comparados os sistemas trabalhista e processual civil são basicamente e respectivamente os nomes "reclamante" e "reclamando" em lugar de "autor" e "réu", e a fixação da multa diante de situações de valor da causa irrisório ou inestimável em "duas vezes o limite máximo dos benefícios Regime Geral de Previdência Social", em lugar de "dez vezes o valor do salário mínimo".

A legislação trabalhista inovou, por outro lado, ao prever a possibilidade de aplicação de multa entre 1% (um por cento) e 10% (dez por cento) do valor corrigido da causa à testemunha que **intencionalmente** alterar a verdade dos fatos ou omitir fatos essenciais ao julgamento da causa, mediante execução nos mesmos autos.

Comentários

O combate à litigância de má-fé tem sido uma preocupação cotidiana do Estado e da sociedade que, por lei, fixa responsabilidade por dano processual. Entende-se, assim, nos limites das leis processuais civis ou trabalhistas, como litigante de má-fé aquele que deduz pretensão ou defesa contra texto expresso de lei ou fato incontroverso; altera a verdade dos fatos; usa do processo para conseguir objetivo ilegal; opõe resistência injustificada ao andamento do processo; procede de modo temerário em qualquer incidente ou ato do processo; provoca incidente manifestamente infundado ou interpõe recurso com intuito manifestamente protelatório.

Em qualquer uma das referidas situações, o magistrado, de ofício ou a requerimento, condenará o litigante de má-fé **a pagar multa** (assumir penalidade), que deverá ser superior a 1% (um por cento) e inferior a 10% (dez por cento) do valor corrigido da causa, **a indenizar** (reparar ou compensar o dano) a parte contrária pelos prejuízos que esta sofreu e a arcar com os honorários advocatícios e com todas as despesas que efetuou.

Quando forem dois ou mais os litigantes de má-fé, o magistrado condenará cada um na proporção de seu respectivo interesse na causa ou solidariamente aqueles que se coligaram para lesar a parte contrária. Quando o valor da causa for irrisório ou inestimável, a multa poderá ser fixada **em até duas vezes o limite máximo dos benefícios do Regime Geral de Previdência Social**.

Ressalte-se, com base naquilo que já se antecipou, que a legislação trabalhista inovou ao prever a possibilidade de aplicação de multa entre 1% (um por cento) e 10% (dez por cento) do valor corrigido da causa também contra a testemunha que **intencionalmente** alterar a verdade dos fatos ou omitir fatos essenciais ao julgamento da causa, mediante execução nos mesmos autos.

CLT REFORMA TRABALHISTA	CLT ORIGINAL
Art. 800. Apresentada exceção de incompetência territorial no prazo de cinco dias a contar da notificação, antes da audiência e em peça que sinalize a existência desta exceção, seguir-se-á o procedimento estabelecido neste artigo. **§ 1.º** Protocolada a petição, será suspenso o processo e não se realizará a audiência a que se refere o art. 843 desta Consolidação até que se decida a exceção. **§ 2.º** Os autos serão imediatamente conclusos ao juiz, que intimará o reclamante e, se existentes, os litisconsortes, para manifestação no prazo comum de cinco dias. **§ 3.º** Se entender necessária a produção de prova oral, o juízo designará audiência, garantindo o direito de o excipiente e de suas testemunhas serem ouvidos, por carta precatória, no juízo que este houver indicado como competente. **§ 4.º** Decidida a exceção de incompetência territorial, o processo retomará seu curso, com a designação de audiência, a apresentação de defesa e a instrução processual perante o juízo competente. • Artigo c/ redação da Lei n. 13.467, de 13-7-2017.	**Art. 800.** Apresentada a exceção de incompetência, abrir-se-á vista dos autos ao exceto, por 24 (vinte e quatro) horas improrrogáveis, devendo a decisão ser proferida na primeira audiência ou sessão que se seguir.

O que mudou?

O art. 800 da CLT, que trata da apresentação de exceção de incompetência em razão do lugar, sofreu profunda modificação, tanto nos prazos quando em aspectos procedimentais.

Comentários

A partir da modificação produzida pela Lei n. 13.467, de 2017, a exceção de incompetência não mais será aforada juntamente com a contestação. Ela deverá ser apresentada **no prazo de 5 (cinco) dias contados da citação inicial**, antes da realização da audiência e em peça que sinalize a sua existência.

Caberá ao réu protocolizar a petição de exceção de incompetência em razão do lugar no prazo ora referido, **sob pena de preclusão**. Um vez realizado o protocolo, o processo será suspenso e não se realizará a audiência a que se refere o art. 843 da CLT até que se decida o incidente aqui em exame.

Os autos serão imediatamente conclusos ao juiz, que intimará o reclamante e, se existentes, também os litisconsortes (ativos e passivos) para manifestação no prazo comum de 5 (cinco) dias.

Se o magistrado entender necessária a produção de prova oral, designará audiência, garantindo o direito de o excipiente (a parte que aforou a exceção de incompetência) e de suas testemunhas serem ouvidos. Essa oitiva, se assim pedir o excipiente poderá ser feita por carta precatória no juízo que este houver indicado como competente.

Decidida a exceção de incompetência territorial, o processo retomará seu curso, com a designação de audiência, a apresentação da contestação e a instrução processual perante o juízo reconhecido como competente.

O novo procedimento desenvolvido pelo legislador da reforma trabalhista, que nenhuma correspondência tem com a sistemática contida no CPC/2015, tem o mérito de evitar o dispêndio de tempo e de dinheiro do acionado que, mesmo certo de estar sendo demandado no juízo territorialmente indevido, é constrito a comparecer para apresentar a sua exceção declinatória de foro juntamente com a contestação. A mudança normativa antecipa toda a discussão sobre o juízo territorialmente competente para momento anterior ao efetivo início das discussões de fundo material ou processual.

CLT REFORMA TRABALHISTA	CLT ORIGINAL
Art. 818. O ônus da prova incumbe: I – ao reclamante, quanto ao fato constitutivo de seu direito; II – ao reclamado, quanto à existência de fato impeditivo, modificativo ou extintivo do direito do reclamante. § 1.º Nos casos previstos em lei ou diante de peculiaridades da causa relacionadas à impossibilidade ou à excessiva dificuldade de cumprir o encargo nos termos deste artigo ou à maior facilidade de obtenção da prova do fato contrário, poderá o juízo atribuir o ônus da prova de modo diverso, desde que o faça por decisão fundamentada, caso em que deverá dar à parte a oportunidade de se desincumbir do ônus que lhe foi atribuído. § 2.º A decisão referida no § 1.º deste artigo deverá ser proferida antes da abertura da instrução e, a requerimento da parte, implicará o adiamento da audiência e possibilitará provar os fatos por qualquer meio em direito admitido. § 3.º A decisão referida no § 1.º deste artigo não pode gerar situação em que a desincumbência do encargo pela parte seja impossível ou excessivamente difícil. • Artigo c/ redação da Lei n. 13.467, de 13-7-2017.	**Art. 818.** A prova das alegações incumbe à parte que as fizer.

O que mudou?

A singeleza do art. 818 da CLT original deu espaço a uma regulamentação mais detalhada sobre a distribuição do ônus da prova que, em linhas gerais, passou a seguir a sistemática contida no art. 373 do CPC/2015. Entre outras particularidades, a reforma trabalhista de 2017 deu relevo à teoria dinâmica de distribuição do ônus da prova, fundada na retirada da carga probatória daquele que tem evidente debilidade para suportá-la e na sua transferência para quem tem circunstancial aptidão para assumi-la.

Comentários

O art. 818 da CLT com redação pós-reforma trabalhista trouxe para o processo do trabalho a lógica processual civil segundo a qual o ônus da prova incumbirá ao reclamante, quanto ao fato constitutivo de seu direito, e ao reclamado, quanto à existência de fato impeditivo, modificativo ou extintivo do direito do reclamante.

Nunca será demasiada a lembrança de que o acionado somente assumirá o ônus probatório depois de admitir o fato constitutivo da pretensão do demandante. Nesses termos, se um empregado alega o inadimplemento de determinada parcela, somente se poderá falar em assunção de ônus probatório para o demandado se ele, ao reconhecer o inadimplemento, alegar em seu favor a ocorrência de um fato impeditivo (prescrição, por exemplo), modificativo (novação, ilustrativamente) ou extintivo (quitação da dívida) do direito do reclamante.

Anote-se que, nos casos previstos em lei ou diante de peculiaridades da causa relacionadas à impossibilidade ou à excessiva dificuldade de cumprir o encargo probatório ou à maior facilidade de obtenção da prova do fato contrário, **poderá o juízo atribuir o ônus da prova de modo diverso**, desde que o faça por **decisão fundamentada**, caso em que deverá dar à parte a oportunidade de se desincumbir do ônus que lhe foi atribuído.

Exemplo disso pode acontecer diante da apuração da existência de trabalho em domingos em estabelecimento com menos de dez empregados, que, entretanto, possui circuito de vigilância eletrônica em tempo integral. Apesar de o ônus de demonstrar a prestação de trabalho em domingos seja do próprio demandante, a acionada tem maior facilidade de produzir a prova da sua presença ou ausência mediante as imagens captadas pelas câmeras. Caberá, portanto, ao magistrado atribuir o ônus da prova de modo diverso, mas nesse caso deverá fundamentar a sua decisão.

A decisão de inversão do ônus da prova deverá ser proferida antes da abertura da instrução e, a requerimento da parte, poderá implicar o adiamento da audiência e possibilitará a prova dos fatos por qualquer meio em direito admitido.

A decisão que estabeleça a inversão do ônus da prova não poderá, porém, gerar situação em que a desincumbência do encargo pela parte seja impossível ou excessivamente difícil.

CLT REFORMA TRABALHISTA	CLT ORIGINAL
Art. 840. A reclamação poderá ser escrita ou verbal. **§ 1.º** Sendo escrita, a reclamação deverá conter a designação do juízo, a qualificação das partes, a breve exposição dos fatos de que resulte o dissídio, o pedido, que deverá ser certo, determinado e com indicação de seu valor, a data e a assinatura do reclamante ou de seu representante. **§ 2.º** Se verbal, a reclamação será reduzida a termo, em duas vias datadas e assinadas pelo escrivão ou secretário, observado, no que couber, o disposto no § 1.º deste artigo. **§ 3.º** Os pedidos que não atendam ao disposto no § 1.º deste artigo serão julgados extintos sem resolução do mérito. • §§ 1.º e 2.º c/ redação determinada pela Lei n. 13.467, de 13-7-2017.	**Art. 840.** A reclamação poderá ser escrita ou verbal. **§ 1.º** Sendo escrita, a reclamação deverá conter a designação do Presidente da Junta, ou do juiz de direito a quem for dirigida, a qualificação do reclamante e do reclamado, uma breve exposição dos fatos de que resulte o dissídio, o pedido, a data e a assinatura do reclamante ou de seu representante. **§ 2.º** Se verbal, a reclamação será reduzida a termo, em 2 (duas) vias datadas e assinadas pelo escrivão ou secretário, observado, no que couber, o disposto no parágrafo anterior.

O que mudou?

O texto do art. 840 da CLT, que trata da apresentação da reclamação escrita ou verbal perante o Judiciário trabalhista, ganhou contornos de maior exigência, especialmente pela previsão contida no seu § 3.º no sentido de que, não atendidos os requisitos impostos pelo § 1.º hão de ser extintos os pleitos sem resolução do mérito.

Comentários

No dispositivo em que trata da apresentação da reclamação, o legislador da reforma trabalhista de 2017 apresenta algumas exigências especiais à formulação escrita, sob pena de, não sendo atendidas, implicarem a extinção sem resolução do mérito dos correspondentes pedidos. Nessa linha de ideias, o § 1.º prevê que, "sendo escrita, a reclamação deverá conter a **designação do juízo**, a **qualificação das partes**, a **breve exposição dos fatos** de que resulte o dissídio, o **pedido**, que deverá ser **certo, determinado** e **com indicação de seu valor**, a **data** e a **assinatura** do reclamante ou de seu representante" (destaques não constantes do original).

Feita uma leitura rigorosa do disposto no § 1.º do art. 840 da nova CLT chega-se à conclusão de que a parte demandante deve ter condições de qualificar perfeitamente a parte contra a qual dirige a demanda, de realizar uma breve exposição dos fatos e, especialmente, de determinar minunciosamente o pedido certo, **com indicação do seu valor**, pois o desatendimento a essa exigência normativa implicará, nos moldes do § 3.º, a extinção do próprio processo.

E se a parte autora não dispuser das informações para qualificar as partes?

Nesse caso, com arrimo no § 1.º do art. 319 do CPC/2015, o demandante poderá requerer ao juiz diligências necessárias a sua obtenção. A petição inicial, entretanto, não será indeferida pelo não atendimento da qualificação das partes se a obtenção de tais informações tornar impossível ou excessivamente oneroso o acesso à justiça.

E o pedido?

Ele, como antedito, deverá ser certo, determinado e com indicação de seu valor. Isso significa que, a partir da vigência da Lei n. 13.467, de 2017, somente serão admitidas petições iniciais líquidas. Não mais se admitirá a postulação genérica no processo do trabalho. O peticionário deverá, em todo o caso, realizar um arbitramento para indicar o correspondente valor pretendido.

É bom anotar que, a despeito de todo o rigor do dispositivo, se admite, na forma da legislação processual civil, antes da sumária extinção do processo, seja dada à parte demandante a oportunidade de emendar ou completar a inicial, na forma do art. 321 do CPC/2015, de aplicação subsidiária. Segundo o referido dispositivo processual civil, o juiz, ao verificar que a petição inicial não preenche os requisitos impostos por lei ou que apresenta defeitos e irregularidades capazes de dificultar o julgamento de mérito, determinará que o autor, no prazo de 15 (quinze) dias, a emende ou a complete, indicando com precisão o que deve ser corrigido ou completado. Assim, decerto, também deverá acontecer no processo do trabalho.

CLT REFORMA TRABALHISTA	CLT ORIGINAL
Art. 841. Recebida e protocolada a reclamação, o escrivão ou secretário, dentro de 48 (quarenta e oito) horas, remeterá a segunda via da petição, ou do termo, ao reclamado, notificando-o ao mesmo tempo, para comparecer à audiência do julgamento, que será a primeira desimpedida, depois de 5 (cinco) dias. **§ 1.º** A notificação será feita em registro postal com franquia. Se o reclamado criar embaraços ao seu recebimento ou não for encontrado, far-se-á a notificação por edital, inserto no jornal oficial ou no que publicar o expediente forense, ou, na falta, afixado na sede da Junta ou Juízo. **§ 2.º** O reclamante será notificado no ato da apresentação da reclamação ou na forma do parágrafo anterior. **§ 3.º** Oferecida a contestação, ainda que eletronicamente, o reclamante não poderá, sem o consentimento do reclamado, desistir da ação. • § c/ redação da Lei n. 13.467, de 13-7-2017.	**Art. 841.** Recebida e protocolada a reclamação, o escrivão ou secretário, dentro de 48 (quarenta e oito) horas, remeterá a segunda via da petição, ou do termo, ao reclamado, notificando-o ao mesmo tempo, para comparecer à audiência do julgamento, que será a primeira desimpedida, depois de 5 (cinco) dias. **§ 1.º** A notificação será feita em registro postal com franquia. Se o reclamado criar embaraços ao seu recebimento ou não for encontrado, far-se-á a notificação por edital, inserto no jornal oficial ou no que publicar o expediente forense, ou, na falta, afixado na sede da Junta ou Juízo. **§ 2.º** O reclamante será notificado no ato da apresentação da reclamação ou na forma do parágrafo anterior.

O que mudou?

O art. 841 da CLT foi mantido na sua quase integralidade. Recebeu apenas a inserção do § 3.º para prever que, uma vez oferecida a contestação, ainda que eletronicamente, o reclamante não poderá, sem o consentimento do reclamado, desistir da ação.

Comentários

A inovação trazida pelo novo § 3.º do art. 841 da CLT será fortemente sentida nas audiências. Afirma-se isso porque, antes da mudança produzida pela Lei n. 13.467/2017 o demandante poderia desistir da ação em mesa de audiência, instantes **antes de o magistrado efetivamente receber a resposta do réu**. Note-se que, nos limites do art. 847 da CLT, a defesa há de ser apresentada depois de exauridos os atos de postulação do autor.

Por conta do disposto no referido art. 847 da CLT, ocorriam situações em que o demandante aforava ação contra diversos réus em litisconsórcio, muitos deles localizados em diferentes cidades do país, e, ao ver todos sentados em mesa de audiência, simplesmente manifestava a sua faculdade de desistir da reclamação por ter, por exemplo, notado que as suas testemunhas não se fizeram presentes.

O novo § 3.º do art. 841 da CLT deixa claro que o ato jurídico impeditivo da desistência é, em verdade, **o oferecimento da contestação, e não o recebimento da referida peça pelo magistrado**. Assim, se o réu oferecer a contestação, ainda que eletronicamente, o autor não mais poderá, sem o consentimento dele (reclamado), desistir da ação.

Essa inovação permitirá que os magistrados liberem a visibilidade das contestações do sigilo eletrônico dado mediante o PJe, uma vez que não mais será possível ao demandante conhecer a tese da defesa e, logo em seguida, pedir desistência do ação trabalhista com o objetivo de adaptá-la à tese patronal.

Os aditamentos continuarão submetidos à mesma regra de antes da reforma trabalhista, pois permanecem a demandar o consentimento do acionado. Para aditar sem a tomada de consentimento, o autor há de apresentar o aditamento antes da citação do réu; depois de citado, o acréscimo à inicial dependerá do referido consentimento (vide art. 329 do CPC/2015, aplicado subsidiariamente).

CLT REFORMA TRABALHISTA	CLT ORIGINAL
Art. 843. Na audiência de julgamento deverão estar presentes o reclamante e o reclamado, independentemente do comparecimento de seus representantes salvo, nos casos de Reclamatórias Plúrimas ou Ações de Cumprimento, quando os empregados poderão fazer-se representar pelo Sindicato de sua categoria. (Redação dada pela Lei n. 6.667, de 3-7-1979)	**Art. 843.** Na audiência de julgamento deverão estar presentes o reclamante e o reclamado, independentemente do comparecimento de seus representantes salvo, nos casos de Reclamatórias Plúrimas ou Ações de Cumprimento, quando os empregados poderão fazer-se representar pelo Sindicato de sua categoria. (Redação dada pela Lei n. 6.667, de 3-7-1979)
§ 1.º É facultado ao empregador fazer-se substituir pelo gerente, ou qualquer outro preposto que tenha conhecimento do fato, e cujas declarações obrigarão o proponente.	**§ 1.º** É facultado ao empregador fazer-se substituir pelo gerente, ou qualquer outro preposto que tenha conhecimento do fato, e cujas declarações obrigarão o proponente.
§ 2.º Se por doença ou qualquer outro motivo poderoso, devidamente comprovado, não for possível ao empregado comparecer pessoalmente, poderá fazer-se representar por outro empregado que pertença à mesma profissão, ou pelo seu sindicato.	**§ 2.º** Se por doença ou qualquer outro motivo poderoso, devidamente comprovado, não for possível ao empregado comparecer pessoalmente, poderá fazer-se representar por outro empregado que pertença à mesma profissão, ou pelo seu sindicato.
§ 3.º O preposto a que se refere o § 1.º deste artigo não precisa ser empregado da parte reclamada.	
• § acrescentado pela Lei n. 13.467, de 13-7-2017.	

O que mudou?

O art. 843 da CLT foi mantido na sua quase integralidade. Recebeu apenas a inserção do § 3.º para prever que o preposto a que se refere o § 1.º não precisa ser empregado da parte reclamada.

Comentários

O novo § 3.º do art. 843 da CLT permite que qualquer pessoa possa assumir a condição de preposto, independentemente de sua qualidade de empregado. Essa mudança atinge de forma fatal o entendimento contido na Súmula 377 do TST, que, por isso, será modificada ou cancelada.

O novo parágrafo parece estar em conformidade com o que determina o § 1.º, porque, realmente, ali se afirma que o empregador poderá "fazer-se substituir pelo gerente, ou qualquer outro preposto que tenha conhecimento do fato, e cujas declarações obrigarão o proponente". É, portanto, uma faculdade do empregador comparecer pessoalmente à audiência ou fazer-se substituir por quem ele entenda fiável. O importante é que o preposto tenha conhecimento dos fatos. O desconhecimento produzirá graves efeitos, pois as suas declarações obrigarão o empregador, o seu proponente.

Muito se fala sobre o risco de as empresas contratarem prepostos profissionais para atuar no Judiciário trabalhista, mas essa é uma preocupação sem grande densidade, pois se o objetivo for o de profissionalizar, a capacitação poderia ser oferecida para um empregado da empresa, especialmente incumbido da tarefa de atuar em juízo. De toda forma, um preposto "profissional" não tem, apenas por seu profissional, conhecimento das matérias fáticas, ficando vulnerável quando não conhece o cotidiano do empregador ou detalhes da relação de emprego em discussão.

CLT REFORMA TRABALHISTA	CLT ORIGINAL
Art. 844. O não comparecimento do reclamante à audiência importa o arquivamento da reclamação, e o não comparecimento do reclamado importa revelia, além de confissão quanto à matéria de fato. **§ 1.º** Ocorrendo motivo relevante, poderá o juiz suspender o julgamento, designando nova audiência. **§ 2.º** Na hipótese de ausência do reclamante, este será condenado ao pagamento das custas calculadas na forma do art. 789 desta Consolidação, ainda que beneficiário da justiça gratuita, salvo se comprovar, no prazo de quinze dias, que a ausência ocorreu por motivo legalmente justificável. **§ 3.º** O pagamento das custas a que se refere o § 2.º é condição para a propositura de nova demanda. **§ 4.º** A revelia não produz o efeito mencionado no *caput* deste artigo se: I – havendo pluralidade de reclamados, algum deles contestar a ação; II – o litígio versar sobre direitos indisponíveis;	**Art. 844.** O não comparecimento do reclamante à audiência importa o arquivamento da reclamação, e o não comparecimento do reclamado importa revelia, além de confissão quanto à matéria de fato. **Parágrafo único.** Ocorrendo, entretanto, motivo relevante, poderá o presidente suspender o julgamento, designando nova audiência.

Art. 844 | CLT Comparada | **223**

CLT REFORMA TRABALHISTA	CLT ORIGINAL
III – a petição inicial não estiver acompanhada de instrumento que a lei considere indispensável à prova do ato; IV – as alegações de fato formuladas pelo reclamante forem inverossímeis ou estiverem em contradição com prova constante dos autos. **§ 5.º** Ainda que ausente o reclamado, presente o advogado na audiência, serão aceitos a contestação e os documentos eventualmente apresentados. • §§ c/ redação da Lei n. 13.467, de 13-7-2017.	

O que mudou?

O art. 844 da CLT manteve o texto do seu *caput* e sofreu pequena alteração na redação do seu parágrafo único, que se tornou § 1.º. As inovações vieram mediante outros quatro novos parágrafos, que disciplinam alguns importantes efeitos produzidos pela ausência das partes na primeira sessão.

Comentários

O não comparecimento do reclamante à audiência continua a produzir o arquivamento da reclamação, e o não comparecimento do reclamado permanece a importar revelia, além de confissão quanto à matéria de fato. Nada mudou, no particular. As alterações mais significativas, porém, foram evidenciadas nos novos parágrafos incrustados no velho dispositivo celetista.

O § 2.º tornou mais onerosa a ausência do reclamante, pois este será condenado ao pagamento das custas calculadas na forma do art. 789 da CLT, mesmo que beneficiário da justiça gratuita, salvo se, mediante petição, comprovar, no prazo de 15 dias, que a sua ausência ocorreu por motivo legalmente justificável. Nesse ponto duas questões importantes são salientadas: a **primeira** está relacionada à discussão da licitude da cobrança de custas de quem é beneficiário da justiça gratuita pelo simples fato de não ter comparecido à primeira sessão sem motivo legalmente justificável. É razoável apenar quem se encontra em estado de miserabilidade somente porque deixou de comparecer à primeira sessão? Isso inverte o seu estado de carência financeira? A **segunda questão** diz respeito ao conceito de "motivo legalmente justificável". Afinal, que é isso? A literalidade da disposição parece indicar que o motivo legalmente justificável terá, obviamente, sede em lei e ali será previsto como uma justificativa para ausências. A julgar pela expressão, seriam, entre outros, exemplos de motivos legalmente justificáveis aqueles previstos no § 2.º do art. 843 da CLT (doença ou outro motivo ponderoso) e no art. 223 do CPC/2015 (a justa causa como evento alheio à vontade da parte e que a impediu de praticar o ato por si ou por mandatário).

O § 3.º qualificou a sanção prevista no § 2.º de modo que o pagamento das custas ali mencionadas passou a ser condição para a propositura de nova demanda. Criou-se, portanto, uma nova situação de perempção trabalhista e, em certa medida, um pressuposto de acesso à jurisdição.

O § 4.º cuidou dos efeitos da revelia, prevendo, tal qual já ocorrente no âmbito do processo civil, que a revelia não produz confissão presumida quando (i) havendo pluralidade de reclamados, algum deles contestar a ação; (ii) o litígio versar sobre direitos indisponíveis; (iii) a petição inicial não estiver acompanhada de instrumento que a lei considere indispensável à prova do ato; e, mais especialmente, (iv) as alegações de fato formuladas pelo reclamante forem inverossímeis ou estiverem em contradição com prova constante dos autos. Dessa forma, mesmo que o réu tenha incorrido em revelia, não será apenas por isso reconhecidos como verdadeiros fatos inverossímeis como, por exemplo, o de trabalho em jornadas exageradas e sem intervalo durante dias seguidos.

Por fim, o § 5.º legalizou o *animus* de defesa, no momento em que previu que ausente o reclamado, mas presente o seu advogado na audiência, serão aceitos a contestação e os documentos eventualmente apresentados. O demandado assumirá, portanto, os ônus de sua ausência (confissão ficta), mas poderá se valer da documentação e de alguns esclarecimentos constantes da peça de contestação para atenuar a sua desvantajosa situação.

Reitere-se aqui o que já se disse nos comentários aos arts. 790-B e 791-A da "nova" CLT: foi proposta pelo Procurador-Geral da República ação direta de inconstitucionalidade (Medida Cautelar na Ação Direta de Inconstitucionalidade 5.766/DF, sob a relatoria do Min. Luís Roberto Barroso), tendo por objeto o art. 1.º da Lei n. 13.467, de 13 de julho de 2017, que aprovou a "Reforma Trabalhista", nos pontos em que altera ou insere disposições nos arts. 790-B, *caput* e § 4.º; 791-A, § 4.º, e **844, § 2.º (ora em exame)**, da CLT.

O requerente alegou que as normas impugnadas estabelecem restrições inconstitucionais à garantia de gratuidade de justiça, por impor aos seus destinatários: (i) o pagamento de honorários periciais e sucumbenciais, quando tiverem obtido em juízo, inclusive em outro processo, créditos capazes de suportar a despesa; e (ii) o pagamento de custas, caso tenham dado ensejo à extinção da ação, em virtude do não comparecimento à audiência, condicionando à propositura de nova ação a tal pagamento.

Segundo o requerente, tais dispositivos **geram ônus desproporcionais para que cidadãos vulneráveis e desassistidos** busquem o Judiciário; **impõem a utilização de recursos obtidos em processos trabalhistas para custeio de honorários**, sem considerar o possível caráter alimentar de tais valores ou a possibilidade de comprometimento de necessidades essenciais do trabalhador; **condicionam a propositura de nova ação ao pagamento de importância por quem sabidamente não dispõe de recursos**, podendo constituir obstáculo definitivo de acesso ao Judiciário e produzem tratamento desigual e **geram impacto desproporcional sobre os mais pobres**, na medida em que a exigência de pagamento de honorários periciais e sucumbenciais com valores conquistados em outros processos limita-se a causas em curso na Justiça Trabalhista, não se estendendo à Justiça comum ou aos Juizados Especiais Cíveis. Com base em tais argumentos e no risco de imediato comprometimento do direito de acesso dos trabalhadores ao Judiciário, o requerente pleiteou a suspensão cautelar dos dispositivos impugnados e, no mérito, sua declaração de inconstitucionalidade, por violação aos arts. 1.º, incs. III e IV; 3.º, incs. I e III; 5.º, *caput*, incs. XXXV e LXXIV e § 2.º; e 7.º a 9.º da Constituição da República.

CLT REFORMA TRABALHISTA	CLT ORIGINAL
Art. 847. Não havendo acordo, o reclamado terá vinte minutos para aduzir sua defesa, após a leitura da reclamação, quando esta não for dispensada por ambas as partes. (Redação dada pela Lei n. 9.022, de 5-4-1995) **Parágrafo único.** A parte poderá apresentar defesa escrita pelo sistema de processo judicial eletrônico até a audiência. • Parágrafo único acrescentado pela Lei n. 13.467, de 13-7-2017.	**Art. 847.** Não havendo acordo, o reclamado terá vinte minutos para aduzir sua defesa, após a leitura da reclamação, quando esta não for dispensada por ambas as partes. (Redação dada pela Lei n. 9.022, de 5-4-1995)

O que mudou?

O art. 847 da CLT manteve o texto do *caput*, e ganhou um parágrafo único para deixar claro que a parte demandanda poderá apresentar defesa escrita pelo sistema de processo judicial eletrônico até o instante de realização da audiência.

Comentários

O dispositivo constante do art. 847 da CLT já possuía redação clara no que diz respeito ao momento da juntada da resposta do réu nos chamados processos físicos. Elas são apresentadas em mesa de audiência.

O parágrafo único do referido artigo veio para deixar claro que a defesa escrita pelo sistema de processo judicial eletrônico pode ser a ele anexada até o instante de realização da audiência, o marco final para o recebimento dessa resposta.

CLT REFORMA TRABALHISTA	CLT ORIGINAL
Seção IV Do Incidente de Desconsideração da Personalidade Jurídica • Seção acrescentada pela Lei n. 13.467, de 13-7-2017.	Não há correspondente na CLT original.
Art. 855-A. Aplica-se ao processo do trabalho o incidente de desconsideração da personalidade jurídica previsto nos arts. 133 a 137 da Lei n. 13.105, de 16 de março de 2015 – Código de Processo Civil. **§ 1.º** Da decisão interlocutória que acolher ou rejeitar o incidente: I – na fase de cognição, não cabe recurso de imediato, na forma do § 1.º do art. 893 desta Consolidação; II – na fase de execução, cabe agravo de petição, independentemente de garantia do juízo; III – cabe agravo interno se proferida pelo relator em incidente instaurado originariamente no tribunal. **§ 2.º** A instauração do incidente suspenderá o processo, sem prejuízo de concessão da tutela de urgência de natureza cautelar de que trata o art. 301 da Lei n. 13.105, de 16 de março de 2015 (Código de Processo Civil).	

O que mudou?

O art. 855-A da CLT é uma inovação. Ele não apenas legalizou o incidente de desconsideração da personalidade jurídica ao processo do trabalho, como também esclareceu em seus parágrafos a sistemática recursal conta a decisão que admitir o ataque contra o patrimônio dos sócios.

Comentários

Como se disse alhures, os tempos modernos revelaram que entes abstratos não devem ser criados para proteger os seus integrantes ou mesmo pessoas que, não inseridas na composição do empreendimento, externamente as comandam. O resgate da identidade da pessoa jurídica há de se reforçar não somente na tese quanto à sua existência, mas, indispensavelmente, no sentimento de que ela é responsável nos estritos limites do seu estatuto.

Nessa linha de raciocínio, o Código de Processo Civil de 2015, entre os seus arts. 133 e 137, e posteriormente a CLT no ora analisado art. 855-A passaram a admitir expressamente a desconsideração da personalidade jurídica como um incidente de intervenção de terceiros. Teve fim, portanto, a discussão quanto à (des)necessidade de ajuizamento de ação autônoma contra sócio ou sociedade quando estes não tivessem sido demandados na petição inicial.

Ofereceu-se nos referidos diplomas processuais civil e trabalhista uma solução incidental nos autos do mesmo processo, em qualquer unidade judiciária, em qualquer processo, procedimento, rito ou fase processual, para que pudessem ser constritos os bens dos sócios da sociedade inadimplente ou, numa desconsideração às avessas[138], os bens da sociedade de que participasse o sócio devedor. A instauração do incidente, para a segurança dos litigantes e de terceiros, ademais, passou a ser, por exigência constante do § 1.º do art. 134 do CPC/2015, imediatamente comunicada ao distribuidor para as anotações devidas.

Como bem anotado na Exposição de Motivos do CPC/2015 (nota de rodapé 10), "o Novo CPC prevê expressamente que, **antecedida de contraditório e produção de provas**, haja decisão sobre a desconsideração da pessoa jurídica, com o redirecionamento da ação, na dimensão de sua patrimonialidade, e também sobre a consideração dita inversa, nos casos em que se abusa da sociedade, para usá-la indevidamente com o fito de camuflar o patrimônio pessoal do sócio". A lógica final é, portanto, a de que se deve, sim, responsabilizar o sócio infrator, mas que assim aja o Judiciário com respeito ao devido processo legal.

Os §§ 1.º e 2.º do art. 855-A da CLT trazem alguns elementos específicos ao processo do trabalho e que precisam ser aqui comentados.

No § 1.º há menção no sentido de que da decisão interlocutória que acolher ou rejeitar o incidente na fase de cognição, não cabe recurso de imediato, na forma do § 1.º do art. 893

---

138 "Considerando-se que a finalidade da *disregard doctrine* é combater a utilização indevida do ente societário por seus sócios, o que pode ocorrer também nos casos em que o sócio controlador esvazia o seu patrimônio pessoal e o integraliza na pessoa jurídica, conclui-se, de uma interpretação teleológica do art. 50 do CC/2002, ser possível a desconsideração inversa da personalidade jurídica, de modo a atingir bens da sociedade em razão de dívidas contraídas pelo sócio controlador, conquanto preenchidos os requisitos previstos na norma" (STJ, 3.ª Turma, REsp 948.117-MS, julgado em 22-6-2010, Rel. Ministra Nancy Andrighi).

desta Consolidação. Assim, o mérito da decisão que desconsiderar a personalidade jurídica na fase de conhecimento somente será atacável em sede de recurso ordinário.

A mesma decisão interlocutória de desconsideração da personalidade jurídica quando proferida na fase de execução, está submetida a agravo de petição, **independentemente de garantia do juízo.**

Caberá, por sim, agravo interno, se a decisão de desconsideração da personalidade jurídica foi proferida pelo relator em incidente instaurado originariamente no tribunal.

O § 2.º do art. 855-A da CLT esclarece que a instauração do incidente, em qualquer fase processual ou grau de jurisdição, suspenderá o processo, sem prejuízo de concessão da tutela de urgência de natureza cautelar de que trata o art. 301 da Lei n. 13.105, de 16 de março de 2015 (Código de Processo Civil).

CLT REFORMA TRABALHISTA	CLT ORIGINAL
Capítulo III-A **DO PROCESSO DE JURISDIÇÃO VOLUNTÁRIA PARA HOMOLOGAÇÃO DE ACORDO EXTRAJUDICIAL** • Capítulo acrescentado pela Lei n. 13.467, de 13-7-2017. **Art. 855-B.** O processo de homologação de acordo extrajudicial terá início por petição conjunta, sendo obrigatória a representação das partes por advogado. **§ 1.º** As partes não poderão ser representadas por advogado comum. **§ 2.º** Faculta-se ao trabalhador ser assistido pelo advogado do sindicato de sua categoria. **Art. 855-C.** O disposto neste Capítulo não prejudica o prazo estabelecido no § 6.º do art. 477 desta Consolidação e não afasta a aplicação da multa prevista no § 8.º art. 477 desta Consolidação. **Art. 855-D.** No prazo de quinze dias a contar da distribuição da petição, o juiz analisará o acordo, designará audiência se entender necessário e proferirá sentença. **Art. 855-E.** A petição de homologação de acordo extrajudicial suspende o prazo prescricional da ação quanto aos direitos nela especificados. **Parágrafo único.** O prazo prescricional voltará a fluir no dia útil seguinte ao do trânsito em julgado da decisão que negar a homologação do acordo.	Não há correspondente na CLT original.

O que mudou?

O conjunto de dispositivos constantes dos arts. 855-B a 855-E da CLT é claramente inovador. Por meio dele o **processo de jurisdição voluntária para homologação de acordo extrajudicial** é admitido no processo do trabalho.

Comentários

Como se disse nos comentários ao art. 652, *f*, da CLT, a reforma trabalhista de 2017 institucionalizou o uso do Judiciário como órgão homologador, e isso aconteceu especialmente por conta da extinção da homologação sindical, mediante a revogação dos dispositivos pertinentes no art. 477 da CLT, e da atribuição de competência às Varas do Trabalho para decidir quanto à homologação de acordo extrajudicial em matéria de competência da Justiça do Trabalho.

A partir da vigência da reforma trabalhista de 2017, portanto, as Varas do Trabalho, nos moldes dos arts. 855-B e seguintes da CLT, recepcionarão processos de jurisdição voluntária para homologação de acordo extrajudicial. Empregado e empregador, **que não poderão estar representados por advogado comum (vide § 2.º do art. 855-B da CLT**), distribuirão petição de acordo, que deverá ser analisada no prazo de 15 (quinze) dias com designação de audiência, se o magistrado a entender necessária.

O § 2.º do art. 855-B da CLT foi grafado para lembrar que o empregado não estará sozinho no processo para homologação do acordo extrajudicial. Faculta-se a ele ser assistido pelo advogado do sindicato de sua categoria profissional, que poderá, inclusive, invocar o pagamento da multa prevista no art. 477 da CLT se tiver ocorrido extrapolação do prazo. Há dispositivo expresso, no particular:

> **CLT, art. 855-C.** O disposto neste Capítulo não prejudica o prazo estabelecido no § 6.º do art. 477 desta Consolidação, e não afasta a aplicação da multa prevista no § 8.º art. 477 desta Consolidação.

Conclusos os autos, o juiz proferirá decisão para **acolher ou rejeitar o pedido de homologação do acordo**, sendo importante destacar que a negativa do pedido imporá decisão fundamentada, sob pena de violação do conjunto normativo encontrado no art. 93, IX, da Constituição da República, do art. 489 do CPC/2015 e do art. 832 da CLT.

No limite do respeito à independência do magistrado, é sempre bom destacar que, nos moldes da Súmula 418 do TST, **a homologação de acordo constitui faculdade do juiz, inexistindo direito líquido e certo tutelável pela via do mandado de segurança**. Diante da eventual não homologação, caberá apenas recurso ordinário para o TRT.

É importante anotar que, com base no disposto no art. 855-E da CLT e seu parágrafo único, **a petição de homologação de acordo extrajudicial suspende o prazo prescricional da ação quanto aos direitos nela especificados**. O prazo prescricional, então, voltará a fluir no dia útil seguinte ao do trânsito em julgado da decisão que eventualmente negar a homologação do acordo.

CLT REFORMA TRABALHISTA	CLT ORIGINAL
Art. 876. As decisões passadas em julgado ou das quais não tenha havido recurso com efeito suspensivo; os acordos, quando não cumpridos; os termos de ajuste de conduta firmados perante o Ministério	**Art. 876.** As decisões passadas em julgado ou das quais não tenha havido recurso com efeito suspensivo; os acordos, quando não cumpridos; os termos de ajuste de conduta firmados perante o Ministério

CLT REFORMA TRABALHISTA	CLT ORIGINAL
Público do Trabalho e os termos de conciliação firmados perante as Comissões de Conciliação Prévia serão executada pela forma estabelecida neste Capítulo. (Redação dada pela Lei n. 9.958, de 12-1-2000)	Público do Trabalho e os termos de conciliação firmados perante as Comissões de Conciliação Prévia serão executada pela forma estabelecida neste Capítulo. (Redação dada pela Lei n. 9.958, de 12-1-2000)
Parágrafo único. A Justiça do Trabalho executará, de ofício, as contribuições sociais previstas na alínea *a* do inciso I e no inciso II do *caput* do art. 195 da Constituição Federal, e seus acréscimos legais, relativas ao objeto da condenação constante das sentenças que proferir e dos acordos que homologar. • Parágrafo único c/ redação determinada pela Lei n. 13.467, de 13-7-2017.	**Parágrafo único.** Serão executadas *ex-officio* as contribuições sociais devidas em decorrência de decisão proferida pelos Juízes e Tribunais do Trabalho, resultantes de condenação ou homologação de acordo, inclusive sobre os salários pagos durante o período contratual reconhecido. (Redação dada pela Lei n. 11.457, de 2007)

O que mudou?

O art. 876 da CLT manteve o seu *caput* integralmente, e continuou, por isso, a prever a execução das decisões passadas em julgado ou das quais não tenha havido recurso com efeito suspensivo; dos acordos, quando não cumpridos; dos termos de ajuste de conduta firmados perante o Ministério Público do Trabalho e dos termos de conciliação firmados perante as Comissões de Conciliação Prévia. A única modificação realizada aconteceu sobre o seu parágrafo único, que, num ajuste redacional conforme o pensamento da Súmula Vinculante 53 do STF, passou a dispor que a Justiça do Trabalho executará, de ofício, as contribuições sociais previstas na alínea *a* do inciso I e no inciso II do *caput* do art. 195 da Constituição Federal, e seus acréscimos legais, relativas ao objeto da condenação constante das sentenças que proferir e dos acordos que homologar

Comentários

A mudança produzida no parágrafo único do art. 876 da CLT foi sutil. Antes se previa que haveriam de ser executadas de ofício as contribuições sociais devidas em decorrência de decisão proferida pelos Juízes e Tribunais do Trabalho, resultantes de condenação ou homologação de acordo, *"inclusive sobre os salários pagos durante o período contratual reconhecido"*. Depois da reforma, como se a redação tivesse se ajustado ao pensamento do STF, especialmente da Súmula Vinculante 53, o texto passou a prever que a Justiça do Trabalho executará, de ofício, as contribuições sociais previstas na alínea *a* do inciso I e no inciso II do *caput* do art. 195 da Constituição Federal, e seus acréscimos legais, "relativas ao objeto da condenação constante das sentenças que proferir e dos acordos que homologar". Tudo ficou exatamente como na referida Súmula Vinculante: "A competência da Justiça do Trabalho prevista no art. 114, VIII, da Constituição Federal alcança a execução de ofício das contribuições previdenciárias relativas ao objeto da condenação constante das sentenças que proferir e acordos por ela homologados".

CLT REFORMA TRABALHISTA	CLT ORIGINAL
Art. 878. A execução será promovida pelas partes, permitida a execução de ofício pelo juiz ou pelo Presidente do Tribunal apenas nos casos em que as partes não estiverem representadas por advogado. • *Caput* c/ redação da Lei n. 13.467, de 13-7-2017. **Parágrafo único.** (*Revogado pela Lei n.13.467, de 13-7-2017.*)	**Art. 878.** A execução poderá ser promovida por qualquer interessado, ou *ex officio* pelo próprio Juiz ou Presidente ou Tribunal competente, nos termos do artigo anterior. **Parágrafo único.** Quando se tratar de decisão dos Tribunais Regionais, a execução poderá ser promovida pela Procuradoria da Justiça do Trabalho.

O que mudou?

O art. 878 da CLT sofreu mudança no seu *caput* e teve o seu parágrafo único revogado.

A mudança foi significativa, porque a execução que antes poderia (ou não) ser promovida por qualquer interessado ou impulsionada de ofício pelo magistrado, passou a ser (necessariamente) promovida pelas partes, sendo não mais do que "permitida" a execução de ofício pelo magistrado, ainda assim apenas nos casos em que as partes não estiverem representadas por advogado. Foi revogado o parágrafo único do art. 878 da CLT, que admitia, quando se tratasse de decisões dos TRTs, fosse a execução também promovida pelo Ministério Público do Trabalho.

Comentários

O impulso oficial é um traço característico do processo do trabalho e dificilmente será eliminado, por mais que a reforma trabalhista de 2017 tenha desejado este resultado final. Impulsionar de ofício é algo peculiar ao processo trabalhista, tendo sido transformado em verdadeiro princípio orientador, notadamente por conta do intocado art. 765 da CLT. Dificilmente, portanto, um magistrado do trabalho admitirá o abandono do timão do processo executivo.

Houve, em verdade, uma leve mudança do eixo diretivo da execução que antes era conduzida fortemente pelo magistrado e agora, depois da reforma, passa a ser atribuição das próprias partes. A redação muito indica isso. Onde se afirmava "a execução **poderá ser** promovida por qualquer interessado", passou-se a dizer "a execução **será promovida** pelas partes". Por outro lado, a atuação dos magistrados foi em algo esmaecida, pois onde se afirmava que a execução também poderia ser **promovida *ex officio*** pelo próprio Juiz ou Presidente ou Tribunal competente, cabe ler que ela está não mais do que **"permitida"**, e, ainda assim, **"apenas nos casos em que as partes não estiverem representadas por advogado"**. Essa redação que vinculava a promoção oficial ao usuários do *ius postulandi*, aliás, já constava do art. 4.º da Lei 5.584/70.

Que, então, acontecerá?

O juiz no novo processo executivo do trabalho será um pouco mais comedido, porém igualmente livre na direção do processo, especialmente para velar pelo andamento rápido das causas, podendo determinar qualquer diligência necessária ao esclarecimento delas. Isso, aliás, consta do já referido art. 765 da CLT, constante das disposições preliminares do processo judiciário do trabalho, que imporá, portanto, interpretação sistemática.

O magistrado não poderá ser censurado por apenas aguardar a manifestação da parte interessada em dar andamento à execução quando ela tiver advogado, e poderá apená-la com a prescrição intercorrente, reconhecida por lei conforme art. 11-A da CLT. Assim, partindo da ideia de condutor geral do processo, o magistrado dará o comando no curso da execução e, se for o caso, aguardará a providência do interessado. Note-se que nos termos do § 1.º do referido art. 11-A da CLT, a fluência do prazo prescricional intercorrente iniciar-se-á quando o exequente deixar de cumprir determinação judicial no curso da execução.

A revogação do parágrafo único do art. 878 da CLT, que admitia, quando se tratasse de decisões dos TRTs, a execução promovida também pelo Ministério Público do Trabalho, sinalizou para um processo executivo um pouco mais dispositivo, atribuindo às partes o papel principal e as decorrentes responsabilidades por suas ações e omissões.

CLT REFORMA TRABALHISTA	CLT ORIGINAL
Art. 879. Sendo ilíquida a sentença exequenda, ordenar-se-á, previamente, a sua liquidação, que poderá ser feita por cálculo, por arbitramento ou por artigos. (Redação dada pela Lei n. 2.244, de 23-6-1954)	**Art. 879.** Sendo ilíquida a sentença exequenda, ordenar-se-á, previamente, a sua liquidação, que poderá ser feita por cálculo, por arbitramento ou por artigos. (Redação dada pela Lei n. 2.244, de 23-6-1954)
§ 1.º Na liquidação, não se poderá modificar, ou inovar, a sentença liquidanda nem discutir matéria pertinente à causa principal. (Incluído pela Lei n. 8.432, 11-6-1992)	**§ 1.º** Na liquidação, não se poderá modificar, ou inovar, a sentença liquidanda nem discutir matéria pertinente à causa principal. (Incluído pela Lei n. 8.432, 11-6-1992)
§ 1.º-A. A liquidação abrangerá, também, o cálculo das contribuições previdenciárias devidas. (Incluído pela Lei n. 10.035, de 2000)	**§ 1.º-A.** A liquidação abrangerá, também, o cálculo das contribuições previdenciárias devidas. (Incluído pela Lei n. 10.035, de 2000)
§ 1.º-B. As partes deverão ser previamente intimadas para a apresentação do cálculo de liquidação, inclusive da contribuição previdenciária incidente. (Incluído pela Lei n. 10.035, de 2000)	**§ 1.º-B.** As partes deverão ser previamente intimadas para a apresentação do cálculo de liquidação, inclusive da contribuição previdenciária incidente. (Incluído pela Lei n. 10.035, de 2000)
§ 2.º Elaborada a conta e tornada líquida, o juízo deverá abrir às partes prazo comum de oito dias para impugnação fundamentada com a indicação dos itens e valores objeto da discordância, sob pena de preclusão. • § c/ redação determinada pela Lei n. 13.467, de 13-7-2017.	**§ 2.º** Elaborada a conta e tornada líquida, o Juiz poderá abrir às partes prazo sucessivo de 10 (dez) dias para impugnação fundamentada com a indicação dos itens e valores objeto da discordância, sob pena de preclusão. (Incluído pela Lei n. 8.432, 11-6-1992)
§ 3.º Elaborada a conta pela parte ou pelos órgãos auxiliares da Justiça do Trabalho, o juiz procederá à intimação da União para manifestação, no prazo de 10 (dez) dias, sob pena de preclusão. (Redação dada pela Lei n. 11.457, de 2007) (Vigência)	**§ 3.º** Elaborada a conta pela parte ou pelos órgãos auxiliares da Justiça do Trabalho, o juiz procederá à intimação da União para manifestação, no prazo de 10 (dez) dias, sob pena de preclusão. (Redação dada pela Lei n. 11.457, de 2007) (Vigência)
§ 4.º A atualização do crédito devido à Previdência Social observará os critérios estabelecidos na legislação previdenciária. (Incluído pela Lei n. 10.035, de 2000)	**§ 4.º** A atualização do crédito devido à Previdência Social observará os critérios estabelecidos na legislação previdenciária. (Incluído pela Lei n. 10.035, de 2000)
	§ 5.º O Ministro de Estado da Fazenda poderá, mediante ato fundamentado, dispensar a mani-

CLT REFORMA TRABALHISTA	CLT ORIGINAL
§ 5.º O Ministro de Estado da Fazenda poderá, mediante ato fundamentado, dispensar a manifestação da União quando o valor total das verbas que integram o salário de contribuição, na forma do art. 28 da Lei n. 8.212, de 24 de julho de 1991, ocasionar perda de escala decorrente da atuação do órgão jurídico. (Incluído pela Lei n. 11.457, de 2007) (Vigência) **§ 6.º** Tratando-se de cálculos de liquidação complexos, o juiz poderá nomear perito para a elaboração e fixará, depois da conclusão do trabalho, o valor dos respectivos honorários com observância, entre outros, dos critérios de razoabilidade e proporcionalidade. (Incluído pela Lei n. 12.405, de 2011) **§ 7.º** A atualização dos créditos decorrentes de condenação judicial será feita pela Taxa Referencial (TR), divulgada pelo Banco Central do Brasil, conforme a Lei n. 8.177, de 1.º de março de 1991. • § acrescentado pela Lei n. 13.467, de 13-7-2017.	festação da União quando o valor total das verbas que integram o salário de contribuição, na forma do art. 28 da Lei n. 8.212, de 24 de julho de 1991, ocasionar perda de escala decorrente da atuação do órgão jurídico. (Incluído pela Lei n. 11.457, de 2007) (Vigência) **§ 6.º** Tratando-se de cálculos de liquidação complexos, o juiz poderá nomear perito para a elaboração e fixará, depois da conclusão do trabalho, o valor dos respectivos honorários com observância, entre outros, dos critérios de razoabilidade e proporcionalidade. (Incluído pela Lei n. 12.405, de 2011)

O que mudou?

O § 2.º do art. 879 foi modificado para dispor que, elaborada a conta e tornada líquida, o juízo "**deverá**" abrir às partes **prazo comum** de **oito dias** para impugnação fundamentada com a indicação dos itens e valores objeto da discordância, sob pena de preclusão. O novo § 7.º é não mais do que um texto remissivo para outra norma, a Lei n. 8.177, de 1.º de março de 1991, que prevê a atualização dos créditos decorrentes de condenação judicial pela Taxa Referencial (TR), divulgada pelo Banco Central do Brasil.

Comentários

Apenas o § 2.º do art. 879 foi modificado pela reforma trabalhista de 2017, para dispor que, elaborada a conta e tornada líquida, o juízo "**deverá**" (antes, o verbo era "poderá", sugerindo faculdade) abrir às partes **prazo comum** (antes, era prazo sucessivo) de **oito dias** (antes, eram dez dias) para impugnação fundamentada com a indicação dos itens e valores objeto da discordância, sob pena de preclusão. Tudo mais continua sob a mesma regência anterior, inclusive no que diz respeito à impossibilidade de a liquidação modificar, ou inovar, a sentença liquidanda, ou ainda de discutir matéria pertinente à causa principal.

Além disso, no âmbito daquilo que mudou, foi acrescido ao texto do mencionado artigo parágrafo a mais, o § 7.º, para estatuir, mais uma vez (repetindo e referenciando o texto do art. 39 da Lei 8.177/91), que a "atualização dos créditos decorrentes de condenação judicial será feita pela Taxa Referencial (TR), divulgada pelo Banco Central do Brasil, conforme a Lei n. 8.177, de 1.º de março de 1991". Esse novo parágrafo é "mais do mesmo", uma reiteração do que já se disse e se repetiu, e que, apesar dos sólidos argumentos indicativos de inconstitucionalidade insertos no processo: 479-60.2011.5.04.0231, do Pleno do TST (relator Min. Claudio Brandão), foi mantida, por ora, pela Medida Cautelar na Reclamação

22.012 Rio Grande do Sul (relator Min. Dias Toffoli). É bom lembrar que o próprio STF, nas ADIs 4357 e 4425 declarou inconstitucional o uso da TR como índice de correção monetária, por não representar fielmente a evolução inflacionária. A controvérsia, como se percebe, sequer começou.

CLT REFORMA TRABALHISTA	CLT ORIGINAL
Art. 882. O executado que não pagar a importância reclamada poderá garantir a execução mediante depósito da quantia correspondente, atualizada e acrescida das despesas processuais, apresentação de seguro-garantia judicial ou nomeação de bens à penhora, observada a ordem preferencial estabelecida no art. 835 da Lei n. 13.105, de 16 de março de 2015 – Código de Processo Civil. • Artigo c/ redação determinada pela Lei n. 13.467, de 13-7-2017.	**Art. 882.** O executado que não pagar a importância reclamada poderá garantir a execução mediante depósito da mesma, atualizada e acrescida das despesas processuais, ou nomeando bens à penhora, observada a ordem preferencial estabelecida no art. 655 do Código Processual Civil. (Redação dada pela Lei n. 8.432, de 1992)

O que mudou?

O art. 882 da CLT é basicamente uma **atualização redacional** que leva em conta o advento do CPC de 2015, o qual trata da ordem preferencial no seu art. 835. Ademais, há no texto do novo art. 882 da CLT **menção à possibilidade de garantia da execução mediante a apresentação de "seguro-garantia judicial"**, previsto no § 2.º do referido art. 835 do novo CPC e também no parágrafo único do art. 848 do mesmo diploma processual.

Comentários

O TST, mediante a Orientação Jurisprudencial 59 da sua SDI-2, já se manifestava desde a publicação da Resolução 209/2016 – *DEJT* divulgado em 1.º, 2 e 3-6-2016 – no sentido de que "a carta de fiança bancária e o seguro garantia judicial, desde que em valor não inferior ao do débito em execução, acrescido de 30%, equivalem a dinheiro para efeito da gradação dos bens penhoráveis, estabelecida no art. 835 do CPC de 2015".

Note-se que a Lei n. 13.467, de 2017, não referiu a fiança bancária, como expressamente o fez a mencionada OJ 59 da SDI2, entre os substituintes do dinheiro para fins de gradação de bens suscetíveis de penhora. A não indicação dessa alternativa, porém, não a torna inaplicável, haja vista a sua equivalente eficiência na garantia da execução do processo.

CLT REFORMA TRABALHISTA	CLT ORIGINAL
Art. 883-A. A decisão judicial transitada em julgado somente poderá ser levada a protesto, gerar inscrição do nome do executado em órgãos de proteção ao crédito ou no Banco Nacional de Devedores Trabalhistas (BNDT), nos termos da lei, depois de transcorrido o prazo de quarenta e cinco dias a contar da citação do executado, se não houver garantia do juízo. • Artigo acrescentado pela Lei n. 13.467, de 13-7-2017.	Não há correspondente na CLT original.

O que mudou?

O art. 883-A da CLT é uma inovação. A sua criação é evidentemente protetiva dos devedores trabalhistas.

Comentários

Em favor dos devedores trabalhistas se previu que a decisão judicial transitada em julgado somente poderá produzir efeitos deletérios, a exemplo de (a) ser levada a protesto, (b) gerar inscrição do nome do executado em órgãos de proteção ao crédito ou (c) no Banco Nacional de Devedores Trabalhistas (BNDT), nos termos da lei, **depois de transcorrido o prazo de 45 (quarenta e cinco) dias a contar da citação do executado**, e, mesmo assim, se não houver garantia do juízo.

Havendo garantia do juízo, o devedor trabalhista poderá discutir a sua situação sem que nenhum desconforto adicional lhe possa vir a ser apresentado. Trocando em miúdos, o dispositivo trazido pela reforma trabalhista de 2017 dará mais prazo e mais tranquilidade ao devedor trabalhista do que normalmente se dá ao devedor civil, conforme se constata da leitura do art. 523 e § 3.º e do art. 782 do CPC/2015.

CLT REFORMA TRABALHISTA	CLT ORIGINAL
Art. 884. Garantida a execução ou penhorados os bens, terá o executado 5 (cinco) dias para apresentar embargos, cabendo igual prazo ao exequente para impugnação.	**Art. 884.** Garantida a execução ou penhorados os bens, terá o executado 5 (cinco) dias para apresentar embargos, cabendo igual prazo ao exequente para impugnação.
§ 1.º A matéria de defesa será restrita às alegações de cumprimento da decisão ou do acordo, quitação ou prescrição da divida.	§ 1.º A matéria de defesa será restrita às alegações de cumprimento da decisão ou do acordo, quitação ou prescrição da divida.
§ 2.º Se na defesa tiverem sido arroladas testemunhas, poderá o Juiz ou o Presidente do Tribunal, caso julgue necessários seus depoimentos, marcar audiência para a produção das provas, a qual deverá realizar-se dentro de 5 (cinco) dias.	§ 2.º Se na defesa tiverem sido arroladas testemunhas, poderá o Juiz ou o Presidente do Tribunal, caso julgue necessários seus depoimentos, marcar audiência para a produção das provas, a qual deverá realizar-se dentro de 5 (cinco) dias.
§ 3.º Somente nos embargos à penhora poderá o executado impugnar a sentença de liquidação, cabendo ao exequente igual direito e no mesmo prazo. (Incluído pela Lei n. 2.244, de 23-6-1954)	§ 3.º Somente nos embargos à penhora poderá o executado impugnar a sentença de liquidação, cabendo ao exequente igual direito e no mesmo prazo. (Incluído pela Lei n. 2.244, de 23-6-1954)
§ 4.º Julgar-se-ão na mesma sentença os embargos e as impugnações à liquidação apresentadas pelos credores trabalhista e previdenciário. (Redação dada pela Lei n. 10.035, de 2000)	§ 4.º Julgar-se-ão na mesma sentença os embargos e as impugnações à liquidação apresentadas pelos credores trabalhista e previdenciário. (Redação dada pela Lei n. 10.035, de 2000)
§ 5.º Considera-se inexigível o título judicial fundado em lei ou ato normativo declarados inconstitucionais pelo Supremo Tribunal Federal ou em aplicação ou interpretação tidas por incompatíveis com a Constituição Federal. (Incluído pela Medida provisória n. 2.180-35, de 2001)	§ 5.º Considera-se inexigível o título judicial fundado em lei ou ato normativo declarados inconstitucionais pelo Supremo Tribunal Federal ou em aplicação ou interpretação tidas por incompatíveis com a Constituição Federal. (Incluído pela Medida provisória n. 2.180-35, de 2001)
§ 6.º A exigência da garantia ou penhora não se aplica às entidades filantrópicas e/ou àqueles que compõem ou compuseram a diretoria dessas instituições.	
• § acrescentado pela Lei n. 13.467, de 13-7-2017.	

O que mudou?

O art. 884 da CLT, que trata dos embargos à execução e da sua impugnação, foi mantido na sua quase integralidade. Ele, em realidade, recebeu um parágrafo a mais, o § 6.º, segundo o qual a "exigência da garantia ou penhora não se aplica às entidades filantrópicas e/ou àqueles que compõem ou compuseram a diretoria dessas instituições".

Comentários

A inexigibilidade da garantia ou da penhora em favor das entidades filantrópicas dá-lhes o direito de embargar a execução no prazo de cinco dias contados da mera citação executiva.

A "filantropia", no seu sentido etimológico, deve ser entendida como um ato de "amor à humanidade" (fil = amor; antropia = humanidade). Nesse sentido, a "entidade filantrópica" é aquela que atua em caráter humanitário, beneficente e caridoso, vale dizer, aquela que age em favor de outrem que não de seus próprios instituidores ou dirigentes e que, além disso, atua de modo totalmente gratuito.

Pela sua beneficência, essas instituições são protegidas pela sociedade e pelo sistema normativo, gozando, em algumas situações, até mesmo de imunidade tributária (*vide* arts. 150, inciso VI, *c* e 195, § 7.º, da Constituição da República). Registre-se que, para ser beneficente, a entidade precisa observar os requisitos contidos no art. 14 do CTN, e para ser beneficente *e* filantrópica, precisa ir além, atuando gratuitamente em favor daqueles a quem serve.

Essas entidades filantrópicas, em muitos casos, não têm lastro financeiro para garantir a execução, tampouco bens suficientes ou disponíveis para oferecer em penhora. Ficam, por isso, no mais das vezes, sem condições de apresentar embargos à execução para discutir os atos de acertamento. Exatamente em atenção a essa debilidade, o legislador da reforma trabalhista sensibilizou-se e deu para as entidades filantrópicas que atuem em qualquer área o direito de embargar sem garantir a execução. Ressalte-se que o dispositivo ora em análise ofereceu-lhes apenas a inexigibilidade da garantia e da penhora para os fins contidos no próprio art. 884 da CLT, vale dizer, unicamente para apresentar embargos. Superada essa fase de embargos e proferida a decisão executiva, a satisfação da dívida se dará, evidentemente, sobre bens do devedor. A partir desse instante a entidade filantrópica submeterá, como qualquer outro devedor privado, o seu patrimônio à expropriação, caso não consiga adimplir o débito certificado.

A extensão do privilégio àqueles que compõem ou compuseram a diretoria das instituições filantrópicas somente se dá, obviamente, nas situações em que se pretenda a desconsideração da personalidade jurídica destas. O dispositivo não oferece, de modo nenhum, um escudo protetivo genérico a qualquer um que componha ou tenha composto diretorias de entidades filantrópicas pelo simples fato de ter vivido essa experiência. Fora da situação de desconsideração da personalidade jurídica da própria entidade filantrópica, os diretores ou ex-diretores em nada se beneficiam do disposto no § 6.º do art. 884 da CLT.

CLT REFORMA TRABALHISTA	CLT ORIGINAL
Art. 896. Cabe Recurso de Revista para Turma do Tribunal Superior do Trabalho das decisões proferidas em grau de recurso ordinário, em dissídio individual, pelos Tribunais Regionais do Trabalho, quando: (Redação dada pela Lei n. 9.756, de 17-12-1998) *a)* derem ao mesmo dispositivo de lei federal interpretação diversa da que lhe houver dado outro Tribunal Regional do Trabalho, no seu Pleno ou Turma, ou a Seção de Dissídios Individuais do Tribunal Superior do Trabalho, ou contrariarem súmula de jurisprudência uniforme dessa Corte ou súmula vinculante do Supremo Tribunal Federal; (Redação dada pela Lei n. 13.015, de 2014) *b)* derem ao mesmo dispositivo de lei estadual, Convenção Coletiva de Trabalho, Acordo Coletivo, sentença normativa ou regulamento empresarial de observância obrigatória em área territorial que exceda a jurisdição do Tribunal Regional prolator da decisão recorrida, interpretação divergente, na forma da alínea a; (Redação dada pela Lei n. 9.756, de 1998) *c)* proferidas com violação literal de disposição de lei federal ou afronta direta e literal à Constituição Federal. (Redação dada pela Lei n. 9.756, de 1998) **§ 1.º** O recurso de revista, dotado de efeito apenas devolutivo, será interposto perante o Presidente do Tribunal Regional do Trabalho, que, por decisão fundamentada, poderá recebê-lo ou denegá-lo. (Redação dada pela Lei n. 13.015, de 2014) **§ 1.º-A.** Sob pena de não conhecimento, é ônus da parte: (Incluído pela Lei n. 13.015, de 2014) I – indicar o trecho da decisão recorrida que consubstancia o prequestionamento da controvérsia objeto do recurso de revista; (Incluído pela Lei n. 13.015, de 2014) II – indicar, de forma explícita e fundamentada, contrariedade a dispositivo de lei, súmula ou orientação jurisprudencial do Tribunal Superior do Trabalho que conflite com a decisão regional; (Incluído pela Lei n. 13.015, de 2014) III – expor as razões do pedido de reforma, impugnando todos os fundamentos jurídicos da decisão recorrida, inclusive mediante demonstração analítica de cada dispositivo de lei, da Constituição Federal, de súmula ou orientação jurisprudencial cuja contrariedade aponte. (Incluído pela Lei n. 13.015, de 2014) **IV – transcrever na peça recursal, no caso de suscitar preliminar de nulidade de julgado por negativa de prestação jurisdicional, o trecho dos embargos declaratórios em que foi pedido o pronunciamento do tribunal sobre questão veiculada no recurso ordinário e o trecho da decisão regional**	**Art. 896.** Cabe Recurso de Revista para Turma do Tribunal Superior do Trabalho das decisões proferidas em grau de recurso ordinário, em dissídio individual, pelos Tribunais Regionais do Trabalho, quando: (Redação dada pela Lei n. 9.756, de 17-12-1998) *a)* derem ao mesmo dispositivo de lei federal interpretação diversa da que lhe houver dado outro Tribunal Regional do Trabalho, no seu Pleno ou Turma, ou a Seção de Dissídios Individuais do Tribunal Superior do Trabalho, ou contrariarem súmula de jurisprudência uniforme dessa Corte ou súmula vinculante do Supremo Tribunal Federal; (Redação dada pela Lei n. 13.015, de 2014) *b)* derem ao mesmo dispositivo de lei estadual, Convenção Coletiva de Trabalho, Acordo Coletivo, sentença normativa ou regulamento empresarial de observância obrigatória em área territorial que exceda a jurisdição do Tribunal Regional prolator da decisão recorrida, interpretação divergente, na forma da alínea a; (Redação dada pela Lei n. 9.756, de 1998) *c)* proferidas com violação literal de disposição de lei federal ou afronta direta e literal à Constituição Federal. (Redação dada pela Lei n. 9.756, de 1998) **§ 1.º** O recurso de revista, dotado de efeito apenas devolutivo, será interposto perante o Presidente do Tribunal Regional do Trabalho, que, por decisão fundamentada, poderá recebê-lo ou denegá-lo. (Redação dada pela Lei n. 13.015, de 2014) **§ 1.º-A.** Sob pena de não conhecimento, é ônus da parte: (Incluído pela Lei n. 13.015, de 2014) I – indicar o trecho da decisão recorrida que consubstancia o prequestionamento da controvérsia objeto do recurso de revista; (Incluído pela Lei n. 13.015, de 2014) II – indicar, de forma explícita e fundamentada, contrariedade a dispositivo de lei, súmula ou orientação jurisprudencial do Tribunal Superior do Trabalho que conflite com a decisão regional; (Incluído pela Lei n. 13.015, de 2014) III – expor as razões do pedido de reforma, impugnando todos os fundamentos jurídicos da decisão recorrida, inclusive mediante demonstração analítica de cada dispositivo de lei, da Constituição Federal, de súmula ou orientação jurisprudencial cuja contrariedade aponte. (Incluído pela Lei n. 13.015, de 2014) **§ 2.º** Das decisões proferidas pelos Tribunais Regionais do Trabalho ou por suas Turmas, em execução de sentença, inclusive em processo incidente de embargos de terceiro, não caberá Recurso de Revista, salvo na hipótese de ofensa direta e literal de norma da Constituição Federal. (Redação dada pela Lei n. 9.756, de 1998)

CLT REFORMA TRABALHISTA	CLT ORIGINAL
que rejeitou os embargos quanto ao pedido, para cotejo e verificação, de plano, da ocorrência da omissão. • Inciso acrescentado pela Lei n. 13.467, de 13-7-2017. **§ 2.º** Das decisões proferidas pelos Tribunais Regionais do Trabalho ou por suas Turmas, em execução de sentença, inclusive em processo incidente de embargos de terceiro, não caberá Recurso de Revista, salvo na hipótese de ofensa direta e literal de norma da Constituição Federal. (Redação dada pela Lei n. 9.756, de 1998) **§§ 3.º a 6.º** (*Revogados pela Lei n. 13.467, de 13-7-2017.*) **§ 7.º** A divergência apta a ensejar o recurso de revista deve ser atual, não se considerando como tal a ultrapassada por súmula do Tribunal Superior do Trabalho ou do Supremo Tribunal Federal, ou superada por iterativa e notória jurisprudência do Tribunal Superior do Trabalho. (Incluído pela Lei n. 13.015, de 2014) **§ 8.º** Quando o recurso fundar-se em dissenso de julgados, incumbe ao recorrente o ônus de produzir prova da divergência jurisprudencial, mediante certidão, cópia ou citação do repositório de jurisprudência, oficial ou credenciado, inclusive em mídia eletrônica, em que houver sido publicada a decisão divergente, ou ainda pela reprodução de julgado disponível na internet, com indicação da respectiva fonte, mencionando, em qualquer caso, as circunstâncias que identifiquem ou assemelhem os casos confrontados. (Incluído pela Lei n. 13.015, de 2014) **§ 9.º** Nas causas sujeitas ao procedimento sumaríssimo, somente será admitido recurso de revista por contrariedade a súmula de jurisprudência uniforme do Tribunal Superior do Trabalho ou a súmula vinculante do Supremo Tribunal Federal e por violação direta da Constituição Federal. (Incluído pela Lei n. 13.015, de 2014) **§ 10.** Cabe recurso de revista por violação a lei federal, por divergência jurisprudencial e por ofensa à Constituição Federal nas execuções fiscais e nas controvérsias da fase de execução que envolvam a Certidão Negativa de Débitos Trabalhistas (CNDT), criada pela Lei n. 12.440, de 7 de julho de 2011. (Incluído pela Lei n. 13.015, de 2014) **§ 11.** Quando o recurso tempestivo contiver defeito formal que não se repute grave, o Tribunal Superior do Trabalho poderá desconsiderar o vício ou mandar saná-lo, julgando o mérito. **§ 12.** Da decisão denegatória caberá agravo, no prazo de 8 (oito) dias. (Incluído pela Lei n. 13.015, de 2014)	**§ 3.º** Os Tribunais Regionais do Trabalho procederão, obrigatoriamente, à uniformização de sua jurisprudência e aplicarão, nas causas da competência da Justiça do Trabalho, no que couber, o incidente de uniformização de jurisprudência previsto nos termos do Capítulo I do Título IX do Livro I da Lei n. 5.869, de 11 de janeiro de 1973 (Código de Processo Civil). (Redação dada pela Lei n. 13.015, de 2014) **§ 4.º** Ao constatar, de ofício ou mediante provocação de qualquer das partes ou do Ministério Público do Trabalho, a existência de decisões atuais e conflitantes no âmbito do mesmo Tribunal Regional do Trabalho sobre o tema objeto de recurso de revista, o Tribunal Superior do Trabalho determinará o retorno dos autos à Corte de origem, a fim de que proceda à uniformização da jurisprudência. (Redação dada pela Lei n. 13.015, de 2014) **§ 5.º** A providência a que se refere o § 4.º deverá ser determinada pelo Presidente do Tribunal Regional do Trabalho, ao emitir juízo de admissibilidade sobre o recurso de revista, ou pelo Ministro Relator, mediante decisões irrecorríveis. (Redação dada pela Lei n. 13.015, de 2014) **§ 6.º** Após o julgamento do incidente a que se refere o § 3.º, unicamente a súmula regional ou a tese jurídica prevalecente no Tribunal Regional do Trabalho e não conflitante com súmula ou orientação jurisprudencial do Tribunal Superior do Trabalho servirá como paradigma para viabilizar o conhecimento do recurso de revista, por divergência. (Redação dada pela Lei n. 13.015, de 2014) **§ 7.º** A divergência apta a ensejar o recurso de revista deve ser atual, não se considerando como tal a ultrapassada por súmula do Tribunal Superior do Trabalho ou do Supremo Tribunal Federal, ou superada por iterativa e notória jurisprudência do Tribunal Superior do Trabalho. (Incluído pela Lei n. 13.015, de 2014) **§ 8.º** Quando o recurso fundar-se em dissenso de julgados, incumbe ao recorrente o ônus de produzir prova da divergência jurisprudencial, mediante certidão, cópia ou citação do repositório de jurisprudência, oficial ou credenciado, inclusive em mídia eletrônica, em que houver sido publicada a decisão divergente, ou ainda pela reprodução de julgado disponível na internet, com indicação da respectiva fonte, mencionando, em qualquer caso, as circunstâncias que identifiquem ou assemelhem os casos confrontados. (Incluído pela Lei n. 13.015, de 2014) **§ 9.º** Nas causas sujeitas ao procedimento sumaríssimo, somente será admitido recurso de revista por contrariedade a súmula de jurisprudência

CLT REFORMA TRABALHISTA	CLT ORIGINAL
§ 13. Dada a relevância da matéria, por iniciativa de um dos membros da Seção Especializada em Dissídios Individuais do Tribunal Superior do Trabalho, aprovada pela maioria dos integrantes da Seção, o julgamento a que se refere o § 3.º poderá ser afeto ao Tribunal Pleno. (Incluído pela Lei n. 13.015, de 2014) **§ 14. O relator do recurso de revista poderá denegar-lhe seguimento, em decisão monocrática, nas hipóteses de intempestividade, deserção, irregularidade de representação ou de ausência de qualquer outro pressuposto extrínseco ou intrínseco de admissibilidade.** • § c/ redação da Lei n. 13.467, de 13-7-2017.	uniforme do Tribunal Superior do Trabalho ou a súmula vinculante do Supremo Tribunal Federal e por violação direta da Constituição Federal. (Incluído pela Lei n. 13.015, de 2014) § 10. Cabe recurso de revista por violação a lei federal, por divergência jurisprudencial e por ofensa à Constituição Federal nas execuções fiscais e nas controvérsias da fase de execução que envolvam a Certidão Negativa de Débitos Trabalhistas (CNDT), criada pela Lei n. 12.440, de 7 de julho de 2011. (Incluído pela Lei n. 13.015, de 2014) § 11. Quando o recurso tempestivo contiver defeito formal que não se repute grave, o Tribunal Superior do Trabalho poderá desconsiderar o vício ou mandar saná-lo, julgando o mérito. § 12. Da decisão denegatória caberá agravo, no prazo de 8 (oito) dias. (Incluído pela Lei n. 13.015, de 2014) § 13. Dada a relevância da matéria, por iniciativa de um dos membros da Seção Especializada em Dissídios Individuais do Tribunal Superior do Trabalho, aprovada pela maioria dos integrantes da Seção, o julgamento a que se refere o § 3.º poderá ser afeto ao Tribunal Pleno. (Incluído pela Lei n. 13.015, de 2014)

O que mudou?

O art. 896 da CLT trata do cabimento do recurso de revista em face das decisões proferidas em grau de recurso ordinário, em dissídio individual, pelos Tribunais Regionais do Trabalho. Nele houve:

(i) o **acréscimo de mais um inciso, o de número IV, no § 1.º-A** que dispõe ser ônus da parte, sob pena de não conhecimento, "**transcrever na peça recursal**, no caso de suscitar preliminar de nulidade de julgado por negativa de prestação jurisdicional, **o trecho dos embargos declaratórios** em que foi pedido o pronunciamento do tribunal sobre questão veiculada no recurso ordinário **e o trecho da decisão regional** que rejeitou os embargos quanto ao pedido, para cotejo e verificação, de plano, da ocorrência da omissão";

(ii) a **revogação expressa dos §§ 3.º, 4.º, 5.º e 6.º**, referente ao incidente de uniformização de jurisprudência (IUJ) como a demonstrar a intenção de atualizar o conteúdo da uniformização aos novos ditames do CPC/2015; e

(iii) a **criação de parágrafo adicional – o § 14** – para dizer que "o relator do recurso de revista poderá denegar-lhe seguimento, em **decisão monocrática**, nas hipóteses de intempestividade, deserção, irregularidade de representação ou de ausência de qualquer outro pressuposto extrínseco ou intrínseco de admissibilidade".

Comentários

A Lei n. 13.015, de 2014, foi elaborada à luz do CPC/1973, motivo pelo qual o § 3.º do art. 896 da CLT fez menção ao "incidente de uniformização de jurisprudência" (IUJ). Com o advento do CPC/2015, o IUJ deixou de ser ali tratado, passando a falar-se em "incidente de resolução de demandas repetitivas".

A revogação dos §§ 3.º, 4.º, 5.º e 6.º do artigo ora em exame, portanto, ocorreu com o objetivo de dar um tratamento uníssono aos processos civil e trabalhista, no tocante à uniformização da jurisprudência e à busca de sua estabilidade, integridade e coerência. A eliminação das divergências interpretativas e a identificação da jurisprudência dominante continuam, portanto, exigíveis e desejáveis no âmbito processual trabalhista, nos termos do CPC/2015 (vide art. 15 da Lei 10.105/2015).

Os incidentes de uniformização de jurisprudência que tenham sido iniciados à luz da legislação anterior à vigência da Lei n. 13.467, de 2017, e que estejam em curso, deverão ser apreciados e julgados conforme o procedimento inicial, operadas as adaptações/transformações que permitam a sua finalização.

CLT REFORMA TRABALHISTA	CLT ORIGINAL
Art. 896-A. O Tribunal Superior do Trabalho, no recurso de revista, examinará previamente se a causa oferece transcendência com relação aos reflexos gerais de natureza econômica, política, social ou jurídica. (Incluído pela Medida Provisória n. 2.226, de 4-9-2001) **§ 1.º** São indicadores de transcendência, entre outros: I – econômica, o elevado valor da causa; II – política, o desrespeito da instância recorrida à jurisprudência sumulada do Tribunal Superior do Trabalho ou do Supremo Tribunal Federal; III – social, a postulação, por reclamante-recorrente, de direito social constitucionalmente assegurado; IV – jurídica, a existência de questão nova em torno da interpretação da legislação trabalhista. **§ 2.º** Poderá o relator, monocraticamente, denegar seguimento ao recurso de revista que não demonstrar transcendência, cabendo agravo desta decisão para o colegiado. **§ 3.º** Em relação ao recurso que o relator considerou não ter transcendência, o recorrente poderá realizar sustentação oral sobre a questão da transcendência, durante cinco minutos em sessão. **§ 4.º** Mantido o voto do relator quanto à não transcendência do recurso, será lavrado acórdão com fundamentação sucinta, que constituirá decisão irrecorrível no âmbito do tribunal. **§ 5.º** É irrecorrível a decisão monocrática do relator que, em agravo de instrumento em recurso de revista, considerar ausente a transcendência da matéria. **§ 6.º** O juízo de admissibilidade do recurso de revista exercido pela Presidência dos Tribunais Regionais do Trabalho limita-se à análise dos pressupostos intrínsecos e extrínsecos do apelo, não abrangendo o critério da transcendência das questões nele veiculadas. • §§ c/ redação da Lei n. 13.467, de 13-7-2017.	**Art.896-A.** O Tribunal Superior do Trabalho, no recurso de revista, examinará previamente se a causa oferece transcendência com relação aos reflexos gerais de natureza econômica, política, social ou jurídica. (Incluído pela Medida Provisória n. 2.226, de 4-9-2001)

O que mudou?

O art. 896-A da CLT, além de prever que o Tribunal Superior do Trabalho, no recurso de revista, examinará previamente se a causa oferece transcendência com relação aos reflexos gerais de natureza econômica, política, social ou jurídica, ditou, mediante os seus novos parágrafos, aspectos procedimentais, inclusive quanto à sistemática recursal.

Comentários

A revogação expressa do art. 2.º da Medida Provisória n. 2.226, de 4 de setembro de 2001, pelo art. 5.º da Lei n. 13.467/2017, retirou do Tribunal Superior do Trabalho a regulamentação via regimento interno do processamento da transcendência do recurso de revista e a fez retornar ao controle das normas editadas pelo Poder Legislativo. Diante dessa peculiaridade, a lei revelou algumas balizas indicadoras da transcendência, sem, entretanto, fazê-lo em caráter exaustivo. O texto do novo § 1.º do artigo em exame é bem claro ao usar a expressão "entre outros". Nesse sentido, sinalizam transcendência que conduz ao recurso de revista, indicadores de natureza (I) econômica, pelo elevado valor da causa; (II) política, pelo desrespeito da instância recorrida à jurisprudência sumulada do Tribunal Superior do Trabalho ou do Supremo Tribunal Federal; (III) social, pela postulação, por reclamante-recorrente, de direito social constitucionalmente assegurado; e (IV) jurídica, pela existência de questão nova em torno da interpretação da legislação trabalhista. Ressalte-se que outros indicadores podem ser variáveis dos anteriormente mencionados, cabendo ao juízo de admissibilidade considerá-los ou não.

Entre as inovações trazidas pelo dispositivo em exame, destaca-se também aquela visível no novo § 2.º do art. 896-A da CLT, segundo a qual poderá o relator, **monocraticamente**, denegar seguimento ao recurso de revista que não demonstrar a transcendência com base nos indicadores mencionados, **cabendo agravo desta decisão para o colegiado**.

Em relação ao recurso que o relator considerou não ter transcendência, nos termos dos novos §§ 3.º e 4.º do artigo em exame, **o recorrente poderá realizar sustentação oral sobre a questão da transcendência, durante cinco minutos em sessão**. Mantido o voto do relator quanto à não transcendência do recurso, será lavrado acórdão com fundamentação sucinta, que constituirá **decisão irrecorrível** no âmbito do tribunal. O § 5.º do art. 896-A previu, ainda, a **irrecorribilidade da decisão monocrática do relator que, em agravo de instrumento em recurso de revista, considerar ausente a transcendência da matéria**.

Quanto ao juízo de admissibilidade do recurso de revista exercido pela Presidência dos Tribunais Regionais do Trabalho, o novo § 6.º do dispositivo ora em análise previu que **ele (o referido juízo de admissibilidade) se limitará à análise dos pressupostos intrínsecos e extrínsecos do apelo**, não abrangendo o critério da transcendência das questões nele veiculadas. Desse modo, a admissibilidade ou não pelo critério da transcendência será exclusiva do TST.

LT REFORMA TRABALHISTA	CLT ORIGINAL
Art. 899. Os recursos serão interpostos por simples petição e terão efeito meramente devolutivo, salvo as exceções previstas neste Título, permitida a	Art. 899. Os recursos serão interpostos por simples petição e terão efeito meramente devolutivo, salvo as exceções previstas neste Título, permitida a

LT REFORMA TRABALHISTA	CLT ORIGINAL
execução provisória até a penhora. (Redação dada pela Lei n. 5.442, de 24-5-1968) (Vide Lei n. 7.701, de 1988) **§ 1.º** Sendo a condenação de valor até 10 (dez) vezes o salário mínimo regional, nos dissídios individuais, só será admitido o recurso inclusive o extraordinário, mediante prévio depósito da respectiva importância. Transitada em julgado a decisão recorrida, ordenar-se-á o levantamento imediato da importância de depósito, em favor da parte vencedora, por simples despacho do juiz. (Redação dada pela Lei n. 5.442, 24-5-1968) **§ 2.º** Tratando-se de condenação de valor indeterminado, o depósito corresponderá ao que for arbitrado, para efeito de custas, pela Junta ou Juízo de Direito, até o limite de 10 (dez) vezes o salário mínimo da região. (Redação dada pela Lei n. 5.442, 24-5-1968) **§ 3.º** (*Revogado pela Lei n. 7.033, de 5-10-1982.*) **§ 4.º** O depósito recursal será feito em conta vinculada ao juízo e corrigido com os mesmos índices da poupança. • § acrescentado pela Lei n. 13.467, de 13-7-2017. **§ 5.º** (*Revogado pela Lei n. 13.467, de 13-7-2017.*) **§ 6.º** Quando o valor da condenação, ou o arbitrado para fins de custas, exceder o limite de 10 (dez) vezes o salário mínimo da região, o depósito para fins de recursos será limitado a este valor. (Incluído pela Lei n. 5.442, 24-5-1968) **§ 7.º** No ato de interposição do agravo de instrumento, o depósito recursal corresponderá a 50% (cinquenta por cento) do valor do depósito do recurso ao qual se pretende destrancar. (Incluído pela Lei n. 12.275, de 2010) **§ 8.º** Quando o agravo de instrumento tem a finalidade de destrancar recurso de revista que se insurge contra decisão que contraria a jurisprudência uniforme do Tribunal Superior do Trabalho, consubstanciada nas suas súmulas ou em orientação jurisprudencial, não haverá obrigatoriedade de se efetuar o depósito referido no § 7.º deste artigo. (Incluído pela Lei n. 13.015, de 2014) **§ 9.º** O valor do depósito recursal será reduzido pela metade para entidades sem fins lucrativos, empregadores domésticos, microempreendedores individuais, microempresas e empresas de pequeno porte. **§ 10.** São isentos do depósito recursal os beneficiários da justiça gratuita, as entidades filantrópicas e as empresas em recuperação judicial. **§ 11.** O depósito recursal poderá ser substituído por fiança bancária ou seguro garantia judicial. • §§ 9.º a 11 acrescentados pela Lei n. 13.467, de 13-7-2017.	execução provisória até a penhora. (Redação dada pela Lei n. 5.442, de 24-5-1968) (Vide Lei n. 7.701, de 1988) **§ 1.º** Sendo a condenação de valor até 10 (dez) vezes o salário mínimo regional, nos dissídios individuais, só será admitido o recurso inclusive o extraordinário, mediante prévio depósito da respectiva importância. Transitada em julgado a decisão recorrida, ordenar-se-á o levantamento imediato da importância de depósito, em favor da parte vencedora, por simples despacho do juiz. (Redação dada pela Lei n. 5.442, 24-5-1968) **§ 2.º** Tratando-se de condenação de valor indeterminado, o depósito corresponderá ao que for arbitrado, para efeito de custas, pela Junta ou Juízo de Direito, até o limite de 10 (dez) vezes o salário mínimo da região. (Redação dada pela Lei n. 5.442, 24-5-1968) **§ 3.º** (*Revogado pela Lei n. 7.033, de 5-10-1982*) **§ 4.º** O depósito de que trata o § 1.º far-se-á na conta vinculada do empregado a que se refere o art. 2.º da Lei n. 5.107, de 13 de setembro de 1966, aplicando-se-lhe os preceitos dessa Lei observado, quanto ao respectivo levantamento, o disposto no § 1.º. (Redação dada pela Lei n. 5.442, 24-5-1968) **§ 5.º** Se o empregado ainda não tiver conta vinculada aberta em seu nome, nos termos do art. 2.º da Lei n. 5.107, de 13 de setembro de 1966, a empresa procederá à respectiva abertura, para efeito do disposto no § 2.º. (Redação dada pela Lei n. 5.442, 24-5-1968) **§ 6.º** Quando o valor da condenação, ou o arbitrado para fins de custas, exceder o limite de 10 (dez) vêzes o salário mínimo da região, o depósito para fins de recursos será limitado a êste valor. (Incluído pela Lei n. 5.442, 24-5-1968) **§ 7.º** No ato de interposição do agravo de instrumento, o depósito recursal corresponderá a 50% (cinquenta por cento) do valor do depósito do recurso ao qual se pretende destrancar. (Incluído pela Lei n. 12.275, de 2010) **§ 8.º** Quando o agravo de instrumento tem a finalidade de destrancar recurso de revista que se insurge contra decisão que contraria a jurisprudência uniforme do Tribunal Superior do Trabalho, consubstanciada nas suas súmulas ou em orientação jurisprudencial, não haverá obrigatoriedade de se efetuar o depósito referido no § 7.º deste artigo. (Incluído pela Lei n. 13.015, de 2014)

O que mudou?

O art. 899 da CLT, que trata de generalidades em torno dos recursos trabalhistas, manteve o seu *caput* e diversos dos seus parágrafos.

As mudanças aconteceram apenas nos seguintes parágrafos:

(i) O § 4.º passou a admitir o **depósito recursal feito em conta vinculada ao juízo**. Antes era feito na conta vinculada do empregado do FGTS;
(ii) O § 5.º **sofreu revogação expressa**, porque o seu conteúdo colidiria com a posição tomada no mencionado § 4.º. Afinal, não teria o menor sentido oferecer solução para o empregado que ainda não tiver conta vinculada aberta se não mais se usa essa conta para tanto;
(iii) O § 9.º passou a prever que o **valor do depósito recursal será reduzido pela metade** para entidades sem fins lucrativos, empregadores domésticos, microempreendedores individuais, microempresas e empresas de pequeno porte;
(iv) O § 10 passou a prever a **isenção do depósito recursal** para beneficiários da justiça gratuita, entidades filantrópicas e empresas em recuperação judicial;
(v) O § 11 admite que o depósito recursal seja substituído por fiança bancária ou seguro garantia judicial.

Comentários

As mudanças produzidas na sistemática geral dos recursos trabalhistas foram benéficas por seu **conteúdo desburocratizante** (uso de depósito recursal em conta judicial em lugar de depósito em conta vinculada do FGTS e a admissão de sua substituição por fiança bancária ou seguro garantia judicial) e **garantidor do acesso ao duplo grau de jurisdição** (atenuação do valor do depósito recursal ou a sua isenção em relação aos beneficiários da justiça gratuita, entidades filantrópicas e empresas em recuperação judicial).

A situação prevista no § 11 deve ser analisada pelo magistrado com a devida cautela (observe a dicção do tempo verbal: "poderá ser substituído", e não "será substituído"), uma vez que as fianças bancárias e os seguros-garantia judicial devem ter plena validade durante todo o trâmite do processo executivo, uma vez que se trata de mecanismo que muitas vezes é concedido por tempo determinado. Há de cuidar-se para evitar a ausência de lastro no momento da satisfação final.

LEI N. 6.019, DE 3 DE JANEIRO DE 1974

ART. 2.º A LEI N. 6.019, DE 3 DE JANEIRO DE 1974, PASSA A VIGORAR COM AS SEGUINTES ALTERAÇÕES	
Art. 4.º-A. Considera-se prestação de serviços a terceiros a transferência feita pela contratante da execução de quaisquer de suas atividades, inclusive sua atividade principal, à pessoa jurídica de direito privado prestadora de serviços que possua capacidade econômica compatível com a sua execução. **§ 1.º** A empresa prestadora de serviços contrata, remunera e dirige o trabalho realizado por seus trabalhadores, ou subcontrata outras empresas para realização desses serviços. (Incluído pela Lei n. 13.429, de 2017) **§ 2.º** Não se configura vínculo empregatício entre os trabalhadores, ou sócios das empresas prestadoras de serviços, qualquer que seja o seu ramo, e a empresa contratante. (Incluído pela Lei n. 13.429, de 2017) **Art. 4.º-B.** São requisitos para o funcionamento da empresa de prestação de serviços a terceiros: (Incluído pela Lei n. 13.429, de 2017) I – prova de inscrição no Cadastro Nacional da Pessoa Jurídica (CNPJ); (Incluído pela Lei n. 13.429, de 2017) II – registro na Junta Comercial; (Incluído pela Lei n. 13.429, de 2017) III – capital social compatível com o número de empregados, observando-se os seguintes parâmetros: (Incluído pela Lei n. 13.429, de 2017) a) empresas com até dez empregados – capital mínimo de R$ 10.000,00 (dez mil reais); (Incluído pela Lei n. 13.429, de 2017) b) empresas com mais de dez e até vinte empregados – capital mínimo de R$ 25.000,00 (vinte e cinco mil reais); (Incluído pela Lei n. 13.429, de 2017)	**Art. 4.º-A.** Empresa prestadora de serviços a terceiros é a pessoa jurídica de direito privado destinada a prestar à contratante serviços determinados e específicos. (Incluído pela Lei n. 13.429, de 2017) **§ 1.º** A empresa prestadora de serviços contrata, remunera e dirige o trabalho realizado por seus trabalhadores, ou subcontrata outras empresas para realização desses serviços. (Incluído pela Lei n. 13.429, de 2017) **§ 2.º** Não se configura vínculo empregatício entre os trabalhadores, ou sócios das empresas prestadoras de serviços, qualquer que seja o seu ramo, e a empresa contratante. (Incluído pela Lei n. 13.429, de 2017) **Art. 4.º-B.** São requisitos para o funcionamento da empresa de prestação de serviços a terceiros: (Incluído pela Lei n. 13.429, de 2017) I – prova de inscrição no Cadastro Nacional da Pessoa Jurídica (CNPJ); (Incluído pela Lei n. 13.429, de 2017) II – registro na Junta Comercial; (Incluído pela Lei n. 13.429, de 2017) III – capital social compatível com o número de empregados, observando-se os seguintes parâmetros: (Incluído pela Lei n. 13.429, de 2017) a) empresas com até dez empregados – capital mínimo de R$ 10.000,00 (dez mil reais); (Incluído pela Lei n. 13.429, de 2017) b) empresas com mais de dez e até vinte empregados – capital mínimo de R$ 25.000,00 (vinte e cinco mil reais); (Incluído pela Lei n. 13.429, de 2017) c) empresas com mais de vinte e até cinquenta empregados – capital mínimo de R$ 45.000,00

c) empresas com mais de vinte e até cinquenta empregados – capital mínimo de R$ 45.000,00 (quarenta e cinco mil reais); (Incluído pela Lei n. 13.429, de 2017)

d) empresas com mais de cinquenta e até cem empregados – capital mínimo de R$ 100.000,00 (cem mil reais); e (Incluído pela Lei n. 13.429, de 2017)

e) empresas com mais de cem empregados – capital mínimo de R$ 250.000,00 (duzentos e cinquenta mil reais). (Incluído pela Lei n. 13.429, de 2017)

Art. 4.º-C. São asseguradas aos empregados da empresa prestadora de serviços a que se refere o art. 4.º-A desta Lei, quando e enquanto os serviços, que podem ser de qualquer uma das atividades da contratante, forem executados nas dependências da tomadora, as mesmas condições:

I – relativas a:

a) alimentação garantida aos empregados da contratante, quando oferecida em refeitórios;

b) direito de utilizar os serviços de transporte;

c) atendimento médico ou ambulatorial existente nas dependências da contratante ou local por ela designado;

d) treinamento adequado, fornecido pela contratada, quando a atividade o exigir.

II – sanitárias, de medidas de proteção à saúde e de segurança no trabalho e de instalações adequadas à prestação do serviço.

§ 1.º Contratante e contratada poderão estabelecer, se assim entenderem, que os empregados da contratada farão jus a salário equivalente ao pago aos empregados da contratante, além de outros direitos não previstos neste artigo.

§ 2.º Nos contratos que impliquem mobilização de empregados da contratada em número igual ou superior a 20% (vinte por cento) dos empregados da contratante, esta poderá disponibilizar aos empregados da contratada os serviços de alimentação e atendimento ambulatorial em outros locais apropriados e com igual padrão de atendimento, com vistas a manter o pleno funcionamento dos serviços existentes.

Art. 5.º Empresa tomadora de serviços é a pessoa jurídica ou entidade a ela equiparada que celebra contrato de prestação de trabalho temporário com a empresa definida no art. 4.º desta Lei. (Redação dada pela Lei n. 13.429, de 2017)

Art. 5.º-A. Contratante é a pessoa física ou jurídica que celebra contrato com empresa de prestação de serviços determinados e específicos. (Incluído pela Lei n. 13.429, de 2017)

(quarenta e cinco mil reais); (Incluído pela Lei n. 13.429, de 2017)

d) empresas com mais de cinquenta e até cem empregados – capital mínimo de R$ 100.000,00 (cem mil reais); e (Incluído pela Lei n. 13.429, de 2017)

e) empresas com mais de cem empregados – capital mínimo de R$ 250.000,00 (duzentos e cinquenta mil reais). (Incluído pela Lei n. 13.429, de 2017)

Art. 5.º Empresa tomadora de serviços é a pessoa jurídica ou entidade a ela equiparada que celebra contrato de prestação de trabalho temporário com a empresa definida no art. 4.º desta Lei. (Redação dada pela Lei n. 13.429, de 2017)

Art. 5.º-A. Contratante é a pessoa física ou jurídica que celebra contrato com empresa de prestação de serviços determinados e específicos. (Incluído pela Lei n. 13.429, de 2017)

§ 1.º É vedada à contratante a utilização dos trabalhadores em atividades distintas daquelas que foram objeto do contrato com a empresa prestadora de serviços. (Incluído pela Lei n. 13.429, de 2017)

§ 2.º Os serviços contratados poderão ser executados nas instalações físicas da empresa contratante ou em outro local, de comum acordo entre as partes. (Incluído pela Lei n. 13.429, de 2017)

§ 3.º É responsabilidade da contratante garantir as condições de segurança, higiene e salubridade dos trabalhadores, quando o trabalho for realizado em suas dependências ou local previamente convencionado em contrato. (Incluído pela Lei n. 13.429, de 2017)

§ 4.º A contratante poderá estender ao trabalhador da empresa de prestação de serviços o mesmo atendimento médico, ambulatorial e de refeição destinado aos seus empregados, existente nas dependências da contratante, ou local por ela designado. (Incluído pela Lei n. 13.429, de 2017)

§ 5.º A empresa contratante é subsidiariamente responsável pelas obrigações trabalhistas referentes ao período em que ocorrer a prestação de serviços, e o recolhimento das contribuições previdenciárias observará o disposto no art. 31 da Lei n. 8.212, de 24 de julho de 1991. (Incluído pela Lei n. 13.429, de 2017)

Art. 5.º-B. O contrato de prestação de serviços conterá: (Incluído pela Lei n. 13.429, de 2017)

I – qualificação das partes; (Incluído pela Lei n. 13.429, de 2017)

II – especificação do serviço a ser prestado; (Incluído pela Lei n. 13.429, de 2017)

III – prazo para realização do serviço, quando for o caso; (Incluído pela Lei n. 13.429, de 2017)

§ 1.º É vedada à contratante a utilização dos trabalhadores em atividades distintas daquelas que foram objeto do contrato com a empresa prestadora de serviços. (Incluído pela Lei n. 13.429, de 2017)

§ 2.º Os serviços contratados poderão ser executados nas instalações físicas da empresa contratante ou em outro local, de comum acordo entre as partes. (Incluído pela Lei n. 13.429, de 2017)

§ 3.º É responsabilidade da contratante garantir as condições de segurança, higiene e salubridade dos trabalhadores, quando o trabalho for realizado em suas dependências ou local previamente convencionado em contrato. (Incluído pela Lei n. 13.429, de 2017)

§ 4.º A contratante poderá estender ao trabalhador da empresa de prestação de serviços o mesmo atendimento médico, ambulatorial e de refeição destinado aos seus empregados, existente nas dependências da contratante, ou local por ela designado. (Incluído pela Lei n. 13.429, de 2017)

§ 5.º A empresa contratante é subsidiariamente responsável pelas obrigações trabalhistas referentes ao período em que ocorrer a prestação de serviços, e o recolhimento das contribuições previdenciárias observará o disposto no art. 31 da Lei n. 8.212, de 24 de julho de 1991. (Incluído pela Lei n. 13.429, de 2017)

Art. 5.º-B. O contrato de prestação de serviços conterá: (Incluído pela Lei n. 13.429, de 2017)

I – qualificação das partes; (Incluído pela Lei n. 13.429, de 2017)

II – especificação do serviço a ser prestado; (Incluído pela Lei n. 13.429, de 2017)

III – prazo para realização do serviço, quando for o caso; (Incluído pela Lei n. 13.429, de 2017)

IV – valor. (Incluído pela Lei n. 13.429, de 2017)

Art. 5.º-C. Não pode figurar como contratada, nos termos do art. 4.º-A desta Lei, a pessoa jurídica cujos titulares ou sócios tenham, nos últimos dezoito meses, prestado serviços à contratante na qualidade de empregado ou trabalhador sem vínculo empregatício, exceto se os referidos titulares ou sócios forem aposentados.

Art. 5.º-D. O empregado que for demitido não poderá prestar serviços para esta mesma empresa na qualidade de empregado de empresa prestadora de serviços antes do decurso de prazo de dezoito meses, contados a partir da demissão do empregado.

O que mudou?

A Lei n. 13.467, de 2017 corrigiu alguns pontos da Lei n. 13.429, de 2017, especialmente aquele que visava deixar absolutamente claro que a terceirização se aplicava a qualquer atividade da empresa contratante. Superou-se, então, a discussão intensa acerca da possibilidade jurídica de terceirização em atividades-fim, sendo o ápice dessa conclusão a publicação das Leis n. 13.429, de 31 de março de 2017, e 13.467, de 13 de julho de 2017, que admitem claramente a intermediação também no âmbito do objeto social das empresas clientes, conforme a sua própria conveniência.

Comentários

1. Introdução: Terceirização, a "fórmula mágica" para a concentração de esforços na operação e fiscalização do processo produtivo final

O declínio do modelo *taylorista/fordista* de organização do trabalho foi motivado por uma concepção flexibilizadora dos processos produtivos. Surgiu um novo padrão organizacional, intitulado *toyotismo*. A *produção em massa* foi abandonada, emergindo, em nome da redução de custos, a ideia da *produção vinculada à demanda*. Os trabalhadores dedicados à atividade-fim – objeto social do empreendimento – passaram a ser estimulados por mecanismos de competição: suas retribuições seriam mais elevadas na medida em que alcançassem ou superassem metas preestabelecidas. Aqueles operários que não se adaptavam ao novo *ritmo* eram dispensados e, mediante novas contratações, realocados em outras empresas para realizarem atividades-meio, ou seja, atividades secundárias ou instrumentais da atividade-fim.

Iniciou-se, assim, verdadeira reengenharia da estrutura empresarial: **empresas periféricas** passaram a contratar trabalhadores sem qualificação ou pouco qualificados para operações de curto tempo (trabalho temporário) ou para a realização de serviços instrumentais; **empresas centrais** concentraram seus esforços na contratação de trabalhadores qualificados para a operação e fiscalização do processo produtivo final. Essas empresas periféricas associaram-se às empresas centrais e, mediante um processo que se convencionou chamar de *terceirização*, assumiram o papel de provê-las no que diz respeito aos serviços meramente instrumentais.

Assim, as relações entre empresas periféricas e centrais estabeleceram-se sem que nenhuma regulação especial lhes tivesse sido direcionada, mas chamaram a atenção, em certas particularidades, para uma possível exploração dos trabalhadores envolvidos ou ainda para uma possível fuga de responsabilidade. Pois bem. Depois de anos regulada apenas por Súmula do TST, a terceirização como um todo passou a ser tratada pela **Lei n. 13.429, de 31 de março de 2017, com vigência imediata à publicação,** cujo projeto – o PL n. 4.302, de 1998 (número 3/2001 no Senado Federal) – apresentado pelo Poder Executivo no governo do ex-presidente Fernando Henrique Cardoso foi retirado de pauta por iniciativa do seu sucessor, Luís Inácio Lula da Silva, mediante a Mensagem n. 389, em 19 de agosto de 2003, sendo este um dos muitos fundamentos em virtude do qual será certamente questionada a sua constitucionalidade.

A despeito dessa particularidade, que importará em arguições de toda natureza, fato é que a citada Lei n. 13.429, de 31 de março de 2017, no influxo da chamada **Era Temer**[1], **transformou o então diploma normativo (Lei 6.019/74) que cuidava exclusivamente da "terceirização de trabalhadores mediante o contrato de trabalho temporário" num microssistema que passou a tratar conjuntamente tanto da citada "terceirização de trabalhadores" (ou intermediação de mão de obra, como alguns preferem) quanto da "terceirização de serviços" através de empresa prestadora de serviços a terceiros.**

O art. 1.º da Lei 6.019/74, que previa ser instituído ali "o regime de trabalho temporário", passou a estatuir que tanto "as relações de trabalho na empresa de trabalho temporário", quanto "na empresa de prestação de serviços e nas respectivas tomadoras de serviço e contratante" estariam regidas pela mencionada Lei.

2. Definição: terceirização, quarteirização e terceirização em cadeia. Quem é quem?

Diante do histórico contido no tópico introdutório, pode-se afirmar que a *terceirização ou outsourcing é uma técnica de organização do processo produtivo por meio da qual uma empresa, visando concentrar esforços na consecução do seu objeto social (em sua atividade-fim),* **contrata outra empresa,** *entendida como periférica, para lhe dar suporte em serviços que lhe pareçam meramente instrumentais, tais como limpeza, segurança, transporte e alimentação, normalmente identificados como atividades-meio.*

2.1 Da visão clássica à concepção da legislação brasileira pós-Lei n. 13.467, de 2017

Essa, evidentemente, é uma definição fora dos contornos da atual legislação brasileira. Diz-se isso, porque se realiza atualmente uma "terceirização de conveniência" sem que o empresariado necessariamente precise concentrar esforços na consecução do seu objeto social. A legislação simplesmente admite que uma empresa contrate outra para a prestação de determinado serviço, ainda que esse serviço coincida com a sua atividade-fim. Houve, portanto, uma desnaturação, uma desfiguração, uma adulteração, uma descaracterização daquilo que era da natureza da terceirização. Atualmente, portanto, a definição de terceirização no ordenamento jurídico brasileiro é a seguinte: *técnica de organização do processo produtivo por meio da qual uma empresa, entendida como tomadora ou cliente, por conveniência ou oportunidade,* **contrata outra empresa,** *compreendida como prestadora, para prestar-lhe qualquer serviço em uma das suas atividades, inclusive no âmbito de sua atividade principal.*

---

[1] "Era" é um período de tempo que se inicia com um fato histórico notável e em decorrência do qual se estabelece uma nova ordem de acontecimentos. A ascensão do então Vice-Presidente Michel Temer à condição de governante do Estado brasileiro e as suas ideias ultraliberais, contrárias ao credo de quem elegeu a chapa encabeçada pela ex-presidente Dilma Rousseff, sinalizam até não mais poder para uma mudança de rota e, consequentemente, para uma nova ordem de acontecimentos. Independentemente do seu tempo de duração, pode-se falar, portanto, numa Era Temer.

Superou-se, então, a discussão intensa acerca da possibilidade jurídica de terceirização em atividades-fim, sendo o ápice dessa conclusão a publicação das Leis n. 13.429, de 31 de março de 2017, e 13.467, de 13 de julho de 2017, que admitem claramente a intermediação também no âmbito do objeto social das empresas clientes, conforme a sua própria conveniência. Essa mudança jurisprudencial imporá a possível revisão ou cancelamento da Súmula 331 do TST.

O *iter* para essa conclusão final teve início com a Lei n. 13.429, de 2017, ao dispor, em seu art. 4.º-A, que a "empresa prestadora de serviços a terceiros é a pessoa jurídica de direito privado destinada a prestar à contratante serviços **determinados** e **específicos**" (**redação revogada**, destaque não contido no original). O referido legislador, na oportunidade, permitiu múltiplas interpretações, inclusive, para alguns, a de que tudo continuaria como antes.

Ao que parecia naquele momento, porém – e até mesmo por conta da ideologia do governo que apoiou a edição da citada Lei n. 13.429/2017 – era, realmente, que a terceirização de serviços caminhava em passos largos para a admissibilidade em todas as atividades da empresa e em todas as espécies de empreendimentos, extrapolando as restritas hipóteses de admissibilidade antes previstas apenas no art. 25 da Lei 8.987/95[2] ou no art. 94, II, da Lei 9.472/97[3].

Pois bem. A caminhada, como se viu, teve largos e rápidos passos. O citado art. 4.º-A da Lei 6.019/74 foi mais uma vez modificado, e agora deixou bem evidente a possibilidade de terceirização em qualquer atividade. Note-se:

> **Art. 4.º-A.** Considera-se prestação de serviços a terceiros a transferência feita pela contratante da execução de **quaisquer de suas atividades, inclusive sua atividade principal**, à pessoa ju-

---

2   A Lei n. 8.987, de 13 de fevereiro de 1995, dispõe sobre o regime de concessão e permissão da prestação de serviços públicos previstos no art. 175 da Constituição Federal, e dá outras providências. "[...]
Art. 25. Incumbe à concessionária a execução do serviço concedido, cabendo-lhe responder por todos os prejuízos causados ao poder concedente, aos usuários ou a terceiros, sem que a fiscalização exercida pelo órgão competente exclua ou atenue essa responsabilidade.
§ 1.º Sem prejuízo da responsabilidade a que se refere este artigo, a concessionária poderá contratar com terceiros o desenvolvimento de atividades inerentes, acessórias ou complementares ao serviço concedido, bem como a implementação de projetos associados (destaques não constantes do original).
§ 2.º Os contratos celebrados entre a concessionária e os terceiros a que se refere o parágrafo anterior reger-se-ão pelo direito privado, não se estabelecendo qualquer relação jurídica entre os terceiros e o poder concedente.
§ 3.º A execução das atividades contratadas com terceiros pressupõe o cumprimento das normas regulamentares da modalidade do serviço concedido".

3   A Lei n. 9.472, de 16 de julho de 1997, dispõe sobre a organização dos serviços de telecomunicações, a criação e funcionamento de um órgão regulador e outros aspectos institucionais, nos termos da Emenda Constitucional n. 8, de 1995. "[...]
Art. 94. No cumprimento de seus deveres, a concessionária poderá, observadas as condições e limites estabelecidos pela Agência:
I – empregar, na execução dos serviços, equipamentos e infraestrutura que não lhe pertençam;
II – contratar com terceiros o desenvolvimento de atividades inerentes, acessórias ou complementares ao serviço, bem como a implementação de projetos associados.
§ 1.º Em qualquer caso, a concessionária continuará sempre responsável perante a Agência e os usuários.
§ 2.º Serão regidas pelo direito comum as relações da concessionária com os terceiros, que não terão direitos frente à Agência, observado o disposto no art. 117 desta Lei".

rídica de direito privado prestadora de serviços que possua capacidade econômica compatível com a sua execução (destaques não constantes do original)

Tornou-se, portanto, evidente que a "empresa prestadora de serviços a terceiros" é a pessoa jurídica de direito privado prestadora de serviços recebidos por transferência da contratante para a execução de *quaisquer de suas atividades, inclusive da sua atividade principal.*

Para evitar um *boom* de *pejotizações*, mediante as quais os empregados deixassem suas relações de emprego e passassem a prestar serviços para as suas antigas empregadoras, a Lei n. 13.467, de 2017, previu, num novo artigo inserido na Lei n. 6.019/74 – o novel art. 5.º-C – que "não pode figurar como contratada, nos termos do art. 4.º-A desta Lei, a pessoa jurídica **cujos titulares ou sócios tenham, nos últimos dezoito meses, prestado serviços à contratante na qualidade de empregado ou trabalhador sem vínculo empregatício**, exceto se os referidos titulares ou sócios forem aposentados" (destaques não constantes do original).

Para que não se diga que a proibição se dirige unicamente contra as empresas contratadas, e para evitarem-se a **pejotização** e demais fraudes por via transversa, o novo art. 5.º-D, também introduzido na Lei n. 6.019/74 pela Lei n. 13.467, de 2017, previu que "o empregado que for demitido não poderá prestar serviços para esta mesma empresa na qualidade de empregado de empresa prestadora de serviços antes do decurso de prazo de dezoito meses, contados a partir da demissão do empregado".

2.2 Para além da terceirização: a "quarteirização" e a "terceirização em cadeia"

Para além da terceirização, anote-se ter sido também frequente a opção empresarial pela **quarteirização**, um *fenômeno da organização do processo produtivo caracterizado pela contratação de uma empresa de serviços para gerenciar as parcerias*. Trata-se de uma variável do tema "descentralização produtiva", qualificada pela existência de uma empresa que, por delegação da tomadora ou cliente, atua, por intermediação, na logística das relações com as prestadoras de serviços. A muitas vezes referida Lei n. 13.429, de 2017, legitimou expressamente a quarteirização ao inserir na Lei n. 6.019, de 1974 o § 1.º do art. 4.º-A nos seguintes termos:

> **Lei n. 6.019/74. Art. 4.º-A.** Considera-se prestação de serviços a terceiros a transferência feita pela contratante da execução de quaisquer de suas atividades, inclusive sua atividade principal, à pessoa jurídica de direito privado prestadora de serviços que possua capacidade econômica compatível (incluído pela Lei n. 13.467, de 2017) com a sua execução.
> **§ 1.º** A empresa prestadora de serviços contrata, remunera e dirige o trabalho realizado por seus trabalhadores, **ou subcontrata outras empresas para realização desses serviços** (incluído pela Lei n. 13.429, de 2017 – grifos não constantes do original).

Note-se a menção clara à possibilidade de a empresa prestadora de **serviços subcontratar outras empresas para realizar os serviços contratados.**

Para exemplificar a situação que envolve a quarteirização, imagine-se uma usina siderúrgica que, em vez de formar múltiplos contratos de limpeza, segurança, transporte e alimentação, prefere contratar uma única empresa para administrar os diversos vínculos negociais com as prestadoras de serviços.

Nesse caso a empresa gestora dos diversos contratos se posicionará entre a cliente (tomadora final) e as diversas empresas terceirizadas, filtrando todo o processo de seleção, contratação, direção e controle dos empregados terceirizados de cada uma das empresas periféricas.

Diante desse quadro, a empresa intermediária (a operadora da quarteirização) será também, juntamente com a empresa cliente (tomadora final), responsável subsidiária diante de eventual inadimplemento de uma das empresas gerenciadas. Tal ocorrerá porque a quarteirização é, em última análise, *uma terceirização da gestão da terceirização*.

Baseado, então, no exemplo posto, a empresa cliente terá culpa *in eligendo* por ter optado pela intermediação de uma gestora, e esta será igualmente culpada, *in eligendo* e *in vigilando*, por ter mal selecionado e por ter mal controlado cada uma das empresas prestadoras dos serviços de limpeza, segurança, transporte e alimentação.

Não se confundam, porém, a "**quarteirização**" e a "**terceirização em cadeia**". Nesta, uma empresa prestadora de serviços a terceiros que foi contratada para oferecer, por exemplo, o serviço de limpeza (empresa A) subcontrata outra empresa do mesmo setor de limpeza (empresa B) para fazer exatamente aquilo que era sua atribuição originária. O problema da terceirização em cadeia é que ela pode não ter fim: a empresa A subcontrata a empresa B, que, por sua vez, subcontrata a empresa C e esta a D, e a assim sucessivamente, até que a responsabilidade da empresa que deu início à cadeia se esmaeça e se torne difícil a sua responsabilização patrimonial.

Apesar de a "terceirização em cadeia" ser imensamente nociva, o referido dispositivo constante do § 1.º do art. 4.º-A abre portas inclusive para ela, pois **não dá limites para a originária empresa prestadora de serviços subcontratar outras tantas empresas para a realização dos serviços a ela confiados**. Nessas situações caberá à empresa cliente, se for o caso, vedar contratualmente a subcontratação ou, pelo menos, admiti-la somente mediante a sua expressa anuência. A empresa cliente deve ter essa atenção, porque eventual caracterização de ilícito trabalhista implicará a formação de vínculo diretamente com ela.

3. Atividade-fim e atividade-meio: os fins justificam os meios?

A distinção entre atividades-fim e meio – que a cada dia se torna mais desnecessária – surgiu no âmbito jurisprudencial com o objetivo inicial de distinguir a meta final do empreendimento das diversas atividades que apenas contribuíssem com a consecução do objeto social. Dessa forma firmou-se o entendimento de que a *atividade-fim* haveria de ser entendida como a tarefa intimamente relacionada ao objetivo social da empresa, normalmente identificado em seus estatutos constitutivos. Assim, poder-se-ia afirmar que a atividade-fim de uma escola seria a prestação de ensino e de planejamento didático da educação. Seguindo o mesmo raciocínio, a atividade-fim de um banco seria a intermediação de capitais por meio de diversas operações financeiras, a de um hospital seria o oferecimento de cuidados à saúde dos pacientes e a de uma siderúrgica seria a metalurgia do ferro e do aço.

A *atividade-meio*, por sua vez, seria compreendida como aquela que se presta meramente a instrumentalizar, a facilitar o alcance dos propósitos contratuais sem interferir neles. Nesse âmbito se encontrariam, consoante mencionado, as atividades de limpeza, conservação, vigilância, telefonia, suporte em informática, fornecimento de transporte, fornecimento de alimentação, assistência contábil, assistência jurídica, entre outras que auxiliassem a dinâmica do empreendimento, mas que não estivessem diretamente relacionadas ao objetivo central da empresa.

4. Modelos de subcontratação mediante terceirização: do padrão tradicional à concepção sistemista

A terceirização comporta basicamente **dois modelos:** o tradicional e o sistemista (ou de fornecimento global). Vejam-se.

4.1 Modelo tradicional de subcontratação

Chama-se tradicional o modelo ora em exame, porque fundado na cristalizada concepção segundo a qual a terceirização deve ter um terceiro intermediador, posicionado entre quem toma e quem presta o serviço. Em face dele, afirmam-se existentes dois submodelos – o da **terceirização para a contratação de trabalhadores** e o da **terceirização para a contratação de serviços**.

4.1.1 Terceirização para contratação de trabalhadores

Em regra, o sistema jurídico trabalhista brasileiro repele veementemente qualquer *marchandage*[4] laboral interempresarial (intermediação de mão de obra), ou seja, a possibilidade de uma empresa contratar com outra empresa para que esta lhe forneça a força laboral de qualquer trabalhador singularmente considerado. "A contratação de trabalhadores por empresa interposta é ilegal", dispara o item I da Súmula 331 do TST, manifestando o entendimento jurisprudencial sobre o assunto. Apesar disso, a lei criou uma única exceção.

É possível, *excepcionalmente*, a contratação de trabalhadores por empresa interposta nas estritas situações previstas na Lei n. 6.019/74. Esse diploma legal instituiu o regime de trabalho temporário, assim entendido aquele prestado por pessoa física a uma empresa para atender à necessidade de substituição transitória de pessoal permanente ou à demanda complementar de serviços.

---

4   Marchandage é uma palavra francesa que quer dizer "negociação". Marchand é o "negociante". Veja-se texto do professor Nelson Mannrich sobre o assunto: "chamamos de marchandage onde não há atividade econômica, apenas exploração do homem pelo próprio homem, cujo intuito resume-se na fraudulenta intermediação de mão de obra. Na terceirização, ao contrário do marchandage, não se contratam pessoas, mas serviços, assumindo-se riscos, obrigações e responsabilidades próprios de empresário. O marchandagem ocorre quando alguém, denominado marchandeur, assume determinada obra ou empreitada e incumbe a outros sua execução. Portanto, o marchandagem corresponde à modalidade de exploração de mão de obra por interposta pessoa, que se apresenta como empregador e se apropria da diferença entre o preço cobrado e o salário pago aos trabalhadores. Este tipo de relação que provoca danos a empregados subcontratados deve ser combatido" (MANNRICH, Nelson. Regulamentar terceirização fortalece relações de trabalho. Revista Consultor Jurídico, 20 de outubro de 2013, disponível em <http://www.conjur.com.br/2013-out-20/nelson-mannrich--regulamentar-terceirizacao-fortalece-relacoes-trabalho>).

Em outras palavras, a lei tornou flexível o postulado segundo o qual não seria possível a contratação de trabalhadores por interposta empresa, desde que a tomadora ou cliente esteja diante de uma das mencionadas situações, sob pena de nulidade do ajuste.

Perceba-se que a contratação do trabalhador temporário é excepcional na medida em que ele é selecionado pela empresa tomadora ou cliente como se seu efetivo empregado fosse. Há clara ***pessoalidade*** na sua contratação, aspecto não ocorrente na terceirização de serviços.

Observe-se, ainda, que *o trabalhador temporário presta serviço quase sempre coincidente com a atividade-fim da empresa cliente*, uma vez que é contratado justamente para substituir transitoriamente o *pessoal permanente* (exemplo: contratação de trabalhador temporário para substituir caldeireiros de siderúrgica que viajaram para realizar treinamento no exterior) **ou** para reforçar temporariamente o número de empregados efetivos em decorrência de demanda complementar de serviços, seja **oriunda de fatores imprevisíveis** (na qual estaria contido o antigo "acréscimo extraordinário de serviços") seja **decorrente de fatores previsíveis**, porém de natureza intermitente, periódica ou sazonal (exemplo: contratação de trabalhador temporário para funcionar como vendedor em lojas de roupas nos períodos festivos ou ainda de novos manobristas para reforçar o quadro de uma empresa de *parking valet* durante um período em que surjam muitos eventos ou convenções).

Por força dessa excepcionalidade é que a permanência do trabalhador temporário na empresa cliente, nos moldes da Lei n. 13.429, de 2017, foi limitada a ***180 (cento e oitenta) dias, consecutivos ou não***. O contrato poderá, entretanto, ser prorrogado por até 90 (noventa) dias, consecutivos ou não, além do prazo de 180 (cento e oitenta) dias, quando *comprovada* a manutenção das condições que o ensejaram.

Assim, o mencionado item I da Súmula 331 do TST, apesar de iniciar suas assertivas chamando a atenção para a regra geral da vedação à intermediação de mão de obra, esclarece que existe uma exceção: **a terceirização mediante contratação de trabalhador** realizada nos moldes da multicitada Lei n. 6.019/74. Veja-se:

> I – A contratação de trabalhadores por empresa interposta é ilegal, formando-se o vínculo diretamente com o tomador dos serviços, **salvo no caso de trabalho temporário** (Lei n. 6.019, de 3-1-1974);

Anote-se, por oportuno, que a expressão "terceirização de trabalhador" não se afigura atécnica nem contraria a ideia de ser uma intermediação de mão de obra. Afirma-se isso, pois o ato de "terceirizar" nada mais representa do que o de intermediar uma contratação que, sem o concurso de um terceiro, se realizaria de forma direta entre o tomador e o prestador de serviços.

Voltando à temática da "terceirização de trabalhador" é certo que a infração à regra importará efeitos danosos para a empresa cliente. Se uma empresa tomadora ou cliente contratar alguém mediante empresa interposta, salvo na forma da lei, na condição de trabalhador temporário, o vínculo de emprego será formado diretamente com a tomadora. É, aliás, recomendável que o trabalhador, diante dessa situação, além de pedir a formação do contrato de emprego com a empresa tomadora, inclua no polo passivo da demanda também a empresa prestadora de serviços e requeira sejam elas **condenadas solidariamente** nos termos do art. 942 do Código Civil[5].

O efeito da formação do vínculo diretamente com a empresa cliente ou tomadora não se aplica, porém, em face dos entes *da Administração Pública direta, indireta ou fundacional*. Isso acontece porque, em decorrência do comando inserido no art. 37, II, da Constituição da República, a investidura em cargo ou emprego público depende de aprovação prévia em concurso público de provas ou de provas e títulos, de acordo com a natureza e a complexidade do cargo ou emprego. Essa previsão, aliás, consta expressamente, do item II da Súmula 331 do TST. Perceba-se:

> II – A contratação irregular de trabalhador, mediante empresa interposta, não gera vínculo de emprego com os órgãos da Administração Pública direta, indireta ou fundacional (art. 37, II, da CF/88).

Nesse sentido existe, também, a Orientação Jurisprudencial 321 da SDI-1 do TST. Confira-se:

> **Orientação Jurisprudencial 321 da SDI-1 do TST**. Vínculo empregatício com a Administração Pública. Período Anterior à CF/1988. *DJU* 11.08.03 (nova redação). Salvo os casos de trabalho temporário e de serviço de vigilância, previstos nas Leis n. 6.019, de 03.01.1974, e 7.102, de 20.06.1983, é ilegal a contratação de trabalhadores por empresa interposta, formando-se o vínculo empregatício diretamente com o tomador dos serviços, **inclusive ente público**, em relação ao período anterior à vigência da CF/88.

Se a contratação do trabalhador mediante interposta empresa, fora da hipótese permitida por lei, tiver ocorrido antes da promulgação do Texto Constitucional de 1988, o vínculo de emprego será formado com o tomador de serviços, ainda que ele seja um ente estatal.

Observe-se que essa Orientação Jurisprudencial inclui, sem razão, a situação que envolve a contratação dos vigilantes, em clara confusão conceitual entre a terceirização de trabalhadores e a terceirização de serviços. Note-se que *na contratação de vigilantes não há pessoalidade*. A empresa contratante quer o serviço de vigilância prestado por qualquer trabalhador, indistintamente, e não por um específico e singularmente considerado vigilante.

4.1.2 Terceirização para contratação de serviços

Ao lado da terceirização para a contratação de trabalhadores, há a ***terceirização para a contratação de serviços***, que até a publicação da Lei n. 13.429, de 2017, não possuía previsão legal para a modalidade que envolvia as antes denominadas "empresas prestadoras de serviços especializados". Havia apenas texto normativo que tratava da contratação de serviços igualmente especializados por meio de subempreiteiras (art. 455 da CLT) e de cooperativas de trabalho (Lei n. 12.690, de 19 de julho de 2012).

---

5 "Art. 942. Os bens do responsável pela ofensa ou violação do direito de outrem ficam sujeitos à reparação do dano causado; e, se a ofensa tiver mais de um autor, todos responderão solidariamente pela reparação. Parágrafo único. São solidariamente responsáveis com os autores os coautores e as pessoas designadas no art. 932."

O problema normativo estava, então, na mencionada contratação de empresas prestadoras de serviços especializados, e não em outras espécies que poderiam ser consideradas.

Conforme mencionado nos tópicos introdutórios, a vida empresarial tornou comum situação em que *uma empresa, visando concentrar esforços em sua atividade-fim,* **contratasse outra empresa,** *entendida como periférica, para lhe dar suporte em serviços meramente instrumentais, como, por exemplo, limpeza, segurança, transporte e alimentação.* Durante anos a jurisprudência tolerou a *terceirização de serviços especializados* porque entendeu que não seria razoável exigir que uma empresa se desviasse de seus objetivos principais para contratar e administrar pessoal que realizasse atividades meramente instrumentais. Por essa razoabilidade, o TST tornou-se receptivo a esse agrupamento empresarial, não disciplinado por lei, e passou a admitir que **não formaria vínculo de emprego** com o tomador a contratação de serviços de vigilância (previstos na Lei n. 7.102, de 20-6-1983), de conservação e limpeza, bem como **a de outros serviços especializados ligados à atividade-meio do tomador.**

Inicialmente o ato de tolerância jurisprudencial do TST foi materializado por meio da Súmula 256[6], que admitia que as empresas apenas poderiam contratar serviços especializados de vigilância, previsto na Lei n. 7.102, de 20-6-1983, mediante terceirização. Os demais serviços especializados, correspondentes às demais atividades-meio, precisariam ser acordados diretamente com os trabalhadores.

O texto da Súmula 256, entretanto, foi revisto pela Resolução TST n. 23/93, publicada no DJ de 21-12-1993. Nova súmula foi, então, editada – a de número 331 –, passando a admitir, com maior complacência, outros serviços especializados ligados à atividade-meio do tomador, além dos serviços de vigilância e de conservação e limpeza. Veja-se:

> III – Não forma vínculo de emprego com o tomador a contratação de serviços de vigilância (Lei n. 7.102, de 20.06.1983) e de conservação e limpeza, bem como a de serviços especializados ligados à atividade-meio do tomador, desde que inexistentes a pessoalidade e a subordinação direta;

As ressalvas apresentadas apontavam no sentido de que não poderia existir, no trato com o trabalhador terceirizado (contratado em verdade pela empresa prestadora de serviços a terceiros), qualquer pessoalidade ou subordinação direta, sob pena de formação de vínculo. Como **a contratação visa à prestação do serviço, e não um singular trabalhador**, não poderia haver relação pessoal entre este e o tomador dos serviços. Ademais, não existindo pessoalidade entre trabalhador terceirizado e o tomador dos seus serviços, este não poderia valer-se de subordinação direta, vale dizer, do poder de apenar o trabalhador diante do descumprimento das ordens de comando diretivo, mas apenas de subordinação indireta, assim entendido o poder de dar ordens de comando e de exigir que a tarefa seja feita a contento.

---

6 "Súmula 256 do TST. CONTRATO DE PRESTAÇÃO DE SERVIÇOS. LEGALIDADE – CANCELADA. Salvo os casos de trabalho temporário e de serviço de vigilância, previstos nas Leis n. 6.019, de 3-1-1974, e 7.102, de 20-6-1983, é ilegal a contratação de trabalhadores por empresa interposta, formando-se o vínculo empregatício diretamente com o tomador dos serviços (Res. 4/86, DJ, 30-9-1986)."

A multicitada Lei n. 13.429, de 2017, porém, conquanto de forma não muito clara, trouxe à discussão a possibilidade de a terceirização de serviços atender até mesmo as chamadas atividades-fim. Isso era apenas o começo, pois mais adiante viria a Lei n. 13.467, de 2017, como se notará a seguir.

Pois bem. Ao criar o art. 4.º-A no bojo da Lei n. 6.019/74, substituiu-se a tradicional referência jurisprudencial à expressão **"serviços especializados"** (fornecido, como o próprio nome sugere, por empresas especializadas em atividades que a contratante não domina) por **"serviços determinados e específicos", que, em seguida, veio a ser eliminada pela Lei n. 13.467, de 2017.** A exigência, portanto, era de que a empresa prestadora de serviços a terceiros fornecesse não mais serviços "especializados", mas, sim, serviços meramente "específicos", ou seja, bem identificados, delineados, claramente "determinados".

Dava-se o nome de contrato de prestação de **"serviços especializados"** ao ajuste interempresarial por meio do qual uma empresa, identificada como cliente ou tomadora, visando concentrar esforços em sua atividade-fim, contratava outra empresa, intitulada prestadora de serviços, para lhe dar suporte em serviços meramente instrumentais, como limpeza, segurança, transporte, alimentação ou quaisquer outros que tivesse por característica ser "especializado", ou seja, ser algo fora do domínio do contratante, mas amplamente conhecido pela empresa terceirizada. Exemplo: uma empresa de vigilância é especializada em prestar serviços de guarda patrimonial. Ela tem expertise nisso. Por essa razão, um hospital, que não se dedica a treinar empregados para dar segurança, contratará, com razão, um empresa especializada no serviço de vigilância.

Pois bem. Serviços específico (ou especificado) é aquele previamente delimitado quanto à sua extensão, pouco importando se é "especializado" ou não; pouco importando se a empresa cliente tem a mesma expertise ou não. O relevante agora é apenas que o trabalhador terceirizado não realize atividades distintas daquelas que foram objeto do contrato. Essa é a lógica do serviço determinado e específico ou, como aqui se denomina, do "serviço especificado". Veja-se o teor do § *1.º do* art. 5.º-A, da Lei 6.019/74:

> **Lei 6.019/74. Art. 5.º -A.** [...]
> § 1.º É vedada à contratante a utilização dos trabalhadores em atividades distintas daquelas que foram objeto do contrato com a empresa prestadora de serviços.

Exemplo: um banco, que tem expertise no manejo com o mercado de capitais, pode, em face da nova lógica estabelecida pela Lei n. 13.429, de 2017, contratar um empresa que lhe ofereça o serviço especificado de alimentação dos caixas eletrônicos e de registro de suas operações, mas não pode utilizar os trabalhadores em atividades distintas daquelas que foram objeto do contrato.

É bom lembrar que o contrato de prestação de serviços "especializados" era a espécie que mais se confundia com o gênero "terceirização de serviços", porque, em essência, a contratação por via triangular visava exatamente à atribuição de serviços especializados em favor de quem, por não ter o *know-how*, deles precisava.

Agora, cabe adaptar o discurso, como antedito, para falar-se em empresas prestadoras de "serviços especificados", sejam lá quais forem esses serviços, cabendo à jurisprudência ou às novas normas legais a identificação dos eventuais confins desse objeto, que foi ampliado ao extremo.

Por enquanto, o que se tem é o disposto no § 1.º do art. 5.º-A e no inciso II do art. 5.º-B da Lei 6.019/74 que se posiciona exatamente conforme aqui se mencionou. Perceba-se:

> **Art. 5.º-A** Contratante é a pessoa física ou jurídica que celebra contrato com empresa de prestação de serviços relacionados a quaisquer de suas atividades, inclusive sua atividade principal.
> **§ 1.º É vedada à contratante a utilização dos trabalhadores em atividades distintas daquelas que foram objeto do contrato com a empresa prestadora de serviços.**
> § 2.º Os serviços contratados poderão ser executados nas instalações físicas da empresa contratante ou em outro local, de comum acordo entre as partes.
> § 3.º É responsabilidade da contratante garantir as condições de segurança, higiene e salubridade dos trabalhadores, quando o trabalho for realizado em suas dependências ou local previamente convencionado em contrato.
> § 4.º A contratante poderá estender ao trabalhador da empresa de prestação de serviços o mesmo atendimento médico, ambulatorial e de refeição destinado aos seus empregados, existente nas dependências da contratante, ou local por ela designado.
> § 5.º A empresa contratante é subsidiariamente responsável pelas obrigações trabalhistas referentes ao período em que ocorrer a prestação de serviços, e o recolhimento das contribuições previdenciárias observará o disposto no art. 31 da Lei n. 8.212, de 24 de julho de 1991.
> **Art. 5.º-B.** O contrato de prestação de serviços conterá:
> I – qualificação das partes;
> **II – especificação do serviço a ser prestado;**
> III – prazo para realização do serviço, quando for o caso;
> IV – valor.

Substituiu-se, portanto, o conceito de empresa prestadora de "serviço especializado" por empresa prestadora de "serviços relacionados a quaisquer atividades, inclusive sua atividade principal".

Veja-se:

> **Lei n. 6.019/74. Art. 4.º-A.** Empresa prestadora de serviços a terceiros é a pessoa jurídica de direito privado destinada a prestar à contratante **serviços determinados e específicos** (redação ora revogada pela Lei n. 13.467, de 2017).
> § 1.º A empresa prestadora de serviços contrata, remunera e dirige o trabalho realizado por seus trabalhadores, ou subcontrata outras empresas para realização desses serviços.
> § 2.º *Não se configura vínculo empregatício entre os trabalhadores, ou sócios das empresas prestadoras de serviços,* **qualquer que seja o seu ramo***, e a empresa contratante.*

A menção ao fato de que não se configurará vínculo de emprego entre os trabalhadores e a empresa contratante, **qualquer que seja o ramo da empresa prestadora de serviços** era bem sintomático. Se não importava o ramo da empresa prestadora de serviços, ele poderia até mesmo coincidir com o ramo (palavra cujo sentido parece coincidir com o de "atividade") da contratante.

A Lei n. 13.467, de 2017, esclareceu tudo. Ela – como antecipado – modificou a redação do *caput* do art. 4.º-A para tornar induvidosa a terceirização sobre qualquer atividade. Perceba-se:

Art. 4.º-A. Considera-se **prestação de serviços a terceiros** a transferência feita pela **contratante da execução de quaisquer de suas atividades, inclusive sua atividade principal**, à pessoa jurídica de direito privado prestadora de serviços que possua capacidade econômica compatível com a sua execução.

Não há mais o que indagar: admite-se a execução de qualquer atividade mediante terceirização, inclusive a atividade principal da própria contratante.

Fato é que as empresas de prestação de serviços a terceiros estão agora legitimadas a atuar por força de lei, desde que cumpram os seguintes requisitos para o seu funcionamento:

> **Lei 6.019/74. Art. 4.º-B.** São requisitos para o funcionamento da empresa de prestação de serviços a terceiros:
> I – prova de inscrição no Cadastro Nacional da Pessoa Jurídica (CNPJ);
> II – registro na Junta Comercial;
> III – capital social compatível com o número de empregados, observando-se os seguintes parâmetros:
> *a)* empresas com até dez empregados – capital mínimo de R$ 10.000,00 (dez mil reais);
> *b)* empresas com mais de dez e até vinte empregados – capital mínimo de R$ 25.000,00 (vinte e cinco mil reais);
> *c)* empresas com mais de vinte e até cinquenta empregados – capital mínimo de R$ 45.000,00 (quarenta e cinco mil reais);
> *d)* empresas com mais de cinquenta e até cem empregados – capital mínimo de R$ 100.000,00 (cem mil reais); e
> *e)* empresas com mais de cem empregados – capital mínimo de R$ 250.000,00 (duzentos e cinquenta mil reais).

Anote-se que a Lei n. 13.467, de 2017 preocupou-se com a salvaguarda dos direitos dos terceirizados, antes desdenhada pela Lei n. 13.429, de 2017. Criou-se para tanto, então, o art. 4.º-C no corpo da Lei n. 6.019, de 1974 com o objetivo de assegurar aos empregados da "empresa prestadora", **quando e enquanto os serviços**, que podem ser de qualquer uma das atividades da contratante, **forem executados nas dependências da tomadora, as mesmas condições**. Note-se:

> **Art. 4.º-C** São asseguradas aos empregados da empresa prestadora de serviços a que se refere o art. 4.º-A desta Lei, **quando e enquanto os serviços**, que podem ser de qualquer uma das atividades da contratante, **forem executados nas dependências da tomadora, as mesmas condições**:
> I – relativas a:
> *a)* alimentação garantida aos empregados da contratante, quando oferecida em refeitórios;
> *b)* direito de utilizar os serviços de transporte;
> *c)* atendimento médico ou ambulatorial existente nas dependências da contratante ou local por ela designado;
> *d)* treinamento adequado, fornecido pela contratada, quando a atividade o exigir.
> II – sanitárias, de medidas de proteção à saúde e de segurança no trabalho e de instalações adequadas à prestação do serviço.

O artigo ora transcrito apresenta dois parágrafos que trazem regras adicionais que merecem comentários. O § 1.º do precitado art. 4.º-C da Lei n. 6.019, de 1974, prevê que "contratante e contratada poderão estabelecer, **se assim entenderem**, que os empregados da contratada farão jus a **salário equivalente** ao pago aos empregados da contratante, além de outros direitos" não previstos nos itens I e II, supra. Esse dispositivo, porém, colide com o disposto no art. 12, *a*, da própria Lei n. 6.019/74, segundo o qual "ficam assegurados ao trabalhador temporário [...]: a) remuneração equivalente à percebida pelos empregados de mesma categoria da empresa tomadora ou cliente calculados à base horária, garantida, em qualquer hipótese, a percepção do salário mínimo".

Houve, portanto, evidente revogação tácita do mencionado art. 12, *a*, da Lei 6.019/74. **A partir da vigência da Lei n. 13.467, de 2017, portanto, a equivalência salarial somente se dará se a contratante e a contratada assim entenderem e se assim se ajustarem.** É evidente que a negativa de salário equivalente dificilmente passará pelo crivo da verificação da constitucionalidade, pois, nos termos do texto fundamental, refogem aos objetivos da República quaisquer formas de discriminação.

Anote-se, também, que, na forma prevista no § 2.º do art. 4.º-C da multirreferida Lei n. 6.019, de 1974, "nos contratos que impliquem mobilização de empregados da contratada em número igual ou superior a 20% (vinte por cento) dos empregados da contratante, esta poderá disponibilizar aos empregados da contratada os serviços de alimentação e atendimento ambulatorial em outros locais apropriados e com igual padrão de atendimento, com vistas a manter o pleno funcionamento dos serviços existentes". Essa disposição, porém, em lugar de produzir um tratamento de igualdade, demonstra manifesta intenção segregatória. Por que, afinal, disponibilizar aos empregados da contratada os serviços referidos "em outros locais"? Ainda que esses locais sejam realmente "apropriados e com igual padrão de atendimento", qual seria a razão que justificaria separar "terceirizados" de "não terceirizados"? Seria esta uma forma de evitar que os "terceirizados" contaminassem os "não terceirizados" com suas queixas e insurreições?

LEI N. 8.036, DE 11 DE MAIO DE 1990

ART. 3.º O ART. 20 DA LEI N. 8.036, DE 11 DE MAIO DE 1990, PASSA A VIGORAR ACRESCIDO DO SEGUINTE INCISO I-A:

Art. 20. I-A. extinção do contrato de trabalho prevista no art. 484-A da Consolidação das Leis do Trabalho (CLT), aprovada pelo Decreto- Lei n. 5.452, de 1.º de maio de 1943.

O que mudou?

A Lei n. 13.479, de 2017, criou mais uma situação de movimentação da conta vinculada do trabalhador no FGTS. Este inciso adicional se deveu à admissão normativa da resilição por distrato, conforme prevista no art. 484-A da CLT.

Comentários

Como se disse no tópico em que se comentou a inovação trazida pelo art. 484-A da CLT, a resilição bilateral (distrato) permite a movimentação da conta vinculada do trabalhador no Fundo de Garantia do Tempo de Serviço na forma do inciso I-A do art. 20 da Lei n. 8.036, de 11 de maio de 1990, limitada, entretanto, a até 80% (oitenta por cento) do valor dos depósitos.

Assim, o empregado que, por acordo com o empregador, puser fim ao seu contrato de emprego, estará autorizado a levantar 80% do montante total dos depósitos no FGTS; os 20% restantes ficarão retidos na conta vinculada, tal qual ocorre com a retenção que atinge os depósitos daqueles que são despedidos por falta grave.

Além desse montante, o empregador haverá de assumir o pagamento da metade da indenização compensatória sobre os depósitos do FGTS (normalmente se pagaria 40%, mas o distrato admite o pagamento de 20%), pagar metade do valor do aviso prévio indenizado e a integralidade dos demais débitos resilitórios (férias proporcionais, décimo terceiro proporcional etc.).

Reitera-se que tal empregado, que, em rigor, pediu para sair do trabalho, não poderá valer-se do benefício do seguro-desemprego. Essa é, aliás, a posição evidenciada no § 2.º do art. 484-A, segundo o qual "a extinção do contrato por acordo [...] não autoriza o ingresso no Programa de Seguro-Desemprego".

LEI N. 8.212, DE 24 DE JULHO DE 1991

> **ART. 4.º O ART. 28 DA LEI N. 8.212, DE 24 DE JULHO DE 1991, PASSA A VIGORAR COM AS SEGUINTES ALTERAÇÕES:**
>
> Art. 28. [...]
> § 8.º *(Revogado).*
> *a) (revogada);*
> [...]
> § 9.º [...]
> *h)* **as** diárias para viagens;
> [...]
> *q)* **o** valor relativo à assistência prestada por serviço médico ou odontológico, próprio da empresa ou por ela conveniado, inclusive o reembolso de despesas com medicamentos, óculos, aparelhos ortopédicos, próteses, órteses, despesas médico-hospitalares e outras similares;
> [...]
> *z)* **os** prêmios e os abonos.
> [...]

O que mudou?

A legislação previdenciária teve de adaptar-se à reforma trabalhista. Por isso, a Lei n. 8.212, de 1991, que trata do custeio previdenciário, foi modificada no seu art. 28, justamente aquele que trata do conceito de salário de contribuição, vale dizer, da base de cálculo para a incidência da contribuição previdenciária. Em decorrência disso, deixaram de integrar o conceito de salário de contribuição ou ingressaram na lista das parcelas excluídas desse âmbito conceitual, e, com isso, livraram-se da incidência da contribuição previdenciária as seguintes parcelas:

(i) o total das diárias pagas, independentemente do valor;
(ii) o valor relativo à assistência prestada por serviço médico ou odontológico, próprio da empresa ou por ela conveniado, inclusive o reembolso de despesas com medicamentos, óculos, aparelhos ortopédicos, próteses, órteses, despesas médico-hospitalares e outras similares;
(iii) os prêmios e os abonos.

Comentários

A reforma trabalhista produziu, em rigor, uma contrarreforma previdenciária. Diz-se isso porque, num contexto em que o governo alardeia o déficit da Previdência Social e que procura novas fontes de custeio, soa como incoerência ou como desconexão com a realidade oferecer ao empresariado meios legítimos de pagar ao trabalhador verbas com natureza não remuneratória, livres da incidência de contribuição previdenciária.

Por força de lei, algumas parcelas de natureza claramente remuneratória, foram excluídas do conceito de salário de contribuição, tornando desnecessária a aplicação da antiga fórmula do pagamento de "salário por fora".

O empregador não precisará se valer de expedientes ilegais para pagar ao seu empregado apenas um salário mínimo tributável. Diz-se isso porque a reforma trabalhista permitiu que um empregado seja remunerado na dimensão mínima acrescida de prêmios e abonos, que, a partir da vigência da multicitada Lei n. 13.467, de 2017, não mais serão considerados complementos salariais. Bastará ao empregador instituir uma política de premiação em razão de desempenho superior ao ordinariamente esperado no exercício de suas atividades (vide § 4.º do art. 457 da CLT) para ter o álibi perfeito para nada recolher sobre esses montantes superiores.

O § 2.º do precitado art. 457 da CLT amplia esse leque opcional não tributável, ao dispor que "as importâncias, **ainda que habituais**, pagas a título de ajuda de custo, auxílio-alimentação, vedado seu pagamento em dinheiro, diárias para viagem, prêmios e abonos não integram a remuneração do empregado, não se incorporam ao contrato de trabalho e não constituem base de incidência de qualquer encargo trabalhista e previdenciário".

O futuro sinaliza a existência de um país no qual os empregados, quando contratados como tais, terão contribuição previdenciária recolhida apenas sobre o salário mínimo ou para trabalhadores pejotizados e inseridos em arranjos de terceirização ampla e irrestrita que terão de contribuir por si próprios para a Previdência Social como contribuintes individuais. Há, portanto, uma projeção de queda abrupta da arrecadação num contramovimento de recuperação das contas públicas.

DISPOSITIVOS REVOGADOS PELA LEI N. 13.467/2017

DISPOSITIVO REVOGADOS PELA LEI 13.467/2017

Art. 5.º Revogam-se:
I – os seguintes dispositivos da Consolidação das Leis do Trabalho (CLT), aprovada pelo Decreto-Lei n. 5.452, de 1.º de maio de 1943:
a) § 3.º do art. 58;
b) § 4.º do art. 59;
c) art. 84;
d) art. 86;
e) art. 130-A;
f) § 2.º do art. 134;
g) § 3.º do art. 143;
h) parágrafo único do art. 372;
i) art. 384;
j) §§ 1.º, 3.º e 7.º do art. 477;
k) art. 601;
l) art. 604;
m) art. 792;
n) parágrafo único do art. 878;
o) §§ 3.º, 4.º, 5.º e 6.º do art. 896;
p) § 5.º do art. 899;
II – a alínea a do § 8.º do art. 28 da Lei n. 8.212, de 24 de julho de 1991;
III – o art. 2.º da Medida Provisória n. 2.226, de 4 de setembro de 2001.

O que mudou?

O art. 5.º da Lei n. 13.467, de 2017, revogou um conjunto normativo ali referido, sendo certo que, observada a sequência numérica, todos os dispositivos mencionados foram tratados no texto desta obra, salvo o art. 2.º da Medida Provisória n. 2.226, de 4 de setembro de 2001, que a seguir será comentado.

Comentários

O art. 2.º da Medida Provisória n. 2.226, de 4 de setembro de 2001, previa que o Tribunal Superior do Trabalho deveria regulamentar, em seu regimento interno, o processamento da transcendência do recurso de revista, assegurada a apreciação da transcendência em sessão pública, com direito a sustentação oral e fundamentação da decisão.

Com a revogação expressa do mencionado dispositivo **a regulamentação do processamento da transcendência do recurso de revista deixou de estar sob os cuidados do TST, voltando ao controle das normas editadas pelo Poder Legislativo**, que, mediante os novos parágrafos do art. 896-A da CLT, informou aspectos procedimentais do apelo aqui em estudo.

VIGÊNCIA DA LEI N. 13.467/2017

VIGÊNCIA DA LEI N. 13.467/2017
Art. 6.º Esta Lei entra em vigor após decorridos cento e vinte dias de sua publicação oficial.

O que mudou?

A Lei n. 13.467, de 2017, estabeleceu um período de *vacatio legis* de 120 dias após a sua publicação oficial.

Comentários

A vacância da lei é o período entre a data da sua publicação e o início de sua efetiva vigência, idealizado para que a sociedade assimile o conteúdo das novas disposições. A *vacatio legis* é normalmente indicada no último artigo de um diploma legal, como o foi na lei sob análise, e, em regra, vale-se da seguinte formulação: *"esta lei entra em vigor após decorridos (o número de) dias de sua publicação oficial"*.

Pois bem. Considerado o dia 14-7-2017 como data de publicação e de início de contagem dos 120 dias, o término dessa contagem se dará em 10-11-2017. Logo, **as alterações previstas na Lei n. 13.467-2017 entram em vigor a partir do dia 11 de novembro de 2017 (sábado)**, vale dizer, no 121.º dia da publicação, ou, no claro dizer da norma, *"**após** decorridos cento e vinte dias de sua publicação oficial"*.

REFERÊNCIAS

BARBOSA MOREIRA, José Carlos. O Poder Judiciário e a efetividade da nova Constituição. **Revista Forense**, n. 304, out./dez. 1988.

BARROS, Alice Monteiro de. *A mulher e o direito do trabalho*. São Paulo: LTr, 1995.

_____. O trabalho em estabelecimentos bancários, *Síntese Trabalhista* n. 169, jul. 2003.

BONAVIDES, Paulo. *Curso de direito constitucional*. 15. ed. São Paulo: Malheiros, 2004.

CAIRO JÚNIOR, José. *Curso de direito do trabalho*. 13. ed. Salvador: JusPodivm, 2016.

CANOTILHO, J. J. Gomes. *Direito constitucional e teoria da Constituição*. 6. ed. Coimbra: Almedina, 1993.

CARVALHO RAMOS, André de. A ação civil pública e o dano moral coletivo. *Revista de Direito do Consumidor*, São Paulo, v. 25, 1998.

CUNHA DE LIMA, Bruno Choairy. Possibilidade de limitação das horas *in itinere* por negociação coletiva e a jurisprudência do TST. *Revista do Ministério Público do Trabalho na Bahia*, n. 4. Salvador: Procuradoria Regional do Trabalho da 5.ª Região, 2011.

DOBSON, Juan M. *El Abuso de la Personalidad Jurídica (en el derecho privado)*. 2. ed. Buenos Aires: Ediciones Depalma, 1991.

ESTRADA, Pino. Os mundos virtuais e o teletrabalho nos tribunais brasileiros. *Revista de Direito Trabalhista*. Brasília: Consulex, maio 2010.

FISCHER, Hans. *A reparação dos danos no direito civil*. Tradução de Férrer de Almeida. São Paulo, 1938.

GIGLIO, Wagner. Considerações sumárias sobre a sucessão trabalhista e a despersonalização do empregador, *Juris Síntese 63*, jan.-fev. 2007.

GOMES, Orlando. Dispensa coletiva na reestruturação da empresa (aspectos jurídicos do desemprego tecnológico). *LTr,* 38/577, 1974.

KELSEN, Hans. *Teoria geral do direito e do Estado*. São Paulo: Martins Fontes, 1992, p. 102.

LEAL, Antônio Luís da Câmara. *Da prescrição e da decadência*: teoria geral do direito civil. 4. ed. Rio de Janeiro: Forense, 1982.

MANNRICH, Nelson. Regulamentar terceirização fortalece relações de trabalho. *Revista Consultor Jurídico*, 20 de outubro de 2013. Disponível em: <http://www.conjur.com.br/2013-out-20/nelson-mannrich-regulamentar-terceirizacao-fortalece-relacoes-trabalho>.

MARQUES, Fabíola. *Equiparação salarial.* São Paulo: LTr.

MARTINEZ, Luciano. *Curso de direito do trabalho.* 8. ed. São Paulo: Saraiva, 2017.

MARTINS, Eduardo. *Manual de redação e estilo.* 2. ed. São Paulo: O Estado de S. Paulo, 1992.

MORAES FILHO, Evaristo de. *O problema do sindicato único no Brasil.* São Paulo: Alfa-Ômega, 1978.

NASCIMENTO, Amauri Mascaro. *Iniciação ao direito do trabalho.* 30. ed. São Paulo: LTr, 2004.

OLIVEIRA, José Lamartine Corrêa de. *A dupla crise da pessoa jurídica.* São Paulo: Saraiva, 1979.

PEDREIRA, Pinho. O teletrabalho. *LTr.*, São Paulo: LTr, v. 64, n. 5, 2000.

PINHO PEDREIRA, Luiz de. *Principiologia de direito do trabalho.* Salvador: Gráfica Contraste, 1996.

PONTES DE MIRANDA, Francisco C. *Tratado de direito privado.* Rio de Janeiro: Borsoi, 1972. t. 5 e 6.

ROMITA, Arion Sayão. A (des)organização sindical brasileira. **Revista LTr**, n. 71, p. 673, jun. 2007.

SANGUINETI RAYMOND, Wilfredo. *Teletrabajo y globalización.* Madrid: MTAS, 2003.

SERICK, Rolf. *Apariencia y realidad de las sociedades mercantiles.* El abuso del derecho por medio de la persona jurídica. Tradução de José Puig Brutau. Barcelona: Ariel, 1958.

SILVA, Wilson Melo. *O dano moral e sua reparação.* 3. ed. Rio de Janeiro: Forense, 1983.

THEODORO JÚNIOR, Humberto. *Comentários ao novo Código Civil.* Rio de Janeiro: Forense, 2003. v. III, t. II.

VIEIRA DE ANDRADE, José Carlos. *Os direitos fundamentais na Constituição Portuguesa de 1976.* 4. ed. Coimbra: Almedina, 2009.

WORLD HEALTH ORGANIZATION. *The optimal duration of exclusive breastfeeding* – Report of an Expert Consultation – Geneva, Switzerland, March 2001.

WORMSER, Maurice. *Piercing the veil of corporate entity.* Columbia Law Review, 1912.